全國高等院校古籍整理研究工作委員會規劃重點項目
二〇一一—二〇二〇年國家古籍整理出版規劃項目
國家古籍整理出版專項經費資助項目

俞樾全集

汪少華 王華寶 — 主編

茶香室經說

（清）俞樾 — 著
魏慶彬 — 整理

鳳凰出版社

圖書在版編目（CIP）數據

茶香室經説 / (清) 俞樾著 ; 魏慶彬整理. -- 南京:
鳳凰出版社, 2021.10（2024.2重印）
（俞樾全集 / 汪少華, 王華寶主編）
ISBN 978-7-5506-3431-2

Ⅰ. ①茶… Ⅱ. ①俞… ②魏… Ⅲ. ①儒學—研究
Ⅳ. ①B222.05

中國版本圖書館CIP數據核字(2021)第079308號

書　　名　茶香室經説
著　　者　(清)俞　樾 著　魏慶彬 整理
責任編輯　郭馨馨
裝幀設計　姜　嵩
責任監製　程明嬌
出版發行　鳳凰出版社(原江蘇古籍出版社)
　　　　　發行部電話025-83223462
出版社地址　江蘇省南京市中央路165號,郵編:210009
照　　排　南京凱建文化發展有限公司
印　　刷　蘇州市越洋印刷有限公司
　　　　　江蘇省蘇州市吴中區南官渡路20號,郵編:215104
開　　本　880毫米×1230毫米　1/32
印　　張　15.875
字　　數　277千字
版　　次　2021年10月第1版
印　　次　2024年2月第2次印刷
標準書號　ISBN 978-7-5506-3431-2
定　　價　98.00圓

《俞樾全集》編委會

主編

汪少華　王華寶

編委（按音序排列）

白朝暉　傅　傑　顧莉丹　胡文波　黄曙輝

劉珈珈　羅雄飛　倪永明　喬秋穎　喬玉鈺

孫　煒　滕振國　田松青　王其和　王倩倩

魏慶彬　謝超凡　顔春峰　張曉青　張燕嬰

目録

前言

作爲經學家，俞樾一生留下了衆多解經著作。《群經平議》以外，多散見於《弟一樓叢書》《曲園雜纂》《俞樓雜纂》，都是他本人的讀書心得。另有兩書與衆不同，一爲《茶香室經説》（以下簡稱「《經説》」），一爲《經課續編》，屬於他晚年主講杭州詁經精舍、教學過程中的副産品。這裏主要介紹一下《茶香室經説》。

一、成書緣起

同治七年（一八六八），俞樾在杭州詁經精舍開課，到光緒十三年（一八八七），已任講席二十年，此時他已經六十七歲了。當年三月，他同家人、學生先去越中游玩。同年夏，「右骽生瘍，精力益衰」（《經説·序》），於是呆在蘇州寓所閉門養病，將二十年來的授課筆記整理成書，「因此書之成，適在《茶香室三鈔》成書之後，故即名之曰《茶香室經説》」（《經説·序》）。

《經説》是俞樾「評閲課卷及與門下士往復講論，每有觸發，隨筆記録，積久遂多」（《經説·序》）而成的，雖然自稱是「隨筆記録」，但仍屬典型的解經著作。他在序中寫道：

余説經諸書，王益吾祭酒刻《皇清經解續編》采輯幾及大半。此書則成於《續編》既定之後，不及補入。將來有刻《皇清經解三編》者，安知不又從隗始乎？國朝經術昌明，巨儒輩出，余願以此書爲後來者前馬也。

俞樾很看重這本書，認爲與《茶香室叢鈔》不同，它并不是普通的筆記，而「足以言治經」，將來有機會當入《清經解三編》。俞樾視《經説》頗爲得意，晚年在《八十自悼》詩中寫道：「著書不僅兩平議，觀世曾懷三大憂。」自注云：「兩《平議》行世最早，然余所致力者，尤在兩《雜纂》及《茶香室經説》等書。」〔一〕述平生得意事，《經説》即爲其一，且認爲要比《群經平議》《諸子平議》更精心。

〔一〕俞樾《春在堂詩編》（己庚編），《春在堂全書》第五册，鳳凰出版社二〇一〇年版，第一四七頁。

二、内容特色

（一）述而有作

俞樾治經私淑高郵二王，仿《經義述聞》（以下簡稱「《述聞》」）作《群經平議》（以下簡稱「《平議》」）。整體而言，《經説》也是對《述聞》的模仿，但在細節上差别很大。

《經説》的編纂體例與《述聞》相似，而略有不同。《述聞》所討論的題目依次爲：《易》《書》《詩》《周禮》《儀禮》《大戴禮記》《禮記》《左傳》《國語》《春秋名字解詁》《公羊傳》《穀梁傳》《爾雅》《太歲考》《通説》。《經説》則依次是：《易》《書》《詩》《周禮》《儀禮》《禮記》《公羊傳》《左傳》《穀梁傳》《論語》《孟子》《爾雅》。通過對比，可以看出《經説》的變化：一是春秋三傳以《公羊傳》居首，這是俞樾治經遵公羊家法的體現。二是補充了《論語》《孟子》兩種經書。（這兩點在《平議》中已有體現）三是没有專題論文，顯得眉目疏朗。四是皆出自「十三經」，没有《大戴禮記》《國語》。

《經説》在選題上也深受《述聞》影響。計解經五百三十一題，與《述聞》相似或相同的題目就有五十多處，如《周易》部分：

《述聞》：「至於八月有凶」，「七日來復」，「舊井無禽」，「殷薦之上帝以配祖考」，「莫大乎蓍龜」，「爲駮馬」，「故受之以大壯大壯則止」

《經説》：「八月有凶」，「七日來復」，「舊井無禽」，「以配祖考」，「蓍龜」，「駮馬」，「大壯則止」

經題分布也與《述聞》高度吻合，比如《述聞》卷十有「祝命挼祭」條，下一條是「爾黍稷反黍稷」。而《經説》卷八亦有「祝命挼祭」，下一條亦是「爾黍稷」。《述聞》卷十「禽羞俶獻比歸大禮之日」後是「至再拜」，《經説》卷十末題「禽羞俶獻比」，卷十一首題「至再拜」。

雖然選題如此相似，但俞樾在具體解説時，更多是對《述聞》的辯正和補充。

仍以《周易》爲例，如解「舊井無禽」，《述聞》讀「井」爲「阱」，釋爲陷井。《經説》則以王肅注「久井不見渫治，禽鳥不嚮」爲是，釋爲水井，謂「近儒高郵王氏又破井爲阱，并非經旨」，明斥《述聞》爲非。解「駮馬」，《述聞》讀「駮」爲「駁」，釋爲赤色馬。《經説》則謂「駮」當作「駁」，釋爲牡馬。雖未明言，實與《述聞》立異。解「大壯則止」，《述聞》謂「壯」有止義，引《雜卦》「大壯則止遁則退也」爲據。《經説》亦謂「壯」有止義，則據《爾雅》「疾、齊，壯也」，謂齊有止義，故壯自有止義。觀點相同，論據則異，此於《述聞》爲補正。

其他地方表現則更爲明顯，皆於《述聞》或補或正。如卷五「于四望」引《述聞》後云：「王説是也。此文不特有錯亂，且有衍文。」卷七「及期夕幣鄭注」末句云：「王氏《經義述聞》以『期』爲衍文，非是，故爲辨正之。」卷八「至再拜」末句云：「王氏引之謂『至再拜』當作『至壹拜』，究嫌『至』字鶻突，似皆非也。」卷九「寢廟畢備」末句云：「王氏《經義述聞》於『不穴寢廟』已發明其義，而不及《月令》此文，愚故爲補之。」

有時面對同一段經文，由於關注點不同，《經説》轉而討論相關問題，這些也是俞樾的新發現。比如：

1.《周易・師》：「初六，師出以律，否臧凶。」

《述聞》卷一出「師出以律」，王引之討論「律」字的含義。《經説》卷一出「否臧凶」，則討論「否」字的含義。

2.《周易・繫辭上》：「莫大乎蓍龜。」

《述聞》卷一出「莫大乎蓍龜」，謂「善當作大」。《經説》卷一出「蓍龜」，則謂「易之理固通乎龜」，所論與「大」字無涉。

3.《禮記・檀弓》：「平公飲酒，師曠、李調侍。鼓鐘。」鄭注曰：「樂作也。」《述聞》卷十九出「樂」，考察「樂」字的讀音。《經説》卷九出「鼓鐘」，則駁鄭玄注。

4.《禮記・樂記》：「廣其節奏，省其文采，以繩德厚。」

《述聞》卷十五出「以繩德厚」，討論這句話的意思。《經説》卷十一則出「廣其節奏省其文采」，論「文采」與「節奏」有異。

更多時候，《經説》是直接或者間接引用《述聞》作爲論據，借以論證新觀點。此類較多，約三十多處。如：

1.《禮記・聘禮篇》：「禽羞俶獻比。」鄭注曰：「比，放也。其致之禮如乘禽也。」愚按：全經之例，凡兩事相同者，或言「亦如之」，或言「如某禮」，未有言「比」者。鄭注非是。（卷七「禽羞俶獻比」）

按《述聞》卷十「禽羞俶獻比歸大禮之日」云：「全經之例，兩事相若者則云『亦如之』，或云『如某事之禮』，無言『比』者。」知俞樾駁鄭注，全引《述聞》。不過，王引之認爲此經「比」字當屬下句讀，釋爲「比及三年」之「比」。俞樾則認爲「比」字仍屬上句讀，釋作「比次其物而陳之」。知俞樾固引《述聞》以駁鄭注，然説與《述聞》異。

2.《禮記·禮器篇》：「金次之，見情也。」鄭注曰：「金炤物，金有兩義，先入後設。」（卷十「金次之」）

按《述聞》卷十四「圭璧金璋」云：「金當作宗，宗者，琮之假借字也。」俞樾引此説後云：「竊謂此文『金』字亦當作『宗』，而爲『琮』之叚字。」然《述聞》所解爲《禮記》，而俞樾引此通假條例，轉以解《禮器》也。

3.《穀梁傳·定公四年》：「君若有憂中國之心，則若此時可矣。」愚按：「若此時」當作「此若時」，古書往往以「此若」二字連文。（卷十三「若此時」）

按《述聞》卷十五「以此若義也」云：「『此若』二字連讀，若亦此也。古人自有複語耳。」後引《管子・山國軌》「此若言何謂也」、《地數》「此若言可得聞乎」、《墨子・尚賢》「此若言之謂也」、《節葬》「以此若三聖王者觀之」，以證「此若」連讀是古書通例。俞樾解此經謂「古書往往『此若』二字連文」，之後亦引《管子》《墨子》四句爲證。可見，此訓詁條例及論據皆出《述聞》，然王引之用以解《禮記》，俞樾借用以解《穀梁》耳。

綜上可知，《經説》在體例、選題、解經方法上都深受《述聞》的影響，但它更多是對《述聞》的辯正和補充，可謂「述而有作」。

（二）補正前説

《經説》的另一個特點是對俞樾對過往觀點的補正，尤其是早年的《群經平議》。章太炎《俞先生傳》謂其「末年自敕爲《經説》十六卷，多與前異」〔一〕。如：

1.《周易》「履霜」，釋文曰：「鄭讀履爲禮。」

〔一〕章炳麟《太炎文録初編》，《章太炎全集》第四册，上海人民出版社一九八五年版，第二一一頁。

《平議》卷一「履霜」，鄭玄讀「履」字爲「禮」。俞樾謂此處經文有誤，鄭玄所據經文原本作「禮霜」，遂注云「禮讀爲履」，鄭破假字讀以本字。後人不察，用鄭注改經文變成了「履霜」，又據已改經文改注文，成了「鄭讀履爲禮」，而陸德明承此誤。此説頗迂曲。後來俞樾作《詁經精舍自課文》卷一「周易履霜鄭讀履爲禮解」，則謂經文「履霜」無誤，鄭讀履爲禮爲經師遺言〔一〕。而到了《經説》，其説法又有變化：

履卦六爻皆有「履」字，然皆以人之履之者言，不以履言，若「素履」是履之色，豈「九五，夬履」是履之制乎？（卷一「素履」）

這裏説履卦六爻「履」字皆以人之履之者言，則「履霜」之「履」即踐履之義，實已暗破前説。

2.《周易·賁》彖辭：「賁，亨，小利有攸往。」王注曰：「柔來文剛，居位得中，是以亨；剛上文柔，不得中位，不若柔來文剛，故小利有攸往。」

〔一〕俞樾《詁經精舍自課文》，《中國歷代書院志》第十五册，江蘇教育出版社一九九五年版，第六八七頁。

象辭「亨小」二字，俞樾早年以「小」字爲衍文，《平議》卷一「亨小利貞」：「彖辭本無『小』字……其作『亨小』者，涉『未濟亨小狐汔濟』之文而衍耳。」〔一〕認爲「小」字涉下文而衍。後來《古書疑義舉例》「涉上下文而誤衍例」引此經，延續了這個説法。而到了《經説》，俞樾則謂經文「亨小」無誤，又云：

自此經失其讀，則「亨小」惟見於《既濟》一卦，遂有以舊讀爲非者。余前作《群經平議》亦以「亨小」爲不辭，未見及此也。（卷一「賁亨小」）

這裏明斥《平議》爲誤，則《古書疑義舉例》所舉例亦非是。

3.《周易・井》：「初六，舊井無禽。」王注曰：「久井不見渫治，禽所不嚮，而況人乎？」

此經「舊井無禽」，《平議》謂井水至深，禽無從取飲，故不從王説，而用干寶「水禽」之説，謂

〔一〕俞樾《群經平議》，《春在堂全書》第一册，鳳凰出版社二〇一〇年版，第一九頁。

禽是生長在水里的魚蝦蛤蟆一類。而到了《經説》，則謂「今審思之，則王説是也」，云：

古之聖人皆生於北方，故觀象繫辭皆是北方之事。南方水鄉隨處有水，禽鳥隨處可飲，自無取乎井。若北方，則往往平原千里無一勺之水，非飲於井，禽鳥皆渴死矣。（卷一「舊井無禽」）

謂經文所述爲北方之事，北方水少，有井之處，禽亦集也。無水之處，禽亦不集，故「舊井無禽」，當以王注爲是。俞樾後來又重申此説，《春在堂雜文》四編卷七《彭麗崧〈易經解注傳義辨正〉序》云：

惟所采二百餘家，以余之膚淺而亦與焉，未免失之泛濫。其於「井初爻」取余「水禽」之説，謂「禽」字之解此爲諦當，乃余近著《茶香室經説》則又變其説矣。……王注所云「井不渫治，禽所不嚮」，正得其實，不必易也。〔二〕

〔二〕 俞樾《春在堂雜文》（四編），《春在堂全書》第四册，鳳凰出版社，二〇一〇年版，第三三〇頁。

稱他在《經説》裏已更改了舊説，對有的學者還采用《平議》的説法，表達了意見。

以上略舉數例，可見俞樾在不同時期，解經觀點多有變化。即便是再後來的《經課續編》，仍有不少是對《經説》的補正〔二〕。將《經説》與其前後著作進行對比，可以對他的一些觀點有較全面的把握。

（三）舊事重提

《經説》固然「多與前異」，但也不乏俞樾之前發明的觀點，又在這里反復論述的。比如：

1.《周禮·疾醫》：「兩之以九竅之變，參之以九藏之動。」鄭注曰：「兩、參之者，以觀其死生之驗。」疏曰：「言兩者，謂九竅與所眂爲兩，兩與九藏爲參。」

鄭注、賈疏未釋「兩之」「參之」之意，俞樾據《素問》云：「兩之、參之，各就其所在而言。九

〔二〕《經課續編》卷二「辛壬娶塗山癸甲生啟説」、卷三「皋比解五篇」、卷五「九門解」、卷六「《論語》引《詩》『誠不以富』二句解」、卷三「祖乙圮于耿解」等。參王欣《俞樾〈經課續編〉點校與研究》，復旦大學二〇一五年碩士學位論文。

竅分陽竅七、陰竅二，故曰兩。九藏以三部候之，其詳見《三部九候論》。」（《經説》卷五「兩之參之」）

按俞樾早年即認爲《素問》的「三部九候」是《周禮》「兩之」「三之」的正解，并在多種著作中發表這個觀點。如《俞樓雜纂》已詳細考證了《素問》的「三部九候法」，認爲其與《周禮·醫師》中的「參之以九藏之動」診法相通。所著《讀書餘録》《耳郵》《春在堂詩編》《右臺仙館筆記》亦皆提及《三部九候論》，認爲《周禮》「參之以九藏之動」即《素問》的「三部九候」。同一觀點，反復申明，可見俞樾視此説頗爲得意。

2.《周禮·鹽人》：「王之膳羞共飴鹽。」鄭注云：「飴鹽，鹽之恬者，今戎鹽有焉。」賈疏曰：「即石鹽是也。」

賈疏「石鹽」不知何物，俞樾認爲即是糖霜，引宋人王灼《糖霜譜》，謂古有蔗餳之法，出南蠻中，楚人得之，三國時猶獻自交州；古亦又有糖霜之法，出自西戎，即《周官》之「飴鹽」，鄭注之「戎鹽」，賈疏之「石鹽」。（《經説》卷五「飴鹽」）

按《茶香室三鈔》卷二十五「糖霜」云：「蔗餳與糖霜但有精粗之别，合而一之，不復知其初之一出南蠻，一出西戎矣。」〔一〕亦謂古有蔗餳、亦有糖霜。可見，《經説》認爲糖霜出西戎，是重申了《三鈔》的觀點。

3.《禮記·少儀篇》：「頌而無讇，諫而無驕。」鄭注曰：「驕，謂恃知而慢也。」

俞樾謂此「驕」非驕慢之驕，當讀爲「撟」，古有「撟君」之説，義謂諫君而過分，實非臣之正道。引《荀子》「率群臣百吏而相與彊君撟君」「事暴君者有補削無撟拂」以證。（《經説》卷十一「諫而無驕」）按《荀子·臣道》：

大臣父兄有能進言於君，用則可，不用則去，謂之諫；有能進言於君，用則可，不用則死，謂之争；有能比知同力，率群臣百吏而相與彊君撟君，君雖不安，不能不聽，遂以解國之大患，除國之大害，成於尊君安國，謂之輔。有能抗君之命，竊君之重，反君之事，以安國之危，除君之辱，功伐足以成國之大利，謂之拂。〔二〕

〔一〕俞樾《茶香室叢鈔》，《春在堂全書》第六册，鳳凰出版社二〇一〇年版，第六五六頁。
〔二〕王先謙《荀子集解》，中華書局二〇一三年版，第二九四—二九五頁。

臣子於危難之時「撟君」，迫使君王解國危、除國害，此類行爲被稱爲「輔」。《荀子》又云：「故諫、争、輔、拂之人，社稷之臣也，國君之寶也，明君所尊厚也，而闇主惑君以爲己賊也。」可見爲解國危而「彊君撟君」是被荀子認可的。然而俞樾認爲「撟君」非臣之正道，謂臣子於君，無論任何時候都只可諫不可撟。

這一説法亦見於《諸子平議》卷七「臣何敢槁也」：

「槁」字與《問下篇》「犒魯國之犒」同爲「撟」之誤字。《荀子・臣道篇》曰「率群臣百吏而相與彊君撟君」，又曰「事暴君者有補削無撟拂」。晏子言「臣何敢撟」，言臣何敢有所撟拂乎？蓋因公忿然作色，故云然。〔二〕

此處亦改「槁」爲「撟」，觀其引證，與説此經同。説《晏子》謂晏子不敢撟君，説此經謂臣可諫君但不可撟君，仍是申明「撟君非臣之正道」一説。

以上略舉數例，其他如認爲「上古爲人后者不必同宗」（卷八「爲人後者」）「三王四代當用

〔二〕俞樾《諸子平議》，《春在堂全書》第二册，鳳凰出版社二〇一〇年版，第七八頁。

《春秋繁露》説」（卷十一「三王四代」）「古人祭日每年不止一次」（卷十二「忌日不用」）等，皆是在重中自己之前的發現。

（四）舉一反三

在《經説》裏還能發現，一些舊有的訓詁條例被拿來解説不同的經句，頗有舉一反三的效果。如：

1.《禮記・少儀篇》：「臣爲君喪，納貨貝於君，則曰納甸於有司。」鄭注曰：「甸謂田野之物。」正義曰：「言入此物，自田野之所出，臣皆受君地，明地物本由君出也。」

經文稱「納貨貝」爲「納甸」，鄭玄注「甸爲田野之物。」俞樾謂鄭注以貨貝爲甸義不可通，且此經上文「致金玉貨貝」名曰「致馬資」，此處「致貨貝」却名「納甸」，同有貨貝而名目不同，俞樾因而生疑，謂「甸」爲假借字，當讀爲陳。陳，陳列也，「《周禮・稍人》注：甸，讀『維禹敶之』之敶。即其例也」。此云「納陳於有司」，謂納陳列之物於有司也。（卷十一「納甸」）然經學家訓詁目的不在注釋字詞，多爲疏通經義，此經上文説送行，此處説送喪，其事不同，故其名各異。

俞樾必謂鄭注貨貝爲「甸」，有曲解鄭注的嫌疑。

事實上，讀「甸」字爲「陳」，是俞樾慣用的訓詁條例。《平議》卷七「朕皇祖文王烈祖武王度下國作陳周」云：

陳與甸通。《信南山篇》「維禹甸之」，《周禮·稍人》注引作「維禹敶之」。敶即陳也。〔一〕

《達齋詩説》「胡逝我陳」亦云：

陳當讀爲甸，即所謂「四丘爲甸」者也。……《周官·稍人》注曰：「四丘爲甸，甸讀與惟禹敶之之敶。」同是甸讀如敶。〔二〕

又，《諸子平議》卷三十三「天甸其道」云：

〔一〕俞樾《群經平議》，《春在堂全書》第一册，鳳凰出版社二〇一〇年版，第一一七頁。

〔二〕俞樾《曲園雜纂》，《春在堂全書》第三册，鳳凰出版社二〇一〇年版，第二七頁。

《詩·信南山篇》「維禹甸之」，《周官·稍人》注引作「維禹敶之」，是甸與敶通。古田、陳同聲。甸通作敶，亦猶齊陳氏之爲田氏也。《説文·攴部》：「敶，列也。」今經典皆以陳爲之。

以上三例，皆謂「甸」與「陳」通，引《稍人》注爲例證。解説對象不同，所用手法却一樣。可見「甸讀爲陳」這一條例，已被俞樾運用的很純熟了。

2.《禮記·樂記篇》：「禮減而不進則銷，樂盈而不反則放，故禮有報而樂有反。」鄭注曰：「報讀曰褒，猶進也。」

俞樾駁鄭注，認爲「報讀曰褒」一説迂曲，引《少儀篇》「毋拔來毋報往」鄭注：「報，讀爲赴疾之赴。」謂此經「報」當讀爲「赴」。赴，至也。《左傳》「能自曲直以赴禮者，謂之成人」，此即「禮有赴」之説。（卷十一「禮有報」）

學者於此經「報」字有兩説，一依鄭注讀爲「褒」，釋爲「進也」；一讀如字，釋作禮尚往來相報答。按鄭注「猶進也」并非釋字義，而是解經義。此處「禮有報而樂有反」實承前文「不進」、

「不反」而言，樂盈則須反，禮減則需進，故鄭注「報」字曰「猶進也」。而「進」的具體内容鄭注未加説明，故後世學者謂是禮尚往來、相報答義，此説與鄭注并不相違。

俞樾之所以讀「報」爲「赴」，恐怕還是受訓詁經驗的影響。《平議》卷十「君曰卜爾」云：

赴與報亦聲近義通。《禮記·少儀篇》「毋報往」鄭注曰：「報讀爲赴疾之赴。」〔一〕

《諸子平議》卷二十一「秦之有韓若人之有腹心之病也」云：

下文「今若有卒報之事韓不可信也」，報當讀爲赴疾之赴。《禮記·少儀篇》「毋報往」、《喪服小記篇》「報葬者報虞」，鄭注并曰：「報，讀爲赴疾之赴。」是也。〔二〕

兩處皆謂「報」當讀爲「赴」，引鄭玄《少儀》注爲證。可見，使用這一訓詁條例，已是俞樾慣用的解經手法。

〔一〕俞樾《群經平議》，《春在堂全書》第一册，鳳凰出版社二〇一〇年版，第一五二頁。
〔二〕俞樾《諸子平議》，《春在堂全書》第二册，鳳凰出版社二〇一〇年版，第二二五頁。

3.《禮記·祭法篇》：「王宫，祭日也。」鄭注曰：「王，君也。日稱君。」

俞樾駁鄭注，謂日有君相，然不聞稱日爲王。他認爲「王」當讀爲「暀」，《廣韻》注云：「美光。」謂古字止作「王」，後以其爲日之光，故從日作旺，又從往聲作暀。此經「王宫」實即暀宫，與祭日正合。（《經說》卷十二「王宫」）

按鄭注「王宫」二字謂「王，君也」，因君有日相，故稱王宫。此説雖迂，義亦可通。且鄭注并未稱日爲王，俞樾之謂「不聞稱日爲王」，實曲解鄭注，其駁無理。

「皇」可通作「暀」，又引《詩·楚茨》「先祖是皇」箋云「皇，暀也」、《泮水》「烝烝皇皇」箋云「皇皇當作暀暀」爲證，《經說》用此條例解經還有兩處，如卷一「我皇多有之」：

皇、往聲近義通。《禮記·少儀篇》：「齊齊皇皇。」鄭注曰：「皇，讀如歸往之往。」《詩·信南山篇》：「先祖是皇。」鄭箋曰：「皇之言往也。」又《泮水篇》：「烝烝皇皇。」箋曰：「皇皇，當作暀暀。暀暀，猶往往也。」並其證也。

卷十「往德也」：

「往」當讀爲「暀」,《説文・日部》:「暀,光美也。」《爾雅・釋詁》曰:「暀暀,美也。」然則「暀德」猶「美德」,言美其德也。

合此三處觀之,俞樾因鄭注有云「皇,暀也」「皇皇當作暀暀」,遂謂皇、王、往三字皆可通作「暀」,欲將皇、暀相通引爲通例,頗有濫用通假之嫌。

以上略舉數例,其他如「名讀爲命」(卷十一「名之曰建槖」)「容讀爲搈」(卷十二「容聲」)「道猶順也」(卷十二「道仕聖禮義之序」)「順通作訓」(卷十二「重責婦順」),都是俞樾多次使用過的訓詁條例。

可見,與借用《述聞》發明的訓詁通例來解其他古書類似,俞樾試圖把更多的訓詁條例引爲通例。然而,舉一反三易,融會貫通難。更多時候,往往「揆之本文而協,驗之他卷難通」,此時若必執爲通例,在解經時就有不通的地方。

(五)時代特色

《經説》解説的雖然是古書,但其中的一些做法和觀念,約略能看出時代的影響。

比如,《經説》很重視利用最新的學術成果。尤其值得一提的是阮元的《十三經注疏校勘記》（以下簡稱「《校勘記》」）。《校勘記》在清代很有名，俞樾謂：「近世治經者，皆奉阮《校勘記》爲南鍼。」（卷八「日用丁己」）《經説》引用《校勘記》高達三十餘處，多是對《校勘記》的補正，尤以直斥《校勘記》之誤的地方較多。可以認爲，《經説》的這部分研究，是基於《校勘記》進行的。

《經説》也很重視前人以及同时代人的觀點。如解《尚書》時多次引用孫星衍《尚書今古文注疏》（卷一「食哉」「錫貢」）。又如解《禮記》「爨室」時借用同輩學者劉書年的《説經殘稿》，謂此「爨室」乃燕寢之别名（卷九「爨室」）。再如，解説《論語》「夫子何爲」畢，則徑謂「此余門下士蔡啓盛説」（卷一六「夫子何爲」）。

《經説》還很重視使用新材料。比如卷六「午貫」引用了明人董説的《楝花磯隨筆》，此書當時并不常見，《春在堂隨筆》卷九云：

董若雨説《楝花磯隨筆》，但有鈔本，沈穀臣庶常以示余，字跡皆草草，殆邨學中童子所書也。〔一〕

〔一〕俞樾《春在堂隨筆》，《春在堂全書》第五册，鳳凰出版社二〇一〇年版，第四九九頁。

可知此書當時并没有刻本，俞樾所見到的也只是鈔本。又如《三老碑》出土於清咸豐二年（一八五二），俞樾得到了此碑的初拓本，并利用此碑考證古人忌日不止一次。（卷十二「忌日不用」）又如卷九「薦鞠衣」引用了《玉燭寶典》，此書宋代以後即佚，日本幸存此書。清光緒十年（一八八四），黎庶昌從日本舊抄卷子本抄回國，刻入《古逸叢書》。《經説》撰成於光緒十四年，可知俞樾所用的是很新的材料。

有些地方約略能看出時代的局限，頗爲有趣。比如卷五「凡任地」認爲周初稅法仍是十一而稅：

> 若自國宅至甸稍縣都通率之，適合十一之數，何也？園廛二十，近郊十，遠郊二十，甸稍縣都十，其數六十。園廛稅一，近郊稅一，遠郊稅三，甸稍縣都稅二，其數七。是爲六十而稅七，稍浮於十一，然有國宅一分無稅，則適是十而稅一矣。

這個説法是有道理的，不過算法是有問題的。「若自國宅至甸稍縣都通率之」，以現代計算方法應該是：

$$\left(\frac{1}{20}+\frac{1}{10}+\frac{3}{20}+\frac{2}{10}\right)\div 4=\left(\frac{1}{20}+\frac{2}{20}+\frac{3}{20}+\frac{4}{20}\right)\div 4=0.125$$

結果固然約合十分之一，而俞樾所求和爲「六十而税七」$\left(\frac{7}{60}\right)$，顯然是直接把分子、分母分别相加得到的結果，并没有進行通分，這個計算方法是不準確的。

解經時不經意的文字，頗有經學家的微義。如卷十三「進不能守退敗其師」認爲秦國羡慕戎夷富强，而本國以詩禮治國反成亂政，於是用由余策，「以其治戎者治秦，而秦於是乎狄矣」，接著感慨道：

夫秦得周之故都、文武成康之舊治也，而秦俗之敝，至於婦公並踞，殆即用由余之效與？苟求富强，棄其本俗，故曰「秦之爲狄自殺之戰始」也。

推崇禮法治國、嚴華夷之辨，實屬俞樾的一貫觀點。如清末天主教在中國盛行，俞樾頗不以爲然，遂引《棟花磯隨筆》所記「鐵十字」，認爲十字架中國古已有之，是用來辟邪和治水的，後來傳入西方，讓天主教給神話了（卷六「午貫」）。又如俞樾認爲周文王對西戎戒備森嚴很有遠見，他同時説道：「梨軒國即後世所謂大秦者，景教流行從是來也，至於今，而『西戎孔棘』矣。」（卷三「薄伐西戎」）以上諸例，頗有時事感傷味道。

綜上可見，清代經學昌盛，新出文獻較多，俞樾很重視采用新觀點和新材料，《經説》無疑反映了當時的學術前沿。不過，受當時科技和觀念的影響，他的解經有時顯得不那麼純粹。

三、後世影響

《經説》在成書以前，已經有了小範圍的影響。其弟子于鬯著《香草校書》，明引《經説》計有五次[一]。如卷三十一「絞衣以裼之」云：

此俞陰甫太史課求志書院題，此説與太史《茶香室經説》同，時《經説》未出，暗合也，而詳略有異。[二]

[一] 卷二十六「記笄縚被里加於橋」條、卷二十九「軍有憂」條、卷三十「文王世子記夢帝與我九齡」條、卷三十一「三年之喪祥而從政」條、「絞衣以裼之」條。

[二] 于鬯《香草校書》，中華書局一九八四年版，第六一八頁。

按此説出《經説》卷十一「絞衣」條，可見其内容確如俞樾所説「評閲課卷及與門下士往復講論」，而于鬯所謂「時《經説》未出」是也，然亦只是俞樾早年説法，尚未整理成書耳。《經説》刊行後，影響則不限於其弟子輩。清人謝庭蘭撰《讀俞氏經説隨筆》十卷，以攻擊俞樾解經爲務，《經説》一書在所難免。黄維清撰《群經釋疑》六卷，則一以俞樾爲準，尤其以《經説》爲準。之後《續修四庫全書提要》計舉五例，謂俞樾論「穆卜」「寧武」，「以經證經，其義甚確」；又説他論「五日爲期」「女御」「文王既没」，實屬「世情好妄」。《經説》以考據爲主，間有諸多條目考據精當，近代以來影響頗大。

如《左傳・僖公二十八年》：「甯武子爲輔，鍼莊子爲坐，士榮爲大士。」杜注、孔疏皆釋「坐」爲主，以爲鍼莊子主其事。《經説》卷十四「士榮爲大士」則認爲：

「爲大士」與「爲輔」「爲坐」一律，皆當時所爲，非舉其平日之官也。竊疑鍼莊子爲坐，不過代衛侯坐訟耳。

此條議論精當，近人多加引用。如楊蔭杭《老圃遺文輯》「律師」條〔一〕、錢玄《三禮辭典》「不躬坐」條〔二〕、楊伯峻《春秋左傳注》〔三〕、陳戍國《春秋左傳校注》〔四〕、左言東《先秦官爵表》〔五〕，皆用此説。

又如《左傳・定公十二年》：「費人攻之，弗克，入及公側。」杜注「入及公側」曰「至臺下」。《經説》卷十五「入及公側」認爲：

疑此「入」字乃「矢」字之誤，言費人自台下仰攻，故矢及公側也。「矢」與「入」形似，又涉上文「入於季氏之宫」句而誤。《襄二十三年傳》「矢及君屋」可以爲例。

〔一〕楊蔭杭《老圃遺文輯》，長江文藝出版社一九九三年版，第六四三頁。
〔二〕錢玄、錢興奇《三禮辭典》，鳳凰出版社二〇一四年版，第一四一頁。
〔三〕楊伯峻《春秋左傳注》，中華書局二〇〇九年版，第四七二頁。
〔四〕陳戍國《春秋左傳校注（上册）》，嶽麓書社二〇〇六年版，第二六一頁。
〔五〕左言東《先秦官爵表》，商務印書館一九九四年版，第二四四頁。

此條論述極合理，楊伯峻《春秋左傳注》[一]、來新夏《史記選》[二]、陳戍國《春秋左傳校注》[三]、韓兆琦《史記箋證》[四]皆承此説。

諸多辭書亦引《經説》爲書證，如華夫主編《中國古代名物大典》「靈鼓」「鞠衣」「脤膰」諸條[五]，皆引《經説》爲證。《漢語大詞典》「宧」字[六]、《常用字字源字典》「宧」字[七]，皆引卷十四「宧三年矣」爲證。

《經説》亦有不能服人者，如卷十四「天子用八」云：

「用八」直是八人，「用六」直是六人，「大夫四」直是四人，「士二」直是二人。

[一] 楊伯峻《春秋左傳注》，第一五八六頁。又，楊伯峻《春秋左傳注》中用俞樾説尤多，如宣公二年之「宧三年矣」、文公十六年之「帥甸」、桓公六年之「嘉栗旨酒」、昭公二十七年之「令尹炮之」等，皆用《茶香室經説》觀點。

[二] 來新夏《史記選》，中華書局一九九〇年版，第一八五頁。

[三] 陳戍國《春秋左傳校注》，嶽麓書社二〇〇六年版，第一二〇三頁。

[四] 韓兆琦《史記箋證》，江西人民出版社二〇一〇年版，第三二一五頁。

[五] 華夫《中國古代名物大典(上)》，濟南出版社一九九三年版，第三九四、五四八、一四一二頁。

[六] 羅竹風《漢語大詞典》第二卷，上海辭書出版社二〇〇八年版，第一四一八頁。

[七] 胡培俊《常用字字源字典》，崇文書局二〇一二年版，第二五一頁。

此説過於新穎，錢玄《三禮通論》仍用舊説〔一〕。《辭源》出「八佾」條，引舊説及此説未作辯證，蓋謂兩説并存〔二〕。倉修良《漢書辭典》引諸家説，不用俞説，亦以舊説爲是〔三〕。

《經説》集舊日經課内容而成，間有未加論定者，甚至立一説後，云「今又爲此説，未知孰是」（卷十六「丘民」），有失清人論著的審慎精神。無怪乎後人論及此書，褒貶不一。《清史稿》本傳謂：「晚年所著《茶香室經説》，義多精確。古文不拘宗派，淵然有經籍之光。」〔四〕此論一出，影響較衆。然本傳并未舉例説明，所謂「義多精確」或出於尊重。俞樾弟子對此書評價也不一，如章太炎《俞先生傳》謂：「説經好改字，末年自敕爲《經説》十六卷，多與前異。」繆荃孫《俞先生行狀》則謂：「或有精義較勝於昔，學與年進，先生不自諱也。」〔五〕

民國以後，《經説》影響較弱，後人評價多不甚高。錢玄同以「疑古」著名，他肯定「疑經」同

〔一〕錢玄《三禮通論》，南京師範大學出版社一九九六年版，第二八三頁。
〔二〕商務印書館編《辭源》，商務印書館一九八一年版，第二九八頁。
〔三〕倉修良《漢書辭典》，山東教育出版社一九九六年版，第一〇頁。
〔四〕趙爾巽《清史稿》，中華書局一九九八年版，第一三二九九頁。
〔五〕繆荃孫《藝風堂文續集》卷二，《清代詩文集彙編》第七百五十六册，上海古籍出版社二〇一一年版，第五七二頁。

時也肯定《經説》，認爲：「俞氏這解經的態度，實在是我們的好榜樣。」〔一〕不過，更多人還是傾向於王力先生的説法：

俞樾治經以高郵王氏爲宗，但是他的學力見識都不及王氏父子。在《群經平議》中有不少臆説。……至於《兒笘録》和《茶香室經説》則質量更差。……古音通假，必須有確鑿的證據。王氏父子之所以值得贊揚，不但是由於他們大膽提出了「以古音求古義，不限形體」的原則，更重要的是他們用大量的材料或强有力的證據來證明。如果只憑聲音相同或者相近，就貿貿然下判斷，或毫無根據，或找一些不相干的證據，都是不能説明問題的。俞氏往往犯這種毛病。〔二〕

參照上文所舉《經説》通假借的例子，確實可以看到一些不够謹嚴的地方。不過，《經説》本身是教學過程的副産品，這些不够謹嚴的地方，更多是在提供一種思路，以啓發學生思考。

〔一〕 錢玄同《重論經今古文學問題》，《國學季刊》一九三二年第二期，第三一三頁。
〔二〕 王力《中國語言學史》，復旦大學出版社二〇〇六年版，第一三七頁。

若一概謂之「質量更差」，未免過於苛責。

光緒十四年(一八八八)，《茶香室經説》十六卷刊刻完成，次年，即匯入《春在堂全書》行世，於是形成了兩個版本系統：一是《全書》本，一爲單行本。

四、版本流傳

(一)《全書》本

據謝超凡統計，《春在堂全書》共刊刻十次：同治十年(一八七一)刻本、光緒三年(一八七七)刻本、光緒五年(一八七九)刻本、光緒七年(一八八一)刻本、光緒九年(一八八三)刻本、光緒十五年(一八八九)刻本、光緒二十三年(一八九七)石印本、光緒二十五年(一八九九)刻本、光緒二十八年(一九〇二)刻本、光緒間刻本。[一]

《春在堂全書》於光緒十五年刻本開始收録《經説》，故《全書》本計有五種。需要注意的是，除了光緒二十三年的石印本屬於重新製版外，其他幾種都是在舊版上修補而成的，并不是

[一] 謝超凡《游心與呈藝》，人民出版社二〇〇九年版，第三三三—三三三至頁。

重新開雕[一]。

（二）單行本

《全書》本以外，《茶香室經説》還有單行本傳世，現存三種[二]：

版本	形態	現藏地（公共圖書館）	現藏地（大學）	現藏地（其他）
光緒十四年（一八八八）初刻本	綫裝六册	上圖、陝西、寧夏、湖南、湖北、廣東、山西、遼寧、桂林、吴江	北大、鄭大、人大、江蘇師大、華東師大、内蒙古大學	日本龍谷大學、國立國會圖書館
光緒十八年（一八九二）廣東學院刻本	綫裝四册	陝西、河北、内蒙古、廣東、陝西、厦門、桂林、渝中	山大、北師大、蘇大	孔子博物館、湖南省社科院、哈佛燕京圖書館、東京大學綜合圖書館

[一] 《春在堂全書·出版説明》，鳳凰出版社二〇一〇年版，第三頁。

[二] 據「全國古籍普查登記基本數據庫」「高校古文獻資源讀者檢索系統」「中文古籍聯合目録及循證平臺」以及部分網絡資源。

續表

版本	形態	現藏地（公共圖書館）	現藏地（大學）	現藏地（其他）
光緒十九年（一八九三）味腴書屋石印本	綫裝一册	國圖、天津、重慶、吳江、嘉善、新鄉、佛山	寧夏大學、中大	

光緒十四年初刻本流布較廣，現今收藏也較多。光緒十八年翻刻本經過了俞樾弟子徐琪校勘，質量較好。光緒十九年石印本未經校勘，恐怕只是改變了版式。將單行本與《全書》本對勘，或許能發現一些有趣的信息。不過，就俞樾本人而言，他更重視的還是《全書》本。

俞樾希望《春在堂全書》流傳後世，可謂苦心孤詣。光緒三十一年（一九〇五），他給徐琪寫信：「《春在堂全書》近亦印刷，擬將數部分貯名山，五百年後計。」[一]去世前一天，陳夔龍前去探望，俞樾向他囑託身後事：

先生丙午十二月病逝，前一日余往視疾，時已昏厥，猶强語余曰：「《春在堂集》煩多

[一] 張燕嬰《俞樾函札輯證》，鳳凰出版社二〇〇三年版，第五〇五頁。

印行。」余允之。〔一〕

可見，《春在堂全書》是經他本人手定而且刻意傳世的，最能體現他本人的意願。《經説》雖有單行本傳世，但首先值得關注的仍是《全書》本。

五、整理説明

《茶香室經説》十六卷，收録於《春在堂全書》，目前尚未有較完善的整理本。本次點校整理，以鳳凰出版社二〇一〇年影印南京博物院所藏《春在堂全書》本爲底本，參考《續修四庫全書》本以及光緒十八年廣東學院校刻本。書中所引用經文、注文，據阮元《十三經注疏附校勘記》（簡稱「今本」）加以校對。説明如下：

關於校勘：

（一）爲盡可能的保留底本原貌，以下情況不作改動

一是刻意用古字，不作改動。如懸掛字作「縣」，引經文「静而后能安」，引《周禮》經文皆用

〔一〕陳夔龍《夢蕉亭雜記》，中華書局二〇〇七年版，第一〇〇頁。

「法」，引《周易》卦名「无妄」等。

二是《經説》所引《尚書》分篇與今本不同，出注，不改字。如卷一「師錫帝曰」引《皋陶謨篇》「州十有二師」，引文出今本《益稷》；卷一「賓于四門」引《堯典》「賓于四門，四門穆穆」，引文出今本《舜典》；卷二引《堯典》「協時月正日」，引文出今本《舜典》等。

三是《經説》引文出處有誤者，出注，不改字。如卷六「攘獄者」引《布憲》「攘獄者，遏訟者，以告而誅之」，引文出今本《禁殺戮》；卷七引《成十二年左傳》「秦伯使西乞術來聘，主人三辭」，引文出《文十二年左傳》；卷九引《襄三十三年傳》：「夫鼠晝伏夜動，不穴於寢廟，畏人故也」，引文出《襄二十三年傳》；卷十「醷濫」引《月令篇》「醷濫」，引文出今本《内則》；卷十三引《昭二十四年》「有鸜鵒來巢，何以書？記異也」，引文出《昭二十五年》等。

四是《經説》引文與今本有异文，出注，不改字。如卷一引《周易》「失律有功」，今本作「失令有功」。引《周易》傳文「君子嘉遯」，今本作「君子好遯」等。

（二）爲適應現代人閲讀，以下地方有所改動

一是 書中明顯訛誤，改字，出注。

二是 書中避諱字，如「玄」作「元」，「丘」作「𠀉」「邱」作「𨚓」，「寧」作「甯」，「胤」作「允」，「弘」

作「宏」，「曆」作「歷」「秝」，「淳」作「湻」，回改，於首次出現出注説明，後徑改。

三是 書中言及「皇清」「國朝」「朝廷」「功令」「廟諱」時表敬，上有一空格，徑删，不出注。

四是「士土上」「己巳已」一類印刷錯誤，徑改，不出注。

關於標點：

（一）標點以逗號、句號、分號、頓號、冒號、書名號、引號、感嘆號、問號、間隔號爲主，不用專名號、破折號、省略號、著重號等。其中，書名號用《》，引號用「」『』。

（二）有關引號

一是 原句略有删改或有一二字出入者，仍加冒號、雙引號。

二是 原句删節過多或只稱引大意者，只加冒號，不加引號。

（三）有關書名號

一是《春秋》三傳某公某年，《經説》稱引較爲複雜，如「隱九年」「成十一年左傳」「昭二十八年傳」「公羊宣三年傳」「文十年傳」「九年傳」等，當屬時人對某書的不同稱謂，現將所有類似稱謂視作簡稱，中間不加圓點，入書名號内。

二是 所引篇名後的「篇」字，因版本不同而或有或無，爲避免混亂，現統一入書名號内。

三是 凡泛稱的「經」「注」「疏」「傳」「箋」等，附屬於某書的注釋之作如「毛傳」「鄭注」「孔疏」「正義」「音義」「李（善）注」「五臣注」等，書籍統稱如四書、五經、三禮、二十四史等，均不加書名號。

（四）《經説》原書極少分段（按《經説》體例，先引經文、注文或他説，後以「愚謂」「愚按」「按」以申己意或補充説明），今適當分段，以便於閱讀。

因學力和精力所限，本次点校整理或有訛誤，敬祈方家指正。

序

余於學無所得，四十年來鑽研經義，所得亦極麤觕。然生平譔述，究以説經者爲多。《群經平議》外，散見於《弟一樓叢書》及曲園、俞樓兩《雜纂》者，葢又不下數百條矣。至《茶香室叢鈔》《續鈔》《三鈔》，意在網羅舊聞逸事，閒及經義，不足言治經也。惟自主講浙江詁經精舍已逾二十載，評閱課卷及與門下士往復講論，每有觸發，隨筆記録，積久遂多。去年夏，右骰生瘍，精力益衰，故秋閒不至西湖，於吴下寓廬閉門養疾，遂將所記録諸條又益以二百餘事編纂成書，釐爲十六卷。因此書之成，適在《茶香室三鈔》成書之後，故即名之曰《茶香室經説》。不知今之所説其稍勝於前乎？抑或精神不及曩時，疏舛更甚也？

余説經諸書，王益吾祭酒刻《皇清經解續編》采輯幾及大半，此書則成於《續編》既定之後，不及補入，將來有刻《皇清經解三編》者，安知不又從隗始乎？國朝經術昌明，巨儒輩出，余願以此書爲後來者前馬也。

光緒十有四年春二月，曲園居士書。

茶香室經説卷一

周易

乾坤六爻當十二月

《易·乾》：「初九，潛龍勿用。」正義曰：「言天地自然之氣，起於建子之月。陰氣始盛，陽氣潛在地下，故言『初九潛龍』也。」

愚按：乾卦六爻各當一月，此有二説，並見李鼎祚《周易集解》。干寶謂：乾，初九，十一月；九二，十二月；九三，正月；九四，二月；九五，三月；上九，四月。坤，初六，五月；六二，六月；六三，七月；六四，八月；六五，九月；上六，十月。何妥謂：乾，初九，十一月；九二，正月；《集解》未引，可以例推。九三，三月；九四，五月；九五，七月；上九，九月。

孔氏正義於九二爻下云：「諸儒以爲九二當太蔟之月，陽氣發見。則九三爲建辰之月，九四爲建午之月，九五爲建申之月，爲陰氣始殺，不宜稱『飛龍在天』；上九爲建戌之月，群陰既盛，不得言『與時偕極』。諸儒此説，於理稍乖。此乾之陽氣漸生，宜據十一月之後。至建巳之月，此九二當據建丑、建寅之閒。」是孔氏從干寶不從何妥。

然爻之取象，不必與月相準，如必與月相準，則陰生於午是爲五月，坤初六不當言「履霜」也。且從干寶説，則陽盡陰生而已，從何妥説，則陽盡復生陽，宜諸儒皆從何説也。但《集解》於坤卦不引何妥説，未知其説如何。若以陰生于午，則坤初六，五月；六二，七月；六三，九月；六四，十一月；六五，正月；上六，三月。與乾爻同月而陰陽亂矣！愚謂聖人扶陽抑陰，陰雖生于午，而退後一月。初六，六月；六二，八月；六三，十月；六四，十二月；六五，二月；上六，四月。何氏之説必當如是，可以補《集解》之所未備。

否臧凶

《師》：「初六，師出以律，否臧凶。」王注曰：「失律而臧，何異於否？失律〔一〕有功，法所不

〔一〕律，今本作「令」。

赦。故師出不以律，否臧皆凶。」

按：如王注，則當改經文爲「師出不以律」矣，義不可通。《宣十二年左傳》知莊子引此爻辭，杜注曰：「否，不也。」訓否爲不，必《周易》舊説。下文：「有律以如己也，故曰『律否臧』，且律竭也。」阮氏《校勘記》曰：「補刊石經否作不。」此亦古義之幸存者。此爻之義，言師出必以律，若其不臧，則凶矣。「不臧」者，不如律也。象傳曰：「師出以律，失律凶也。」「失律」二字，即釋經文「不臧」二字，王注誤以「否」「臧」爲對文，致失其旨，然亦因《左傳》「順成爲臧，逆爲否」一句，似乎「否」與「臧」對，不知《左氏》之文猶云「順成爲臧，逆爲不臧」，下句省一「臧」字耳。

素履

《履》：「初九，素履往，无咎。」王注曰：「履道惡華，故素乃无咎。」

愚按：《周禮·屨人》有「素屨」，鄭注曰：「素屨，非純吉，有凶去飾者。」又曰：「祭祀而有素屨、散屨者，唯大祥時。」然則素屨乃大祥後所著，非此經所當取象也。素讀爲傃，《禮記·中庸篇》：「君子素其位而行，不願乎其外，素富貴行乎富貴，素貧賤行乎貧賤，素夷狄行乎夷狄，素患難行乎患難，君子無入而不自得焉。」鄭注曰：「素，皆讀爲傃。」正義曰：「素，鄉也，鄉其所居之位而行。」愚謂：《中庸》所言，正合此爻之義。素履，即素位而行也，君子素位而行，無入而不自得，故傳曰「獨行願也」，獨行願，即無入而不自得也。履卦六爻皆有「履」字，然皆以人之履之者言，不以履言，若「素履」是履之色，豈九五「夬履」是履之制乎？

歸妹以祉

《泰》：「六五〔一〕，帝乙歸妹，以祉元吉。」王注曰：「女處尊位，履中居順，降身應二，感以相與，用中行願，不失其禮，『帝乙歸妹』誠合斯義。履順居中，行願以祉，盡夫陰陽交配之宜，故元吉也。」

愚按：王注辭繁而義晦，不知所謂「祉」者王作何解，正義以「祉福」説之，恐非王旨也。此經雖連「帝乙」爲文，而「歸妹以祉」實與《歸妹》爻辭「歸妹以娣」「歸妹以須」一律，傳云「以祉元吉」，文不備耳，不得因傳文而讀「帝乙歸妹」絶句也。「歸妹以祉」若解作「歸妹以福」，恐不成義。釋文出「以祉」二字云「音恥」，此「祉福」之祉。《廣韻・六旨》有「祉」字：「敕里切，福也，禄也。」與「恥」字同音，是其字也。又云：「一音敕子反，又音止。」此則《廣韻》未載。疑即讀爲「止」。《詩・小旻篇》「國雖靡止」，箋云：「止，禮

〔一〕 六五，原作「九五」，據今本改。

也。」「帝乙歸妹以祉」者，帝乙歸妹以禮也。《後漢書·荀爽傳》引此經而説云：「言湯以娶禮歸其妹於諸侯也。」是帝乙歸妹以禮，乃古《易》説如此。王注貌爲高古，恥引舊説，而云「不失其禮」，又云：「盡夫陰陽交配之宜，故元吉也。」則其訓「祉」字固不以爲「祉福」字矣。《否》九四「疇離祉」，王以「疇離福」釋之，而此注不見「福」字。王氏之意可知，孔疏未得其意。

八月有凶

《臨》彖辭：「至于八月有凶。」王注曰：「八月陽衰而陰長，小人道長，君子道消也，故曰『有凶』。」正義曰：「臨爲建丑之月，從建丑至七月建申之時，三陰既盛，三陽方退，小人道長，君子道消，故有凶也。」又引何氏云「從建子陽生至建未爲八月」，褚氏云「自建寅至建酉爲八月」。

愚按：何氏以周正言，褚氏以夏正言，二説皆有理。蓋《周易》用周正，固其所也，而夏數得天，則言陰陽消長仍用夏正，亦其所也。從周正，則八月爲天山《遯》，與《臨》旁通，二陽生者變爲二陰生，故凶也；從夏正，則八月爲風地《觀》，與《臨》反對，二陽在下四陰在上者變爲四陰在下二陽在上矣，故凶也。至王氏虚言其理，本不言爲何月。正義謂是建申之月，則以周正爲九月，以夏正爲七月，非八月也。其卦爲天地《否》，三陰三陽之卦，與《臨》非旁通又非反對也，可知其説之非矣。

正義又云：「陽長之卦，每卦皆應八月有凶。但此卦名『臨』，是盛大之義，故特戒之。」此亦不然。惟《臨》之一卦，「八月有凶」以周正言、以夏正言均通，餘卦不然。《復》旁通之卦爲《姤》，夏五月周七月也，反對之卦爲《剥》，夏九月周十一月也；《大壯》旁通之卦爲《觀》，夏八月周十月也，反對之卦爲《遯》，夏六月周八月也；《泰》反對爲《否》，旁通亦爲《否》，夏七月周九月也。無夏正周正皆八者，故「八月有凶」之文惟於《臨》卦言之，可見聖經立言之精矣。

或謂：「彖辭文王所作，周正未建，何得以周正言？」不知周人建子，乃豳之舊俗也，説詳《毛詩》。

賁亨小

《賁》彖辭：「賁，亨，小利有攸往。」王注曰：「柔來文剛，居位得中，是以亨；剛上文柔，不得中位，不若柔來文剛，故小利有攸往。」

愚按：此當以「亨小」絶句。《易》彖辭言「小亨」者二卦：《旅》也，《巽》也。言「亨小」者亦二卦：《賁》也，《既濟》也。《既濟》「亨小」絶句，明見釋文。《賁》卦「亨小」絶句，無見及者。虞注亦以「小利有攸往」連文，不獨王注然矣。愚謂：此與《既濟》正同，虞云：「既濟，泰五之二，小謂二也，柔得中，故亨小。」然則《賁》卦泰上之乾二，小亦以二言，柔得中，故亨小。《既濟》然，《賁》亦然矣。自此經失其讀，則「亨小」惟見於《既濟》一卦，遂有以舊讀爲非者，余前作《群經平議》亦以「亨小」爲不辭，未見及此也。

彖傳曰：「賁，亨，柔來而文剛，故亨。分剛上而文柔，故小。」此分釋「亨小」二字也。下云：「利有攸往，天文也。」蓋「利有攸往」即以柔來文剛、剛上文柔言，是即剛柔交錯之象，故曰「天文也」。又曰：「文明以止，人文也。」則以卦德言之也。自「亨小」失其讀，彖傳亦以「小利有攸往」連讀，而「天文也」三字遂孤縣無屬，於是有議增「剛柔交錯」四字者矣，至彖傳發端言「賁亨」，不連「小」字，此與《既濟》傳同，正義謂「從省」是也。

七日來復

《復》彖辭：「七日來復。」王注曰：「陽氣始剥盡，至來復時，凡七日。」正義曰：「觀注之意，亦用《易緯》『六日七分』之義。《剥》卦陽氣之盡，在於九月之末，十月當純坤用事，《坤》卦有六日七分。《坤》卦之盡，則《復》卦陽來，是從剥盡至陽氣來復，隔《坤》之一卦六日七分，舉成數言，故言『凡七日』也。」

愚按：以此説《復》卦之「七日來復」洵得矣，但《震》六二、《既濟》六二並云「勿逐七日得」，又隔何卦之六日七分乎？今按：《易》言「七日」，實即先甲後甲、先庚後庚之義。先甲三日，辛也；後甲三日，丁也。自辛至丁凡七日。先庚三日，丁也；後庚三日，癸也。自丁至癸凡七日。甲木克於辛金，辛金歷七日爲丁火所克，則甲木來復矣。庚金克於丁火，丁火歷七日爲癸水所克，則庚金來復矣。復即得矣，餘日皆然。此「七日來復」「七日得」之義，至爲明顯者也。

君子用罔

《大壯》：「九三，小人用壯，君子用罔。」王注曰：「小人用之以爲壯，君子用之以爲羅己者也。」

愚按：王以「罔」爲羅罔，此用舊説，《集解》引虞曰「離爲罔」是也，但經意實不如此。《易緯稽覽圖》曰：「地上有陰而天上有陽曰應，俱陰曰罔；地上有陽而天上有陰曰應，俱陽曰罔。」觀此可得此爻「罔」字之義，猶曰小人用壯，君子不用壯也。傳曰：「小人用壯，君子罔也。」與《遯》九四傳曰「君子嘉〔一〕遯，小人否也」一律，罔即否也。「否」爲「是否」之「否」，王彼注曰「音臧否之否」，亦失其義。《論語》：「人之生也直，罔之生也幸而免。」以不直爲罔，用此經

〔一〕 嘉，今本作「好」。

文法也。

舊井無禽

《井》：「初六，舊井無禽。」王注曰：「久井不見渫治，禽所不嚮，而況人乎？」

愚著《群經平義》謂井水至深，禽無從取飲，故不從王説而從干寶「水禽」之義，今審思之，則王説是也。古之聖人皆生於北方，故觀象繫辭皆是北方之事。南方水鄉隨處有水，禽鳥隨處可飲，自無取乎井。若北方，則往往平原千里無一勺之水，非飲於井，禽鳥皆渴死矣。井水至深，禽得飲之者，北方有井之處，必刳木爲槽，以桔槔取水，灌注其中以飲牛馬，而禽亦集而飲焉。余驅車燕、趙之郊，每於飲馬之處見無數飛鳥翔集其閒，御者舉鞭一揮，乃始散去。王江所云「井不渫治，禽所不嚮」自得其實。崔憬謂「禽，古『擒』字」，近儒高郵王氏又破「井」爲「阱」，並非經旨。

來兑

《兑》：「六三，來兑，凶。」王注曰：「以陰柔之質，履非其位，來求説者也。非正而求説，邪佞者也。」

愚按：經言「來兑」，注增「求」字，疑王氏所據本正作「求兑」。注云：「履非其位，求説者也。」本無「來」字。《集解》引虞曰：「從《大壯》來，失位，故『來兑凶』。」是古本作「來兑」，後人據以改王本，遂於注中增入「來」字耳，「非正而求説」句，仍無「來」字，王之本文也。《尚書·吕刑篇》「惟貨惟來」，釋文云「馬本作求」，此即「求」「來」形似致誤之證。

匪夷所思

《涣》：「六四，涣有丘〔一〕，匪夷所思。」王注曰：「處於卑順，不可自專，而爲散之任，猶有丘虚匪夷之慮。」

愚按：如王注，以「涣有丘匪夷所思」七字爲句，殊不成義。《集解》引虞注，以「匪夷所思」四字爲句，當從之。此「夷」字即《豐》九四「遇其夷主」之「夷」，王注曰：「得初以發，夷主吉也。」正義曰：「據初適四，則以四爲主，故曰『遇其配主』，自四之初，則以初爲主，故曰『遇其夷主』。」二陽體敵，兩主均平，故初謂四爲『旬』，而四謂初爲『夷』。」今即以説此卦，「夷」亦謂初也，初六、六四，二陰體敵，故謂之「夷」。初六居坎水之下，六四則居互體艮中，艮爲山，則「有丘」矣，故「匪夷所思」也。

〔一〕丘，原作「丠」，避孔子諱。以下徑改。

順以聽命也

《需》象傳：「需于血，順以聽也。」

愚按：經云：「需于血，出自穴。」王注曰：「九三剛進，四不能距，見侵則辟，順以聽命者也。」正義曰：「三來逼己，四不能距，故出此所居之穴以避之，但順以聽命而得免咎也，故象曰：『需于血，順以聽命也。』」是王、孔所據傳文「聽」下有「命」字。

以配祖考

《豫》象傳：「雷出地奮，豫。先王以作樂崇德，殷薦之上帝，以配祖考。」正義曰：「以配祖考者，謂以祖考配上帝。」

愚按：配上帝而謂之「配祖考」，傎矣。且祖考之配上帝，亦其功德自足以配之，於作樂何與焉？贅矣。蓋薦之上帝是一事，配祖考又是一事，薦者以樂薦之，配者亦是以樂配之。《无妄》傳曰：「先王以茂對時。」釋文引馬曰：「對，配也。」是「對」與「配」義通，彼傳「對」字訓「配」，此傳「配」字應訓「對」。「以配祖考」者，以對祖考也，猶云「對揚王休」也，作樂以象祖宗功德，正所以對揚祖宗之休美，故曰「以配祖考」，配即對也。

居德則忌

《夬》象傳：「君子以施禄及下，居德則忌。」王注曰：「夬者，明法而决斷之象也。忌，止也，法明斷嚴，不可以慢，故居德以明禁也。」

愚按：如王注，則其所據本當作「居德明忌」。《禮記·禮運篇》「故百姓則君以自治也」，鄭注曰：「『則』當爲『明』。」此傳「則」字或亦「明」字之誤。但《集解》引虞注曰：「乾爲德，艮爲居，故居德則忌。」是古本固作「則」耳。

慎之至也

《繫辭上傳》：「初六，藉用白茅，无咎。子曰：『苟錯之地可矣，藉用白茅，何咎之有？慎之至也。』」

愚按：《大過》象傳曰：「藉用白茅，柔在下也。」並無慎意。王彼注曰：「以柔處下，過而可以无咎，其唯慎乎？」蓋即用此傳之義。其實此傳所謂「慎」者，非謹慎之謂。《詩·巧言篇》：「昊天已威，予慎無罪。昊天大憮，予慎無辜。」毛傳曰：「慎，誠也。」此傳「慎」字亦當訓「誠」。蓋有此誠意，則雖錯之地亦可，况有白茅以藉之乎？若作謹慎解，則與「苟錯之地」句不合矣。下云「慎斯術也以往」，釋文曰：「慎，一本作順。」然則「慎斯術也」之「慎」，當作「順」不作「慎」，與此文初不相涉也。

蓍龜

《繫辭上傳》：「莫大乎蓍龜。」

愚按：在《易》言《易》，止宜言「蓍」，乃兼言「龜」者，固由便文足句，實則《易》之理固通乎龜也。下文云：「河出圖，洛出書，聖人則之。」正義引鄭注：「河，龍圖發；洛，龜書感。」是聖人畫卦，本取法於龜文，故即灼龜以占吉凶，龜蓋從《易》而來也。《禮記・祭義篇》：「昔者聖人建陰陽天地之情，立以爲易，易抱龜南面，天子卷冕北面。」注曰：「易，官名。」是卜人亦謂之「易」也。後世乃謂「筮短龜長」，非篤論矣。

君子見幾而作

《繫辭下傳》：「君子見幾而作，不俟終日。《易》曰：『介于石，不終日，貞吉。』」

愚按：《中論・覈辨篇》曰：「微子介於石，不終日。」是此爻以微子言，不知所本。疑此傳「君子見幾而作」，漢時相傳之本有作「微子見幾而作」者。下文説《復》初九爻以顔子爲説，則此以微子爲説亦無不可。宜表出之，以存古義。

履和而至

《繫辭下傳》：「履和而至。」韓注曰：「和而能至，故可履也。」不釋「至」字之義。

愚按：此傳舉九卦之德，皆以相反見義，「困窮而通」其尤顯者也，「履和而至」亦必一律。至，當讀從《毛詩·關雎》傳「摯而有別」之「摯」，《詩》釋文曰：「摯，本亦作鷙，音至。」是「鷙」本字，「摯」叚字。此作「至」者，又以「摯」音「至」，而即通其字作「至」也。《尚書·堯典》正義引鄭注曰：「贄之言至，所執以自至也。」此摯、至聲近義通之證。《説文·至部》：「𡐦，讀若摯。」亦其例矣。《履》之爲卦，「説而應乎乾」，所謂「和」也。而「上天下澤」，又秩然不紊，故曰「履和而摯」。

至静而德方

《坤·文言傳》：「至静而德方。」王注曰：「其德至静，德必方也。」正義曰：「地體不動，是至静，生物不邪，是德能方正。」

愚按：王注順文爲説，不詳何義。正義以方正釋「方」字，則非也。「方」當讀爲「旁」。《尚書·堯典》「共工方鳩僝功」，《史記·五帝紀》作「旁」；《皋陶謨》「方施象刑惟明」，《新序·節士篇》作「旁」。是「方」與「旁」古字通。《説文·丄部》：「旁，溥也。」至静而德旁，言其體至静而其德則至溥也。「旁」與「滂」義亦相近，《説文·水部》：「滂，沛也。」「德旁」猶「德滂」矣。

駮馬

《説卦傳》：「乾爲駮馬。」正義引王廙注曰：「駮馬能食虎豹，取其至健。」然此馬世不恒有，非乾所當取象。《集解》本作「駁」，引宋衷曰：「天有五行之色，故爲駁馬。」然《爾雅·釋畜》曰：「駵白，駁。」則亦非具五色者。世固無五色之馬也，愚疑此文既有駮、駁之異，或傳寫有誤，當作「駁馬」。《玉篇·馬部》：「駁，音父，牡馬也。」或古《周易》有作「駁馬」者，故顧野王録其字乎？乾爲駁馬，與坤爲子母牛正相配。阮《校勘記》云：「石經駮字係磨改，初刻當是駁字。」愚謂：初刻安知非「駁」字乎？

爲弓輪

《説卦傳》：「坎爲弓輪。」正義曰：「弓者，激矢，取如水激射也。輪者，運行如水行也。」愚按：弓與輪，二者非同類之物，當云「爲弓爲輪」，何以合而言之曰「爲弓輪」乎？此「弓」疑非弓矢之弓，謂車上之蓋弓也。《考工記·輪人》云：「弓長五尺謂之庇輪。」又《輈人》云：「輪輻三十以象日月也，蓋弓二十有八以象星也。」弓、輪同類，故合言之曰「爲弓輪」。

大壯則止

《雜卦傳》：「大壯則止。」韓注曰：「大正則小人止。」

愚按：《易》爲君子謀，不爲小人謀，何得從小人取義？其説非也。《集解》引虞曰：「大壯止陽，陽故止。」然四陽方盛，二陰何能止之？其説亦非也。《大壯》所以爲止者，蓋「壯」自有止義。《爾雅・釋言》：「疾、齊，壯也。」疾爲一義，齊爲一義，疾者疾速，齊者整齊。四陽盛長，名之曰「大壯」，取整齊之義，非取疾速之義。《尚書・牧誓》曰：「不愆于六步、七步，乃止齊焉。不愆于四伐、五伐、六伐、七伐，乃止齊焉。」是「齊」有止義也，故曰「大壯則止」。治國者先立其紀綱，行軍者務嚴其紀律，《大壯》之義也。

尚書

寅賓出日

《尚書・堯典》：「寅賓出日。」枚傳曰：「寅，敬；賓，導。」

愚按：《史記・五帝紀》作「敬道日出」，下文「寅餞納日」，《史記》作「敬道日入」。是「寅」

之訓「敬」，固古文家舊義矣。然竊謂非也。使「寅」即訓「敬」，則上文「敬授人時」何不曰「寅授人時」乎？下文「敬致」何不曰「寅致」乎？今按《月令》，正義引《律曆〔一〕志》云：「『引達於寅』，寅，引也。」此經「寅」字當訓「引」，不當訓「敬」。「寅賓出日」謂日出時引而導之也，「寅餞納日」謂日入時引而導之也。枚傳曰：「餞，送也。日出言導，日入言送。因事之宜。」此固通論，實則餞亦導也。《爾雅·釋詁》曰：「餞，進也。」進即有導引之義，故史公不別其爲「賓」爲「餞」，而皆以「道」字易之也。

師錫帝曰

《堯典》：「師錫帝曰。」枚傳訓「師」爲「衆」。

按：下文：「僉曰：伯禹作司空。」「僉曰：垂哉。」「僉曰：益哉。」此不稱「僉」而稱「師」，非《書》例也。正義引鄭注，以「師」爲諸侯之師，此説得之。《皋陶謨篇》〔二〕「州十有二師」，鄭注：「州立十二人爲諸侯師，蓋百國一師，州十有二師，則州千二百國也。」鄭解《堯典》「師」字

〔一〕 曆，底本原作「歷」。避清帝諱。下徑改。
〔二〕 「州十有二師」及鄭注，皆見於今本《益稷》。

即用此義。正義非之曰：「帝咨四岳，徧訪群臣，安得諸侯之師獨對也？」此説未達當時情事，夫古史簡略，語焉不詳，堯以天下與人，何等大事，必非一堂之上、一時之頃、一言而決者。「明明揚側陋」，此一語非徒口説而已，必且通行天下，周咨博訪，如今朝廷有大政事，命督撫會議者然。於是每一州由十二師下行千二百國，千二百國詢謀僉同，上之十二師，乃由十二師而達於朝廷，是謂「師錫」。下文「帝曰俞予聞」，此猶漢制所謂「報聞」也。又曰「如何」，此又命大臣集議也。於是四岳又極稱舜以贊成之，而禪議定矣。古史數語中包無限情事，僞傳不足知之，又不知「俞予聞」三字乃報聞於外諸侯之師者，解爲「我亦聞之」，遂有衆臣知舜聖賢，耻己不若，不獲已而言之，真以小人度君子矣。

或疑舜在側微，天下萬國安能盡知之而皆舉舜乎？不知此特以明聖人公天下之盛心，且亦當時行大政之通例。其實萬國諸侯未必人人與議，而每州十二師除圻内得九十六人，亦未必一無異議，但從其多者而已。九十六人中雖有數人異議，不害其爲「師錫」也。《韓非子》曰：「堯欲傳天下於舜，鯀諫曰：『不祥哉！孰以天下而傳之匹夫乎？』共工又諫曰：『孰以天下而傳之匹夫乎？』」此即當時諸侯之異議者，使堯不周咨博訪，此等語言何自而來也？《周禮·小司寇》所謂「詢立君」者即其遺意，但堯時普詢萬國，周則止詢萬民耳。

賓于四門

《堯典》[一]：「賓于四門，四門穆穆。」枚傳曰：「四方諸侯來朝者，舜賓迎之，皆有美德，無凶人。」正義曰：「鄭以賓爲擯，謂舜爲上擯。孔不爲擯者，謂舜既録攝，事無不統，以諸侯爲賓，舜主其禮，迎而待之，非謂身爲擯也。」

愚按：鄭説固非，而其文在「納于大麓」之前，則猶未録攝，孔疏説亦非也。《大傳》云：「天子太子年十八曰孟侯。孟侯者，於四方諸侯來朝迎於郊者，問其所不知也，問之人民之好惡，地上所生美珍怪異，山川之所有無，父在時皆知之。」愚謂堯使舜賓于四門正用此禮，蓋堯欲傳天下於舜，則於舜無父子之名而有父子之實，《公羊傳》所謂「爲人後者爲之子也」，故使賓迎四方諸侯，不獨使之練習天下之事，而禪位之意亦曉然明示天下矣。

肇十有二州

《堯典》[二]：「肇十有二州。」姚方興傳曰：「肇，始也。禹治水之後，舜分冀州爲幽州、并

[一]「賓於四門」及枚傳、正義，皆見於今本《舜典》。
[二]「肇十有二州」及姚傳，皆見於今本《舜典》。

州，分青州爲營州，始置十二州。」

愚按：《爾雅》釋文引鄭説亦同，非臆造也，然此事竊有所疑。治水之後，九州大定，何必紛更舊制，創立新州？如因地勢遼闊不得不然，此必禹治水歸，言於帝舜而共制之，乃禹登王位仍復九州，此何爲也？夫自黄帝受命，風后受圖，割地而布九州，其爲九州舊矣，唐虞三代無不仍之，非有改易。其「肇十有二州」者，爲立十二牧張本也。《白虎通・封公侯篇》曰：「唐虞謂之牧者何？尚質。使大夫往來牧視，故謂之牧。旁立三人，凡十二人。《尚書》曰：『咨十有二牧。』」按：旁立三人，謂每方立三人也。洪水既平，而教養之政日益繁多，天下諸侯散處九州之内，不可無統攝之者，於是東西南北四方各使大夫三人爲之牧，每方三人則十二人矣。分九州之地爲十二，使各有專治，其實於各州界域無所更移，不過命之曰某州之牧而已，以大判言之仍曰九州，以州牧言之則爲十二州，二者固不相妨。禹登王位，未必不循十二牧之制，然海内之地則仍九州而已，是以《爾雅》及《職方氏》所載「九州」名各不同，正以天下止此九州。而自舜以來，冀州則有幽、并之名，青州則有營州之名，紀載之辭隨便言之，二者同而異，無庸屑屑分别也。

《宣三年左傳》：「昔夏之方有德也，貢金九牧。」是夏之牧九人而已，蓋帝舜在位既久，天下益治，無復多事，禹承其後，改每方三人爲每州一人，不過裁汰三牧，於天下疆域無所移易，十二牧、九牧，總此九州也，不然，舜與禹何爲如此紛更哉！

食哉

《堯典》：「咨十有二牧。曰：食哉惟時。」姚方興傳曰：「咨，亦謀也。所重在於民食，惟當敬授民時。」

愚按：民食固所重，然此文上無所承，以「食哉」二字發端，若從姚義，殊爲鶻突，殆非然也。竊謂「食哉」二字爲句，「惟時」者，惟是也，屬下讀。蓋「咨十有二牧」以下至「蠻夷率服」皆史臣紀載語，非舜語也。「咨十有二牧曰食哉」八字一句，「食哉」當是古語。孫氏星衍《古今文注疏》正以「食哉」二字爲句，以《方言》「食，勸也」説之。食之訓勸，未知何義，疑古人勸勉之辭，蓋强飲强食之意也。孫氏以説此經，未知是否，其讀則當從之。「惟時柔遠能邇，惇德允元，而難任人，蠻夷率服」，此史臣於舜格文祖之日，綜括舜一生大略而言之，若是舜自言，則「蠻夷率服」語涉夸張，非舜所宜出矣。又下文「舜曰咨」，傳曰：「言『舜曰』以别堯。」可知自「舜曰」以前，史臣不載舜語。使「食哉惟時」至「蠻夷率服」皆舜之言，則「舜曰」二字宜移於此，不然至下文方出「舜曰」二字以别於堯，此數語不成爲堯語乎？知此數語皆史臣之語，則宜截

「食哉」二字屬上，「惟時」二字屬下，方合紀事文法，不當如今讀也。

四載

《皋陶謨》〔一〕：「予乘四載。」枚傳曰：「所載者四，謂：水乘舟，陸乘車，泥乘輴，山乘樏。」

愚按：輴、樏異文異義甚多，段氏《撰異》詳矣，可無説也。然余竊有疑者，載即乘也。如傳義，則「予乘四載」亦可作「予載四乘」矣，且不詳其名物，而但曰「四載」，何以示後世？古文家説恐不如是。《史記·夏本紀》云：「陸行乘車，水行乘船，泥行乘橇，山行乘檋，左準繩，右規矩，載四時以開九州、通九道、陂九澤、度九山。」是史公雖有乘車、乘船、乘橇、乘檋之文，而不以爲即《尚書》之「四載」，其説「四載」則以爲「載四時」。於「乘檋」之下有「左準繩、右規矩」二句以間隔之，則「四載」非車船橇檋四者明矣。《史記》集解「載四時」句下引王肅曰：「所以行不違四時之宜也。」是可得「載四時」之義。《漢書·魏相傳》曰：「東方之神大昊，乘震執規，司春；南方之神炎帝，乘離執衡，司夏；西方之神少昊，乘兑執矩，司秋；北方之神顓頊，乘坎執權，司冬；中央之神黄帝，乘坤艮執繩，司下土。茲五帝所司，各有時也。東方之卦不可以

〔一〕「予乘四載」及枚傳，皆見於今本《益稷》。

治西方，南方之卦不可以治北方，春興兑治則飢，秋興震治則華，冬興離治則泄，夏興坎治則雹。明王謹于尊天，慎于養人，故立羲和之官以乘四時，節授民事。」愚謂：魏相之説必有所本，蓋即禹乘四載之古法，乘震、乘離、乘兑、乘坎，即所乘之四載也。《小爾雅·廣詁》：「載，行也。」乘四載者，乘四時之行也。禹之治水，行其所無事，不以東方之卦治西方，不以南方之卦治北方，所謂順也。不以春興兑治，不以秋興震治，亦所謂順也。蓋自堯設羲和之官，此理備矣，鯀不得其道，故「彝倫攸斁」；禹得其道，故「彝倫攸叙」。區區以舟車輴樏爲言，小矣！史公於「載四時」之上有「左準繩右規矩」六字，蓋亦相傳之古説。規者，乘震而司春者也；矩者，乘兑而司秋者也；準繩者，乘坤艮而司中央土者也。言準繩不言權衡，於四時之行不備，史公屬文有詳有略也。

丕應徯志

《臯陶謨》〔一〕：「惟動丕應徯志。」枚傳曰：「徯，待也。動則天下大應之，順命以待帝志。」愚按：枚義迂曲，殆非也。此「志」字當以民言，不以帝言，此「徯」字即「徯我后」之「徯」。

〔一〕「惟動丕應徯志」及枚傳，皆見於今本《益稷》。

蓋民各有心，不能自達於上，而實環而待命於下，惟動之得其道，則能大應天下徯望之志，故曰「惟動丕應徯志」，猶云以對于天下也。

冀州既載

《禹貢》：「冀州既載。」枚傳曰：「堯所都也，先施貢賦役載於書。」釋文曰：「載，載於書也。馬同鄭。韋昭云：『載，事也。』」

愚舊作《群經平議》從今讀，以「既載」二字屬下，但馬、鄭皆以「既載」二字屬上，古讀如此，未可輕改。而馬、鄭所説「既載」之義似皆未得，枚傳則更有誤字，當云：「堯所都也先施功句賦役載於書。」今作「先施貢」，非枚之舊矣。至「既載」之義，當别爲之説。竊謂當時水患莫大於河，禹治河至今稱神者，不在乎積石以東，而在乎大陸以北。按《史記·河渠書》曰：「河菑衍溢，害中國也尤甚。故道河自積石歷龍門，南到華陰，東下砥柱，及孟津、雒汭，至于大邳，於是禹以爲河所從來者高，水湍湺〔一〕，難以行平地，數爲敗，乃厮二渠以引其河，北載之高地，過降水，至于大陸，播爲九河，同爲逆河，入于勃海。」此禹治水之至計，亦保衛帝都之勝算。冀州

〔一〕 湺，今本《史記》作「悍」。

在中，而河自西之雍州，至南之豫州，又北行之，東之兗州，三面皆大河所環抱，大河治而冀州安矣，故冀州不言治河，而發端曰「既載」，載者，即所謂「載之高地」也。又於其末云：「恒衛既從，大陸既作。」正義曰：「冀州田賦之下始言『恒衛既從』，史以大略爲文，不爲例也。」夫古史之文，先後詳略，皆有義例，豈苟焉而爲之哉！其係之於末者，正與發端「既載」相應，皆爲治河紀也。葢所謂「載之高地」者，其功正從大陸始，故退大陸之文於田賦之下，使與「濟、河惟兗州，九河既道」相承接也，河不經冀州，故冀州無治河之文，而治河實所以保衛冀州，故始曰「既載」，末曰「大陸既作」，「大陸既作」即是「冀州既載」，説經者不達此義，而「既載」之義不可解矣。

又按：以《禹貢》形勢言之，北條之水河爲大，南條之水江爲大。冀州之域，大河環之。荆州之域，大江環之。是故冀州爲帝王之都，而荆州自古强於天下，所謂「有王者後服，無王者先叛」，亦其地勢然也。春秋之世，晉、楚爲兩大國，晉依河爲國，楚依江爲國也。戰國之世，晉衰而秦繼之，楚則仍稱大國，形勢之説，豈不信哉！使禹不引河北行，則地勢固北高南下，河必直走徐、揚矣，安能環抱冀州而收既載之功哉！

孟子曰：「禹之治水，順水之性。」〔一〕此亦不盡然。可順者順之，不可順者不順也。河自大伾以下，使順其性，則直走徐、揚而已。東南卑下，揚土塗泥，聽其所之，將不可制。禹於是從大陸導之北行，載之高地，北方土厚水深，土性既堅，隄岸又峻，河力雖猛，不能不由地中行，可使數百年中不憂河患，然能載之高地者，亦惟開濬使極深而已，河但知就下，而不知已載而之高，此禹所以爲神也。嘗譬之，河猶驕子也，若更縱之，無所不至矣，必約束之，使在嚴師畏友之側，庶可就我範圍，禹之治水猶是也。余讀《禹貢》，因表出之，告萬世治河者。

淮夷

《禹貢》：「淮夷蠙珠暨魚。」枚傳曰：「淮、夷，二水。」釋文曰：「淮夷，鄭云：『淮水之夷民也。』馬云：『淮、夷，二水名。』孔傳云：『淮夷之水。』本亦有作『淮夷二水也』。」是釋文所據僞孔傳作「淮夷之水」，不言「二水」。《史記》索隱曰：「按《尚書》云：『徂兹淮夷，徐戎並興。』今徐州言淮夷，則鄭解爲得。」

愚按：「淮夷」之名，見於《詩》、《書》，其名甚著，而馬獨以「二水」釋之。夷之爲水不見於

〔一〕《孟子・告子下》：「禹之治水，水之道也。」朱熹注：「順水之性也。」

經傳，宜後人之不從馬而從鄭也。枚傳不欲同鄭，又不敢從馬，乃渾其辭曰「淮夷之水」，今作「二水」，非枚意矣。然則馬氏以爲二水，何歟？《水經·沔水注》曰：「夷水即蠻水也。」又《夷水注》曰：「夷水即佷山清江也，蜀人見其澄清，因名清江。」或即以説此經之「夷」，然夷水在蜀，當屬梁、益，非徐州也。竊謂：「夷」即「泗」也，《説文·水部》：「洟，鼻液也，從水，夷聲。」《禮記·檀弓篇》：「垂涕洟。」釋文曰：「洟，音夷。自目曰涕，自鼻曰洟。」《詩·澤陂篇》：「涕泗滂沱。」毛傳曰：「自目曰涕，自鼻曰泗。」然則「泗」可通作「洟」矣，「泗」可通作「洟」，故「夷」亦可通作「泗」。上云「泗濱浮磬」是專出於泗者也，此云「淮泗蠙珠暨魚」則出於泗又出於淮者也，上句作「泗」用正字，此句作「夷」用叚字，古書往往如此，説詳《古書疑義舉例》。

又按：馬氏不以「淮夷」爲夷名，蓋亦有説。《禹貢》所書，如「鳥〔一〕夷皮服」「鳥夷卉服」，蓋言水患平而得復其皮服、卉服之舊，枚説是也。鄭謂「鳥夷卉服」是貢其服，非也。其他如「嵎夷既略」「萊夷作牧」「和夷底績」，皆於貢賦無涉，故此文「淮夷蠙珠暨魚」是淮水、夷水所出，而非貢自淮水之夷也。聖人之於夷，但使之各安其生而不責其貢，此聖人所以治夷也。

〔一〕上引三「鳥」字，今本《禹貢》皆作「島」。

錫貢

《禹貢》：「厥包橘柚錫貢。」枚傳曰：「小曰橘，大曰柚。錫命乃貢，言不常。」正義引鄭曰：「此州有錫而貢之，或時無，則不貢。錫，所以柔金也。」

愚按：橘柚微物，何必錫命乃貢？枚義非也。「九江納錫大龜」，《史記·夏本紀》作「入賜」，而此與豫州之「錫貢」均作「錫」不作「賜」，可知古文家舊説固不以「錫貢」之「錫」爲「納錫」之「錫」矣。近人治《尚書》者孫氏、江氏，於揚州均用鄭注，而於豫州仍用錫命之説，何其説之不定也？夫同此「錫貢」二字，同在《禹貢》一篇之内，在古史必無異義，在鄭注必無異説，以鄭爲不可從則已耳，安得從之於揚州而不從之於豫州哉！然鄭於「錫」字得之矣，於「貢」字似猶未得。愚謂：「貢」當作「項」，「項」乃「澒」之叚字，《説文·水部》：「澒，丹砂所化爲水銀也，從水，項聲。」《尚書》以「項」爲「澒」者，古文以聲爲主，猶「哥」作「歌」，「臤」作「賢」也。今作「貢」者，《禹貢》多「貢」字，而「項」字止此兩見，故誤改爲「貢」也。錫、澒同類之物，故皆以入貢。《淮南子·地形篇》曰：「黄埃五百歲生黄澒，黄澒五百歲生黄金。」「青曾八百歲生青澒，青澒八百歲生青金。」「赤丹七百歲生赤澒，赤澒七百歲生赤金。」「白礜九百歲生白澒，白澒九百歲生白金。」「玄〔一〕砥六百歲生玄澒，玄澒六百歲生玄金。」是澒亦備五色，其類至繁，其用亦廣，固工師之所需也。

其發有逸口

《盤庚上篇》：「相時憸民，猶胥顧于箴言，其發有逸口。」枚傳曰：「言憸利小民，尚相顧于箴誨，恐其發動有過口之患。」

愚按：如傳義，則「其」字上必加「恐」字，於文方明，未免增字釋經矣。「其」疑當作「諅」，《說文・言部》：「諅，忌也，從言，其聲。《周書》曰：『上不諅于凶德。』」今《多方篇》作「爾尚不忌于凶德」，是「諅」、「忌」聲義俱同，可以通用。《廣雅・釋詁》：「忌，恐也。」然則「諅」亦有恐義，「諅發有逸口」者，恐發有逸口也，作「其」者，文之省耳。枚傳得其義，未得其字也。

先王不懷

《盤庚中篇》：「殷降大虐，先王不懷。」枚傳曰：「我殷家於天降大災，則先王不思故居而行徙。」

〔一〕玄，原作「元」，避清帝諱。以下徑改。

愚按：訓「懷」爲思，必加「故居」二字始成文義，非塙詁也。《詩·雄雉篇》「我之懷矣」，《揚之水篇》「懷哉懷哉」，鄭箋並曰：「懷，安也。」《論語·里仁篇》「君子懷德」，《公冶長篇》「少者懷之」，孔注並曰：「懷，安也。」此經「懷」字亦當訓安，言殷降大虐，先王不安，即上篇所云「先王有服，恪謹天命，兹猶不常寧〔一〕」也。

《文侯之命篇》：「肆先祖懷在位。」枚傳曰：「故我後世先祖歸在王位。」正義曰：「懷，歸也。歸在王位者，王位是其所有也，若歸向家然，故稱歸也。」

愚按：傳、疏均迂曲，此「懷」字亦當訓安。懷在位者，安在位也，簡而明矣。

生生

《盤庚中篇》：「汝萬民乃不生生。」又曰：「往哉生生。」《下篇》：「敢共生生〔二〕。」又曰：「生生自庸。」言「生生」者凡四。枚傳皆訓「進進」，孔疏以爲物之生長則必漸進，故以「生生」爲「進進」。

〔一〕寧，原作「甯」，避清帝諱。以下徑改。

〔二〕敢共生生，今本《盤庚》作「敢恭生生」。

愚謂：《説文》：「生，進也。」「生」本訓進，經文疊言「生生」，故傳文疊言「進進」，此訓詁之恒例耳。惟「進進」二字甚爲不辭，於經典亦别無所見，疑「生生」當爲「甡甡」。《説文·生部》：「甡，衆生並立之皃，從二生。《詩》曰：『甡甡其鹿。』」按《桑柔篇》「甡甡其鹿」，毛傳曰：「甡甡，衆多也。」正義謂是同心願樂之意，與「甡甡」義合。作「生生」者，字之省耳，必云「進進」，轉失之矣。

西伯戡黎微子

《西伯戡黎》《微子》二篇，今在《商書》，而《説文·女部》「𡠨」篆下引《周書》曰「大命不𡠨」，即《西伯戡黎篇》「大命不摯」也。《口部》「咈」篆下引《周書》曰「咈其耇長」，即《微子篇》「咈其耇長」也。《辵部》引《周書》曰「我興受其退」，即《微子》篇「我興受其敗」也。是許君以此二篇爲《周書》。若謂字誤，安有三處皆誤者哉？惟《足部》「蹐」篆下引《商書》曰「予顛蹐」，即《微子篇》「予顛隮」。然三處作「周書」，一處作「商書」，校讎古書必從其多者，當據三處改此一處，不當據一處改彼三處也。然則此二篇何以爲《周書》？曰：是有《帝告》五篇之例。《書》序《胤〔一〕征》之下有

〔一〕 胤，原作「允」。避清帝諱。以下徑改。

《帝告》《釐沃》《湯征》《汝鳩》《汝方》五篇，釋文曰：「此五亡篇，舊解是《夏書》，馬、鄭之徒以爲《商書》，兩義並通。」夫《帝告》以下五篇皆《商書》，而今列之《夏書》者，以作《書》之時猶在夏時而未至商代也，然則《西伯戡黎》《微子》二篇雖是《商書》，而文王受命作周，改元稱王，依鄭君説，入戊午部三十年，歲在己未，爲文王元年，則自己未以後，在周人言之，已爲周代矣，此二篇作於周時即爲《周書》。疑古文家舊説有如此，故許君從之，此治古文《尚書》者所未知也。

司徒

《洪範》：「四曰司空，五曰司徒。」枚傳於「司空」曰「主空土以居民」，於「司徒」曰「主徒衆教以禮義」。

愚按：司空當爲司工，工者，事也，故司空爲事官，説已具《群經平議》矣。至司徒爲主徒衆，亦不可通。《周禮》所謂徒者，府、史、胥、徒也，豈司徒所主乎？司空當爲司工，司徒疑當爲司土。「徒」從辵土聲，猶「空」從穴工聲，叚「徒」爲「土」，猶叚「空」爲「工」矣，司土故爲地官，其證一也。《大司徒職》首云：「掌建邦之土地之圖。」又云：「以天下土地之圖，周知地域廣輪之數，辨其山林、川澤、丘陵、原野之名物。」又云：「以土會之灋辨五地之物生。」又云：「以土宜之灋辨十有二土之名物，以相民宅，而知其利害，以阜人民，以蕃鳥獸，以毓草木，以任土事。」

又云：「辨十有二壤之物，而知其種，以教稼穡樹藝。」又云：「以土均之灋辨五物九等，制天下之地征。」又云：「以土圭之灋測土深，正日景，以求地中。」諸所言皆土地之事，非司土而何？其證二也。所屬有土均、土訓，而山虞、澤虞、川衡、林衡皆屬焉，非司土而何？其證三也。春官之屬有「鷄人」，賈疏云：「鷄屬木，故列職於此。」夏官之屬有「羊人」，疏云：「羊屬南方火，故在此。」秋官之屬有「犬人」，疏云：「犬是金畜，故連類在此。」而司徒所屬有「牛人」焉，牛爲土畜，疏雖不言，可以例推。牛人屬司徒，則司徒屬司土明矣，其證五也。古者司徒實掌邦土，其掌邦教也，以掌邦土而及之。《大司徒職》既云：「以土會之灋辨五地之物生。」又云：「因此五物者民之常，而施十有二教焉。」是其掌邦教，正以掌邦土也，《僞古文》乃云「司空掌邦土」，侵其官矣。

穆卜

《金縢篇》：「二公曰：『我其爲王穆卜。』周公曰：『未可以戚我先王。』」枚傳曰：「穆，敬；戚，近也。召公、太公言王疾，當敬卜吉凶，周公言未可以死近我先王。相順之辭。」

愚按：二公欲卜，而周公言「未可」，其非相順，顯而易見。蔡《傳》謂：「未可以武王之疾憂惱先王。蓋卻二公之卜。」自較枚傳爲得旨矣。但如其說，則下文「植璧秉圭以告太王、王季、文王」，先王其不憂乎？以此卻二公，而公所爲又甚之，無乃不可歟？愚謂：説此經者未解「穆卜」二字，「穆」乃昭穆之穆。《僖二十四年左傳》：「邘、晉、應、韓，武之穆也。」正義曰：「自后稷以後一昭一穆，文王於次爲穆，故文子爲昭，武子爲穆。」二公欲爲王穆卜者，蓋以武王疾已不可爲諱，欲卜立後也。《毛詩・斯干篇》正義云：「《書傳》説成王之幼，云在襁褓。」則克商二年，成王生否未可知，天下甫定，太子未生，而王疾不可爲，則二公之爲此謀，亦當時之急務也。且其時亦未必有倫序相當可爲武王後者，二公殆必援殷家兄終弟及之例，屬意周公矣，故周公拒之曰「未可以戚我先王」，乃禱於三王，請以身代，此正力拒二公爲王穆卜之意也。下文：「王執書以泣曰：其勿穆卜。」案上文但言開金縢之書，正義曰：「開金縢之書，案省故事，求變異所由。」未嘗言王欲卜也，何以云「其勿穆卜」乎？《漢書・梅福傳》注引《尚書大傳》：「王與大夫開金縢之書，執書以泣曰：『周公勤勞王家，予幼人，弗及知。』」無「其勿穆卜」之語。《史記・魯世〔一〕家》云：「成王執書以泣曰：『自今後，其無繆卜乎？』」此語更不可通，開金縢得周公書，與卜何干，乃并戒後世勿穆卜乎？愚謂：「其勿穆卜」一語，即周公「未可以戚我先

〔一〕世，原誤作「史」，徑改。

王」一語也，在周公當日，委宛言之則曰「未可以戚我先王」，在成王此時，徑遂其辭，則直道周公之意曰「其勿穆卜」而已。夫自金縢既發，成王與二公徧問諸史與百執事，當日情事已備知之矣，成王不歎美其請以身代之事，而獨於此一語且泣且言者，蓋公將不利于孺子之言久在成王意中，至此乃知當時二公固屬意周公，而周公尚謝而勿受，豈有武王崩後，成王既立，而反包藏禍心、窺伺神器，謀爲不利者乎？成王曉然於周公無利天下之心實在於此，故感動於心即出之於口，而史臣亦即載之於書，雖史遷不能得其微意，千載以下，所當以意逆志也。

寧武

《大誥》：「以于敉寧武圖功。」枚傳曰：「用撫安武事，謀立其功。」

愚按：枚訓「敉寧武」爲撫安武，似爲不辭。寧者，寧王也。上文「寧王遺我大寶龜」，傳曰：「安天下之王，謂文王也。」下文「不可不成乃寧考圖功」，傳曰：「不可不成汝寧祖聖考文武所謀之功。」正義曰：「經言『寧』即文王。」然則此言「寧武」猶言「文武」耳，蓋文王有「寧王」之稱，故言文王武王可也，言寧王武王亦可也。言文武可也，言寧武亦可也。「以于敉寧武圖功」，言往撫循文王武王所圖之功也。何以明之？下言「寧考圖功」，則知此「圖功」上之「寧」字亦寧王也，下言「敉寧王大命」，則知此「以于敉」下之「寧」字亦寧王也，但彼專言「寧」，此則兼言「武」耳。世人多聞「文武」，罕聞「寧武」，故失其解。

又按：下文「不可不成乃寧考圖功」，傳以爲「寧祖聖考」。經言「寧」不言「聖」，言「考」不言「祖」，寧祖聖考而合稱爲「寧考」，大不辭矣！傳者葢以文王乃成王之祖，不當稱考耳。愚按：《禮記·祭法篇》：「王立七廟。曰考廟，曰王考廟，曰皇考廟，曰顯考廟，曰祖考廟。」然則祖亦未始不可稱考，何疑乎「寧考」之稱乎？蔡《傳》泥寧考之文，從蘇氏説，以「寧王」爲武〔一〕王，不知「寧武圖功」固文武並言，寧王非武王，可以此決之。古人之辭往往對文則別，散文則通。對文則祖與考有別，《洛誥》云「承保乃文祖受命民，越乃光烈考武王」是也。散文則祖亦考也，此篇「不可不成乃寧考圖功」是也。

乃疾厥子

《康誥》：「子弗祗服厥父事，大傷厥考心，于父不能字厥子，乃疾厥子。」枚傳曰：「於爲人父，不能字愛其子，乃疾惡其子，是不慈。」

愚按：此經之旨不能無疑，夫父之疾惡其子雖曰不慈，然較子之弗祗服厥父事，其輕重相

〔一〕武，原誤作「文」，據廣東學院本改。

縣，不可以數計矣。下文曰：「乃其速由文王作罰，刑茲無赦。」然則父之疾惡其子，與子之弗祗服厥父事，同在不赦之條，此豈以孝治天下之意哉？疑所謂「疾厥子」者，非止惡而已，《後漢書・傅毅傳》注曰：「疾，害也。」此經「疾」字亦當訓害。疾與嫉通，《廣雅・釋詁》：「嫉、殺，賊也。」嫉、殺同訓，其義即相近，「不能字厥子，乃疾厥子」，謂不能字之，乃賊害之也。以父母而賊害其子，是亦泯亂民彝之大者，故「刑茲無赦」也。今律：祖父母、父母故殺子孫，杖七十、徒一年半。即此經之義矣。

又按：下文：「于弟弗念天顯，乃弗克恭厥兄，兄亦不念鞠子哀，大不友于弟。」弟止曰「弗克恭」，兄則曰「大不友」，蓋兄非「大不友」，不與弟之「弗克恭」者同罰也。以兄例父，則所謂「疾厥子」者，必不止於疾惡矣。

殷庶庶殷

《召誥》：「越七日甲子，周公乃朝用書，命庶殷，侯甸男邦伯，厥既命殷庶，庶殷丕作。」

愚按：「厥既命殷庶」，承上「周公乃朝用書命庶殷」而言，當作「厥既命庶殷」。下云「庶殷丕作」，當作「殷庶丕作」。蓋「庶殷」、「殷庶」有別，庶殷者，指侯甸男衛邦伯而言；殷庶者，殷之衆，即侯、甸、男、衛之民也。蓋周公所命者，其君也；丕作者，其民也。下文云「誥告庶殷」，傳謂是衆殷諸侯。此「庶殷」當與義同。周公所命，必不能普及其民，則「命庶殷」而非「命殷庶」可決矣。

烝祭歲

《洛誥》：「戊辰，王在新邑，烝祭歲，文王騂牛一，武王騂牛一。」枚傳曰：「成王既受周公誥，遂就居洛邑，以十二月戊辰晦到。明月，夏之仲冬，始於新邑烝祭，故曰烝祭歲。」

愚按：枚義非也。王果以戊辰到洛，則當如《召誥》所云「戊申，大保朝至于洛」「乙卯，周公朝至于洛」之例，書曰「戊辰，王至于新邑」，不當云「王在新邑」也。云「王在新邑」，則到新邑在戊辰之前可知矣。枚以爲戊辰始到，明月乃烝祭，然則此祭也在夏爲仲冬，在周爲正月矣，下文何以云「王命周公後，作册逸誥，在十有二月」乎？且「烝祭歲」三字爲句，文亦未安。釋文云：「『王在新邑，馬、孔絶句。鄭讀『王在新邑烝』。」正義曰：「鄭以『烝祭』上屬。『歲文王騂牛一』者，『歲』是成王元年正月朔日，特告文武封周公也。」是此句鄭讀，陸、孔所言各異，未知誰是。即從鄭義，謂歲是成王元年正月朔日，亦嫌於下文「在十有二月」不合。愚謂：「烝」字從釋文絶句，「祭歲」二字自爲句。祭歲者，祭之名也。何謂「祭歲」？《國語・楚語》曰：「古者先王，日祭月享，時類歲祀。」是古有歲祀之禮，祭歲即歲祀也。韋注曰：「日祭於祖考，月薦於曾高，時類及二祧，歲祀於壇墠。」《周語》：「日祭月祀，時享歲貢。」韋注亦同。所謂「歲祀於壇墠」者，當作「歲祀及壇墠」，與「時類及二祧」一例，蓋日祭及祖考而止，月薦及曾高而止，時類則自二祧以下皆祭，歲祀則自壇墠以下皆祭，經傳但言「時祭」，而「歲祀」無聞，然在《月令》具有其文，《月令》：「季冬之月，命四監收秩薪柴，以共郊廟及百祀之薪燎。」又云：「乃命大史次諸侯之列，賦之犧牲，以共皇天上帝社稷之饗。」又云：「命同姓之邦，共寢廟之芻豢。」又云：「命宰歷卿大夫至于庶民土田之數，而賦犧牲，以共山林名川之祀。」又云：「凡在天下九州之民者，無不咸獻其力，以共皇天、上帝、社稷、寢廟、山林、名川之祀。」是古者歲終大祭，上及皇天，下及川林，不止宗廟而已。鄭君不知古有此禮，故注《月令》但順文説之，不敢質言爲何祭矣。此經「王在新邑烝」，是時祭也。至歲終舉行祭歲之禮，乃於文王武王加騂牛各一，告封周公之後，故曰：「祭歲，文王騂牛一，武王騂牛一。」

厥兆天子時

《無逸篇》：「周公曰：『嗚呼！厥亦惟我周。』」段氏《撰異》曰：「《尚書大傳》云：『《書》曰厥兆天子爵』。繫之《無佚》。《白虎通・爵篇》云『《書・無逸篇》曰厥兆天子爵』。蓋古文《尚書》『厥亦惟我周』五字，今文《尚書》駁異如此。」又引盧氏召弓校《白虎通》，釋爲《尚書》亡篇、逸篇。

愚按：陳氏壽祺《尚書大傳辨譌》云：「厥兆天子爵，乃《尚書》逸篇文，誤入《毋逸傳》。」與盧説同。但今古文駁異者往往而有，亦未敢決其必非《無逸篇》文。然如段説，謂是「厥亦惟我周」五字之駁異，恐未必然。此五字若果出《無逸篇》，當在「文王受命惟中身，厥享國五十年」之下，蓋謂文王受命稱王也。兆者，始也；天子爵者，王也。周之之稱王自文王始，故曰「厥兆天子爵」。

武王惟兹四人

《君奭》：「武王惟兹四人，尚迪有禄。」枚傳曰：「虢叔先死，故曰四人。」正義曰：「以是文王之弟，其年應長，故言先死，鄭疑不知誰死，注云：『至武王時，虢叔等有死者餘四人也。』」

愚按：上文有五人，此則四人，遂謂五人中必有一死者，鄭猶不斥言爲誰，枚氏則以虢叔之年必老，決其先死，近於武斷矣。《儀禮・喪服・傳》曰：「始封之君不臣諸父昆弟，封君之子不臣諸父而臣昆弟。」《周禮・司服職》賈疏引此文，而曰「天子之義亦當然」。周自文王始受命，猶始封之君也，武王則封君之子也，封君之子不臣諸父，虢叔爲文王弟，於武王則諸父也，非武王所得而臣。文王没，武王立，虢叔已在不臣之列矣，故不數也。文王爲始封之君，不臣昆弟，何以得臣虢叔？疑所謂「昆弟」者，但不臣諸昆耳，因昆而連言弟，古書自有此例。

天球河圖

《顧命》：「天球河圖。」枚傳曰：「球，雍州所貢。河圖，八卦。」

愚按：雍州所貢，有球琳琅玕，何以獨寶此球謂之「天球」？義不可解。正義引鄭云「色如天者」，此亦臆説也。枚以河圖爲八卦，不知此八卦是伏羲所手畫歟？抑非也？果是伏羲手畫，誠可寶貴，無如時代太久，周時必不得有。如其非也，則文王六十四卦之辭具在，何取此八卦而陳之？按上文「越玉五重」，枚傳以弘〔一〕璧、琬琰〔二〕爲二重，大玉、夷玉、天球爲三重，然《周禮·典瑞》云「琬圭以治德」「琰圭以易行」，明是二玉，何得合而一之？疑所謂「五重」者，弘璧一、琬二、琰三、大玉四、夷玉五。天球非玉矣。《廣雅·釋詁》：「捄，法也。」球與捄通。圖亦法也。《楚辭·懷沙篇》「前圖未改」，王逸注曰：「圖，法也。」天球、河圖，葢皆古聖相傳之大法。天球者，天文；河圖者，地理也。天球所以求天，《漢書·藝文志》所載《黄帝五家曆》三十三卷、《顓頊曆》二十一卷，如此等書，當即周時所謂「天球」矣。中國之水莫大於河，故言地理

〔一〕弘，原作「宏」，避清帝諱。以下徑改。
〔二〕琰，原作「琁」，避清帝諱。以下徑改。

者以河爲主，諸緯書有《河圖帝視萌》、《河圖玉版》、《河圖握矩》、《河圖括地象》、《河圖龍文》、《河圖合古篇》、《河圖録運法》，雖出依託，必有所本，周時所謂「河圖」當亦近是。

《詩·長發篇》「受小球大球」「受小共大共」，《廣雅·釋詁》：「拱、捄，法也。」王氏《經義述聞》據以説此詩。愚謂：「小球大球」即天球也，「小共大共」即《虞書·九共》九篇也。《書》序云：「帝釐下土方，設居方，别生分類，作《汨作》、《九共》九篇、《槀飫》。」此十一篇雖亡，然《九共》九篇必九州各爲一篇，方與序言「下土」合。小共大共屬地，小球大球屬天，《詩》義當如此，而此經「天球河圖」亦可得其義矣。

大輅綴輅先輅次輅

《顧命》：「大輅在賓階面，綴輅在阼階面，先輅在左塾之前，次輅在右塾之前。」枚傳曰：「大輅玉，綴輅金，先輅象，次輅木。」正義曰：「木輅之上猶有革輅，不以次輅爲革輅者，蓋以革輅是兵戎之用，於此不必陳之。馬融、王肅皆云：『不陳戎輅者，兵事非常，故不陳之。』孔意或當然也。」

愚按：以四輅爲金、玉、象、木，是也。其不陳革輅之故，枚既無文，馬、王所説，均非其意。按《周禮·司裘》云：「大喪，廞裘，飾皮車。」鄭注曰：「皮車，遣車之革路。」是大喪非不用革輅也。所以不陳者，正以王之遺車以革輅爲主，故《車僕》云：「掌戎路之萃，廣車之萃，闕車之萃，苹車之萃，輕車之萃。」注云：「此五者皆兵車，所謂五戎也。」又云：「大喪，廞革車。」注云：「言興革車，則遣車不徒戎路，廣、闕、苹、輕皆有焉。」疏曰：「經不云戎路而云革車，是五戎之總名，故知不徒戎路，廣、闕、革、輕皆有可知。若然，則王喪遣車九乘，除此五乘之外，加以金玉象木四者，則九乘矣。」以《車僕職》觀之，革路雖與金、玉、象、木同列爲王之五輅，而實則又自爲廣、闕、苹、輕四者之長，謂之「五戎」，王之遺車以此五戎爲主，而金、玉、象、木四輅從之。成王之喪，其革輅必與廣、闕、苹、輕並陳於門外，《儀禮・士喪禮下篇》「車各從其馬，駕于門外，西面而俟」是也。門内所陳爲四輅，門外所陳爲五戎，本自各別，經止言門内，故無革輅矣。

誕受羑

《康王之誥》：「惟周文武，誕受羑若，克恤西土。」枚傳曰：「言文武大受天道而順之，能憂我西土之民。」正義曰：「羑聲近猷，故訓之爲道。」

按：馬融亦云「道也」，見釋文。則「羑」之訓道，古訓然也。羑與羨通，《説文》「羑」篆下有古文作「羨」，可證其爲同字。「羨」之或體作「誘」，《詩・野有死麕篇》「吉士誘之」，毛傳：「誘，道也。」然則羑、羨之訓道，非道理之道，乃道引之道。《禮記・樂記篇》「知誘於外」，鄭注曰：

「猶道也、引也。」是其義也。此文當以「誕受羑」爲句，言皇天改大邦殷之命，故我周文武大受天之道引，猶曰「天誘其衷」云爾。「若」字屬下讀。若，語詞，與「乃」字同。《小爾雅》曰：「若，乃也。」《周語》引《書》曰：「必有忍也，若能有濟也。」韋注曰：「若，猶乃也。」是《書》例固有以若爲乃者。「若克恤西土」，乃克恤西土也。自讀者以「羑若」連文，遂不可解，宋人至援羑里之文説之，謬矣。

又按：枚訓「恤」爲憂。憂發於中心，有知不知，無能不能，「克恤」之義不可通也。「恤」當讀爲謐。《堯典》「惟刑之恤哉」，《史記》集解：「徐廣曰：『今文云：惟刑之謐哉。』」《詩・維天之命篇》：「假以溢我。」《襄二十七年左傳》引作「何以恤我」，《説文・言部》引作「誐以謐我」。是恤、溢、謐古聲相近而字亦相通。《説文》：「謐，静語也。」《大學》曰：「静而后能安。」故「謐」即有安義。《廣韻・五質》：「謐，静也，慎也，安也。」「若克謐西土」者，乃克安西土也。

惟吕命

《吕刑》：「惟吕命，王享國百年，耄荒。」枚傳曰：「言吕侯見命爲卿時，穆王以享國百年，耄亂荒忽。」

愚按：經言「惟吕命」不言「命吕侯」，且篇中所紀皆穆王語，既非王告吕侯，亦非吕侯告王，獨於篇首著此三字，遂以「吕刑」名篇，殊不可解。序云：「吕命穆王訓夏贖刑，作《吕刑》。」枚於「吕命」二字絶句，傳云：「吕侯見命，爲天子司寇。」又於「訓夏贖刑」下傳云：「吕侯以穆王命作書。」夫「吕命」二字孤縣於上，文不成義。序言「穆王訓夏贖刑」，而傳以爲吕侯以王命作書，亦失其實。竊謂傳義非也，古人之辭有上下通稱者，以上告下謂之「命」，以下告上亦謂之「命」。《禮記·緇衣篇》引《兑命》，鄭注曰：「兑當爲説，謂殷高宗之臣傅説也，作書以命高宗。」然則「説命」之命，以臣命君，非以君命臣。此序「吕命」與「説命」同，「吕命穆王訓夏贖刑」當於「王」字絶句，吕命穆王者，吕侯告穆王也。《史記·周本紀》曰：「甫侯言于王，作修刑辟。」與《書》序合。篇首著「惟吕命」三字，即序所謂「吕命穆王」也。通篇雖穆王語，而實皆吕侯命之，故名篇曰《吕刑》也。作《僞古文尚書》者不知此義，《説命中篇》「惟説命」三字，正襲用「惟吕命」文法，然是王命説，非説命王，失其旨矣。

我皇多有之

《秦誓》：「惟截截善諞言，俾君子易辭，我皇多有之。」枚傳曰：「惟察察便巧，善爲辨佞之言，使君子回心易辭，我前多有之。」

愚按：如枚義，則「皇」當讀爲「往」，皇、往聲近義通。《禮記·少儀篇》：「齊齊皇皇。」鄭注曰：「皇，讀如歸往之往。」《詩·信南山篇》：「先祖是皇。」鄭箋曰：「皇之言往也。」又《泮水篇》：「烝烝皇皇。」箋曰：「皇皇，當作暀暀。暀暀，猶往往也。」並其證也。枚讀「皇」爲「往」，往者，往時也，即「往者不可諫」之「往」，故傳曰「我前多有之」，「前」即「往」也。正義不達其旨，乃增益其文曰「我前大多有之」，蓋以「大」字釋經文「皇」字，然則傳文「前」字無著矣。阮氏《校勘記》反據疏以疑傳，非也。

祖乙圮于耿

《書》序：「祖乙圮于耿，作《祖乙》。」枚傳曰：「亶甲子圮於相，遷於耿。河水所毀曰圮。」正義曰：「古人之言雖尚要約，皆使言足其文，令人曉解，若圮於相、遷居於耿，經言『圮於耿』，大不辭乎？」

愚謂：疏家例不背注，而此疏詆枚傳爲「不辭」，則以枚義誠不可從也。又引鄭云：「『祖乙又去相居耿，而國爲水所毁，於是修德以禦之，不復徙也。』如鄭所言，稍爲文便，但上有《仲丁》《亶甲》，下有《盤庚》，皆爲遷事作書，此若毀而不遷，序當改文見義。」是鄭説亦孔所不信也。愚謂：鄭順序文爲説，自不可易。序言「圮」不言「遷」，義已見矣，必何如而始謂之改文見義哉？孔子録《祖乙》一篇，正善其不徙。蓋殷自仲丁去亳遷䣙，實居河北。正義載皇甫謐云「仲丁自亳徙䣙，在河北」是也，自是河亶甲居相，祖乙居耿，皆河北也。《詩·玄鳥篇》曰：「景員維河。」景者，大也。員者，旋也。河北三面皆大河旋繞之，故曰「景員維河」，説詳《毛詩》。是殷都河北，得形勢之勝，惟河患亦頻見，亶甲、盤庚至遷都以避之，殆即漢賈讓徙民當水衝者之意乎？此在賈讓爲上策，而在神禹視之，實爲無策。使禹當日徒執不與水争地之説，則洛汭以下，聽其直走徐揚而已，何必北行而載之高地哉？盤庚遷殷，後世美之，其實渡河而南，非計之得者也，及至殷紂乃居朝歌，此尚足以爲國乎？祖乙圮於耿而不遷，當必有説，且或有治河之法存焉，惜其書之亡也。

茶香室經説卷二

毛詩上

哀窈窕

《詩》序：「哀窈窕。」鄭康成曰：「哀，蓋字之誤也，當爲衷。衷，謂中心恕之，無傷善之心。」釋文曰：「哀，前儒並如字，鄭氏改作衷。」

愚按：鄭讀於義未安，即前儒以哀樂解之，亦未是。《釋名·釋言語》曰：「哀，愛也，愛乃思念之也。」《吕氏春秋·報更篇》：「人主胡可以不務哀士。」高誘注曰：「哀，愛也。」以「愛」爲「哀」，古之恒言，「哀窈窕」即愛窈窕耳。

葛之覃兮

《葛覃篇》：「葛之覃兮，施于中谷。」毛傳曰：「覃，延也；施，移也。」

愚按：延、移同義，若然，則猶「葛之覃兮，覃于中谷」也，於義未合。《旄丘〔一〕篇》：「旄丘之葛兮，何誕之節兮。」傳曰：「誕，闊也。」箋云：「土氣緩則葛生闊節。」疑此經「覃」字與彼經「誕」字同，覃與誕聲近，誕從延聲，覃得訓延，亦得訓誕，「葛之覃兮」猶云「葛之誕兮」。以《詩》説《詩》，不必泥雅訓也。

言秣其馬

《漢廣篇》：「之子于歸，言秣其馬。」鄭箋云：「於是子之嫁，我願秣其馬，致禮餼，示有意焉。」

愚按：《昏禮》無致餼之事，鄭以馬爲餼牲，失之矣。《昏禮》：「主人爵弁，纁裳緇袘，從者畢玄端，乘墨車，從車二乘，執燭前馬，婦車亦如之，有裧。」鄭注曰：「士妻之車夫家共之，大夫以上嫁女則自以車送之。」然則「言秣其馬」者，正致其欲娶之意，雖不敢斥言適己，而實欲其

〔一〕丘，原作「邱」，避孔子諱。以下徑改。

適己，故欲秣馬以迎之也。下章「言秣其駒」，駒下於馬，葢馬以駕婦車，駒以駕婦之從車，故上章云「言刈其楚」，下章云「言刈其蔞」，正義謂：「上楚是木，此蔞是草。」木以喻婦，草以喻婦之從者也。

亦既覯止

《草蟲篇》：「亦既見止，亦既覯止。」傳曰：「覯，遇。」箋云：「既覯，謂已昏也。《易》曰：『男女覯精，萬物化生。』」

愚按：毛訓「覯」爲遇，其意不詳。若如鄭箋，褻矣。「覯」當訓成。《成六年左傳》：「其惡易覯。」杜注：「覯，成也。」字通作「構」。《廣雅·釋詁》：「構，成也。」《禮記·昏義篇》：「質明，贊見婦於舅姑，贊醴婦，婦祭脯醢，祭醴，成婦禮也。」「亦既覯止」，謂既成婦禮。序云「大夫妻能以禮自防」，故必婦禮成而後我心降也。

求我庶士

《摽有梅篇》：「求我庶士，迨其吉兮。」箋云：「我，我當嫁者。求女之當嫁者之衆士，宜及其善時。」

愚按：昏禮男下於女，而此詩兩言「求我庶士」。黃東發引戴岷隱云：「求我庶士，擇壻之詞，父母之心也。」是亦曲爲之説。實則鄭箋之説極合詩意，但言之未明耳。此句乃是倒句，「求我庶士」猶云「庶士求我」也。箋云「求女之當嫁者之庶士」，此順經文爲説，故語意繚曲，不甚可解，使云「衆士求女之當嫁者」，意即瞭然矣。

平王

《何彼襛〔一〕兮篇》：「平王之孫，齊侯之子。」傳曰：「平，正也。武王女，文王孫，適齊侯之子。」

愚按：稱文王爲平王，殊無塙證。後儒以爲即平王宜臼，然則此詩之作，在春秋之世矣，恐非「《詩》亡然後《春秋》作」之義。竊謂此「平王」即成王也，平之義通乎成。《爾雅·釋詁》曰：「平，成也。」《文十八年左傳》：「地平天成。」杜注曰：「平亦成也。」然則成王可稱平王，較以平王稱文王爲有據矣。《漢書·叙傳》：「建平質直，犯上干色。」師古曰：「周昌先封建成侯。平字當爲成。」平王之即爲成王，猶建平侯之即建成侯也。成王之孫，乃康王之女，昭王之姊妹，其時齊侯當即丁公伋，以成王之孫而嫁丁公之子，以行輩論，殊不相當，然王室與侯國聯

〔一〕襛，原誤作「穠」。據廣東學院本及今本《詩經》改。

姻，又在周初，恐未可以後世之禮制繩之。即如後儒之説，平王爲宜臼，齊侯爲襄公諸兒，然自武王邑姜順數而下，於行輩亦不相當也。

無以下體

《谷風篇》：「采葑采菲，無以下體。」傳云：「下體，根莖也。」箋云：「采之者不可以根惡時并棄其葉。喻夫婦以禮義合，顔色相親，亦不可以顔色衰棄其相與之禮。」

愚按：如箋義，則「無以下體」四字文義未足。《禮記·坊記》引此詩，鄭注曰：「無以其根美則并取之，苦則棄之。」是又兼根美而言。然無論爲美爲苦，而《詩》止「無以下體」四字，無棄取之義，其説皆非也。竊謂《坊記》引《詩》以戒盡利，則「下體」自宜以美言，惟引「無以下體」證不盡利，恐詩人之意，雖記人亦未之得，無論毛、鄭矣。今按：「無以下體」句法與《文王篇》「無念爾祖」同，毛傳曰：「無念，念也。」然則「無以，以也」。詩人蓋以根之美喻德之美，而以葉之不美喻顔色之衰，言「采葑采菲」者，以其下體之美，然則夫婦之道豈可以色衰而棄其德美乎？下云：「德音莫違，及爾同死。」箋云：「夫婦之言無相違者，則可與女長相與處，顔色斯須之有。」鄭意正與《詩》合，但不知「無以下體」之「無」乃語詞，而非實義，泥其詞以説之，致失《詩》旨耳。

匪車不東

《旄丘篇》：「狐裘蒙戎，匪車不東。」傳曰：「大夫狐蒼裘。蒙戎，以言亂也。不東，言不來東也。」箋云：「刺衛諸臣形貌蒙戎然。女非有戎車乎？何不來東迎我君而復之？黎國在衛西，今所寓在衛東。」

愚按：以「匪車」爲非有戎車，義既不安。在西而言東，謂以所寓言，亦無塙證。傳、箋均非也。此二句乃黎之臣子自言「狐裘蒙戎」，言久寓而裘敝，猶《國策》言蘇秦「黑貂之裘敝」也。「匪車不東」，言我車匪不東行求救於衛也，奈衛之諸臣靡所與同何？如此説，於義較安。

共伯

《柏舟篇》序：「衛世子共伯早死。」

按：共伯之死，自昔疑之。據《衛世家》，則其父釐侯卒，太子共伯餘立，共伯弟和襲攻共伯於墓上，入釐侯羡自殺。以睿聖武公之賢而有弑兄自立之事，異矣！《困學紀聞》載吕成公説曰：「髦者，子事父母之飾。《史記》謂釐侯已葬而共伯自殺，則是時共伯已脱髦矣，安得猶謂『髧彼兩髦』乎？是共伯未嘗有見弑之事，武公未嘗有篡弑之惡也。」愚按：正義曰：「共伯之死，僖公已葬，去髦久矣。仍云『兩髦』者，追本父母在之飾。」若然，則吕氏之説仍未足爲武公辨。竊謂總當以年齒辨之，武公之壽在百歲以外，説詳《大雅·抑篇》。姑以百歲計，其在位五十五年，則釐侯卒時四十五矣，共伯又其兄也，必四十六七矣，共姜之年當與之等，安有四十以上之老嫠婦，而父母猶欲奪而嫁之乎？且更有一證，序云「父母欲奪而嫁之」，詩云「母也天只」，傳曰：「天，父也。」是共伯死時，共姜父母皆在也。《世本古義》云：「共伯娶齊武公之女。」考齊武公立二十六年，卒於周宣王之三年，爲衛釐侯之三十年，釐侯至四十二年而卒，去齊武公之卒十二年矣，共姜安得有父乎？以此證之，則武公無弑兄之事，其論可定矣。

又按：武公無弑兄自立之事，而共伯之不以令終，則容或有之，何也？以其謚爲「共」也。釋文云：「共音恭。」蓋即「恭」字。《禮記·檀弓篇》：「是以爲恭世子也。」釋文作「共」，云「本或作恭」，是共、恭字同，謚「共」即謚「恭」也。《檀弓》鄭注云：「言行如此可以爲恭，於孝則未之有。」正義曰：「孝子不陷親於不義，申生不能自理，遂陷父有殺子之惡，雖心存孝，而於理終非，故不曰孝但謚爲恭，以其恭順于父事而已。」共伯之謚與申生同，疑情事有相類者。或因武公生有聖德，其父釐侯愛而欲立之，共伯失愛其父，以蹈於死，是不能爲泰伯之讓，而適成爲申生之恭矣，故謚曰「共」也。後世傳聞遂有武公弑兄之事，史公采雜説而載之《史記》，傳疑千古，是亦武公之不幸矣。

其之展也

《君子偕老篇》：「瑳兮瑳兮，其之展也。」傳曰：「禮有展衣者，以丹縠爲衣。」箋云：「后妃六服之次，展衣宜白。」

愚按：孫毓推衍毛義，謂褘衣赤，褕翟青，闕狄黑，鞠衣黃，展衣赤，褖衣黑。由赤而青而黑，右行爲次。鞠衣又爲中央之色，由黃而赤，又越青而黑。未免凌雜，不如從鄭。且《詩》云：「瑳兮瑳兮，其之展也。」以瑳擬展，色必相同。《説文·玉部》：「瑳，玉色鮮白。」《衣部》：「𧝓，丹縠衣。」則以白玉擬丹縠，語意不倫，毛誤許亦誤，從鄭則白玉、白衣適相稱也。

又按：孫毓推毛義，褘衣赤，褕翟青，闕翟黑，次鞠衣宜白，以爲疑於凶服，故越取黃。而展衣同赤，因西方闕其色，故褖衣越青而同黑。愚謂：六服之色，今固未易質言。據《出其東門篇》「有女如荼」，傳云：「言皆喪服也。」則以白爲凶服而避之，毛意或然，實非古制也。若白果凶服，則殷商一代純凶而無吉矣！其不可通一也。《周禮·巾車職》：「建大白，以即戎，以封四衛。」注曰：「大白，殷之旗，猶周大赤，蓋象正色也。四衛，四方諸侯守衛者，蠻服以內。」若白是凶服，則四衛諸侯純凶而無吉矣！其不可通二也。《司服》云：「眂朝，則皮弁服。」注曰：「皮弁之服，十五升白布衣，積素以爲裳。」若白是凶服，天子豈當凶服而視朝乎？其不可通三也。《蜉蝣篇》：「麻衣如雪。」箋云：「麻衣，深衣。」正義曰：「衣裳即布，而色白如雪者，唯深衣爲然，故知麻衣是深衣也。」然則深衣亦白矣，深衣可以擯相，豈凶服乎？其不可通四也。《玉藻》云：「君衣狐白裘，錦衣以裼之。」注曰：「君衣狐白毛之裘，則以素錦爲衣覆之。錦衣復有上衣，天子狐白之上，衣皮弁服與？」正義曰：「必知狐白上加皮弁服者，以狐白既白，皮弁服亦白，錦衣亦白，三者相稱，皆爲白也。」《終南篇》：「君子至止，錦衣狐裘。」舉此白衣、白裘以美其君，豈凶服乎？其不可通五也。《雜記》：「大白冠、緇布冠皆不蕤〔一〕。」注曰：「大白冠，大古之布冠也。《春秋傳》曰：『衛文公大布之衣，大白之冠。』《郊特牲》云：「《冠義》：始冠之緇布之冠也。大古冠布，齊則緇之。」注引《雜記》文而曰：「大白，即大古白布冠，今喪冠也。」又曰：「三代改制，齊冠不復用，以白布冠質，以爲喪冠也。」是鄭義亦以白布冠爲凶服，若然，則衛文公豈當終身凶服乎？其不可通六也。考《儀禮・喪服篇》賈疏曰：「《喪服》上下十有一章，從斬至緦麻，升數有異。」其下歷舉諸服，有三升、有三升半、有四升、有五升、有六升、有七升、有九升，是以精麤爲别，不以色爲别，古制然也。孫毓以白爲凶服，而使王后六

〔一〕 蕤，今本《雜記》作「緌」。

服越白不用，恐涉後世之見，而非古義。

降觀于桑

《定之方中篇》：「降觀于桑。」傳曰：「地勢宜蠶，可以居民。」

愚按：桑，即下文「説于桑田」之桑。桑田，葢地名也，春秋時地名多有名「桑田」者。虢有桑田，《僖二年左傳》：「虢公敗戎于桑田。」杜注云：「虢地。」晉亦有桑田，《成十年傳》：「公覺，召桑田巫。」注云：「晉邑。」此云「説于桑田」，是衛邑亦有名「桑田」者矣，其地必肥美，故其始也「降觀于桑」，而後立國，其繼也「説于桑田」，教民稼穡也。下章但言「田牧」不言「蠶桑」，毛傳「宜蠶」之説，誤於「桑」爲桑樹矣。

四之五之六之

《干旄篇》首章「良馬四之」，次章「良馬五之」，三章「良馬六之」。傳以「四之」爲四馬，「五之」爲驂馬五轡，「六之」爲四馬六轡，箋則以四、五、六爲見之之數，正義述毛曰：「四之謂服馬之四轡也，加一驂馬，益一轡，故五之。又加一驂，更益一轡，故六之。」又引王肅説：「古者一轅之車駕三馬。」而破之曰：「馬以引重，左右當均，一轅車以兩馬爲服，傍以一馬驂之，則偏而不調，非人情也。」又引鄭《駁異義》説「自古無駕三之制」。葢鄭君惟不信駕三之制，則次章

「良馬五之」明是兩服馬四轡，旁一驂馬，内一轡納於觖，惟執外轡，故爲五轡。若無駕三之制，則轡何以五乎？於是易傳以爲皆見之之數，孔穎達作疏，每左毛而右鄭，故極言三馬不能駕車。

愚謂：鄭説太淺，必非詩意。若謂三馬不能駕車，此實不然。《説文・馬部》：「駢，駕二馬也。」「驂，駕三馬也。」「驂」字從馬從參，其爲駕三馬無疑。若古無駕三之制，何以制此「驂」字？此古有駕三之證一也。《莊十八年左傳》：「虢公晉侯朝王，皆賜玉五瑴，馬三匹。」蓋古駕四亦駕三，故賜人若予人乘馬可也，三馬亦可也，若古無駕三之制，何故以馬三匹賜之乎？此古有駕三之證二也。《僖三十有三年左傳》：「公使陽處父追之，及諸河，則在舟中矣。釋左驂，以公命贈孟明。」《史記・管晏列傳》：「越石父賢，在縲絏中，晏子出，遭之塗，解左驂贖之。」陽處父及晏子，其始出也必駕四，一釋左驂以贈孟明，一解左驂以贖越石父，則其車止三馬矣，若謂偏而不調，不可以行，陽處父與晏子將舍車而徒乎？此古有駕三之證三也。《禮記・檀弓篇》：「孔子之衛，遇舊館人之喪，使子貢説驂而賻之。」但言「説驂」不言左驂、右驂，是孔子之車止一驂也，此古有駕三之證四也。《投壺篇》：「請爲勝者立馬。」鄭注曰：「馬，勝算也。謂之馬者，若云技藝如此，任爲將帥乘馬也。」下文又曰：「一馬從二馬以慶。」此雖非車乘之事，然既取義於乘馬，則亦必與車乘之制相符，一馬從二馬，猶有兩服馬，而以一馬驂之也。若古不駕三，則一馬從二馬何取乎？此古有駕三之證五也。《史記・天官書》：「房爲府，曰天駟，其陰右驂。」古來言星象者，皆取法於人事，有右驂無左驂，則知驂馬之不必左右皆具也，蓋駕車固宜具駟馬，馬或不具，則有右驂無左驂可也，故陽處父贈孟明，晏子贖越石父，所解皆左驂也，此古有駕三之證六也。明乎古有駕三之制，則毛義自可通，不必舍毛而從鄭矣。

又按：毛義固勝於鄭矣，然《詩》以馬言，毛以其繟言，或猶未合《詩》意。愚謂：四之、五之、六之，皆實舉馬數，此馬蓋衛大夫以贈賢者也。《昭六年左傳》：楚公子棄疾過鄭，「以其乘馬八匹私面。見子皮如上卿，以馬六匹。見子產，以馬四匹。見子太叔，以馬二匹。」其云「馬六匹」，即此「良馬六之」也，「馬四匹」即此「良馬四之」也，可知四之、六之皆衛大夫以贈賢者也，惟「良馬五之」無可證，蓋彼傳降殺以兩，故自八而六而四而二，此詩則但四、五、六爲差耳。附著於此，以備一説。

考槃

《考槃篇》：「考槃在澗，碩人之寬。」傳曰：「考，成。槃，樂也。」

愚按：考，成。槃，樂。雖屬恒訓，而「成樂在澗」，義殊未安。後之説者，或以爲成其隱處之屋，或以「考槃」爲「扣槃」，如鼓盆拊缶之類，皆非塙詁。疑「考」當讀爲「句」。《廣韻》：「考，苦浩切。」「句，古侯切。」兩字本一聲之轉。《莊子·天地篇》：「金石有聲，不考不鳴。」《淮南子·詮言篇》作「弗扣弗鳴」，「考」之通作「句」，猶「考」之通作「扣」也。《六月篇》毛傳：「夏后氏曰『鉤車』。」箋云：「鉤，鉤盤，行曲直有正也。」正義謂「車行鉤曲般旋」。此詩句「槃」即鄭箋之「鉤盤」，取鉤曲般旋之義，葢謂賢者退而窮處，或在澗、或在阿、或在陸，而其地皆深僻，鉤曲般旋，人不能蹤跡，正序所謂「窮處」也，惟其地鉤曲般旋，而賢者處之，仍不失其寬大，故爲賢也。此詩之義，韓退之得之，其《送李愿歸盤谷序》云：「或曰：謂其環兩山之閒，故曰盤。或曰：是谷也，宅幽而勢阻，隱者之所盤旋。」是兩義皆可以説此詩。其云：「盤之阻，誰爭子所，窈而深，廓其有容，繚而曲，如往而復，嗟槃之樂兮，樂且無央。」正所謂「句槃在澗，碩人之寬」也。

乃見狂且

《山有扶蘇篇》：「不見子都，乃見狂且。」傳曰：「且，辭也。」

愚按：《褰裳篇》「狂童之狂也且」，以「也且」連文，則爲語辭。若此詩「乃見狂且」與下章「乃見狡童」相對，則「且」字非語辭也。「且」當讀爲「姐」。《文選·幽憤詩》：「恃愛肆姐。」「狂且」之「且」即「肆姐」之「姐」，言其狂妄而肆姐無狀，即《褰裳》序所謂「狂童恣行」也。「姐」字本義正謂肆姐。《説文》云：「蜀謂母曰姐。」非本義也。蜀謂母曰姐，猶淮南謂母曰社，方俗語言有聲而無義，許以爲姐之本義，失之矣。《説文·女部》又有「嫭」字，曰「嬌也」，此與「姐」當爲一字。從虘，猶從且也。「姐」字經典罕見，此詩實即「姐」字。「狂姐」、「狡童」，文義一律，因叚「且」爲之，毛、鄭皆以爲語辭，失其義矣。

倡予和女

《蘀兮篇》：「叔兮伯兮，倡予和女。」傳曰：「叔伯，言群臣長幼也，君唱臣和也。」箋云：「叔伯，群臣相謂也，群臣無其君而行，自以强弱相服。女倡矣，我則將和之。」

愚按：序云：「蘀兮，刺忽也。君弱臣强，不倡而和也。」毛傳乃云「君倡臣和」，顯與序違。鄭箋謂群臣自相倡和，亦非不倡而和之義。愚謂：「伯兮叔兮」，乃君呼其臣之辭。古天子於諸侯同姓曰伯父、叔父，異姓曰伯舅、叔舅，諸侯於其臣亦然，衛孔悝之鼎銘「公曰叔舅」是也。「倡予和女」者，猶曰女先倡，予則和女也。下章「倡予要女」，猶曰女先倡，予則要女也，正序所謂「君弱臣强，不倡而和」者也。

又按：下章「倡予要女」，傳曰：「要，成也。」愚按：《禮記·樂記篇》「要其節奏」，鄭注曰：「要，猶會也。」此「要」字亦當訓會，言女倡之，予則會合女之節奏而歌也。毛訓爲成，與上章「和」字義稍别矣。

悔予不送兮

《丰》篇：「悔予不送兮。」阮《校勘記》曰：「予字，唐石經磨改，其初刻字不可知矣。」

愚按：初刻字必是「乎」字。據鄭箋云：「悔乎我不送是子而去也。」疑古本正作「悔乎不送兮」，不然鄭何以有「悔乎」之文乎？

俟我乎堂兮

《丰篇》：「子之昌兮，俟我乎堂兮。」箋云：「堂，當爲棖。棖，門梱上木近邊者。」

愚按：上章「俟我乎巷兮」，傳云「門外也」。此章乃言「俟我乎堂」，失遠近之差，故鄭易之。然「俟我乎棖」殊不成義。若從孫毓説「門側之堂謂之塾」，門側視門外，亦嫌稍進，而此詩所陳爲庶人之事，則門側未必有塾，故正義決其不然。愚謂：孫毓説亦自可用，但此門非其家之門，乃里門也。《漢書·食貨志》：「春秋出民，里胥平旦坐於右塾，鄰長坐於左塾，畢出然後歸，夕亦如之。」孟康曰：「里胥，如今里吏。」師古曰：「門側之堂曰塾。」然則古者里必有門，門必有塾，「俟我乎堂」即謂此也。《叔于田篇》：「巷無居人。」傳曰：「巷，里塗也。」上章「俟我乎巷」，巷者，里塗；此章「俟我乎堂」，堂者，里塾。義正一律。毛於「巷」字不用《叔于田》之訓，而別訓爲「門外」，蓋亦未得此義。

無庶予子憎

《鷄鳴篇》：「會且歸矣，無庶予子憎。」傳曰：「無見惡於夫人。」箋云：「庶，衆也。無使衆臣以我故憎惡於子。」

愚按：「無庶予子憎」，文義難曉，傳不分晰，箋增字太多，恐皆非也。《爾雅・釋言》：「庶，幸也。」郭注曰：「庶幾僥倖。」此「庶」字疑當訓「幸」，蓋承上文「甘與子同夢」而言，謂與子同夢，固予所幸也，然會且歸矣，諸臣必將憎子，無幸予而使子受其憎也。

又按：《爾雅・釋言》：「庶，侈也。」此「庶」字或可訓「侈」，承上「甘與子同夢」而言，謂無侈意於予之所甘，而使子受其憎也。「庶」字，《爾雅》凡有三訓，在《釋詁》者訓「衆」，在《釋言》者訓「侈」、訓「幸」，毛、鄭皆用《釋詁》文，余兩説皆用《釋言》文，視訓「庶」爲「衆」，似稍安也。

齊子發夕

《載驅篇》：「魯道有蕩，齊子發夕。」傳云：「發夕，自夕發至旦。」

愚按：一章「齊子豈弟」，三章「齊子翺翔」，四章「齊子遊敖」，皆形况之辭，獨首章云「發夕」，語意不倫。鄭箋乃改二章之「豈弟」爲「闓圛」以配之，然其義迂曲，且與詩中凡言「豈弟」者不合，箋説非也，自當從毛義「言文姜於是樂易然」爲詩之達詁。蓋美惡不嫌同辭，「豈弟君子」，美之也；「齊子豈弟」，刺之也。亦猶「退食自公，委蛇委蛇」，美之也；「委委佗佗，如山如河」，刺之也。惟首章「發夕」之義，毛實未得。竊疑此詩本作「齊子癶𣥂」，發者，「癶」之叚字；夕者，「𣥂」之誤字。𣥂隸作ヲ，與夕字相似。《説文·癶部》：「癶，足剌癶也。讀若撥。」《止部》：「𣥂，蹈也。讀若撻。」「齊子癶𣥂」亦形況之辭，癶音撥，𣥂音撻，與豈弟、翱翔、遊敖一律，癶𣥂二字，經典罕見，許書未出，雖毛公或未之識矣。上云「載驅薄薄，簟茀朱鞹」，「薄」與「鞹」得與「𣥂」爲韻者，蓋亦一聲之轉。《唐扶頌》：「夷粵拚攟。」拚攟即跋扈，「拚」得與「跋」通，故薄、鞹得與𣥂爲韻也。

豈曰無衣六兮

《無衣篇》：「豈曰無衣六兮，不如子之衣安且燠兮。」傳曰：「天子之卿六命，車旗、衣服以六爲節。」箋云：「變七言六者，謙也，不敢必當侯伯，得受六命之服，列於天子之卿，猶愈乎不。」正義曰：「上箋解七章之衣，言晉舊有之，此不言者，晉國舊無此衣，檢晉之先君燮父事康王，文侯輔平王，有爲天子卿者，但侯伯入爲卿士，依其本國之命，不服六章之衣，晉之先世不得有六章之衣。云『豈曰無衣六』者，從上章之文，飾辭以請命。」

愚按：此章之義可疑。《周禮·司服》云：「侯伯之服，自鷩冕而下；子男之服，自毳冕而下。」鷩冕則自華蟲至黻，凡七章。毳冕則自宗彝至黻，凡五章。晉之大夫誠欲降等以示謙，則當變七言五，不當言六。諸侯固無六章之服也，毛公於是以天子之卿爲説，而鄭亦同之。然是時王命猶行，諸侯得入爲王朝卿士者，皆視爲異數。《隱八年左傳》特書「夏，虢公忌父始爲卿士于周」，《九年傳》又云：「宋公不王，鄭伯爲王左卿士，以王命討之。」可見爲王卿士如此之重，晉人請命天子，求爲侯伯，猶云「不敢必當」，乃更求爲天子卿士乎？且云「豈曰無衣」，則必舊有此衣，若實無之，而從上章之文，飾辭請命，不畏王吏之詰問乎？今按：《典命》云：「凡諸侯之適子誓於天子，則下其君之禮一等。」鄭注曰：「公之子如侯伯，侯伯之子如子男。」愚謂：公九命，侯伯七命，子男五命，公之子如侯伯，侯伯之子如子男，則下其君二等矣。其上文云：「王之三公八命，其卿六命，其大夫四命，及其出封皆加一等。」注曰：「大夫爲子男，卿爲侯伯。」夫以四命之大夫爲五命之子男，以六命之卿爲七命之侯伯，所謂「加一等」者，實止一等，則諸侯之適子降其君一等者，亦實止一等可知矣。晉爲侯伯當七命，其適子降一等當六命，既請命天子立爲諸侯，必更請命天子立其子爲諸侯之適子，首章「豈曰無衣七兮」，請立君也；次章「豈曰無衣六兮」，請立太子也。晉國舊有君、有太子，故皆云「豈曰無衣」也。

小戎

《小戎篇》：「小戎俴收。」傳曰：「小戎，兵車也。俴，淺；收，軫也。」箋云：「此群臣之兵車，故曰小戎。」正義曰：「兵車，兵戎之車，小大應同，而謂之小戎者，《六月》云『元戎十乘，以先啓行』，元，大也，先啓行之車謂之大戎，從後行者謂之小戎。」

愚按：兵車既無大小，何得以前後爲大小？箋義非，疏申箋義更非。釋文引王云：「駕兩馬者。」然下文明言「四牡孔阜」，豈得謂之駕兩馬？王説尤非。但王意以小戎是戎車之小者，此實得之。孔穎達謂兵戎之車大小應同，非也。請言小戎之制。《考工記》云：「車軫四尺，謂之一等。戈柲六尺有六寸，既建而迆，崇於軫四尺，謂之二等。人長八尺，崇於戈四尺，謂之三等。殳長尋有四尺，崇於人四尺，謂之四等。車戟常，崇於殳四尺，謂之五等。酋矛常有四尺，崇於戟四尺，謂之六等。」鄭注曰：「謂兵車也。八尺曰尋，倍尋曰常。」是兵車六等之數共二丈四尺，此即小戎之制也。然則大戎如何？曰：再加四尺。何以知之？亦以《考工記》知之。《盧人》云：「戈柲六尺有六寸，殳長尋有四尺，車戟常，酋矛常有四尺，夷矛三尋。」又云：「六建既備，車不反覆，謂之國工。」鄭注曰：「六建，五兵與人也。」疏曰：「知『六建，五兵與人』者，以其從上而下，盧人所造者，戈、戟、殳與酋矛、夷矛而已。上車有六等，除軫與人四兵，此云六建，建在車上，明無軫，自取人與五兵爲六建。」據此，知車有六等者，小戎也。大戎則有七等，葢於酋矛之上又加夷矛。酋矛二丈，夷矛二丈四尺，則夷矛又高於酋矛者四尺，爲第七等也。然上文止言車有六等，何也？《盧人》云：「凡兵無過三其身。」又云：「攻國之兵欲短。」然則夷矛爲兵器中極長者，大戎建夷矛，以極大之車建極長之器，不甚適用，故六月之師亦止「元戎十乘」而已。是古之用兵者皆以小戎爲利，故《考工記》特言其制，而秦人矜其車甲，亦止及小戎，不及大戎也。云「小戎俴收」，毛訓「俴收」爲淺軫，亦對大戎而言，大戎軫深，小戎軫淺也。正義謂對平地載任之車言，夫詩詠戎車，何取與載任之車校量深淺乎？

黻衣繡裳

《終南篇》：「君子至止，黻衣繡裳。」傳曰：「黑與青謂之黼，五色備謂之繡。」正義曰：「《考工記・繢人》文也。鄭於《周禮》之注差次章色，黻皆在裳，言黻衣者，衣大名，與繡裳異其文耳。」

愚按：毛傳本之《考工記》，《考工記》畫繢之事皆言作畫之法，與《虞書》十二章迥殊，愚於《群經平議》已著其説矣，今更因毛傳而詳説之。《益稷篇》枚傳曰：「黼若斧形，黻爲兩已相背。」是黼、黻皆以其形言，不以其色言。《考工記》則云：「白與黑謂之黼，黑與青謂之黻。」是黼、黻皆以其色言，不以其形言，兩者各成一義。必欲合而一之，則「青與赤謂之文，赤與白謂之章」，又於十二章何屬乎？是故言藻、火、粉米、黼、黻者，此一黼黻也；言「文章黼黻」者，又一黼黻也。《禮記·祭義篇》曰：「遂朱緑之，玄黄之，以爲黻黼文章。」《哀公問篇》：「有成事，然後治其雕鏤文章黻黼以嗣。」此皆以色言也。不然，何獨於十二章中舉此二章乎？毛傳引《考工記》正謂其衣黑與青，其裳五色備耳，鄭不申傳，亦不易傳，殆有所疑。正義乃曲爲之説，非也。使謂《考工記》所言即《虞書》之十二章，則何以有土有天有水乎？其不然一也。畫繢之事止言作畫，並不言繡，其云「五采備謂之繡」，繡者，五采備之名，猶之乎文章黼黻也，非刺繡之繡也，而黼黻皆繡而不繢，何得雜於畫繢之事？其不然二也。如謂五采備之繡即刺繡之繡，則繡必五采備，而黼惟白與黑，黻惟黑與青，不備五色，不得爲繡矣，何以云黼黻皆繡之於裳乎？其不然三也。天也、土也、水也，既非十二章所有，而有所謂鳥獸蛇者，鄭以當華蟲之一章，賈疏因謂「言鳥以其有翼，言獸以有毛，言蛇以有鱗」，遂使經文竟成廋語，其不然四也。明乎《考工記》之「黼黻」非十二章之「黼黻」，則此經所謂「黻衣」者，無可疑矣。

狐裘以朝

《羔裘篇》：「羔裘逍遥，狐裘以朝。」傳曰：「羔裘以遊燕，狐裘以適朝。」箋云：「諸侯之朝服，緇衣羔裘，大蜡而息民，則有黄衣狐裘。今以朝服燕，祭服朝，是其好絜衣服也。」正義曰：「案《玉藻》曰：『君衣狐白裘，錦衣以裼之。』又曰：『錦衣狐裘，諸侯之服。』然則諸侯有狐白裘矣。又曰：『君子狐青裘，豹褎，玄綃衣以裼之。』則禮又有狐青裘矣。此經直云『狐裘』，必知是黄衣狐裘者，以諸侯服狐白裘，唯在天子之朝耳，在國視朝之服，素衣麑裘，若檜君用狐白以朝，則違禮僭上，非徒好絜而已，以此知非狐白也。《天官·司裘》云：『季秋獻功裘，以待頒賜。』注云：『功裘，人功微麤，謂狐青麑裘之屬。』然則狐青人功麤惡，檜君好絜，必不服之矣。」

愚按：鄭、孔説皆非也。《襄十四年左傳》：「右宰穀曰：『余狐裘而羔袖。』」杜注曰：「言一身盡善，惟少有惡。」正義引《玉藻》文而曰：「狐貴於羔。」然則狐貴羔賤，古人恒言。詩言「羔裘逍遥，狐裘以朝」，正見檜君衣服，各得其宜，序所謂「好絜衣服」，於此可見。毛傳順經文爲説，最爲無弊，鄭君必以爲是大蜡息民之黄衣狐裘，其意葢欲使檜君以朝服燕、以祭服朝，見其好絜衣服耳，不知如鄭義則不稱其服，轉非絜矣。《郊特牲》云：「黄衣黄冠而祭，息田夫也。野夫黄冠，黄冠，草服也。」鄭注引《論語》「黄衣狐裘」爲證，然則黄衣狐裘特以象野夫，非祭服之盛者也。祭服宜何裘？《玉藻》正義引劉氏説謂皆羔裘，又引皇氏説祭服無裘，是諸家之説不一，要之必非黄衣狐裘也。檜君果欲以祭服朝，何必息民之祭服乎？然則狐裘以朝，果何裘乎？即所謂「君衣狐白裘」者也。《終南篇》序曰：「能取周地，始爲諸侯，受顯服，大夫美之。」其詩曰：「君子至止，錦衣狐裘。」傳曰：「狐裘，朝廷之服。」正與此傳義合。箋云：「諸侯狐裘，錦衣以裼之。」改《玉藻》「君」字爲「諸侯」字，則鄭意亦謂諸侯得錦衣狐裘矣。《曾子問篇》：「天子賜諸侯大夫冕弁服於太廟，歸設奠，服賜服。」是諸侯大夫榮君之賜，歸則設奠，祭於己之宗廟而服之，未嘗言此後不得服也。《終南篇》正義云：「此言狐裘爲朝廷之服者，謂諸侯在天子朝廷服此服耳，歸在國則不服之。」引《曾子問篇》爲證，誤矣。於《終南篇》既有是説，故於此篇亦執是説，以明狐裘之非狐白裘。夫諸侯入天子之國，車服不可盡同也。《覲禮篇》曰：「乘墨車。」注曰：「墨車，大夫制也。乘之者入天子之國，理宜貶損。」以此推之，安有在天子朝廷得錦衣狐裘，而在其國反不得錦衣狐裘者乎？《玉藻》云：「朝服以日視朝於内朝。」注云：「朝服，冠，玄端，素裳。」此常制也。《秦風》「錦衣狐裘」，則因始受顯服而美之。此云「狐裘以朝」，則因檜君好絜衣服之故，是以皆舉其盛者而言也。

猗儺

《隰有萇楚篇》：「猗儺其枝。」傳曰：「猗儺，柔順也。」

愚按：以「柔順」爲訓，則此章「猗儺其枝」，次章「猗儺其華」，義固可通，卒章「猗儺其實」

不可通矣。「其實」，不當以柔順言之也。竊謂「猗儺」言其多也，萇楚之所以繁多者，由其無知之故，序所謂「思無情慾者」，正以此也。若訓爲柔順，轉涉有情矣。《商頌·那篇》：「猗與那與。」傳曰：「猗，嘆辭；那，多也。」愚謂：「猗那」乃疊韻字，不當分爲二義，「猗那」即「猗儺」，並言其多也。此篇「猗儺」，彼篇「猗那」，義可互參矣。

田畯

《七月篇》：「田畯至喜。」傳曰：「田畯，田大夫也。」正義曰：「《釋言》云：『畯，農夫也。』此官選俊人主田，謂之田畯。典農之大夫謂之農夫，以王者尤重農事，故知爵爲大夫也。」

愚按：《周禮》無田畯，未知其爲何官，雖有田大夫之名，必非大夫也。其官本名田畯，而流俗稱之則曰田大夫。《漢書·高祖紀》：「蕭何爲主吏，主進，令諸大夫曰『進不滿千錢坐之堂下』。」師古曰：「大夫，客之貴者總稱耳。」可知大夫有朝廷爵命之大夫，有流俗推重之大夫，高祖是時不過一亭長，而儼然在諸大夫之列，何疑田畯之稱大夫乎？《周禮》：「朝大夫，每國上士二人，下士四人。」注云：「此王之士也，使主都家之國治，而命之朝大夫云。」然則田大夫亦若是而已。正義引鄭注《周禮·載師》注爲説，按彼注云：「公邑謂六遂餘地，天子使大夫治之，自此以外皆然。二百里、三百里，其大夫如州長；四百里、五百里，其大夫如縣正。」並未云於田農之時特命之主其田農之事，不得即以此大夫爲田畯也。

曰爲改歲

《七月篇》：「十月蟋蟀入我牀下，穹室熏鼠，塞向墐户，嗟我婦子，曰爲改歲，入此室處。」

愚按：以此詩考之，知古者諸侯皆神明之冑，其於王朝本有不純臣之義，故其在國不特器械異制，衣服異宜，即正朔亦可以異建。此詩「曰爲改歲」承「十月」之下，則以十一月爲歲首，建子而不建寅，豳人用豳正也。《七月》之詩以「七月」名篇，其發端曰「七月流火，九月授衣」，夏正也。即繼之曰「一之日觱發，二之日栗烈」，又繼之曰「三之日于耜，四之日舉趾」，以十一月爲一之日，順是而數之，十二月爲二之日，正月爲三之日，二月爲四之日，此豳正也。其卒章曰：「十月滌場，朋酒斯饗，曰殺羔羊，躋彼公堂，稱彼兕觥，萬壽無疆。」蓋夏之十月爲豳之十二月，是謂歲終，故有躋堂稱壽之事，而詩以終焉，豳人用豳正也。公劉遷豳，當有夏中葉，宜用夏正，而其國俗如此，及周有天下，改殷之建丑者爲建子，亦沿豳國之舊俗也。此義不明，則所謂「一之日」「二之日」皆不得其解，或且牽合陰陽爲説，非詩意矣。春秋之世，晉用夏正。《路史・餘論》謂：僖四年十二月殺申生，九年十一月殺卓子，十年冬殺丕鄭。經皆書在明年春，傳據晉史，經用周正是也。《困學紀聞》云：「宋取長葛，經以爲冬，傳以爲秋。劉原父云：

左氏雜取諸侯史策，有用周正者，有用夏正者。」《月令》：「季秋之月爲來歲授朔日。」是秦正建亥之證。或謂秦始皇十六年并天下，然後以十月爲歲首，時不韋已死，不韋不得以十月爲正。孔穎達曰：「秦爲水位，其來已久，秦文公獲黑龍，以爲水瑞，何怪未平天下前不以十月爲歲首乎？」此説是也。秦以十月爲正者，其國自文公以來本以十月爲正也。周以十一月爲正者，其國自公劉以來本以十一月爲正也。封建之世與郡縣自殊，《堯典》：巡守必「協時月正日」〔一〕。使如後世，則朝廷頒朔，天下遵行，有何時月之當協、日之當正哉？

公孫碩膚

《狼跋篇》：「公孫碩膚，赤舄几几。」傳曰：「公孫，成王也，豳公之孫也。碩，大；膚，美也。」箋云：「公，周公也。孫，讀如『公孫于齊』之孫，孫之言遜也。周公攝政七年，致太平，復成王之位，孫遁，辟此成功〔二〕之大美，欲老，成王又留之以爲大師，履赤舄几几然。」

愚按：傳、箋説並非也。孫毓云：「《詩》《書》名例，未有稱天子爲『公孫』者，成王之去豳

〔一〕協時月正日，出今本《舜典》。

〔二〕功，今本鄭箋作「公」。

公又已遠矣，此篇美周公，不言成王，何言成王之大美乎？」孫説洵足以闢毛矣。然鄭義亦未得，「公孫」明是指目其人，何得讀從「公孫于齊」之義？《詩》序云：「周公攝政，遠則四國流言，近則成王不知。」而鄭箋乃言周公歸政，成王留爲大師，則與周公攝政不合，與成王不知更不合矣，故箋義亦非也。「公孫」孰謂？謂周公也。《豳風》自《破斧》以下諸篇，《破斧》明斥周公，《伐柯》則云「之子」，《九罭》則云「之子」又云「我公」，皆斥周公，然則此篇「公孫」亦斥周公無疑。成王爲豳公之孫，則周公亦得爲豳公之孫。然豳公遠矣，此詩雖編《豳風》之内，作者原非豳國之人，何必繫豳公而言之？謂之公孫者，蓋周有先王有先公。《天保篇》：「禴祠烝嘗，于公先王。」箋云：「公，先公，謂后稷至諸盩。」周公爲王季之孫。《禮記·大傳篇》曰：「牧之野，武王之大事也，既事而退，追王大王、王季、文王。」則王季在武王時已追王矣，周公應稱王孫，不稱王孫稱公孫者，蓋諸侯不敢祖天子，故不推本先王謂之王孫，而推本先公謂之公孫，此詩人立言之得體也。其後成王以周公爲有勳勞於天下，賜之天子之禮樂，祀帝于郊，配以后稷。周制：「郊祀后稷以配天，宗祀文王於明堂以配上帝。」魯得以后稷配，不得以文王配，亦即此義矣。

茶香室經說卷三

毛詩中

我有嘉賓

《鹿鳴篇》：「我有嘉賓。」正義曰：「文王小雅，其事多在稱王之前。《鹿鳴》燕群臣嘉賓，容有鄰國之聘客，明亦未稱王也。」

愚按：《鹿鳴》作于何時，誠不可考，孔因「有嘉賓」之文，謂容有鄰國聘客，决其爲未稱王時作，此大不然。《周禮·太宰》「八統」，八曰禮賓；《小宰》「六聯」，二曰賓客之聯事。《大宗伯》：「以賓禮親邦國。」「以賓射之禮親故舊朋友，以饗燕之禮親四方之賓客。」然則天子於諸侯何嘗無賓禮乎？《周禮》一書，屢以祭祀、賓客、喪紀並言，賓客之重如此，鄭注「饗燕之禮親四方賓客」云：「賓客，謂朝聘者。」然則諸侯來朝，卿大夫來聘，皆賓也。孔謂稱王之後不應有聘客，豈其然乎？《彤弓》序曰：「天子錫有功諸侯也。」一章曰「我有嘉賓，中心貺之」，二章曰「我有嘉賓，中心喜之」，三章曰「我有嘉賓，中心好之」，與此章三言「我有嘉賓」一律，豈得謂非天子之詩？

將母來諗

《四牡篇》：「是用作歌，將母來諗。」傳曰：「父兼尊親之道，母至親而不尊〔一〕。」箋云：「人之思，恒思親者，再言將母，亦其情也。」

愚按：《儀禮・喪服・傳》曰「禽獸知母而不知父」，傳、箋之言不可爲訓。上章一言「將父」，一言「將母」，此專承「將母」而言，屬辭之宜耳。如曰「將父母來諗」，則累於辭矣。詩人之言，有具於前而略於後者。《裳裳者華篇》：「左之左之，君子宜之；右之右之，君子有之。」下曰「維其有之」，則專承「右之」而言。《采緑篇》：「之子于狩，言韔其弓，之子于釣，言綸之繩。」下曰「其釣維何」，則專承「之子于釣」而言。《版篇》：「天之牖民，如壎如篪，如璋如圭，如取如

〔一〕 母至親而不尊，今本毛傳作「母至親而尊不至」。

携。」下曰「携無曰益」，則專承「如携」而言。又曰：「价人維藩，大師維垣，大邦維屏，大宗維翰，懷德維寧，宗子維城。」下曰「無俾城壞」，則專承「宗子維城」而言，並其例矣。

外禦其務

《常棣篇》：「兄弟鬩于牆，外禦其務〔一〕。」箋云：「禦，禁；務，侮也。兄弟雖内鬩，而外禦侮也。」釋文云：「務，如字。《爾雅》云『侮也』，讀者又音侮，此從《左傳》及《外傳》之文。」

愚按：《國語・周語》、《僖二十四年左傳》並引作「外禦其侮」，於是《爾雅・釋言》遂有「侮，務也」之訓，而鄭箋從之，幾不知《毛詩》之本作「務」矣。夫内、外《傳》引經每有異文，《周易・文言傳》：「嘉會足以合禮。」《襄九年傳》作「嘉德作以合禮」；《尚書・益稷篇》「明庶以功」，《僖二十七年左傳》作「明試以功」。豈可以《左傳》之「德」字改《周易》之「會」字，以《左傳》之「試」字改《尚書》之「庶」字乎？釋文既云「務，如字」，則《毛詩》舊説未必訓「侮」，仍當以「務」字本義釋之。《周易・繫辭傳》：「唯幾也故能成天下之務。」《集解》引虞注曰：「務，事也。」「禦」當作「御」。正義曰：「定本經『御』作『禦』。」是正義本作「外御其務」，今作「禦」者，以定本

〔一〕 務，原誤作「侮」。據廣東學院本及今本《詩經》改。

改正義本也。御者,治也。《思齊篇》:「以御于家邦。」箋云:「御,治也。」然則「外御其務」者,外治其事也。言雖内鬩,而有外事至,則仍共治之也,毛義或當如此。《左傳》晚出,引經不盡可信,《爾雅》亦後人所附益。毛公六國時人,其説此詩未必用内、外《傳》説也。

旆旆

《出車篇》:「彼旟旐斯,胡不旆旆。」傳曰:「旆旆,旒垂貌。」正義云定本多一『旆』字。則當作「旆旆句旆旒垂貌」。

愚按:傳文「旆旒」之「旆」,正字也;經文「旆旆」之「旆」,叚字也。《爾雅》:「繼旐曰旆。」若以「旆旆」爲形况之辭,豈亦可云「旐旐旟旟」乎?「旆旆」當作「茷茷」,《説文·艸部》:「茷,艸葉多也。」艸葉多,故以擬旆旒垂貌,《泮水篇》:「其旂茷茷。」彼用正字,此用叚字也。《六月篇》「白旆央央」,釋文本作白茷,是「旆」與「茷」通之證。

南仲

《出車篇》:「王命南仲。」傳曰:「南仲,文王之屬。」

愚按:楊升庵説,以《周書·克殷篇》「命南宫忽振鹿臺之財」爲即仲忽,「命南宫百達遷九鼎」即伯達,《君奭》「有若南宫适」即伯适,故謂「周有八士」皆南宫氏。其説殊信。此詩所詠之

「南仲」，其即仲突、仲忽乎？南宮氏亦得單稱「南」，南宮縚稱南容，即其例矣。

薄伐西戎

《出車篇》：「赫赫南仲，薄伐西戎。」案《采薇》序曰：「文王之時，西有昆夷之患，北有玁狁之難。」正義曰：「此與《出車》五言『玁狁』，唯一云『西戎』。序先言昆夷者，以昆夷侵周爲患之切，故先言之。玁狁大於西戎，出師主伐玁狁，故戒勑戍役，以玁狁爲主，而略於西戎也。」

愚謂：文王時實惟玁狁爲患最切，西戎次之。故《詩》曰「玁狁孔棘」，不曰「西戎孔棘」也。其後於玁狁則攘卻之，而於西戎實未大定，故曰「玁狁于襄」，不曰「西戎于襄」；曰「玁狁于夷」，不曰「西戎于夷」也。周公立司隸之官，以帥四翟之隸，有蠻隸、閩隸、夷隸、貉隸而已，蠻、閩皆南也，夷東貉北，而獨無西戎之隸，西戎之不盡賓服可知。夫西戎種類最衆，自古畏之，故西戎即敘載於《禹貢》。西國之豪來獻，大保至，爲作《旅獒》之篇，及秦漢以降，從事四夷。《漢書》有《匈奴傳》，即玁狁也。有《西域傳》，即西戎也。匈奴惟一國，而西域自孝武時始通，已有三十六國，其後分至五十餘。遠者如烏弋、條支之類，去長安萬數千里。傳聞有弱水，西王母西行百餘日，近日所入，悠謬難詰矣。捐毒國本塞種也，此即佛入中國之所繇。梨軒國即後世所謂大秦者，景教流行從是來也。至於今，而「西戎孔棘」矣。然後歎文王之於西戎，薄伐之而止，周公設四翟之隸，屏西戎而不與，其見至深遠也。

君子有酒旨且多

《魚麗篇》：「君子有酒旨且多。」箋云：「酒美而此魚又多也。」正義曰：「言『且多』，文承『有酒』之下，則似酒多也，而以爲魚多者，以此下三章還覆上三章也，四章『物其多矣』，五章『物其旨矣』，卒章『物其有矣』，皆疊上章句末之字謂之爲『物』。若酒，則人之所爲，非自然之物，以此知『且多』『且旨』『且有』皆是魚也。」

愚按：此説殊泥。《周禮·酒人》：「辨三酒之物，一曰事酒，二曰昔酒，三曰清酒。」孰謂酒不可以物言乎？「且多」「且旨」「且有」皆承「有酒」之下，自以酒言，不以魚言，鄭箋非也。至陸氏釋文并依鄭義讀之，曰：「『有酒旨』絶句，『且多』此二字爲句。後章放此，異此讀則非。」愚按：此讀更不可從，「旨且多」、「多且旨」、「旨且有」，與《盧令篇》「其人美且仁」「其人美且鬈」「其人美且偲」三章一律，彼不於「美」字絶句，此乃於「旨」字、「多」字絶句，亂其句例，不可從一也。「魚麗于罶」與「君子有酒」爲韵，「鱨鯊」與「旨且多」爲韵，若讀「旨」字絶句，則失其韵，不可從二也。雖先儒舊讀，未敢苟同。

白華

《詩》序：「南陔，孝子相戒以養也；白華，孝子之潔白也。」

愚按：《六月篇》序曰：「《南陔》廢則孝友缺矣，《白華》廢則廉耻缺矣。」《南陔》言孝友，與《南陔》序合；《白華》不言孝友，與《白華》序不合。疑《白華》之詩，止戒人以潔白自守，不可玷辱，作序者因上篇《南陔》之義，亦以孝子言之，非詩旨也。束晳《補亡詩·白華篇》首章：『粲粲門子，如磨如錯。』次章：『蒨蒨士子，涅而不渝。』三章：『堂堂處子，無營無欲。』」雖以子言，而不及人子事父母之意，似爲得旨。

又按：「《白華》，孝子之潔白也」，「孝子」或「君子」之誤。《詩》序中每有稱「君子」者，如《兔爰》曰「君子不樂其生」，《羔裘》曰「言古之君子以風其朝」，《揚〔一〕之水》曰「君子閔忽之無忠臣良士」，《椒聊》曰「君子見沃之盛彊能脩其政」，如此類甚多。他如《君子于役》《君子陽陽》，篇名本有「君子」。《風雨篇》《伐檀篇》，詩中皆言「君子」，更無論矣。然則此序云「君子之絜白也」與序例亦合，涉上篇序言「孝子」而誤作「孝子」耳。

〔一〕 揚，原作「楊」，據今本《詩經》改。

鉦人伐鼓

《采芑篇》：「鉦人伐鼓。」傳曰：「鉦以静之，鼓以動之。」箋云：「鉦也、鼓也，各有人焉。言鉦人伐鼓，互言爾。」正義曰：「《説文》云：『鉦，鐃也。似鈴。柄中上下通。』然則鉦即鐃也。《説文》又曰：『鐲，鉦也，鐃也。』則鐃、鐲相類，俱得以鉦名之，故《鼓人》注云：『鐲，鉦也，形如小鐘。』是鐲亦名鉦也。但鐲以節鼓，非静之義，故知『鉦以静之』，指謂鐃也。」

愚按：毛傳但言鉦静鼓動，不言鉦是何物，正義則堝指爲鐃。若果是鐃，則鉦與鼓一主進一主退，其義正相反，以鉦人而擊鼓，義不可通。即從鄭以互言爲解，然一時鉦人擊鉦，鼓人擊鼓，鉦鼓並作，號令不明，三軍之士進乎退乎？恐非詩意也。愚謂：鉦者，鐲也，非鐃也。《鼓人》云「以金鐲節鼓」，是擊鼓必以鐲爲節，故鉦人、鼓人其職相聯，但言鼓人擊鼓，恐其雜亂無節，故必曰鉦人擊鼓，方見節次秩然，軍令森嚴也。毛傳動静之説不必泥，葢鼓主動，而有鐲以節之，亦得謂之静，非必止之而後爲静也。《莊二十九年左傳》：「凡師有鐘鼓曰伐。」竊謂鐘鼓即此鉦鼓，以鐲形如小鐘，故即謂之鐘耳。

爪士

《詩·祈父篇》：「予王之爪士。」傳曰：「士，事也。」

訓「士」爲「事」，毛公恒訓，然「爪事」之誼，殊不可通。鄭君無箋，而於上章箋中兩言「爪牙之士」，則已并此章而箋之矣。夫「爪牙之士」但曰「爪士」，亦爲不辭。愚謂：上章「爪牙」字作「爪」，此章「爪士」字應作「介」。《説文》「介」本作「⽊」字，從人從八。漢人隸書如《校官碑》「秉高士之⽊」，《侯成碑》「君⽊心如石」，無如今書作「介」者。其形與「爪」字相似，又涉上章言「爪牙」故誤爲「爪」耳。介士者，甲士也。《禮記・檀弓篇》：「陽門之介夫死。」鄭注曰：「介夫，甲衛士。」此詩「介士」即甲衛之士。古書每以介爲甲，《曲禮篇》：「介者不拜。」《周禮・旅賁氏》：「軍旅則介而趨。」此類甚衆。故《廣雅・釋器》曰：「介，鎧也。」此詩以介爲甲，而古字又作⽊，傳寫誤爲爪，雖毛、鄭不得其解矣。

正長冥幼

《斯干篇》：「噲噲其正，噦噦其冥。」傳曰：「正，長也；冥，幼也。」箋云：「正，晝也；冥，夜也。」

愚按：「冥」有夜義，「正」無晝義，不如毛傳之本雅訓爲塙。但毛傳太簡，其義未明。王肅云：「宣王之臣，長者寬博，噲噲然，少者閑習，噦噦然。」則非毛意矣。此説宫室，不得言人之長少也。愚謂：毛傳「正長冥幼」以宫室之材言。《淮南子・主術篇》曰：「賢主之用人也，猶巧工之制木也。大者以爲舟航柱梁，小者以爲楫楔，脩者以爲櫚榱，短者以爲朱儒枅櫨。無大小脩短，各得其所宜。」大者、修者即毛傳所謂「長」也，小者、短者即毛傳所謂「幼」也，觀其柱梁櫚榱之大且脩者則噲噲然，觀其楔與枅櫨之小且短者則噦噦然。噲噲猶佸佸也。《説文·人部》：「佸，會也。一曰佸佸，力貌。」「佸佸其正」，言其任重之有力也。噦噦猶翽翽也。《卷阿篇》：「翽翽其羽。」傳曰：「衆多也。」《説苑·奉使篇》引作「噦噦其羽」，是噦噦、翽翽義通，言其衆多也，毛義或當如是。唐人元結詩云「木孫爲桷木母榱」，此可説毛傳「長幼」之義。

以居徂向

《十月之交篇》：「擇有車馬，以居徂向。」箋云：「又擇民之富有車馬者以往居于向也。」

愚按：經云「以居徂向」，不云「以徂居向」，鄭義非也。「居」即《益稷篇》「懋遷有無化居」之「居」。枚傳曰：「居，謂所宜居積者。」上云「擇三有事，亶侯多藏」，多藏之人，其居積必饒，故使盡以其所居積者往向也。

雨無正

《雨無正篇》序曰：「大夫刺幽王也。雨，自上下者也。衆多如雨，而非所以爲政也。」

愚按：「雨無正」名篇，自來不得其解，如序所言，亦甚迂曲，疑此序有衍字，本云：「雨無正，大夫刺幽王也，衆多如雨而無正也。」此「正」字當訓長，古謂官長爲「正」。《周禮·天官·序官》「宮正」注曰：「正，長也。宮〔一〕正，主宮中官之長。」又「酒正」注曰：「酒正，酒官之長。」是也。《詩》云：「正大夫離居。」箋云：「正，長也。長官之大夫於王流于彘而皆散處。」此「正大夫」即序所謂「正」也。王流于彘，而正大夫皆散，是無正也。其下之官屬猶有在者，而其長皆散去，則衆無正矣，故曰「衆多如雨而無正也」。「雨無正」猶云「衆無正」，「雨」有衆義。《敝笱篇》首章曰：「其從如雲。」傳曰：「如雲，言盛也。」次章曰：「其從如雨。」傳曰：「如雨，言多也。」三章曰：「其從如水。」傳曰：「水，喻衆也。」是雨與雲、水皆喻衆多，此序曰「衆多如雨」，與詩人之辭正合。後人不達其義，乃申説「雨」字曰：「雨，自上下者也。」又申説「無正」之義曰：「非所以爲政也。」傳寫并入序中，以意增删，而序義晦詩義亦晦矣。

三事大夫

《雨無正篇》：「三事大夫，莫肯夙夜。」箋云：「王流在外，三公及諸侯隨王而行者，皆無君臣之禮。」正義曰：「鄭言三公者，以經『三事大夫』爲三公也。公雖無職，而《地官》云『二鄉則

〔一〕宮，原誤作「官」，據今本鄭注改。

公一人』，鄭亦云：『外與六鄉之事，職所不説，三皆有事，故云三事也。』」

愚按：《周禮》無三公之職，公有何事，固不可知，然《十月篇》云「擇三有事」，傳、箋並以三卿説之。彼「三有事」爲三卿，此「三事」爲三公，不太無別乎？疑此「三事」乃「三吏」之誤。《成二年左傳》：「王使委於三吏。」杜注曰：「三吏，三公也。」正義曰：「《曲禮》云：『五官之長曰伯，其擯於天子也曰天子之吏。』鄭玄云：『謂三公也。』是三公稱吏，故知三吏三公也。」然則三公稱三吏，古制固然。此經鄭以三公説之，不誤，但經文「三事」則「三吏」之誤耳。《玉篇・史部》「事」字下有古文作「叓」，其形與「吏」相似，故「事」與「吏」易誤。《新序・雜事篇》：「有司請事於齊桓公。」今本「事」作「吏」。此經「吏」誤作「事」，猶彼「事」誤作「吏」矣。

國雖靡止

《小旻篇》：「國雖靡止，或聖或否。」傳云：「靡止，言小也。」箋云：「靡，無；止，禮。」

愚按：以「靡止」爲小，義不可通。鄭訓「靡止」爲無禮，然爲國以禮，禮不可無，而云國雖無禮，不可爲訓也。此「止」字即基止之止。《説文・止部》：「止，下基也。」是基址字古本作「止」，靡止，言無基也。《昭元年左傳》：「國於天地有與立焉。」是即所謂基也。杜彼注曰：「言欲輔助之者多。」是國之基在乎得人，故《南山有臺》序曰：「南山有臺，樂得賢也，得賢則能爲邦家立太平之基矣。」其詩曰：「樂只君子，邦家之基。」基在得人，《詩》有明證。此云「國雖靡止，或聖或否」，言國雖不能得賢以爲基，然亦必有聖者有賢者也。

鞅掌

《北山篇》：「或王事鞅掌。」傳曰：「鞅掌，失容也。」箋云：「鞅猶荷〔一〕也，掌謂捧之也，負荷〔二〕捧持以趨走，言促遽也。」

愚按：毛傳之義簡略難明，鄭箋則望文生訓，殊非塙詁。「鞅掌」乃疊韵字，凡雙聲疊韵之語，皆未可以文義求之。《文選·西京賦》云：「泱漭無極。」《鵩鳥賦》云：「坱圠無垠。」鞅掌或亦泱漭、坱圠之比。《抱朴子》書屢用「鞅掌」字，《釋滯篇》云：「撮壤土不足以減其峻，挹勺水不足以削其廣，一世不過有數僊人，何能損人物之鞅掌乎？」又《勤求篇》云：「方策既山積於儒門，而內書亦鞅掌於術家。」其言「鞅掌」，皆是繁多之意，「王事鞅掌」即可以此説之。

鍾鼓既戒

《楚茨篇》：「禮儀既備，鍾鼓既戒。」箋云：「鍾鼓既戒，戒諸在廟中者，以祭禮畢。」

〔一〕〔二〕 荷，今本鄭箋作「何」。

愚按：天子祭禮既亡，其祭禮畢，以鍾鼓戒在廟中者，事之有無固不可知，但戒之爲言，皆在事前，《儀禮·士冠禮》《鄉飲酒禮》「戒賓」，《聘禮》「戒上介」「戒衆介」，《有司徹》「戒侑」，並於事前戒之，無於事後戒之者，《文選·東京賦》所謂「先期戒事」是也。祭禮畢矣，何戒之有？鄭義未必然也。「鍾鼓既戒」，爲下「鍾鼓送尸」張本，蓋尸出則宜以鍾鼓奏肆夏送之，故戒鍾人擊鍾，戒鼓人擊鼓。是時皇尸未起，先事而戒之，重其事也，下云「鍾鼓送尸」，正承此而言。鄭於此箋既失其義，而下文又誤作「鼓鍾送尸」，則「鍾鼓既戒」之義愈不可見矣。《宋書·樂志》兩引此詩，並作「鍾鼓送尸」，阮《校勘記》先疑之而後從之，從之者是也。

曾孫

《信南山篇》：「信彼南山，維禹甸之，畇畇原隰，曾孫田之。」傳曰：「曾孫，成王也。」正義曰：「知曾孫是成王者，序言成王奉禹之功，此言曾孫田禹之地，故知曾孫與序成王一人也。」

愚按：「曾孫」之爲成王，鄭箋亦無異義，然其義實有可疑。《詩》言平王之孫則明言平王，武丁孫子則明言「武丁」，此言「曾孫」，果何人之曾孫乎？曾孫之名從祖而生，不言其祖而但言曾孫，義不可通。毛公殆誤會序意也。序云：「信南山，刺幽王也，不能脩成王之業，疆理天下以奉禹功，故君子思古焉。」夫幽王爲周之子孫，當責以修成王之業，不當責以奉禹之功，而詩序云然者，蓋是詩爲思古之詩，陳古以刺今，其本意也。古謂成王，今謂幽王，陳成王之美以刺幽王之惡，詩之大指不外乎此。而詩人之辭，每託悠謬之辭以致微婉之意。如《蕩篇》序曰：「蕩，召穆公傷周室大壞也。厲王無道，天下蕩蕩，無綱紀文章，故作是詩也。」是《蕩篇》本刺厲王，而其詩則云：「文王曰咨，咨女殷商。」首章之外，下七章皆以此發端，然則通篇所陳皆紂之不善矣，竊謂《信南山》諸篇亦當以此義觀之。首章云：「信彼南山，維禹甸之，畇畇原隰，曾孫田之。」上言禹下言曾孫，則所謂曾孫者，禹之曾孫也，曾孫孰謂？其少康乎？以世次論，少康於禹爲玄孫，然《惟天之命篇》鄭箋云：「曾猶重也，自孫之子而下事先祖者皆稱曾孫。」則少康得爲禹之曾孫矣。少康祀夏配天，不失舊物，故曰「畇畇原隰，曾孫田之」，《信南山》諸篇皆託爲夏人美少康之辭，借夏人之美少康以刺幽王，亦猶借文王之歎殷商以刺厲王也。

《甫田》云：「曾孫來止，以其婦子，饁彼南畝。」鄭箋云：「成王出觀農事，親與后、世子行，使知稼穡之艱難。」孫毓極以鄭説爲短，孔疏又曲護之。

愚謂：此在周世殊不可行。考《周禮》：王出入則有虎賁氏先後王而趨，旅賁氏夾王車而趨，條狼氏夾道而趨。王所止宿，則有掌舍爲設梐枑，雖無宮，亦立長大之人以表門，謂之人門。儀衛森嚴，豈得下就田閒爲農夫設食乎？若夏則容或有之，其時去古未遠，君民不甚隔絶。《吕氏春秋篇》載：「孔甲田於東陽萯山，天大風，晦冥，迷惑，入于民室，主人方乳，或曰：『后來，是良日也。』或曰：『不勝也。』」以此等事觀之，則詩所詠「曾孫來止」，不足異矣！《孟子》稱古之人君春省耕秋省斂，而以夏諺爲證。疑夏時自有此等歌謡傳播後世，故詩人本之而作詩，非憑虚結撰也。商有頌而夏無詩，竊謂《信南山》、《甫田》、《大田》三篇即可以當夏詩。

《大田篇》：「以其騂黑，與其黍稷，以享以祀，以介景福。」傳曰：「騂，牛也；黑，羊豕也。」箋云：「陽祀用騂牲，陰祀用黝牲。」愚按：傳以騂、黑二色分牛羊豕，未詳毛意。鄭以陽祀、陰祀言之，不合禋祀四方之意。殆非也。愚竊以「騂黑」二字證成前説，《信南山》三篇皆託夏人之美少康者以刺幽王，至《大田篇》終矣，故於篇末用「騂黑」二字。騂者，周牲也，周所尚也。黑者，夏牲也，夏所尚也。明此三篇實是刺周而託言美夏，以夏而言宜用黑，以周而言宜用騂，騂、黑並舉，而此三篇之即夏即周可見矣。《蕩篇》刺厲王，而假託文王之言嗟歎殷商，其篇末云：「殷鑒不遠，在夏后之世。」箋云：「今之王者，何以不用爲戒。」蓋亦於篇終微見其意，以殷鑒在夏，明周鑒在殷也，此在讀《詩》者之以意逆志矣。

六轡如琴

《車舝篇》：「四牡騑騑，六轡如琴。」箋云：「其御群臣，使之有禮，如御四牡騑騑然，持其教令，使之調均，亦如六轡緩急有和也。」

愚按：箋不釋「如琴」，但以「調均」説之，以琴比轡，殊爲不倫。正義曰：「執其六轡，緩急調和，如琴瑟之相應也。」則又增「瑟」字矣。「琴」當作「鈙」。《説文・攴部》：「鈙，持也，讀若琴。」凡《説文》讀若之字，古即通用。如：「勼，聚也，讀若鳩。」而今即作「鳩」。「篙，厚也，讀若篤。」而今即作「篤」。皆其例也。「鈙」讀若「琴」，故詩即以「琴」爲之，「如琴」實「如鈙」也。鈙者，持也。六轡如鈙，猶《小戎篇》曰：「六轡在手。」《小戎》正義曰：「御人執其六轡在手而已，不假控制之也。」即可以説此詩，言如以手持之而已，不假控制也。

舍其坐遷

《賓之初筵篇》：「舍其坐遷。」傳曰：「遷，徙。」正義曰：「又舍其本坐，遷向他處。」

如疏説，則「舍其坐」爲一義，「遷」爲一義，於文未安。「坐遷」二字當連讀。《儀禮・公食大夫禮》：「宰夫自東房授醯醬，公設之，賓辭，北面坐遷而東遷所。」又云：「大羹湆不和，實于鐙，公設之於醬西，賓辭，坐遷之。」此詩「坐遷」二字即本此。蓋公設醬必在席中，賓坐遷而東，其坐遷之位即其坐位。詩云「舍其坐遷」，言舍其始所坐遷之位也，不言位而言坐遷者，位必在席中，而賓位實偏東，其位由坐遷而定，故以「坐遷」目其位也。

有莘其尾

《魚藻篇》：「魚在在藻，有莘其尾。」傳曰：「莘，長貌。」

愚按：「莘」無長義，傳義未詳，疑當作「㜪」。《螽斯篇》：「螽斯羽侁侁〔一〕兮。」釋文曰：「詵，所巾反，衆多也。《説文》作『㜪』，音同。」此詩作「莘」，即「㜪」之叚字，言魚之衆多也。釋文「莘」亦音所巾反，則其音同。今《説文》無「㜪」字，然「莘」字亦《説文》所無也。

兄弟昏姻

《角弓篇》：「兄弟昏姻，無胥遠矣。」箋云：「骨肉之親，當相親信，無相疏遠。」正義曰：「此經兼言昏姻。箋通言骨肉者，以昏姻之親與宗族同。」

愚按：此詩實爲昏姻而作。序曰：「角弓，父兄刺幽王也。」疑古序本止此一句。下云：「不親九族而好讒佞，骨肉相怨，故作是詩也。」則衛敬仲輩附益之辭，未合此詩之旨。此詩刺幽王，即爲廢申后立褒姒而作。《爾雅·釋親》云：「婦之黨爲昏兄弟，壻之黨爲姻兄弟。」郭注曰：「古者皆謂昏姻爲兄弟。」此經「昏姻兄弟」當以此説之。因幽王廢申后，故戒之曰：「兄弟

〔一〕 侁侁，今本《詩經》作「詵詵」。

昏姻，無胥遠矣。」下章云：「爾之遠矣，民胥然矣；爾之教矣，民胥效矣。」即《白華》序所云「幽王取申女以爲后，又得褒姒而黜申后，故下國化之，以妾爲妻，以孽代宗」者也。又下章云：「此令兄弟，綽綽有裕。不令兄弟，交相爲瘉。」此令兄弟，謂申也；不令兄弟，謂褒也。又下章云：「民之無良，相怨一方。」此其語意更隱而曲，夫云「相怨一方」，則壤地不同而相讎怨，此非尋常細民之事也。所謂民者，其斥申侯乎？申后廢，申侯必怨矣。其後諸章更不甚可解。如云「老馬反爲駒」「毋教猱升木」之類。毛、鄭所説，未必盡得。老馬反爲駒，喻廢申后也；毋教猱升木，喻立褒姒也。卒章曰：「如蠻如髦，我是用憂。」傳曰：「蠻，南蠻也。」箋云：「髦，西夷別名。」此亦託辭，非謂蠻髦，借以寓西戎耳。《國語》載史伯之言曰：「王欲殺太子，必求之申，申人弗畀，必伐之。若伐申，而繒與西戎會以伐周，周不守矣。」然則驪山之禍，有識者固先見之，「如蠻如髦，我是用憂」，此詩人之微辭也。

彼都人士

《都人士篇》：「彼都人士，狐裘黄黄。」箋云：「城郭之域曰都，古明王時，都人之有士行者，冬則衣狐裘，黄黄然，取温裕而已。」正義曰：「序言『則民一德』，是所陳者人也，人而言『士』，故知都人之有士行者，非爵爲士也。」又引《玉藻》注而云：「庶人止服犬羊，此衣狐裘者，以禮不下庶人。其制不可得以曲而盡。此言狐裘，則庶人得衣狐裘明矣。」

愚按：狐裘爲古之所重。《秦風》曰：「錦衣狐裘，其君也哉。」《檜風》曰「狐裘以朝」，未聞庶人得衣狐裘也。序云：「古者長民，衣服不貳，從容有常，以齊其民，則民德歸壹。」然則篇中所言衣服，自以長民者言。正義謂以民言，而許庶人得服狐裘，誤矣。三章云：「彼都人士，充耳琇實。」與《淇澳〔一〕》「充耳琇瑩」文義一律，豈庶人所宜有乎？正義以《衛風》之「琇」爲玉多石少，以此詩之「琇」爲全是石，是亦曲説，毛傳於兩篇並訓美石，無此分別也。然正義之誤，皆箋説有以啓之。箋訓「都人士」爲都人之有士行者，此未得也。都人即是君子，士言都人，女言君子，異文而同義，合而言之則曰「都君子」，《昭二十七年左傳》「左司馬沈尹戌帥都君子」是也。士者，對女而言，猶「女曰鷄鳴，士曰昧旦」、「女曰觀乎，士曰既且」，皆士、女對言也。大家世俗之士、女，足爲下民表率，即序所謂「長民」也。三章云：「彼君子女，謂之尹吉。」鄭以爲尹氏、姞氏，周室昏姻之舊姓，然則「都人士」與「君子女」相對成文，豈庶人乎？

〔一〕澳，今本《詩經》作「奥」。

五日爲期

《采緑篇》：「五日爲期，六日不詹。」傳曰：「婦人五日一御。」箋云：「五日、六日者，五月之日、六月之日也。」

愚按：鄭意五日一御，諸侯制也。至天子，則女御八十一人當九夕，世婦二十七人當三夕，九嬪九人當一夕，三夫人當一夕，后當一夕，十五日而徧。詳見正義。此詩爲婦人以夫行役、過時不來而作，非諸侯之事，故易傳也。但五月之日、六月之日謂之「五日」「六日」，義殊未安，不得以《豳風》「一之日」、「二之日」爲例，鄭箋非也，當從毛傳。竊謂：此詩序云：「刺怨曠也，幽王之時多怨曠者也。」所謂「刺怨曠」者，非謂民閒之怨夫曠婦，實以申后之事言，與《白華篇》同。《白華篇》四言「之子」，箋云：「之子，斥幽王也。」此篇「之子于狩」「之子于釣」，亦兩言「之子」，是可證兩詩之同矣。五日一御，蓋古王后進御之制也。鄭康成説天子御女最爲無理，一夕而御九女，淫慾過度，廉耻道喪，雖隋煬、齊文宣尚不至此，而謂古禮然乎？愚因鄭説而小變之。三夫人、九嬪既有三九之名，則夫人必三、嬪必九，是固無疑矣。世婦、女御不言數，未必有二十七人、八十一人之多，竊謂后一、而夫人三、而嬪九，至九則其數極矣。於是倍其數爲一十八，是世婦之數。又倍其數爲三十六，是女御之數。每月望前，卑者居先，第一夕女御一人御，第二夕世婦一人御，第三夕九嬪一人御，第四夕三夫人一人御，第五日后御，望後反之。如是則后一月六御，三夫人一月再御，九嬪三月而再御，世婦六月而再御，女御一歲而再御，似視鄭説稍安。然宫闈祕事，載籍無徵，鄭君創此臆説於前，而愚又變其説於後，恐徒爲後儒訕笑而已。

或問：諸侯之制當如何？曰：諸侯一夫人二媵，各有娣有姪，則娣姪六人也。第一夕第二夕第三夕，娣姪中一人御。第四夕，二媵中一人御。第五夕，夫人御。是夫人十日再御，兩媵與娣姪皆十日一御，較鄭君兩兩而御之説亦似稍安。大夫一妻二妾，則二妾當兩夕，妻當三夕。士一妻一妾，則一妾當一夕，妻當四夕。《内則篇》所謂「妾未滿五十，必與五日之御」，通大夫士言之，鄭以爲諸侯之制，非是。

滮池北流

《白華篇》：「滮池北流，浸彼稻田。」傳曰：「滮，流貌。」箋云：「豐鎬之閒水北流。」正義曰：「《文王有聲》箋云：『豐在豐水西，鎬在豐水東。』然則豐鎬之閒惟豐水耳。」

愚按：《文王有聲篇》明言「豐水東注」，則豐非北流之水也。《文選・蜀都賦》：「灑滮池而爲陸澤。」李注即引此詩爲説。然其上句曰：「指渠口以爲雲門。」注曰：「李冰於湔水下造大堋，以壅江水，分散其流，灌溉平地，故曰『指渠口以爲雲門』也。」兩句合讀，則「滮池」即謂江水矣。蓋滮爲流貌，本無定名，凡流之大者皆得稱之。「池」之名亦通乎大小，《莊子・逍遥遊篇》曰：「有冥海者，天池也。」則海亦可謂之「池」矣。《蜀都賦》之「滮池」謂江也，此詩之「滮池」謂河也，南條莫大於江，北條莫大於河，故同有「滮池」之名矣。《碩人篇》曰：「河水洋洋，北流活活。」蓋禹之導河，自大伾以下，北過降水至于大陸，又北播爲九河，同爲逆河入于海。夫順水之性，宜導使東南行，禹必導之使北者，《史記・河渠書》云：「禹以爲河所從來者高，水湍悍，難以行平地，數爲敗，乃厮二渠以引其河，北載之高地。」是大禹導河北行，其意至深，爲萬世計至遠。故詩人詠河水多詠其北流也，河不北流，則中原之河患亟矣。

何人不將

《何草不黄篇》：「何日不行，何人不將。」正義曰：「將率何日而不行乎。又言萬民何人而不爲將率所將之，以經營四方乎？」

愚按：正義解「何人不將」句，其義稍迂。將，亦行也。《燕燕篇》：「之子于歸，遠以〔一〕將之。」傳曰：「將，行也。」「何日不行，何人不將」，「將」與「行」同義，變文以成辭耳。《緇衣》首章

〔一〕以，今本《詩經》作「于」。

「敝予又改爲兮」，次章「敝予又改造兮」，三章「敝予又改作兮」。箋云：「造，爲也。」「作，爲也。」是「造」、「作」與「爲」一也。《丰篇》首章：「悔予不送兮。」次章：「悔予不將兮。」箋云：「將，亦送也。」是「將」與「送」一也。如此之類，皆變文以成辭。

有芁者狐

《何草不黄篇》：「有芁者狐，率彼幽草。」傳曰：「芁，小獸貌。」

愚按：《黍苗篇》：「芁芁黍苗。」傳曰：「芁芁，長大貌。」《棫樸篇》：「芁芁棫樸。」傳曰：「芁芁，木盛貌。」與小獸之貌殊不相近。疑「芁」當爲「葻」。《説文・草部》：「葻，艸得風貌。」鄭箋謂狐草行草止，是狐常在幽草中，人不見狐之行，但見草之動，狐行即草動，二而一矣，故即以草得風貌擬之曰「有葻者狐」。「葻」與「芁」古音相近，於文但省「虫」耳，形亦相近也。

茶香室經説卷四

毛詩下

維周之楨

《文王篇》："王國克生，維周之楨。"傳曰："楨，幹也。"箋云："此邦能生之，則是我周之幹事之臣。"

愚按：《尚書·費誓篇》："峙乃楨幹。"正義曰："峙具楨幹，以擬築之用。『題曰楨』，謂當牆兩端者也；『旁曰幹』，謂當牆兩邊者也。"是楨、幹爲用雖同，而用之各異，不得即以楨當幹。乃傳既訓楨爲幹，而箋即以幹事説之，是詩人苟且趁韻也，傳、箋恐皆失之。"楨"當爲"禎"。《維清篇》："迄用有成，維周之禎。"傳曰："禎，祥也。"與此正同。唐石經《維清篇》

「禎」字初刻「楨」，後改「禎」，葢二字同聲通用。石經初刻亦必有所本，是即《文王篇》「楨」當爲「禎」之證。乃《維清篇》釋文作「祺」，正義本亦作「祺」，云定本、集注作「禎」，然以韻讀之，自以作「禎」爲是也。

曰嬪于京

《大明篇》：「摯仲氏任，自彼殷商，來嫁于周，曰嬪于京。」傳曰：「京，大也。」箋云：「京，周國之地小別名也。」正義曰：「箋易傳者，以言『于京』是於其處所，不得漫言『於大』。上篇述文王受命之事，而云『祼將于京』，可得以爲京師。此王季時，不得即以其居爲京師。《思齊》曰：『思媚周姜，京室之婦。』此云：『來嫁于周，曰嬪于京。』下章云：『命此文王，于周于京。』皆周、京並言，明俱是地矣。周是大名，明京是其中小別也。」

愚按：「來嫁于周，曰嬪于京」，乃用《尚書》「釐降二女于嬀汭，嬪于虞」文法，毛傳泛訓爲大，未得其旨。鄭以爲地名，得之，而亦未能實指其所在。愚謂：京地在豳，《公劉篇》云：「迺陟南岡，乃覯于京。」即其地也。葢豳爲大名，京是豳國之地小別名。公劉遷豳，實則居京。其下云：「京師之野，于時處處，于時盧旅。」此公劉居京之證也。京爲地名，公劉居之，歸者日衆，居者日多，於是又有京師之名。毛傳曰：「是京乃大衆所宜居之也。」鄭箋亦云：「京地乃衆民所宜居之野。」正義曰：「公劉非天子，不得謂所居爲京師，故云『是京乃大衆所宜居之野』。」竊謂鄭、孔固不免後世之見，毛公亦然。何也？公劉遷豳，在夏中葉，其時之京乃西戎一邑之地耳，天子所居並不名京，何有京師？公劉居京，因其故名，配以衆義，謂之「京師」，自我作古，何不可之有？然在周人，實爲發祥之地，故雖邦邑屢遷，而京名未改。《思齊》稱「京室之婦」，京室，猶周室也。可知在當日，周人稱周亦稱京，周京並稱，猶之「殷商」矣。及其後定有天下之號曰周，而京之名仍不廢，故周天子所居謂之京，亦稱京師，而諸侯不得稱矣。亦猶皋門、應門初由太王偶爾命名，遂爲天子之制也。毛傳曰：「美太王作郭門以致皋門，作正門以致應門。」是不許太王有皋門、應門之名，亦猶不許公劉有京師之號，固哉高叟矣！

文王初載

《大明篇》：「文王初載，天作之合。」傳曰：「載，識。」箋云：「於文王生適有所識，則爲之生配。」

愚按：訓「初載」爲「初識」，於文未安。「初載」實止一義，初，始也，載，亦始也。《載見篇》：「載見辟王。」傳曰：「載，始也。」載與哉通。《文王篇》：「陳錫哉周。」傳訓哉爲載，箋訓哉爲始，《國語·周語》引作「陳錫載周」。然則「初載」即「初哉」，《爾雅·釋詁》：「初、哉、首、基、肈、祖、元、胎、俶、落、權輿，始也。」「初哉」即此詩之「初載」，二字一義。猶《權輿篇》之「權輿」，亦一義也。正義云：「《大戴禮》稱文王十三生伯邑考，十五生武王，明大姒之小於文王纔一二歲。」是文王初年大姒即生，故曰「文王初載，天作之合」。

文王嘉止

《大明篇》：「文王嘉止，大邦有子。」傳曰：「嘉，美也。」箋云：「文王聞大姒之賢，則美之曰『大邦有子女可以爲妃』，乃求昏。」

愚按：此箋之義非是，昏姻必由父母之命，其時王季尚在，文王纔十三四孺子耳，豈得自專？孫毓所譏，洵無可解。且上云：「大任有身，生此文王。」言文王之生也。此云「大邦有子」，言大姒之生也。「文王嘉止」與「大邦有子」義不相屬。箋加「曰」字，以此句爲文王之語，失之迂曲矣。上云「文王初載」，愚謂初、載皆始也，謂文王初生之時也。此云「文王嘉止」，嘉讀爲假，《假樂篇》：「假樂君子。」《禮記・中庸篇》引作「嘉樂君子」，此「嘉止」之「嘉」當爲「假」，猶彼「假樂」之「假」當爲「嘉」也。《方言》云：「凡物之壯大者而愛偉之，周、鄭之閒謂之假。」然則「文王假止」乃周人之方言，謂文王既生，日益壯大，蓋是文王「實覃實訏」之時，而大姒即於是年生，故云「大邦有子」也。

俔天之妹

《大明篇》：「大邦有子，俔天之妹。」箋云：「尊之如天之有女弟。」

愚按：「天之女弟」，其名甚異，愚嘗别爲之説，見《群經平議》。今思既謂之妹，必當有義。上文正義云：「《大戴禮》稱文王十三生伯邑考，大姒之小於文王纔小一二歲。」但文王十三生子，大姒若小一二歲，則十一二歲之童女，恐未能生子也。上云：「文王初載，天作之合。」又云：「文王嘉止，大邦有子。」以愚前説説之，疑大姒與文王同歲生，但月日稍後耳。以月日論，文王兄、大姒妹也，故曰「俔天之妹」。《桑柔篇》：「倬彼昊天。」傳曰：「昊天，斥王者也。」《瞻卬》以下諸篇，皆以「天」斥王者，是則王亦可稱天，故云「譬猶天之女弟」也。

左右奉璋

《棫樸篇》：「濟濟辟王，左右奉璋。」傳曰：「半圭曰璋。」箋云：「璋，璋瓚也。祭祀之禮，王裸以圭瓚，諸臣助之，亞裸以璋瓚。」

愚按：毛傳簡略，未詳其説。鄭以璋瓚説之，則非也。祭祀之禮，君以圭瓚裸，后、夫人以璋瓚亞裸。《祭統篇》：「君執圭瓚裸尸，大宗執璋瓚亞裸。」鄭注曰：「大宗亞裸，容夫人有故，攝焉。」夫夫人有故，大宗攝裸，此是禮之變者，記禮者何不言其常而言其變乎？《祭統》之文，疑有闕誤，説詳《禮記》。鄭以説此詩，明知王祼不用璋瓚，乃云：「王祼以圭瓚，諸臣助之，亞祼以璋瓚。」既云「王祼以圭瓚，諸臣助之」，則當云「左右奉圭」矣，而經言「奉璋」不言「奉圭」，乃曰「亞祼以璋瓚」，没后夫人之文，而附之「王祼」之下，是謂亞祼亦王矣，豈可通乎？今按：《考工記·玉人》曰：「大璋、中璋九寸，邊璋七寸，射四寸，厚寸，黄金勺，青金外，朱中，鼻寸，衡四寸，有繅，天子以巡守，宗祝以前馬。」鄭注曰：「三璋之勺，形如圭瓚，天子巡守，有事山川，則用灌焉。於大山川，則用大璋，加文飾也。於中山川用中璋，殺文飾也。於小山川用邊璋，半文飾也。」《玉人》所言，正可以説此詩。下章云：「淠彼涇舟，烝徒楫之，周王于邁，六師及之。」正合天子巡守之義，所過山川不一處，奉璋者亦不一人，故曰「左右奉璋」。又曰「奉璋峩峩，髦士攸宜」，即所謂「宗祝以前馬」者也。鄭必以此章爲宗廟之祭，故失其解。

串夷載路

《皇矣篇》：「帝遷明德，串夷載路。」傳曰：「串，習；夷，常；路，大也。」箋云：「串夷即混夷，西戎國名也。路，瘠也。」

愚按：此經「串夷」字，正義本作「患」，故云：「鄭以詩本爲『患』。《采薇》序曰『西有混夷之患』，是『患夷』者，患中國之夷，故患夷則混夷也。」今以詩義求之，毛傳皆本《爾雅》，自是塙詁，但「習常載大」，語不可曉。鄭所據本是「患」字，「患中國之夷」即爲混夷，意既迂曲，且「帝遷明德」之下，「天立厥配」之上，忽及混夷，亦殊不倫，疑皆非也。此「串」字當讀爲「灌」，據鄭本作「患」。《説文·心部》：「患，從心上貫吅，吅亦聲。」是「患」本從吅得聲。灌從水，雚聲；雚從萑，吅聲。則「患」與「灌」並從吅得聲之字，例得通用。「灌」即上文「其灌其栵」之灌。疑上文作「灌」，此文從省，但存其聲作「吅」，後人讀吅爲況袁切，與「灌」音稍遠，乃變其字作「毌」。《説文·毌部》：「毌，穿物持之也，從一橫貫，象寶貨之形。」今作「串」者，即「毌」之變體也。橫作之爲毌，豎作之即串。鄭本又加「心」作「患」耳。上云：「作之屏之，其菑其翳，脩之平之，其灌其栵，啓之辟之，其檉其椐，攘之剔之，其檿其柘。」此承上而言。上文有六，歷言之則累於辭矣，故止承「灌」字而言。亦猶「左之左之，君子宜之，右之右之，君子有之」，而下云「維其有之」，專承「右之」而言。「如壎如篪，如圭如璋，如取如携」，而下云「携無曰益」，專承「如携」而言也。「串」讀爲「灌」，於是此句之義可明。夷者，平也。載者，成也。皆恒訓也，言灌木平夷而成道路也。上文「作之屏之」八句，無此一句則無歸宿矣。或疑《版篇》「携無曰益」正義云：「上有六『如』，獨言携者，以携者取疑當作最處末，故乘而反之。」然則此經宜乘最末

「柘」〔一〕字而言，乃承中閒「灌」字而言，何也？曰：上文六字本分兩類。菑者，木立死也；翳者，自斃也；灌者，叢生也。此三字爲一類。栵也、檉也、椐也、檿也、柘也，則皆木名也，承「灌」字而言，則「其菑」「其翳」皆足以包之，若承最末「柘」字而言，則木不一本，豈獨柘木宜平乎？灌夷載路，其義可通。柘夷載路，其義不可通。亦猶「携無曰益」，其義可通，若作「璋無曰益」，則其義不可通矣。字有虚實，義有可通不可通，詩人之辭固甚精矣。

誕先登于岸

《皇矣篇》：「誕先登于岸。」傳曰：「岸，高位也。」箋云：「誕，大；登，成；岸，訟也。欲廣大德美者，當先平獄訟，正曲直也。」

愚按：毛訓「岸」爲高位，其義似淺，鄭訓「岸」爲訟，正義引「宜岸宜獄」爲證，然《小宛篇》釋文曰：「岸，《韓詩》作『犴』，云：『鄉亭之繫曰犴，朝廷曰獄。』」《荀子・宥坐篇》：「獄犴不治，不可刑也。」楊倞注曰：「獄，從二犬，象所以守者。犴亦善守，故謂之犴。」是《小宛》之「岸」本是叚字，即謂此經亦「犴」之叚字。然「獄犴」連文，與獄訟不同。犴可訓獄，不可訓訟。且犴

〔一〕柘，原誤作「拓」，據廣東學院本改。

是鄉亭之獄，豈帝謂文王僅使治鄉亭之小訟乎？鄭義非也。此「岸」字乃「厈」之叚字，《説文·厂部》：「厂，山石之厓巖，人可居。象形。」籀文從干作厈，「誕先登于岸」者，帝命文王以遷居也。周自公劉居豳，大王遷岐，《緜》之篇曰：「率西水滸，至于岐下。」箋云：「循西水厓，沮漆水側也。」其下曰「周原膴膴」，傳曰：「周原，沮、漆之閒也。」是岐在沮漆閒，其地形固不甚高。文王初年居程，《周書·大匡篇》曰「惟周王宅程三年」是也，又遷於豐，其屢次遷居者，殆因故地卑下，別求高爽之地。故此詩托天意以言之，其下云「度其鮮原」，即「先登于厈」也。

繼伐

《文王有聲篇》序曰：「文王有聲，繼伐也，武王能廣文王之聲，卒其伐功也。」箋云：「繼伐者，文王伐崇而武王伐紂。」

愚按：此詩並不言征伐之事，雖有「既伐于崇〔一〕」一句，然此句爲下句「作邑于豐」張本，非所重也。序何爲以繼伐言之乎？「伐」字非征伐之伐，乃功伐之伐。序既云「繼伐」，又申之曰「卒其伐功」，明以「功」字釋「伐」字。蓋此序三句非一人之辭，以「功」字足成「伐」字，即訓詁之

〔一〕 崇，原誤作「豐」。據今本《詩經》改。

體也。鄭君未見及此，以征伐説之，誤矣。

先生如達

《生民篇》：「誕彌厥月，先生如達。」傳曰：「達，生也。」箋云：「達，羊子也。生如羊子之生。言易也。」

愚按：毛訓「達」爲生，則先生如生，義不可通。鄭訓羊子，《説文·羊部》：「羍，小羊也。从羊，大聲。」則以「達」爲「羍」之叚字，然畜類之生無不易者，非獨羊爲然。如鄭義，則豕之子豬，牛之子犢，何一不可以爲比乎？臧玉林《經義雜記》云：「《初學記·獸部》引《説文》曰『羍，七月生羔也』，謂后稷如羍之七月生。」此實臆説。上文既云「誕彌厥月」，則箋云「終人道十月而生」者信矣，豈得云七月生乎？疑「達」當讀爲「忕」。蓋忕從大聲，而「達」或體作「达」，亦從大聲，故得通用。《禮記·表記篇》：「以本忕於鬼神虚無之事。」〔一〕正義曰：「忕，串也，習也。」「先生如忕」者，言首生之子而如習貫然也。正義曰：「人之産子，先生者多難，后稷是姜嫄之子最先生者，應難而今易，故言先生以美之。」此説甚得經意。今讀「達」爲「忕」，謂先生如習貫

〔一〕以本忕於鬼神虚無之事，出《表記篇》鄭注。

者，即疏意也。

洗爵奠斝

《行葦篇》：「或獻或酢，洗爵奠斝。」傳曰：「斝，爵也。夏曰醆，殷曰斝，周曰爵。」箋云：「用殷爵者，尊兄弟也。」

愚按：尊之而用先代之爵，於禮無徵。《郊特牲篇》：「舉斝、角，詔妥尸。」正義疑非周禮，至此經則引《禮運篇》「醆斝及尸君非禮也」而説之曰：「大夫用之爲僭，明先代之物爲尊。」此説殊誤。《禮運》所云，謂諸侯不得備先代之禮，惟二王之後及魯得用之，故以醆斝及尸君爲非禮，謂之僭君。鄭注曰：「僭禮之君也。」而此疏乃云大夫用之爲僭，與《禮運》不合。恐未足以説此詩也。此詩序云：「内睦九族，外養老乞言。」然則洗爵奠斝當是養老之禮。《王制》曰：「凡養老，有虞氏以燕禮，夏后氏以饗禮，殷人以食禮，周人脩而兼用之。」是周人養老備三代之禮，曰洗爵，周制也；曰奠斝，殷制也。其實夏之醆亦當用之，文不具耳。

下章「敦弓既堅」，傳曰：「敦弓，畫弓也。天子敦弓。」釋文曰：「敦，音彫。」正義曰：「毛以爲自此以下皆説養老之禮，周之先王將欲養老，親自射以擇士。『敦』與『彫』古今之異，彫是畫飾之義，故云『敦弓，畫弓也』。《冬官》『弓人爲弓』，惟言用漆，不言畫，文不具耳。」

愚按：《考工記》説弓制甚詳，不言畫，然則畫弓非周制。《孟子·萬章篇》：「琴，朕；弤，朕。」趙注曰：「弤，彫弓也。天子曰彫弓。」是彫弓爲虞制。此詩「敦弓」即彫弓，亦即弤也。周人養老兼用有虞氏燕禮，故得用敦弓，弓用敦與爵用斝，皆周人脩而兼用之證。

爾殽既將

《既醉篇》：「既醉以酒，爾殽既將。」傳曰：「將，行也。」

愚按：《廣雅·釋詁》：「將，美也。」此詩「將」字疑當訓美，「爾殽既將」言其殽之美也，猶《鳧鷖篇》「爾殽既馨」「爾殽既嘉」矣。

皇澗過澗

《公劉篇》：「夾其皇澗，遡其過澗。」傳曰：「皇，澗名也。遡，鄉也。過，澗名也。」正義曰：「以皇、過與澗共文，故知皆澗名也。夾者在其兩旁，故知遡者鄉也，謂開户鄉之。大率民以南門爲正，此葢皇澗縱，在兩旁而夾之。過澗横，故在北而鄉之。」

愚按：一國之衆而皆聚此兩澗之傍，國太小矣。且民居無定，豈能使皆南鄉開户乎？傳説疑非也。皇澗、過澗既不能實知其所在，疑非澗水之定名。古人行水必取曲勢，《考功記·匠人》云：「凡行奠水，磬折以參伍。」鄭司農云：「奠讀爲停。謂行停水，溝形當如磬，直行三、折行五，以引水者疾焉。」皇潤、過潤當即用此法。皇潤者，直行之潤也；過潤者，折行之潤也。直行之潤何以謂之「皇」？《爾雅·釋言》：「皇，正也。」正即直也，故直行曰皇潤。折行之潤何以謂之「過」？過猶咼也。《說文·口部》：「咼，口戾不正也。」直者正，折者不正矣。故折行曰過潤，實則咼潤也。凡潤之直行者皆謂之「皇潤」，皇潤非一潤也；凡潤之折行者皆謂之過潤，過潤亦非一潤也。豳國之民，大率居潤旁者居多，或夾之或遡之，初無一定，而云「夾其皇潤遡其過潤」者，舉南鄉以爲例。亦猶溝洫之法，遂縱溝横，洫縱澮横，據南畝而圖之也。

泂酌彼行潦

《泂酌篇》：「泂酌彼行潦。」傳曰：「泂，遠也。」

愚按：「泂，遠」固本雅訓，然「泂」無遠義，訓「泂」爲遠者，借「泂」爲「迥」耳。泂、迥，聲近義通。但行潦之水何必遠酌？均是潦水，遠近有何別乎？「泂」當讀爲「絅」。《說文·糸部》：「絅，急引也。」蓋行潦之水停之則澄，急引而酌之，則泥滓必與之俱，極言其不清絜也，然而「挹彼注兹，可以餴饎」，此鄭所謂「人不易物，惟德緊物」也。

似先公酋矣

《卷阿篇》：「似先公酋矣。」傳曰：「似，嗣也。酋，終也。」箋云：「嗣先君之功而終成之。」

正義曰：「成王之所繼嗣者，先王也。而云先公，公是君之别名，故云嗣先君之功而終成之。」

愚按：周有先王又有先公，若如此説，則先王先公無别矣，箋説非也。此先公蓋謂周公。《論衡·氣壽篇》曰：「召公至康王時尚爲大保，出入百有餘歲。」是詩之作，必在周公既没之後。序云：「《卷阿》，召康公戒成王也，言求賢用吉士也。」正義曰：「經十章皆言求賢用吉士之事。」蓋周公既没，欲成王求賢，以嗣周公之功而終之，故曰「似先公酋矣」。《周書·祭公篇》序曰：「周公既没，王制將衰，穆王因祭祖不豫，詢某守位，作《祭公》。」其書有云：「我亦維有若文祖周公暨列祖召公，兹申予小子追學於文武之蔑。」然則《卷阿》之詩追念周公，亦此意也。《僖二十四年左傳》曰：「召穆公思周德之不類，故糾合宗族于成周而作詩。」杜注曰：「周厲王之時，周德衰微，兄弟道缺，召穆公于東都，收會宗族，特作此周公之樂歌。」召穆公之意，其即召康公之意乎？

以爲民逑

《民勞篇》：「惠此中國，以爲民逑。」傳曰：「逑，合也。」箋云：「合，聚也。」

愚按：以爲民聚，義不可通。「逑」當爲「捄」。《廣雅·釋詁》：「捄，法也。」以爲民逑者，以爲民法也，猶云「維民之則」也。《長發篇》：「受小球大球。」王氏《經義述聞》引《廣雅》説之，謂球即捄之叚字。此詩叚逑爲捄，猶彼叚球爲捄矣。

俾民憂泄

《民勞篇》：「惠此中國，俾民憂泄。」傳曰：「泄，去也。」箋云：「泄，猶出也，發也。」

愚按：「憂泄」與寇虐、惛怓、醜厲、弘大等字一例，皆二字平列，傳、箋之義非也。「憂」當爲「優」，優之言優優也，泄之言泄泄也。《爾雅·釋言》：「優優，和也。」《隱元年左傳》：「其樂也泄泄。」杜注曰：「泄泄，和樂也。」「俾民優泄」者，俾民優優、泄泄，乃和樂之意也。據《説文》，憂愁字本作「𢝊」，其作「憂」者，「和之行也」，然則此經作「憂」，正優優之本字矣。

价人維藩

《板篇》：「价人維藩。」傳曰：「价，善也。藩，屏也。」箋云：「价，甲也，被甲之人，謂卿士掌軍事者。」

愚按：毛訓「价」爲善，則朝廷之上所用宜皆善人，豈獨爲藩而已？又訓「藩」爲屏，與下「大邦維屏」句複，恐不可從。鄭以「价人」爲被甲之人，而又以爲卿士掌軍事者，卿士掌軍事，豈可即以爲被甲之人乎？亦非塙詁也。釋文云：「价，音界。鄭作介。」疑此經當從鄭作「介」，而讀爲「界」。《思文篇》：「無此疆爾界。」釋文本作「介」，《魏都賦》注引薛君云：「介，界也。」

是《韓詩》讀介爲界也。介人，言守疆界之人。《周禮·夏官》有「掌疆，中士八人」，注曰：「疆，界也。」此界人其即掌疆之官乎？「价人維藩，大師維垣」，此二句由小而大。界人不過疆吏而已，故曰「維藩」，以藩籬喻之也；大師則天子之六師，大司馬所掌者，故曰「維垣」，以垣墉喻之也。下云「大邦維屏，大宗維翰」，此二句由外而内。大邦謂大國諸侯也，大宗謂世家大族也。鄭訓大宗爲王之同姓之適子，非是。《周官·冢宰》：「以九兩繫邦國之民。五曰宗以族得民。」古封建與世禄相表裏，「大邦維屏」，封建之效也；「大宗維翰」，世禄之效也。大邦與大宗外内維持而王室固於磐石矣，因价人而並及之。朱《集傳》訓「大宗」爲强族，已得之矣。

無背無側無陪無卿

《蕩篇》：「不明爾德，時無背無側。爾德不明，以無陪無卿。」傳曰：「背無臣，側無人也。」又曰：「無陪貳也，無卿士也。」

愚按：無臣、無人，不知毛意如何分别。無陪貳、無卿士，亦望文生訓耳。疑「卿」字當作「鄉」，鄉與卿古音相近，字形又相似，易以致誤。《禮記·冠義篇》：「遂以摯見於鄉大夫、鄉先生。」釋文曰：「鄉大夫、鄉先生並音香。」「鄉」字無人不識，必爲音者，恐其誤作「卿」字也。此經「無背無側」「無倍無鄉」，以前後左右言也。鄉猶向也。《曲禮篇》「席南鄉北鄉」「東鄉西鄉」

並作「鄉」不作「向」，古書多如此也。陪通作倍。《周髀算經》：「倍正南方。」注曰：「倍猶背也。」上句云「無背」，此句云「無倍」，變文以成辭，古書亦多如此也。《禮記·文王世子篇》：「設四輔。」正義引《尚書大傳》云：「古者天子必有四鄰。前曰疑，後曰丞，左曰輔，右曰弼。」《大戴記·保傅篇》曰：「道者，導天子以道者也，常立於前，是周公也。」「充者，充天子之志也，常立於左，是太公也。」「弼者，拂天子之過者也，常立於右，是召公也。」「承者，承天子之遺忘者也，常立於後，是史佚也。」其名有異，而前後左右四人則同。無背無陪，是丞之職廢也。無側，是輔弼之職廢也。無鄉，是疑之職廢也。左右以一「側」字該之，一「後」字以背、倍分言之，屬辭之宜，無關義理。

内奰于中國

《蕩篇》：「内奰于中國，覃及鬼方。」傳曰：「奰，怒也，不醉而怒曰奰。」箋云：「此言時人忕於惡，雖有不醉，猶好怒也。」

愚按：傳訓「奰」爲怒，而箋申説之，但不知怒者殷紂歟？抑時人歟？竊謂内怒於中國，殊不成義，傳義恐非。奰當讀爲㿸。《説文·疒部》：「㿸，滿也。從疒，奰聲。」是其字也。此承上文「如蜩如螗，如沸如羹，小大近喪，人尚乎由行」而言，謂其亂如此，而尚由之不已，以至滿於中國而覃及鬼方也。

衛武公刺厲王

《抑篇》序曰：「《抑》，衛武公刺厲王，亦以自警也。」

愚按：《史記·十二諸侯年表》：衛武公立於周宣王十六〔一〕年。上距共和元年三十年，則去厲王遠矣。《國語》又稱衛武公年九十有五，作《懿》以自警，即此詩也。是此詩爲武公晚年所作，其去厲王更遠，疑不得爲刺厲王之詩。正義以爲追刺，考武公在位五十五年，武公之壽不可考，姑以百歲論，則九十五歲時亦享國五十年矣，再加三十年，則八十年，武公何必追取八十年前之厲王而刺之乎？據《年表》，武公三十二年，周幽王元年也。至四十二年，幽王爲犬戎所殺。疑詩爲刺幽王而作。《詩》云：「彼童而角，實虹小子。」箋云：「童羊，譬王后也。」童羊之譬，其斥褒姒乎？褒姒本由童女感龍漦而生，事涉妖異，故以「彼童而角」譬之，然則此詩之刺幽而非刺厲無疑矣。幽王三年取褒姒，十一年爲犬戎所殺。是詩之作，必在取褒姒之後、見殺之前，即作於幽王見殺之年，而是年已九十五，至五十五年而薨，其壽一百八歲矣。斥王爲

〔一〕六，原誤作「二」。據《茶香室經説》稿本及《史記》改。

「小子」，其老可知，若追刺厲王，不當以「小子」稱之也。《十月之交》以下四篇序云「刺幽王」，而鄭改爲「刺厲王」，然究無塙證。若此詩之「刺厲王」當爲「刺幽王」，則《史記・年表》具在，信而有徵矣。

民靡有黎

《桑〔一〕柔篇》：「民靡有黎。」傳曰：「黎，齊也。」箋云：「黎，不齊也。」

愚按：訓齊訓不齊，義均未安。「黎」當讀爲「麗」。《尚書・禹貢篇》：「厥土青黎。」《史記・夏本紀》作「其土青纚」，「黎」之通作「麗」，猶「黎」之通作「纚」也。《禮記・少儀篇》注：「封離之。」釋文出「犂之」曰：「本又作離。」離與麗通，犂可爲離，故黎亦可爲麗。此承上文「靡國不泯」而言，葢國既泯滅，則民無所附麗，故曰「民靡有麗」。王氏引之《經義述聞》謂「黎者，衆也」，然《雲漢篇》「周餘黎民」可訓爲衆，此篇「民靡有黎」若訓爲衆，則「民靡有衆」亦爲不詞。

靡有孑遺

《雲漢篇》：「周餘黎民，靡有孑遺。」傳云：「孑然遺失也。」正義曰：「孑然，孤獨之貌。言

〔一〕桑，原誤作「柔」，據廣東學院本及今本《詩經》改。

靡有孑遺，謂無有孑然得遺漏。定本及《集注》皆云：『孑然遺失也。』俗本有『無』字者，誤也。」阮《校勘記》曰：「此傳本云『無孑然遺失也』，六字一句讀，乃總説『靡有孑遺』也，定本、《集注》非是。」

愚謂：阮説非也。無孑然遺失，則周之黎民繁庶如前矣，不與詩意反乎？如果傳有「無」字，當云「無孑然遺存也」，方合詩意。今作「遺失」，則「孑然」上不應有「無」字矣，定本、《集注》是也。惟「孑」字之意，毛以「孑然」説之，正義因謂是孤獨之貌，竊謂未得。「孑然」乃形況之辭，靡有孑然遺，文義未安。《説文・了部》：「孑，無右臂也；孓，無左臂也。」此「孑」字正用其本訓，蓋極言之猶云不但無一人，并無半人也。故孟子曰「不以文害辭」，所謂文者，即謂此「孑」字也。

申伯

《崧高篇》：「亹亹申伯，王纘之事，于邑于謝，南國是式。」箋云：「時改大其邑，使爲侯伯，故云然。」正義曰：「申伯雖舊是伯爵，今改封之後，或進爵爲侯，《史記・周本紀》云：『申侯與西戎共攻幽王。』彼申侯者，不過是此申伯子之與孫耳，明此時得進爲侯。」

愚按：申伯若於此時進爵爲侯，詩人必侈言之，今無其文，則進爵之説，未必然也。申伯疑本是侯爵，稱爲申伯者，正以其爲牧伯，故尊之也。若然，則《僖二十八年左傳》：「王命王子虎，策命晉侯爲侯伯。」何以仍稱晉侯不稱晉伯？曰：史家紀載之文與詩人詠歌之體不同，記載必書其實爵，詠歌可奉以尊稱。《哀十三年傳》：「晉人曰：於姬姓我爲伯。」是晉人方以伯自矜，使當時有人作詩，安知不稱爲晉伯乎？

《史記・衛世家》：「貞伯卒，子頃侯立。頃侯厚賂周夷王，夷王命爲衛侯。」《索隱》曰：「《康誥》稱『命爾侯於東土』，則康叔初封已爲侯也。比子康伯即稱伯者，謂方伯之伯耳，非至子即降爲伯也。至頃侯德衰，不監諸侯，乃從本爵而稱侯。」按此可爲申侯稱申伯之證。

《烝民篇》：「保兹天子，生仲山甫。」傳曰：「仲山甫，樊侯也。」正義曰：「《僖二十五年左傳》説晉文公納定襄王，王賜之樊邑，則樊在東都之畿内。杜預云：『經傳不見畿内之國稱侯男者，天子不以此爵賜畿内也。』如預之言，畿内本無侯爵，傳言樊侯，不知何所案據。」

愚謂：樊侯非爵也。《羔裘篇》：「洵直且侯。」傳曰：「侯，君也。」此云「樊侯」，猶云「樊君」耳。凡歌詠之辭與傳注之文，不得以史家紀載之法繩之，故申伯不必伯爵，樊侯不必侯爵。

三事就緒

《常武篇》：「三事就緒。」傳曰：「誅其君，弔其民，爲之立三有事之臣。」箋云：「女三農之事皆就其業，爲其驚怖，先以言安之。」

愚按：傳、箋之説皆無塙據，其實「三事」即在本詩。王命皇父，先使治兵於京師，然後使之伐淮夷、征徐國。蓋宣王承厲王之亂，軍政必多廢弛，故先治兵而後出師，其名篇以「常武」，序釋其義曰「有常德以立武事」，可知其治兵非旦夕之事矣。首章曰：「整我六師，以修我戎。」又曰：「既敬既戒，惠此南國。」言治兵之後然後南征也。次章「戒我師旅」，謂治兵也，此一事也。曰「率彼淮浦」，謂伐淮夷也，此二事也。曰「省此徐土」，謂征徐國也，此三事也。故總之曰「不留不處，三事就緒」。當日之事不可考，意王命皇父爲將，而又命程伯休父左右之，實以治兵爲先務。後世如齊桓公得國，管仲爲之謀，作内政、寄軍令，數年而後有成。晉文公入國，欲用其民，子犯皆以爲未可，至大蒐示禮，作執秩以正其官，而後其民可用。皆非苟且旦夕之間所能辦也。故以治兵爲第一事，而伐淮夷、征徐國皆其後之事也。

曾孫篤之

《維天之命篇》：「駿惠我文王，曾孫篤之。」傳曰：「成王能厚行之也。」釋文作「厚之也」，云：「一本作『能厚行之也』，或作『能厚成之也』。」

愚按：各本雖不同，而皆訓「篤」爲厚。曾孫厚之，意殊未足，於是或加「行」字，或加「成」字，究未知誰得毛意。竊謂皆非也。《説文・馬部》：「篤，馬行頓遲。」是「篤」字本義謂馬行遲鈍，頓即鈍也，而經傳未見此訓，皆訓爲厚，實非本義。此經當以本義説之，言雖遲鈍而不敢不行，故曰「曾孫篤之」，猶云勉强而行之也。

象舞

《維清篇》序曰：「奏象舞也。」鄭云：「象用兵時刺伐之舞。」

愚按：《武篇》序曰：「奏大武也。」其詩有「勝殷遏劉，耆定爾功」之句，明言其有武功，此詩自「維清緝熙」至「維周之楨」五句一十八字，無一字言武功，而鄭乃謂「象用兵刺伐」，何也？竊謂文王雖非不足於武，而以文爲重，故謚曰「文」。武王雖非不足於文，而以武爲重，故謚曰「武」。《禮記·祭法篇》云：「文王以文治，武王以武功。」此定論也。武王爲父制此舞，何不象其重者而象其輕者乎？《襄二十九年左傳》：「見舞象箾、南籥者。」杜注曰：「皆文王之樂。」夫籥舞則文舞，非武舞矣。即從杜注，以箾爲舞者所執，而正義謂籥是文舞，箾是武舞，然則此舞有武有文，豈得專取象於用兵之刺伐乎？

成王

《昊天有成命篇》：「昊天有成命，二后受之，成王不敢康，夙夜基命宥密。」箋云：「文王、武王受其業，施行道德，成此王功。」正義曰：「此詩作在成王之初，非是崩後，不得稱成之謚。

所言『成王』，有涉成王之嫌。韋昭云：『謂文武脩己自勤，成其王功，非謂周成王身也。鄭、賈、唐説皆然。』是時人有疑是成王身者，故辨之也。」

愚按：「成王」爲成此王功，固自古相傳之師説矣。然《國語》載叔向説是詩云：「是道成王之德也。成王，能明文昭、能定武烈者也。」則「成王」爲周之成王無疑。韋注曰：「是詩道文、武能成其王德也。」若然，當云「是道文武之德」，不當云「是道成王之德也」。又云：「始於德讓，中於信寬，終於固和。故曰成。」此「成」字乃釋「昊天有成命」之「成」，與上文「夫道成命者」句相應，非「成王不敢康」之「成」也。孔穎達引其文入此處，乃增一「王」字於句末云：「始於德讓，中於信寬，終於固和，故曰成王。」如此，則「成王」乃詩人撰造之語，非周成王矣。但《國語》原書具在，實無此「王」字，孔氏所據本誤邪？抑臆加邪？夫毛公之説古矣，然不能古於叔向，舍叔向而從毛公，竊所未安，鄭、賈、唐之説更無論矣。然則此詩將從後儒，謂成王以後之詩乎？是又不然。《尚書·酒誥篇》：「王若曰。」釋文云：「馬本作『成王若曰』，注云：『言成王者，未聞也。俗儒以爲成王骨節始成，故曰成王。或曰以成王爲少成二聖之功，生號成王，没因爲謚。衛、賈以爲戒成康叔以慎酒，成就人之道也，故曰成。此三者吾無取焉。吾以爲後録《書》者加之，未敢專從，故曰未聞。』」

愚謂：馬意以爲録《書》所加，然則《畢命》何不加「康」字？《吕命》何不加「穆」字？《文侯之命》何不加「康」字乎？俗儒三説，當以第二説爲信，正以其能成文武之德，故生號之曰「成王」，及其没也，遂以爲謚。古人固有生而立號者。《史記·殷本紀》曰：「於是湯曰：『吾甚武，號曰武王。』」即其例矣。此篇及《噫嘻篇》之「成王」，皆可以此説之。

克昌厥後

《雝篇》：「克昌厥後。」正義曰：「此祭文王，則於禮當諱，而經云『克昌厥後』者，以此詩自是四海之人歌頌之聲，本非廟中之事，故其辭不爲廟諱，及採得之後，即爲經典，《詩》《書》不諱，故無嫌耳。」

愚謂：正義説非也。諸《頌》詞意宏深，非聖賢不能作。《國語》引《思文》《時邁》，皆言周文公之頌，非四海之人所作也。即謂四海之人所作，然采得之後，藏之太史乎？抑歌之廟中乎？藏之太史，則《詩》《書》不諱，固無嫌矣。若必歌之廟中，豈容不諱乎？今按：釋文曰：「克昌，如字。或云文王名。此禘於文王之詩也，周人以諱事神，不應犯諱，當音處亮反。」此説是也。「克昌」之「昌」，在詩人本意，乃是倡導之倡，而非昌盛之昌。「倡導」字據《説文》應作「唱」，而經典相承作「倡」，《籜兮篇》「倡予和女」是也。又或通作「昌」。《周禮·樂師》「遂倡之」，故書作「昌」是也。此葢後人傳寫之異。所謂臨文不諱者，在詩人當日正用「唱」字，或用「倡」字，與文王之名判然兩字，嫌名不諱，又何嫌乎？序云：「雝，禘大祖也。」尊文王爲大祖，故以「克倡厥後」頌之。《國語・吴語》注曰：「發始爲倡。」是其義矣。

《噫嘻篇》「駿發爾私」，犯武王之諱。

愚按：亦非此「發」字也。鄭箋訓「發」爲伐，實則發即伐之叚字。《考工記・匠人》云：「一耦之伐，廣尺深尺，謂之甽。」此本字也。「駿發爾私」在詩人本用「伐」字，不料後人以同聲之「發」字易之，遂使詩人獲犯諱之咎矣。宋制於嫌名皆避之，太祖諱，則《十陽部》「去王切」一十三字、《二十一震部》「羊晉切」一十一字皆不收，它倣此，庶幾免於此咎乎？

靈星

《絲衣》序：「靈星之尸也。」正義曰：「靈星者，不知何星。《漢書・郊祀志》曰：『高祖詔御史，其令天下立靈星祠。』張晏曰：『龍星左角曰天田，則農祥也。晨見而祭之。』史傳之説靈星唯有此耳。」

愚按：此説是也。「靈星」實即「龍星」，「靈」當作「龗」，《説文・龍部》：「龗，龍也，從龍霝聲。」即此字也。其字繁重，古書皆以「靈」爲之，遂使《説文》正篆經傳無見。愚謂此經「靈星」，

《周禮》「靈鼓」皆當作「靇」。

般樂也

《般篇》序曰：「般，巡守而祀四嶽河海也。」正義曰：「經無『般』字，序又說其名篇之意『般樂也』，爲天下所美樂。定本『般樂』二字爲鄭注，未知孰是。」釋文出「般樂也」三字云：「崔《集注》本用此注爲序文。」是正義本「祀四嶽河海也」下有「般樂也」三字，《集注》本同之。釋文本以此三字爲鄭注，定本同之。此三字或有或無，或序或注，未能縣斷。愚則斷之曰：「衍文也。」後人見《桓篇》序云：「桓，武志也。」《賚篇》序云：「賚，予也。言所以錫予善人也。」而《般》序獨無之，因妄沾此三字耳。何以知非序文所有也？蓋《桓篇》、《賚篇》所說名篇之義，皆與詩義相當，而此「樂」字則不合詩義，自「於皇時周」至「時周之命」七句，並無樂意，何得訓「般」爲樂？且以巡守爲樂，是周穆王之車馬、隋煬帝之錦帆矣，非可爲訓也。經不言樂，序不應訓樂，故知非序文。鄭箋自「皇君喬高」至「受天命而王也」無一「樂」字，故知非鄭注，是當爲衍文矣。然則《般》之名篇何義？《方言》曰：「般，大也。」《詩》云：「敷天之下，裒時之對，時周之命。」可謂大矣，或取此義耶？

允猶翕河

《般篇》："於皇時周，陟其高山，嶞山喬嶽，允猶翕河。"箋云："於乎美哉！君是周邦而巡守，其所至，則登其高山而祭之，望秩於山川、小山及高嶽，皆信案山川之圖而次序祭之。河言合者，河自大陸之北敷爲九，祭者合爲一。"

愚按：鄭訓"允猶"爲"信案山川之圖"，殊爲迂曲。且山川之圖，河亦在焉，何以"翕河"之文退在"允猶"之下？正義曲爲之説，於義難通。若"允猶"屬上爲義，則"翕河"二字孤縣矣，箋説不可從也。"允"者語詞，説本王氏引之《經傳釋詞》，王氏歷引"懷允不忘""豳居允荒""允王維后""允文文王"等句，以證"允"字之爲語詞，而不及此句，蓋於此句未解也。"猶"與"由"通。《莊二十四年左傳》正義曰"古者由、猶二字，義得通用"是也。"允猶翕河"者，由翕河也，上句"嶞山喬嶽"承"陟其高山"而言，山嶽皆可言"陟"，河則不可言"陟"，故别言之曰"由"，謂經由其地也。

又按：箋云"河自大陸之北敷爲九，祭者合爲一"，然則古人祭河，止就其同爲逆河之處而祭之。於此知漢人求河源非古人事也，不勤遠略，即此見矣。

思無疆

《駉篇》："思無疆，思馬斯臧。"箋云："僖公之思，遵伯禽之法。反覆思之，無有竟已。乃至於思馬斯善，多其所及廣博。」

愚按：伯禽之法自有其大者，思及於馬，小矣。人存政舉，百廢俱興，馬自繁庶，不必注意於馬也。王氏引之《經傳釋詞》曰：「思，乃發語詞。」引「思孌季女逝兮」「思皇多士」「思齊大任」「思媚周姜」諸句爲證，《魯頌・泮水篇》「思樂泮水」亦以爲語詞。而此篇八「思」字，則以「思無邪」一句《論語》引之，故不敢以爲語詞。今按：《論語》集解引包氏但曰「歸於正」，並不及「思」字。正義曰：「詩之爲體，論功頌德，止僻防邪，大抵皆歸於正。」亦不及「思」字。疑《論語》家舊説不用「思」字爲説也。皇侃《義疏》引衛瓘云：「不曰『思正』而曰『思無邪』，明正無所思邪，邪去則合於正。」此晉人清談，未必其爲古義矣。竊謂此篇八「思」字皆語詞，並承上句而言。首章曰「以車彭彭」，此彭彭之車無有疆者，斯馬之臧也，故曰：「思無疆，思馬斯臧。」次章曰「以車伾伾」，此伾伾之車無有期者，斯馬之才也，故曰：「思無期，思馬斯才。」三章曰「以車繹繹」，此繹繹之車無有斁者，斯馬之作也，故曰：「思無斁，思馬斯作。」四章曰「以車祛祛」，此祛祛之車無有邪者，斯馬之徂也，故曰：「思無邪，思馬斯徂。」但言馬。而「僖公遵周公之法，儉以足用，寬以愛民，務農重穀」，序之所言，諸善自見，不必注意於馬之一物也。

又按：「思無疆」爲「無有竟已」，箋已釋之矣。「思無期」則傳、箋均無説。愚謂：期，極也，字亦作「綦」。《荀子·王霸篇》：「目欲綦色，耳欲綦聲。」楊注曰：「綦，極也。」荀子固傳《詩》者，其書多用「綦」字爲窮極之義，乃《詩》詁也。「思無斁」箋云：「斁，厭也。」愚謂：斁，敗也。《尚書·洪範篇》：「彝倫攸斁。」鄭注訓「斁」爲敗，見《史記·宋微子世家》集解。字本作「殬」，《説文》：「殬，敗也。」此謂車行繹繹，然不敗績也。思無邪，謂車行正路，即《孟子》所謂「範我馳驅」也。「思馬斯作」，箋義爲長；「思馬斯徂」，傳、箋並是。

克咸厥功

《閟宫篇》：「克咸厥功。」句不入韻，至下句「王曰叔父」始有韻，然「克咸厥功」與「王曰叔父」文不相貫，讀之殊有未安，後人遂有讀「功」字爲居古反以叶韻者，然徧考古書，「功」字從無居古反之音，未足據也。疑此句與上句傳寫誤倒，當作「克咸厥功，敦商之旅」。箋云：「敦，治；旅，衆；咸，同也。」是鄭所據本已如今本。然鄭於此兩句下作箋，而「王曰叔父」合下「建爾元子，俾侯于魯，大啓爾宇，爲周室輔」四句作箋，則「克咸厥功」與「王曰叔父」不連讀，而「克咸厥功」四字孤縣於上，遂若無韻然者，《魯頌》原文必不如是。

又按：居古反之音，誠於古音無徵，然「戎」之訓女，屢見於《詩》。戎、女一聲之轉也，戎可轉爲女，功不可與女韻乎？《常棣篇》「烝也無戎」與「外禦其侮」爲韻，是東、冬部可轉入尤、幽部也，豈不可轉入魚、虞部乎？然則居古反之音，或亦可從，未敢固執。

王曰叔父

《閟宫篇》：「王曰叔父，建爾元子〔一〕，俾侯于魯。」

愚按：上文從姜嫄生后稷，以至大王文武，叙次皆有條理，而未及周公一字也，此乃驟接「王曰叔父」之句，不太鶻突乎？反復讀之，此文蓋有錯簡。第四章「公車千乘，朱英緑縢，二矛重弓，公徒三萬，貝胄朱綅，烝徒增增，戎狄是膺，荆舒是懲，則莫我敢承」九句，當在此章「王曰叔父」之上，自「公車千乘」至「爲周室輔」十四句爲第三章，所謂公者，周公也。何以明之？毛公舊讀自「享以騂犧」至「眉壽無有害」三十八句爲一章，殊爲太長，全經分章，無有長如此者，惟《載芟》一章三十一句，然《周頌》不分章，一章正是一篇耳。其極長者《載芟》三十一句，其最短者《維清》五句，總謂之一章，不得以此爲比也。此有錯簡之證一也。「俾爾熾而昌」八句與下文「俾爾昌而熾」八句相接，「熾而昌」、「昌而熾」，其承接之迹顯然可見，乃羼入「公車千乘」九句，使文法之相接者不接，此有錯簡之證二也。「公徒三萬」句鄭箋曰：「大國三軍，合三萬

〔一〕 子，原誤作「字」，據廣東學院本及今本《詩經》改。

七千五百人，言三萬者，舉成數也。」正義曰：「如此，箋以爲僖公當時實有三軍矣，《荅臨碩》謂此爲二軍，以其不安，故兩解之。」又曰：「《襄十一年》經書『作三軍』，明已前無三軍也。《昭五年》又書『舍中軍』，若僖公有三軍，則作之當書。自文至襄復減爲二，則舍亦當書。僖公之時，無作舍之文，便知當時無三軍也。」愚謂：此紛紜之論，皆由誤以此章爲言僖公耳。若知是「王曰叔父」以前之錯簡，則「公車千乘」「公徒三萬」，皆詠周公之事，周公從上公之制，備三軍之數，詩人所詠自非虚詞，而魯國本無三軍，至襄十一年始作之，於事亦合，此有錯簡之證三也。《孟子》兩引「戎狄是膺，荆舒是懲」三句，一則曰「周公方且膺之」，一則曰「是周公所膺也」，孟子長於《詩》，不得誤僖公爲周公，若謂斷章取義，不得兩處皆同，此有錯簡之證四也。有此四證，輒更定《閟宫》章句如左：

《閟宫》第一章：「閟宫有侐」至「纘禹之緒」一十七句。

第二章：「后稷之孫」至「敦商之旅，克咸厥功」一十二句，「敦商之旅，克咸厥功」二句應乙轉作「克咸厥功，敦商之旅」，説見前。

第三章：「公車千乘」至「爲周室輔」一十四句。

「公車千乘，朱英緑縢，二矛重弓。公徒三萬，貝胄朱綅。烝徒增增，戎狄是膺。荆舒是懲，則莫我敢承。王曰叔父，建爾元子，俾侯于魯。大啓爾室〔一〕，爲周室輔。」

第四章：「乃命魯公」至「孝孫有慶」二十五句。

第五章：「俾爾熾而昌」至「眉壽無有害」十六句。

「俾爾熾而昌，俾爾〔二〕壽而臧，保彼東方，魯邦是常，不虧不崩，不震不騰，三壽作朋，如岡如陵，俾爾昌而熾，俾爾壽而富。黄髮台背，壽胥與試。俾爾昌而大，俾爾耆而艾。萬有千歲，眉壽無有艾〔三〕。」

第六章：「泰山巖巖」至「魯侯是若」一十六句。

第七章：「天錫公純嘏」至「黄髮兒齒」十句。

第八章：「徂來之松」至「萬民是若」十句。

〔一〕室，今本《詩經》作「宇」。

〔二〕爾，底本《詩經》作「而」，據今本改。

〔三〕艾，今本《詩經》作「害」。

景員維河

《玄鳥篇》：「四海來假，來假祁祁，景員維河。」傳曰：「景，大；員，均。」箋云：「員，古文云。河之言何也。天下既蒙王之政令，皆得其所，而來朝覲貢獻，其至也祁祁然衆多。其所貢於殷大至，所云維言何乎？言殷王之受命皆其宜也。」

愚按：毛義不詳，不知「河」字作何解。如鄭義作「景云維何」，其説迂曲甚矣。景，宜從毛訓「大」；員，從鄭作「云」。《正月篇》「昏姻孔云」，傳曰：「云，旋也。」旋，謂旋繞也。殷自仲丁自亳遷囂，河亶甲居相，祖乙遷耿，皆在河北，大河實旋繞之，故曰「景云維河」。上兩句言天下歸嚮，此句言建都之地，大河旋繞，形勢最勝，此殷所以長膺天命而百禄是何也。其後盤庚因河患渡河南遷，或亦殷之失計邪。

昔在中葉

《長發篇》：「昔在中葉，有震且業，允也天子，降予卿士。」傳曰：「葉，世也。業，危也。」箋云：「中世謂相土也，震猶威也。」正義曰：「傳以業爲危，則湯未興之前，國弱而危懼也。箋易之者，以此篇上述玄王相土，言至湯而齊於天心，則是自契以來，作漸盛之勢，不應於此方言上世衰微〔一〕，故易傳也。」

愚按：鄭義非也。「相土烈烈，海外有截」，上已極言之，此何必申言之乎？且方言「相土」而即繼以「允也天子，降予卿士」，不幾以伊尹爲相土時人乎？鄭云：「相土始有征伐之威，以爲子孫討惡之業，湯遵而興之，信也，天命而子之，下予之卿士，謂生賢佐也。」沾如許字，方使上下四句聯貫成義，詩人之辭可謂不達矣！此詩當從毛傳，但毛傳太簡，述之者失其義。正義曰：「毛以爲既言成湯伐桀，又上本未興之前，商爲諸侯之國，有震懼而且危怖矣。」此非毛義也。夫苟以成湯之前爲言，則無論言其盛、言其衰，而總與下二句不貫，由未解「中葉」二字之義也。毛訓葉爲世。世，有以父子相繼言者，有以一身言者。《國策·秦策》曰：「負芻必以魏殁世事秦。」高注曰：「世，身。」《吕氏春秋·用民篇》：「古者多由布衣定一世者矣。」高注曰：「終一人之身爲世。」然則「中葉」猶「中身」，《無逸篇》「文王受命惟中身」即可説此詩「中葉」矣。「昔在中葉，有震且業」，指夏臺之囚而言也。上文已言湯伐桀事，至此欲言阿衡之功，故又追遡未興之前夏臺拘囚之日也。毛傳不明，述者又失旨，而此詩之義晦矣。

〔一〕「微」，今本正義作「弱」。

又按：「允也天子」句，鄭所説迂曲，於義未安。愚謂：天子謂紂也。《采薇篇》序云：「文王之時，西有昆夷之患，北有玁狁之難。以天子之命，命將率遣戍役以守衛中國。」鄭云：「天子，殷王也。」《出車篇》：「自天子所，謂我來矣」「天子命我，城彼朔方」，兩言「天子」，並謂殷王。夫文王以紂爲天子，則湯初時亦以桀爲天子矣。《書》序云：「伊尹去亳適夏。」枚傳云「湯進於桀」，又云「既醜有夏，復歸于亳」，傳曰：「醜惡其政，不能用賢，故退還。」是湯始得伊尹以進於桀，若桀用之，湯不得而有之矣。乃桀不用，復以還湯，則伊尹之得左右商王，桀予之也。曰「信乎天子之以卿士予我」，此深喜之之詞也。謂之「卿士」者，蓋諸侯之國必有天子之命卿，桀既不欲用伊尹，以伊尹爲湯所進，即命之爲湯之卿，故曰「降予卿士」，亦紀其實也。下云「實維阿衡，實左右商王」，兩「實」字，見天子使來爲卿士者，即天下後世所稱爲阿衡者也。而桀之不能用賢，實爲失計，亦隱然言外，非拘牽文義者所能見矣。

茶香室經説卷五

周禮上

掌次府史

《周禮·天官》：「掌次，府四人，史一人。」按「太宰」下疏曰：「府、史，大例皆府少而史多。惟有天府一官，府[一]多於史，以其所藏物重故也。」

今按：掌次亦府多於史。又通核之，則春官鬱人，府二人、史一人；司尊彝，府四人、史二人；司几筵，府二人、史一人；司服，府二人、史一人；磬師，府四人、史二人；典庸器，府四

[一] 府，今本注疏作「特」。

人、史二人。皆府多於史。而賈氏乃言「惟有天府一官」，何也？王氏引之《經義述聞》疑掌次等官皆上下互誤。愚謂：如今本，則與賈疏不合，其有誤固也。然概謂上下互誤，恐亦不然。掌次與幕人相次，幕人府二人、史二人、徒四十人，則掌次疑當作「府四人、史四人、徒八十人」，蓋府、史、徒皆倍幕人也，今作「史二人」者，誤「四」爲「二」耳。鬱人與鬯人相次，鬯人下士二人，府一人、史一人、徒八人，疑鬱人亦當作「下士二人、府一人、史一人、徒八人」，蓋兩職同也。今作「府二人」者，誤「一」爲「二」耳。磬師與鍾師、笙師、鎛師相次，鍾師、笙師、鎛師並云「府二人、史二人」，則磬師亦當云「府二人、史二人」，蓋四職同也。今作「府四人」者，誤「二」爲「四」耳。此三職，府、史之數皆可訂正，惟司尊彝、司几筵、司服，則無可依據，未敢質言。

女御

「内司服，女御二人。」鄭注曰：「有女御者，以衣服進，或當於王，廣其禮，使無色過。」疏曰：「謂進衣服于王，王見之，或當王意，廣其禮，得與八十一女御同名。欲見百二十人外，兼有此女御之禮，王合御幸之，使王無淫色之過，故名女御。」

愚按：此鄭義之謬者。若然，則是周公教王漁色也。此與下「縫人」並有「女御」，蓋即次「九嬪」「世婦」下之「女御」也，女御有八十一人，其數既多，不可閒居無事，故擇二人使主衣服，屬之内司服，又擇八人曉裁縫之事者屬之縫人，此二人、八人即在八十一人之中，非在八十一人之外也。其職既主衣服裁縫，必有承應於王前者，有此女御在，則於承應爲便，而其外所有女工也、奚也可以自治其事而不至王前，此周公爲王遠色之道也。

祭祀以馭其神

《太宰》：「以八則治都鄙：一曰祭祀以馭其神。」疏曰：「下注云『凡云馭者，所以敺之内之於善』，則於祭祀之中，宗廟先祖無可去取。至社稷配食者，若取句龍、后稷，上公有功，是内之善也。」

愚按：王者敺民爲善則有之矣，敺神爲善，未之聞也。且祭祀所包者廣，豈得專主社稷？賈疏非也。鄭注於下文「以八柄詔王馭群臣」，始有「内之於善」之説，而此經無注，然則鄭意此經八「馭」字與下八「馭」字異，蓋下云「以八柄馭群臣」，則下八「馭」字皆敺而之善之謂也。此云「以八則治都鄙」，不言「以八則馭都鄙」，則下八「馭」字皆即「治」字耳。「馭」爲「御」古文。《詩・思齊篇》：「以御于家邦。」箋云：「御，治也。」祭祀以馭其神，即祭祀以治其神。《禮》曰：「上治祖禰，尊尊也。」則宗廟之祭亦可得而治矣，何必以社稷爲説？自此以下並同。馭其官者，治其官也；馭其吏者，治其吏也。若敺而之善，則「賦貢以馭其用」「刑賞以馭其威」，用也、威也，豈可得而敺乎？

生

《太宰》：「以八柄詔王馭群臣。五曰生，以馭其福」。鄭注曰：「生猶養也，賢臣之老者，王有以養之。」

愚按：《内史》亦言此「八柄」，五曰殺、六曰生。生對殺言，則生者不殺也。蓋其人必先入於死，而後王者得而生之。《鄉士職》云：「若欲免之，則王會其期。」注曰：「免，猶赦也。期，謂鄉士職聽于朝，司寇聽之日，王欲赦之，則用此時親往議之。」《遂士》、《縣士》並有「若欲免之」之文，凡此皆王所生也。鄭訓爲養，養之不得謂生之，且不合《内史》生、殺對言之義。周公殺管叔而蔡蔡叔，一生之一殺之，此即馭群臣之大柄矣。

七事者

《小宰》：「以灋掌祭祀、朝覲、會同、賓客之戒具。軍旅、田役、喪荒亦如之。七事者，令百官府共其財用，治其施舍，聽其治訟。」鄭注曰：「七事，謂先四，如之者三也。」

愚按：上文既明列其目，則但云「令百官府共其財用」云云足矣，不必更斥之曰「七事者」，《周禮》全經亦無此例。注曰：「七事，故書爲『小事』，杜子春云『當爲七事』。」愚謂：當從故書。蓋此「七事」疏云皆是上六聯，按上經「以官府之六聯合邦治」：一祭祀，二賓客，三喪荒，四軍旅，五田役，六斂弛。此經朝覲、會同、賓客三事，實止當彼經賓客一事，則六聯止缺斂弛一事，下有「治其施舍」句，則斂弛之事未始不存，是此經與上六聯相合也。彼經於六聯下即繼之曰「凡小事皆有聯」，則此經云「小事者，令百官府共其財用，治其施舍，聽其治訟」，正彼經所云「凡小事皆有聯矣」。杜子春改讀爲「七事」，未見及此。

又按：此「者」字當讀爲「則」。「者」與「則」一聲之轉，凡書傳中用「何者」，字或作「何則」。《墨子・尚賢篇》：「何則？皆以明小物而不明大物也。」《荀子・宥坐篇》：「何則？陵遲故也。」《韓子・顯學篇》：「何則？國法不可失，而所治非一人也。」凡言「何則」，即「何者」也。此經本云「小事則令百官府共其財用」，「小」字爲杜子春改讀作「七」，而「則」字又聲訛爲「者」，其義愈失矣。

禽獻

《庖人》：「凡令禽獻，以灋授之，其出入亦如之。」按上文「賓客之禽獻」鄭注曰：「獻，古文爲獸，杜子春云『當爲獻』。」

愚謂：《庖人職》三言「禽獻」，古文當皆作「禽獸」。杜子春以「賓客之禽獸」於義未安，改讀爲獻，固得之矣。至此文「凡令禽獻」，下文「凡用禽獸」，則仍宜從古文作「禽獸」。何也？「禽獻」止以賓客言，「令禽獸」、「用禽獸」則所包者廣，若亦作「禽獻」，則亦專以賓客言矣。鄭注「凡令禽獻」仍以賓客言，而下文「凡用禽獻」又謂是獻王，文同義異，可知其非。據上文「以共王之膳，與其薦羞之物及后世子之膳羞」，並不言「禽獻」。故愚謂三「禽獻」字，惟賓客當從杜讀，餘則仍宜從古文作「獸」也。

兩之參之

《疾醫》：「兩之以九竅之變，參之以九藏之動。」鄭注曰：「兩、參之者，以觀其死生之驗。」疏曰：「言『兩』者，謂九竅與所眡爲兩，兩與九藏爲參。」

愚按：鄭解參、兩未明，如疏義，則淺甚矣。兩之、參之，各就其所在而言。九竅分陽竅七、陰竅二，故曰兩。九藏以三部候之，其詳見《素問·三部九候論》：上部天，兩額之動脈；上部地，兩頰之動脈；上部人，耳前之動脈。天以候頭角之氣，地以候口齒之氣，人以候耳目之氣。此上部之三候也。中部天，手太陰也；中部地，手陽明也；中部人，手少陰也。天以候肺，地以候胸中之氣，人以候心。此中部之三候也。下部天，足厥陰也；下部地，足少陰也；下部人，足大陰也；天以候肝，地以候腎，人以候脾胃之氣。此下部之三候也。是脈分上中下三部，而每部又分天地人三候，故曰「參之以九藏之動」。自來經生皆不讀醫書，故於此等處均莫得其解。惟《素問》之言亦疑有誤，下三部既爲足三陰，則中三部當爲手三陰，乃以中部地爲手陽明，或傳寫之誤乎？

十有二月

《凌人》：「掌冰，正歲，十有二月，令斬冰，三其凌。」鄭注曰：「正歲，季冬。」

愚按：「正」字當從故書作「政」，而從先鄭讀「掌冰政」爲句。如鄭注「正歲，季冬」，則是夏正，十有二月爲建丑之月。但鄭注《太宰職》「正月之吉」曰「周之正月」，夫正月既爲周之正月，則從正月數至十二月，亦必周之十二月矣，豈有一經之中言正月則爲周，言十二月則爲夏，自亂其例者乎？疏曰：「若據殷、周，則十二月冰未堅。若據夏之十二月，冰則堅厚。」此亦不然，周十二月爲今十月，冰雖未厚，容亦有冰。且令者必先期令之，使之絡續斬取。若待建丑之月始出是令，則無及矣。如同治十二年十二月十八日立春，光緒七年十二月十六日立春，春已立矣，尚令斬冰乎？《月令》：「孟冬之月，水始冰。」夏之孟冬，止周之十二月，於始冰之時出斬冰之令，乃事之宜也，賈氏未見及此。

《周禮・凌人》：「十有二月，令斬冰。」此建亥之月也，紀其始也。《禮記・月令》：「季冬之月，命取冰，冰以入。」此建丑之月也，紀其終也，兩經之義正不相妨耳。

飴鹽

《鹽人》：「王之膳羞共飴鹽。」鄭注云：「飴鹽，鹽之恬者，今戎鹽有焉。」賈疏曰：「即石鹽是也。」按：石鹽未知何物。

愚謂：「恬」即「甜」字，「鹽之甜者」，其即今之糖霜乎？《唐書·西域摩揭陀傳》云：「貞觀二十一年，始遣使者自通於天子。太宗遣使取熬糖法，即詔揚州上諸蔗，拃瀋如其劑，色味逾西域遠甚。」疑鄭君所謂「戎鹽」即指此，其法出於西戎，古時已行於中國。周衰，德不及遠，戎鹽不至。及唐太宗時，又遣使取其法耳。宋王灼《糖霜譜》云：「古食蔗者始爲蔗漿。宋玉《招魂》所謂『胹鼈炮羔有柘漿』是也。其後爲蔗餳，孫亮使黄門取交州所獻甘蔗餳是也。其後又爲石蜜，《廣志》云『蔗餳爲石蜜』，《南中八郡志》云：『笮甘蔗汁曝成餳，謂之石蜜。』《本草》亦云『煉糖和乳爲石蜜』是也。《唐史》載太宗遣使至摩揭陀國取熬糖法，似是今之沙糖，不言作霜，糖霜非古也。」愚謂：《楚辭》以柘漿爲胹鼈炮羔之用，必非僅飲其汁，疑後世蔗餳古本有之，但出南方蠻夷中，故楚人得有之，而三國時猶獻自交州也。然但知爲餳，未知爲霜。糖霜之法又出自西戎，《周官》謂之飴鹽，而賈公彦謂之石鹽。石鹽即石蜜，以其形似鹽，謂之石鹽，以其味似蜜，謂之石蜜耳。王灼必謂糖霜非古，並疑唐太宗所取摩揭陀熬糖法猶非糖霜，其説太泥。夫鹽以滷汁熬成，糖以蔗汁熬成，其法一律，如非霜，不得名「飴鹽」矣。

凡王巾皆黼

《冪人》：「凡王巾皆黼。」鄭注曰：「四飲三酒皆畫黼。周尚武，其用文德則黻可。」

愚按：書傳皆言周尚文，不言周尚武，巾亦非所以示武也。周人「九章」之次：八曰黼，九曰黻。「王巾皆黼」，蓋巾之爲物，其物微、其用褻，粉米以上諸章非所宜施，故畫黼。以次差之，諸侯之巾其畫黻與？鄭因黼作斧文，疑爲尚武，疏家因謂夏用黻，商亦用黼，近臆造矣。

孤

《掌次》：「孤卿有邦事，則張幕設案。」鄭注曰：「孤，王之孤三人，副三公論道者。」

愚案：《漢書·百官公卿表》：大師、大傅、大保是爲三公。又立三少爲之副，少師、少傅、少保，是謂孤卿。三公、三孤，固古説矣。然《禮記·昏義》：「古者天子后立六宫，三夫人，九嬪，二十七世婦，八十一御妻。」「天子立六官，三公，九卿，二十七大夫，八十一元士。」鄭注曰：「三夫人以下百二十人，周制也；三公以下百二十人，似夏時也。」又《王制篇》：「天子之縣内，方百里之國九，七十里之國二十有一，五十里之國六十有三。」鄭注曰：「縣内，夏時天子所居州界名也。大國九，三公之田三，爲有致仕者副之爲六，其餘三，待封王之子弟。次國二十一，卿之田六，亦爲有致仕者副之爲十二。又三，爲三孤之田。其餘六，亦待封王之子弟。小國六十三，大夫之田二十七，亦爲有致仕者副之爲五十四。其餘九，亦以待封王之子弟。三孤之田不副，以其無職，佐公論道耳，雖有致仕，可即而謀焉。」據鄭此注，則知《昏義》所謂三公九卿，即三公三孤六卿也。而鄭君兩注皆以爲夏制，是鄭君不言周有三孤矣。考《周禮》一書，言三公者皆著其數曰「三公」，而言孤者凡二十有一，或曰「孤卿」，如此經「孤卿有邦事」之類，或直曰「孤」，如《大宗伯》「孤執皮帛」之類，無言「三孤」者。鄭注不以三孤爲周制，可謂卓見。而此注乃曰「王之孤三人」，則於《周禮》全書求之既無其文，而與《王制》《昏義》兩注亦歧異矣。竊謂公有三而孤止一，何也？蓋孤之職失考久矣，王者建立六官，使之各治其事，而建立三公，使之坐而論道，六官之事皆有可稽考。而三公論道，則論之是非孰從而正之？於是特置一官，其名曰「孤」，官秩雖卑於公，而三公所論，孤得以是非之、可否之，秩卑而權重也。然則何不尊其秩於三公之上？曰：尊之於三公之上，則三公有仰承其意旨而已，是又啓權臣專柄之禍者也。「公」之言「共」也，道在乎博訪，故公必三人。「孤」之言「獨」也，論衷乎壹，是故孤止一人。然則三孤之名何自生也？蓋起於上公之國之有三監。《王制》曰：「天子使其大夫監于方伯之國，國三人。」《燕禮》：「若有諸公。」鄭注曰：「諸公者，謂大國之孤也。孤一人，言諸者，容牧有三監。」是三監亦得稱孤，三監則三孤矣。然鄭此注尚未盡得。按《典命》曰：「公之孤四命。」鄭司農云：「九命上公，得置孤卿一人。」鄭意與先鄭同，故謂大國孤一人。愚謂：大國之孤，實即天子所使之三大夫，王朝大夫四命，故公之孤亦四命也。以四命之大夫監九命之上公，亦即秩卑權重之意。其在王朝則有三公，而設一孤以副之。其在侯國則公一而已，而設三孤以監之。所以然者，侯國之孤即侯國之公也，是故天子之國三公一孤，諸公之國一公三孤。《儀禮》爲侯國之制，而屢言「諸公」，則孤非一人，其不正言「三」者，容有未備耳。《儀禮》屢言「諸公」，而《典命》注乃言「上公得置孤卿一人」，又與《禮經》不合矣。至周之衰，七雄並峙，皆由侯國而稱王，於是王朝一孤之制不傳，而侯國三孤之制盛行，記禮者因之有三公九卿之說，合三孤六卿爲九也，然尚未有三孤之名。《大戴禮·保傅篇》有「三少」之名，亦未名「三孤」。班氏《百官表》始言之，後世遂奉爲古之定制。鄭注三公九卿，見其與《周禮》不合，不敢斥言爲秦漢以來之制，疑爲夏制，曰「似夏時也」，足知其說之依違矣。

婦容

《九嬪》：「掌婦學之法以教九御：婦德，婦言，婦容，婦功。」鄭注曰：「容，謂婉娩。」

愚按：鄭注《内則篇》以「婉」爲言語，「娩」爲容貌，此又合婉、娩爲一，並屬婦容，疑非塙詁。「容」非容貌，乃容儀也。《儀禮・士相見禮》：「庶人見於君，不爲容。」鄭注曰：「容謂趨翔。」《禮記・雜記》：「戚容稱其服。」鄭注曰：「容，威儀也。」可知「容」爲趨翔之威儀，故行禮之臺謂之「容臺」。《淮南子・覽冥篇》：「容臺振而掩覆。」高注曰：「容臺，行禮容之臺。」是也。古婦人於祭祀、賓客、喪紀皆有事焉，非嫺習儀容，則將隕越於下矣。此婦容之教，所以不容已也。

胥師二十肆則一人

《地官》：「胥師，二十肆則一人，皆二史。」

愚按：「二十肆」當作「五十肆」，字之誤也。何以明之？下云：「賈師，二十肆則一人，皆二史。司虣，十肆則一人。司稽，五肆則一人。胥，二肆則一人。肆長，每肆則一人。」是自司稽至肆長，以五肆、二肆、一肆爲差。然則自胥師至司虣，當以五十肆、二十肆、一十肆爲差，故知胥師五十肆一人也。「五十」誤爲「二十」，則胥師與賈師無别，非多寡之差矣。

羸物

《大司徒》：「五曰原隰，其動物宜羸物。」鄭注曰：「羸物，虎豹貔貙之屬。」

愚按：《考工記》：「天下之大獸五：脂者，膏者，贏者，羽者，鱗者。」鄭注曰：「贏者，謂虎豹貔螭，爲獸淺毛者之屬。」以下文所言「厚脣弇口」等語證之，其爲虎豹之屬無疑，鄭注自塙。至羽、毛、鱗、介、贏五蟲，所謂贏者，竟不知何種。《大戴記·易本命篇》：「倮之蟲三百六十，而聖人爲之長。」則倮蟲是人矣，人則安有三百六十之種類乎？高誘注《吕氏春秋·季夏紀》易之云「麒麟爲之長」，則又混於毛蟲。鄭則一以虎豹淺毛之獸釋之，此在《月令》尚可通，而於此經不可用也。何也？虎豹之屬自在山林，未聞原隰之地而宜虎豹者也。按《易本命篇》：「食水者善游能寒。」盧辯注云：「魚鱉之屬。」「食土者無心而不息」，注云：「蚯蚓之屬。」《淮南子·地形篇》作「食土者無心而慧」，高誘注亦云：「蚯蚓之屬。」唐馬總《意林》引之云：「食水者善浮而耐寒，魚屬也，食土者無心而患，蚯蚓也。」竊疑《月令》：「季夏，中央土，其蟲倮。」當爲蚯蚓之屬，蓋食土之蟲宜屬之中央土也。《史記·封禪書》：「或曰：黄帝得土德，黄龍地螾見。」應劭曰：「螾，蚯蚓也。黄帝土德，故地見其神蚓。大五六圍，長十餘丈。」韋昭曰：「黄者地色，螾亦地物，故以爲瑞。」然則「中央土，其蟲倮」爲蚯蚓之屬，信而有證。此經「原隰宜贏物」亦當以此說之。此屬固宜於原隰也，其爲物無毛、無羽、無鱗、無介，非贏物而何？《大戴禮》以人言，姑存古義，未可說經。鄭注虎豹之說，可以說《考工記》之五大獸，未可說《月令》之五蟲及此經之五物也。

十有二土

《大司徒》：「以土宜之灋，辨十有二土之名物。」鄭注曰：「十二土分野十二邦，上繫十二次。」

愚按：《保章氏》「以星土辨九州之地」，初不言十二分野。鄭注曰：「其書亡矣，今其存可言者，十二次之分也。」是十二分野本與《保章氏》不合，鄭姑借以説《保章氏》之星土耳，豈可即以説此經之「十有二土」乎？今按：《國語·魯語》：「其子曰后土，能平九土。」韋昭注曰：「九土，九州之土也。」竊謂十有二土即是九土，蓋自舜分冀州爲幽州、并州，分青州爲營州，始置十二州，至夏、商雖復爲九州，然《爾雅》「九州」有幽、營，《職方氏》「九州」有幽、并，則舜時十二州之名固在，故大判言之則爲九土，析言之則有十二土也。

十有二壤

《大司徒》：「辨十有二壤之物而知其種。」鄭注曰：「壤，亦土也。變言耳。」

愚按：上言「十有二土」，此言「十有二壤」，必當有異義。若謂壤亦土也，何取而變其言乎？今按：《管子·地員篇》：「凡草土之道，各有穀造，或高或下，各有草土。葉下於𦶜，𦶜下於莧，莧下於蒲，蒲下於葦，葦下於蘿，蘿下於蔞，蔞下於荓，荓下於蕭，蕭下於薛，薛下於萑，萑下於茅。凡彼草物，有十二衰，各有所歸。」尹知章注「各有穀造」句：「謂此地生某草，宜某穀。」然則《大司徒》「辨十有二壤之物而知其種」，當即此「十二衰」矣。

生材

《大司徒》：「頒職事十有二。九曰生材。」鄭司農云：「生材，謂閒民，無常職，轉移執事。」玄謂：「生材，養竹木者。」

愚按：閒民轉移執事，不得謂生材，先鄭説固非。「養竹木者」已包於「二曰樹藝」之中，後鄭説亦非也。此「生材」蓋天地間所生之材，乃自然之美利，但須人力取之，故亦列十有二職之內。如《爾雅》所謂醫無閭之珣玗琪，華山之金石，霍山之珠玉，崑崙虛之璆琳琅玕，皆是也。《淮南子・地形篇》：「高者爲生，下者爲死，丘陵爲牡，谿谷爲牝，水圓折者有珠，方折者有玉，清水有黃金，龍淵有玉英，土地各以其類生。」此必古生材之遺法。又云：「埃天五百歲生缺，缺五百歲生黃埃，黃埃五百歲生黃澒，黃澒五百歲生黃金。」「清天八百歲生青曾，青曾八百歲生青澒，青澒八百歲生青金。」「赤天七百歲生赤丹，赤丹七百歲生赤澒，赤澒七百歲生赤金。」「白天九百歲生白礜，白礜九百歲生白澒，白澒九百歲生白金。」「玄天六百歲生玄砥，玄砥六百歲生玄澒，玄澒六百歲生玄金。」鑿鑿言之，或亦非誕也。

衆寡

《鄉大夫》：「三年則大比，考其德行、道藝，而興賢者能者，鄉老及鄉大夫帥其吏與其衆寡，以禮禮賓之。」又云：「大詢于衆庶，則各帥其鄉之衆寡而致於朝。」

愚按：經文言「衆寡」者多矣。《小司徒》云：「使各登其鄉之衆寡。」又云：「考夫屋及其衆寡。」《鄉師》云：「以時稽其夫家衆寡。」《鄉大夫》云：「以歲時登其夫家之衆寡。」《族師》云：「以時屬民而校登其族之夫家衆寡。」《閭師》云：「以歲時各數其閭之衆寡。」凡言「衆寡」者，於義俱安，獨此經兩言「衆寡」，則涉前後文並言「衆寡」而誤。帥其吏與其衆不當言「衆寡」，各帥其衆亦不當言「衆寡」，皆衍字也。鄭注曰：「衆寡，謂鄉人之善者無多少也。」斯曲説「無多少」之意，疑賈作疏時，此處亦未衍。述經有「寡」字者，後人據已衍之經文增益之耳。「大詢衆庶」之下無注，疑鄭時此處猶未衍「寡」字也。賈疏述經文雖有「寡」字，而略不及矣。

五人爲伍十人爲聯

《族師》：「五家爲比，十家爲聯。五人爲伍，十人爲聯。四閭爲族，八閭爲聯。」賈疏曰：「『五家爲比，十家爲聯。』又云『五人爲伍，十人爲聯』者，在家爲有五家爲比，比長領之，無十家爲聯相管之法。今云『十家爲聯』者，以在軍之時有十人爲什，本出於十〔一〕家，故并二比爲十家爲聯。擬入軍時相并，故覆云『五人爲伍，十人爲聯』，明是在軍法耳。」

愚按：五人爲伍，伍皆有長，此是軍法，非族師事也，何必虚設此文乎？且於《族師職》忽出「五人爲伍」二句，文義不倫，賈氏作疏，猶不憚辭費，曲爲之説，鄭君作注何無一言乎？疑此二句本作「五比爲閭，十比爲聯」，與上文「五家爲比，十家爲聯」，下文「四閭爲族，八閭爲聯」一氣貫注，文義明白，故鄭亦無注耳。

雷鼓靈鼓

《鼓人》：「以雷鼓鼓神祀，以靈鼓鼓社祭，以路鼓鼓鬼享。」鄭注曰：「雷鼓，八面鼓也。靈鼓，六面鼓也。路鼓，四面鼓也。」疏曰：「案『鞾人爲皋陶』，有晉鼓、鼖鼓、皋鼓，三者非祭祀之鼓，皆兩面。則路鼓祭宗廟，宜四面；靈鼓祭地祇，尊於宗廟，宜六面；雷鼓祀天神，又尊於地祇，宜八面。故知義然也。」

愚按：鄭説恐未足據。凡鼓兩面，而考擊實止一面。然則四面、六面、八面之鼓，於義何

〔一〕十，今本注疏作「在」。

施？竊謂雷鼓、靈鼓皆以畫繢别之。雷鼓畫雲雷文，取象於天，故以祭天神；靈鼓之「靈」乃「龗」之叚字，《説文·龗部》：「龗，龍也。」畫爲龍文，龍者水物，故以祀地祇。至路鼓，則猶路寢、路車之義，取大名而已。

求牛

《牛人》：「凡祭祀，共其享牛、求牛，以授職人而芻之。」鄭司農云：「求牛，禱於鬼神，祈求福之牛也。」玄謂：「求，終也。終事之牛，謂所以繹者也。」

愚按：求福是非時之祭。《牧人》云「凡牲不繫者共奉之」，鄭注云「謂非時而祭祀者」，則禱求用牛，在牲不繫者之例，不當授職人而芻之也。賈疏以此破先鄭説，當矣。後鄭訓「求」爲終，謂是繹祭，義頗迂迴，殆亦未是。按《禮記·曲禮篇》：「天子以犧牛，諸侯以肥牛，大夫以索牛。」鄭注曰：「索，求得而用之。」疑「求牛」即「索牛」也。索牛爲大夫所用，然《曲禮》正義曰：「上得兼下，下不得僭上。」《公羊》云：「帝牲必在滌三月，稷牛惟具，稷有災，故臨時得别求之。是天子諸侯得有索牛。」然則天子之祭，亦容有臨時别求之牛，故牛人供之。《曲禮》正義又云：「《楚語》觀射父云大者牛羊必在滌三月，小者犬豕不過十日。然者大夫索牛、士羊豕既不在滌三月，當十日以上，但不知日數耳。」據此，則索牛雖臨時擇取，亦當求之十日以前，故必使職人芻之也。

凡任地

《載師》：「凡任地，國宅無征，園廛二十而一，近郊十一，遠郊二十而三，甸稍縣都皆無過十二，唯其漆林之征，二十而五。」鄭注曰：「周税輕近而重遠，近者多役也。」疏曰：「以其城内及城外，近城者給公吏使役多，於税上輕而優之，遠城者役少，故於税上重而苦之，故不依十一而税，唯近郊之内當十一耳。」又引《公羊》説十一税遠近無差，謂《周禮》據王畿，《公羊》據諸侯邦國。

愚謂：此未深思也。周税漆林獨重，故經文用「唯其」二字，見此不在常科之内。若自國宅至甸、稍、縣、都通率之，適合十一之數，何也？園廛二十，近郊十，遠郊二十，甸、稍、縣、都十，其數六十。園廛税一，近郊税一，遠郊税三，甸、稍、縣、都税二，其數七。是爲六十而税七，稍浮於十一，然有國宅一分無税，則適是十而税一矣。《公羊》據其大數言之，《周禮》以通率言之，二者雖異而實同。

百族爲主

《司市》：「大市，日昃而市，百族爲主。」鄭注曰：「百族必容來去。鄭司農云：『百族，百姓也。』」

愚按：鄭君不解「百族」，而引先鄭説於下，其意蓋亦同之。然以「百族」爲百姓，失之泛矣。愚謂：古之爲市者，以其所有易其所無，此百族者，各有其所有者也。如三農之九穀，園圃之草木，嬪婦之絲枲，臣妾之疏材，各以其所有而至，此謂「百族」。蓋一市之貨所從出也，故謂之「大市」。其以日昃爲期者，鄭所謂「必容來去」也。《易》曰：「日中爲市，致天下之民，聚天下之貨，交易而退，各得其所。蓋取諸噬嗑。」然則此日昃大市，乃神農氏以來相承之遺法。

僞飾之禁

《司市》：「凡市僞飾之禁，在民者十有二，在商者十有二，在賈者十有二，在工者十有二。」鄭司農云：「所以俱十有二者，工不得作，賈不得粥，商不得資，民不得畜。」先鄭於十有二不説其數，鄭君引《王制》文而云：「於四十八則未聞。數十二焉。」賈疏釋之曰：「用器爲一，兵車爲二，布三，帛四，姦色五，五穀六，果實七，木八，禽九，獸十，魚十一，鼈十二，是聞之十二矣。於四十八，則未聞三十六。故云：『未聞。數十二也。』」然《王制》原文尚不止此，錦文、珠玉、衣服、飲食之類，何以不及乎？愚謂：十有二者，以一歲言，歲十有二月，月各有宜禁之物，故在民、在商、在賈、在工，均十有二。《成都古今記》曰：「正月燈市，二月花市，三月蠶市，四月錦市，五月扇市，六月香市，七月七寶市，八月桂市，九月藥市，十月酒市，十一月梅市，十二月桃符市。」雖後世偏隅之事未足以説經，然每月必有所出之物，則每月必有所禁之物，其條目繁多，隨時損益，不可豫定，故但以「十有二」括之，見一歲而頒禁令者十有二耳。

令野職

《遂人》：「凡國祭祀，共野牲，令野職。」鄭注曰：「野職，薪炭之屬。」

愚按：野牲言「共」，而野職但言「令」，於義未足，疑「令」字乃「入」字之誤，《遂師職》云：「凡國祭祀共其野牲，入野職、野賦于王府。」野牲言「共」，野職言「入」，是其證也。

四達

《遂大夫》：「凡爲邑者以四達。」鄭注曰：「四達者，治民之事大通者有四：夫家衆寡也，六畜車輦也，稼穡耕耨也，旗鼓兵革也。」疏曰：「此無正文，唯約上下文而知。」

愚按：上下文亦無歷歷舉此四事者，掇拾以充其數，恐非塙詁。且如小宰之「七事」，内宰之「二事」，皆直言「事」，此經何以不言「四事」而曰「四達」乎？愚謂：達者，自下而上達也。蓋「六遂」有遂人二、遂師四，而每遂有遂大夫各一，凡遂之吏有事上達，則先達於遂大夫，一達也。四遂師分治六遂，則遂大夫之上有二遂師，由遂大夫達於此二遂師，二達也。二遂人分治六遂，則二遂師之上有一遂人，由二遂師達於此一遂人，四達也。故曰「凡爲邑者以四達」。

同徒

《稍人》：「若有會同、師田、行役之事，則以縣師之灋，作其同徒。」鄭注曰：「同徒，司馬所調之同。凡用役者，不必一時皆徧，以人數調之，使勞逸遞焉。」

愚按：「同徒」二字不可解，鄭注云「司馬所調之同」更不可解，疏以同其勞逸説之，然同其勞逸豈可即目其人爲「同」，而云「所調之同」乎？愚疑「同徒」乃「調徒」之誤。鄭注本云：「調徒，司馬所調之徒。」故繼之曰「以人數調之」，正釋經文「調」字也。「調」與「同」形聲俱遠，其所以致誤者，由雙聲之故。據《廣韻》：「同，徒紅切。」「調，徒聊切。」同、徒雙聲，調、徒雙聲，則「同」與「調」亦雙聲。《詩·車攻篇》：「弓矢既調，射夫既同。」「同」與「調」爲韻者，以雙聲相協也。「調徒」誤而爲「同徒」，遂改鄭注「所調之徒」爲「所調之同」，則文不成義矣。

脤膰之禮

《大宗伯》：「以脤膰之禮親兄弟之國。」鄭注曰：「脤膰，社稷宗廟之肉。」疏云：「脤是社稷之肉，膰是宗廟之肉。」

愚按：鄭注總云「脤膰，社稷宗廟之肉」，而賈疏必以左氏義分別爲二，實非鄭義也。脤膰之說，三《傳》不同。《成十三年左傳》：「國之大事，在祀與戎。祀有執膰，戎有受脤。」此左氏說也。賈此疏引《異義》云：「左氏說：脤，社祭之肉，盛之以蜃。宗廟之肉名曰膰。」蓋許君從左氏說。《說文・示部》曰：「祳，社肉，盛以蜃，故謂之祳。」《炙部》：「䋣，宗廟火熟肉。」說二字之義，皆從《左傳》。至《公》、《穀》之說不然。《定十四年公羊傳》云：「脤者何？俎實也。腥曰脤，熟曰燔。」《穀梁傳》與《公羊》同，但多「祭肉也」三字。是《公》、《穀》家說，以爲脤、膰乃祭肉之通稱，但有生熟之分，而無廟社之別。竊謂《公》、《穀》得之。夫祳從辰聲，猶䋣從番聲，番不兼義，則辰亦不兼義。且祳從辰，非從蜃，謂盛以蜃故從辰，則凡從辰之字皆取義於蜃乎？《周官・掌蜃》云：「祭祀供蜃器之蜃。」鄭注曰：「飾祭器之屬。」是凡祭器皆飾以蜃，非獨祭社稷爲然，豈必社肉始盛以蜃乎？《大宗伯》言「以脤膰之禮親兄弟之國」，《大行人》言「歸脤以交諸侯之福」，蓋脤、膰同爲祭肉，故言「脤膰」可也，言「脤」亦可也。鄭於《大行人》無注，蓋於《大宗伯》已總釋之矣。使謂鄭此注以社稷、宗廟分釋脤、膰，則於彼不當無說，且於《掌蜃》注亦必言「祭社稷之器」，不當渾言「祭器」也。鄭於《異義》有駮無駮不可考，而鄭義實與許異，賈疏强鄭從許，非也。《昭十六年左傳》「受脤歸脤」，上文言「喪祭有職」，下文言「其祭在廟」，則受脤、歸脤疑亦言宗廟之肉，但在《左》言《左》，自當從社肉之說。

躬圭

《大宗伯》：「侯執信圭，伯執躬圭。」鄭注曰：「信當爲身，聲之誤也。身圭、躬圭，葢皆象以人形爲瑑飾，文有麤縟耳。」

愚按：如鄭説，則兩圭無別矣，何不皆謂之「躬圭」而必異其名乎？今按：「信」即申也，不必改讀爲「身」。「躬」字當讀爲「匔」，形之誤也。《玉篇・勹部》：「匔，丘六切，匔匔也。」「匑，巨弓切，匑匑也。」匔即匊之異文。《説文・勹部》：「匊，曲脊也。」是其字也。信之言申，匔之言曲，二圭或皆瑑爲人形，而一申一曲，以此爲差，名亦以是別之。匔、匑本雙聲，或即讀爲「匑圭」，於義亦得。

若王不與祭祀

《大宗伯》：「若王不與祭祀，則攝位。」鄭注曰：「王有故，代行其祭。」疏曰：「《量人》云：『凡宰祭，與鬱人受斝，歷而皆飲之。』注云：『言宰祭者，冢宰佐王祭，亦容攝祭。』此宗伯又攝者，冢宰貳王治事，宗伯主祭，容二官俱攝，故兩言之。」

愚按：主祭者惟一人，斷無二官俱攝之理，疏説非也。下文：「大祭祀，王后不與，則攝而薦豆籩徹。」此經但言「王不與祭祀」，然則非大祭祀也。據《司服職》：王祀昊天上帝、祀五帝則服大裘而冕，享先王則衮冕，享先公則鷩冕，祀四望山川則毳冕，祭社稷五祀則希冕，祭群小祀則玄冕。《酒正》云：「大祭三貳，中祭再貳，小祭壹貳。」鄭注云：「大祭，謂王服大裘衮冕所祭者也；中祭，謂王服鷩冕、毳冕所祭者也；小祭，謂王服希冕、玄冕所祭者也。」是王之祭祀自有等差，大祭不與，則冢宰攝之，貳工治事，自是冢宰之職，他官不得攝也。中祭、小祭其禮較輕，王或不與，則宗伯攝之，故云「王不與祭祀，則攝位」。下文「王后不與」，特言大祭祀，則此但言「祭祀」，爲凡祭祀非大祭祀明矣。

于四望

《小宗伯》：「若軍將有事，則與祭，有司將事于四望。」王氏引之《經義述聞》云：「『于四望』三字當在『若軍將有事』之下，寫者錯亂耳。」

愚按：王説是也。然此文不特有錯亂，且有衍文。「有司將事」四字，皆衍文也。「有」字、「將」字、「事」字，皆涉上而衍，「司」字則「事」字之聲誤而衍者也。經文本云「若軍將有事于四望，則與祭」，與《大祝》云「國將有事于四望，及軍歸獻于社，則前祝」句法一律。蓋軍中如祭表禡軍社之類，軍帥主之，小宗伯可不與。或軍行所至，適值嶽瀆而祭之，則其禮較重，非尋常師祭可比，故小宗伯必與祭也。先、後鄭不察經文之誤，或以「與祭」絶句，或以「與祭有司」連讀，皆失其解。

共介鬯

《鬯人》："凡王弔臨，共介鬯。"鄭司農云："鬯，香草。王行弔喪被之，故曰介。"玄謂："《曲禮》曰：『摯，天子鬯。』王至尊，介爲執致之，以禮於鬼神與？"

愚按：先鄭訓"介"爲被，不知何義。後鄭説則大誤。《禮器篇》云："天子無介。"今云"介爲執致"，何經神尚有此失邪？"介"乃"亣"字之誤，古"其"字也。《玉篇·丌部》："其，巨之切。亣，古文。"是其字也。上文云："大喪之大渳，設斗，共其釁鬯。凡王之齊事，共其秬鬯。"此云"凡王弔臨共其鬯"，蓋大渳也、齊也，其禮重，故異其名曰釁鬯、曰秬鬯，若弔臨則輕矣，故止曰"共其鬯"也。因"其"字從古文作"亣"，傳寫誤爲"介"字。先、後鄭均不能訂正，致失其解矣。

凡祭墓爲尸

《冢人》："凡祭墓，爲尸。"鄭注曰："祭墓爲尸，或祈禱焉。"

愚按：古不墓祭，何有祈禱之禮？周公禱三王，爲壇禱之，不於墓也。且祈禱於先王，則所使爲尸者必王之同姓，豈得以冢人爲之乎？此"祭墓"謂墓成而祭后土。《小宗伯》云："成葬而祭墓，爲位。」鄭注曰「先祖形體託於此地，祀其神以安之」是也。乃鄭於此經以爲祈禱者，蓋誤解上文「甫竁，遂爲之尸」，謂是「成葬祭墓」，則此經不合又言「成葬祭墓」，故有祈禱之説。不知上文「甫竁，遂爲之尸」初未言祭，何尸之有？遂爲之尸者，遂爲之主也，與此「爲尸」不同，説詳《群經平議》。如先鄭説，謂始竁已祭，墓成又祭，則又與《小宗伯》不合也。

茶香室經説卷六

周禮下

弓矢舞

《大司樂》：「詔諸侯以弓矢舞。」鄭注曰：「舞，謂執弓挾矢揖讓進退之儀。」賈疏即引《大射儀》「搢三挾一」、「當階揖」、「當物揖」之類以證之。

愚謂：此不足以爲舞，且以射法治射儀，自是射人之事，非大司樂所當詔也。《樂師職》亦云：「燕射，帥射夫以弓矢舞。」若是揖讓進退之儀，不當由樂師帥之也。考舞之爲類不一，樂師所掌有帗舞、羽舞、皇舞、旄舞、干舞、人舞，後世如《晉書・樂志》所載有鐸舞、幡舞、鼓舞，《隋志》所載有鞞舞、拂舞、巾舞，《宋志》又有杯盤舞，此類甚多。然則古時或自有弓矢舞之法，後世失傳，未可以《大射儀》所言揖讓之節當之也。

環拜

《樂師》：「教樂儀，行以肆夏，趨以采薺，車亦如之。環拜以鍾鼓爲節。」鄭司農云：「環，謂旋也；拜，直拜也。」

愚按：「拜」訓直拜，不知何義，疏亦無説。「環拜」二字連文，他書亦無所見。竊疑「拜」當作「佩」，「佩」與「拜」聲相近，故誤也。《禮記·經解篇》曰：「行步則有環佩之聲，升車則有鸞和之音。」此經上云「車亦如之」，即謂鸞和之音也。「環拜」之當爲「環佩」，以《經解篇》證之可見。又《玉藻篇》曰：「趨以采齊，行以肆夏，周還中規，折還中矩，進則揖之，退則揚之，然後玉鏘鳴也。」此經上云「行以肆夏，趨以采薺」，疏引《玉藻》爲證，然則環佩以鍾鼓爲節，所謂「進則揖之，退則揚之，然後玉鏘鳴也」，以《玉藻》篇證之又可見。

樂出入

《樂師》：「樂出入，令奏鍾鼓。」鄭注曰：「樂出入，謂笙歌舞者及其器。」疏曰：「凡此笙并瞽人歌者及國子舞者及器，皆須出入，故知樂中兼此數事也。」

愚按：此句之義難通，笙歌舞者皆樂工耳。《燕禮》《大射儀》並言小臣納王，無鍾鼓也。

至以器言，更爲無理。《燕禮》云：「樂人縣。」注云：「國君無故不徹縣。言縣者，爲燕新之。」然則樂器本在縣，何出入之有？《大射儀》則有「樂人宿縣」之文，蓋射宫無樂縣，故須縣之，是則有出有入。然事在前一日，何必爲奏鍾鼓乎？且鍾鼓亦器也，其出入又何奏乎？竊謂此文上云「燕射，帥射夫以弓矢舞」，是指燕射而言。《燕禮篇》曰：「若射，則大射正爲司射，如鄉射之禮。」是其事也。燕禮輕，諸侯用大夫禮，鄭注《燕禮》「工四人」云：「燕禮輕，從大夫制也。」然則天子燕射亦必輕於大射可知。《大司樂職》云：「大射，王出入，令奏王夏。」此文承燕射之下，疑當作「王出入，令奏鍾鼓」，蓋以燕射輕，故不奏王夏而止奏鍾鼓。上文所謂「小事奏鍾鼓」是也。「王出入」誤作「樂出入」，當據《大司樂》文訂正。

帥瞽而廞作匶謚

《大師》：「大喪，帥瞽而廞，作匶謚。」鄭注曰：「廞，興也，興言王之行，謂諷誦其治功之詩。故書『廞』爲『淫』。鄭司農云：『淫，陳也。陳其生時行迹，爲作謚。』」

愚按：先、後鄭釋「廞」字雖異，然皆謂爲王作謚。《白虎通》云：「天子崩，大臣至於南郊而謚之。」《曾子問篇》正義引作「稱天而謚之」。謚之爲典至重，豈大師帥群瞽所作乎？今按《周禮》之内大喪言廞，如《司裘》「廞裘」、《司服》「廞衣服」之類，皆謂陳器物。此「廞」字不應有異。「帥瞽而廞」，並即大司樂、眡瞭、笙師、鎛師、籥師諸職所言「廞樂器」也。《小師職》云「大喪與廞」，亦謂佐大師廞樂器也。彼但言「廞」，不言「作匶謚」，知廞與作匶謚自是二事。作匶謚者，爲匶作謚，非爲王作謚也。匶亦有謚者，謚猶號也。《文選・洞簫賦》曰：「幸得謚爲洞簫兮。」注曰：「謚，號也。」「作匶謚」猶云「作匶號」。《大祝》：「辨六號：一曰神號，二曰鬼號，三曰示號，四曰牲號，五曰齍號，六曰幣號。」齍、幣且有號，匶亦宜有號，葢即銘旌也。《士喪禮》曰：「爲銘，各以其物，書銘于末，曰：『某氏某之柩。』」此即匶之號也，尊言之，故不曰「號」而曰「謚」耳。二鄭皆謂爲王作謚，豈當目王爲匶乎？知其非矣。

祴樂

《笙師》：「以教祴樂。」鄭注曰：「祴樂，祴夏之樂。」

愚按：鍾師以鍾鼓奏九夏，祴夏特其一耳，笙師何以獨教祴樂邪？於義難通。《說文・示部》：「祴，宗廟奏祴樂也。」夏有九，而古人獨制此「祴」字，許君不云「祴夏」而云「宗廟奏祴樂」。考祴夏爲賓出所奏，鄉飲酒禮在庠，鄉射禮在序，燕禮在寢，而皆得用之，則非止宗廟所奏也。疑祴樂者，宗廟之樂，非謂祴夏。祴之言該也，祴夏之「祴」，《儀禮》作「陔」，即其例矣。天子宗廟中備六代之樂，門外又陳四夷之樂，故有祴樂之名。

季冬聘王夢

《占夢》：「季冬聘王夢，獻吉夢于王，王拜而受之。」鄭注曰：「聘，問也。於是發幣而問焉，若休慶之云爾。因獻群臣之吉夢於王，歸美焉。」

愚按：王有夢當隨時而使之占，豈待季冬之月由占夢發幣而問之乎？群臣之夢何與於王而獻之？即云「歸美」，亦何必拜而受之如此之重乎？鄭注非是。「聘」猶《月令》「聘名士」之「聘」，以禮求之也。下文云「乃舍萌于四方，以贈惡夢」，注曰：「贈，送也。」疏曰：「舊歲將盡，新年方至，故於此時贈去惡夢。」是惡夢可以贈之使去，則吉夢亦可聘之使來。「季冬聘王夢」，爲王求吉夢也，故即繼之曰「獻吉夢于王」，明求得吉夢即獻之也，王拜而受之，禮亦宜矣。

六官之所登

《大史》：「凡邦國、都鄙及萬民之有約劑者藏焉，以貳六官，六官之所登。」鄭注斷「六官之所登」五字爲句，云：「其有後事，六官又登焉。」疏曰：「約劑相續不絶，在後六官更有約劑，皆副寫一通，上於大史以藏之。」

愚按：如注疏説，則「六官之所登」文不成義，疑有闕文矣。上文云：「掌建邦之六典以逆邦國之治，掌灋以逆官府之治，掌則以逆都鄙之治。」以邦國、官府、都鄙並言。此文有邦國、都鄙而無官府，疏曰：「不言官府，此舉邦國、都鄙及萬民在外者而言，其實官府約劑亦藏之。」此說非也。約劑自出於邦國都鄙，若官府則受而藏之耳。疑此經本作「以貳六官六府之所登」，六官六府即上經之「官府」也，有六官斯有六府，大宰、司徒、宗伯、司馬、司寇並有府六人。《天官·序官》注曰：「府，治藏。史，掌書者。」然則約劑之藏於六官，實皆藏於六府也。此文如曰「以貳官府之所登」，則「官府」二字固《周禮》所習見矣，乃官言「六官」，府亦曰「六府」。學者但知有六官，不知有六府，遂改「六府」亦爲「六官」，以致文不成義耳。下云：「正歲年以序事，頒之于官府及都鄙，頒告朔于邦國。」是大史一職，處處以邦國、官府、都鄙並言，此經不應獨無官府，六官六府即官府矣。

正歲年

《大史》：「正歲年以序事，頒之于官府及都鄙。」鄭注曰：「中數曰歲，朔數曰年，中、朔大小不齊，正之以閏，若今時作麻日矣。」

愚按：《馮相氏之職》曰：「掌十有二歲、十有二月、十有二辰、十日、二十有八星之位。辨其叙事，以會天位。」然則歲年之正否，乃馮相氏之職，非大史之職也。且《馮相氏》言十有二月即是朔數，而言月不言年，考《周禮》之内，歲、年雜舉，並無區別。司士掌群臣之版，辨其年歲，豈有中數、朔數之分乎？《大宰》云：「三歲，則大計群吏之治。」《小司徒》云：「及三年則大比。」豈大宰之大計必計中數，小司徒之大比必計朔數乎？竊疑「年」乃衍字，本作「正歲，以序事頒之于官府及都鄙」，「正歲」二字爲句。經中以「正歲」言者屢矣，鄭注《小宰》曰「正歲，謂夏之正月」是也。「以序事頒之于官府及都鄙」十一字爲句，「序事」即《馮相氏》之「敘事」，序與敘同。鄭注《馮相氏》曰：「辨其敘事，謂若仲春辨秩東作，仲夏辨秩南譌，仲秋辨秩西成，仲冬辨在朔易。」又《内史》「掌敘事之法」注曰：「敘，六敘也。」是又謂即《小宰職》『以官府之六敘正群吏』者。蓋敘事無一定，各以職言之，次弟其所當行之事，謂之「敘事」。大史所頒之官府、都鄙者，當與内史同，蓋大史一職，「掌建邦之六典以逆邦國之治，掌法以逆官府之治，掌則以逆都鄙之治」，與馮相氏迥殊，因「正歲」下衍一「年」字，鄭注以爲若今作曆〔一〕日，乃以大史而侵馮相之官矣。

掌贊書凡數從政者

《御史》：「掌贊書，凡數從政者。」鄭注云：「自公卿以下至胥徒凡數，及其見在空缺者。鄭司農讀言『掌贊書數』。書數者，經禮三百，曲禮三千，法度皆在。玄以爲不辭，故改之云。」疏

〔一〕曆，底本作「厤」。避清帝諱。徑改。

曰：「先鄭所云以『掌贊書數』爲句讀之，下别言從政者，有何意義乎？故後鄭以爲不辭而改之。」

愚按：先鄭所讀誠非，而如後鄭讀，亦爲不辭。《周禮》一書，其言「凡某，某者」皆是發凡起例之義。此云「凡數從政者」，似下有闕文矣。鄭以「凡數」釋之，則是《宰夫職》「掌官成以治凡」之「凡」，然徧考全經，「凡某，某者」皆非此解，後鄭説亦不可從也。竊謂先鄭既以「書數」連讀，是其所據本作「掌贊書數凡從政者」，釋文出「數凡」二字，即先鄭本也，其讀則非，其所據本則是。今仍從後鄭以「掌贊書」爲句，其解亦從後鄭。「數凡從政者」五字作一句讀，言自公卿至胥徒，其見在或空缺，御史皆稽考其數，故曰「數凡從政者」。後鄭所解亦自可用，但所據本與先鄭異，故以「凡數從政者」爲句耳。從先鄭本，依後鄭解，文義明白無疑。賈疏既言先鄭以「掌贊書數」爲句，而云「下别言從政者有何意義」，竟不思經文尚有「凡」字，抑何疏也？

建大赤以朝

《巾車》：「象路，朱，樊纓七就，建大赤以朝。」鄭注曰：「以朝，以日視朝。」疏曰：「以日視朝者，謂以路門外常朝之處乘之。」

愚按：路門外常朝，即司士所掌「正朝儀之位」者也。《大僕職》云：「王視朝，則前正位而退，入亦如之。」此亦謂以日視朝，而皆不見有王乘象路、建大赤之事。《日知録》云：「皇帝輦出房，見《叔孫通傳》，乃秦儀也。」自路寢至路門外，爲地無多，古者必無乘象路、建大赤而以日視朝之事。疑此文當作「以朝夕」。據下「大馭掌馭玉路以祀」「齊僕掌馭金路以賓」「田僕掌馭田路以田」，田路即木路，皆與《巾車職》合。戎僕掌馭戎車，即革路，不言「以戎」者，因變言戎車，其義已顯，故不言也。獨「道僕掌馭象路以朝夕」，不言「以朝」，與《巾車職》異，故疑《巾車》亦當作「以朝夕」。所謂朝夕者，朝謂朝日，夕謂夕月也。《禮記・玉藻篇》：「玄端而朝日於東門之外。」注曰：「端當爲『冕』，玄衣而冕，冕服之下。」所服既爲冕服之下，故所乘亦不用玉路。上文「玉路以祀」，自謂圜丘、方澤及宗廟、祫祭諸大祀，日月星辰爲次祀，故朝日不乘玉路而乘象路。賈疏於「一曰玉路」下云：「外、内大小祭祀皆用此一路。」則失三祀之差矣。春分朝日如此，秋分夕月同之，故云「以朝夕」。可據《道僕職》訂正，道僕既言「以朝夕」，又云「燕出入」。朝夕爲一事，燕出入又爲一事。《小臣》云：「王之燕出入則前驅。」《士師》云：「王燕出入則前驅而辟。」皆言燕出入，不言朝夕，是朝夕、燕出入各爲一事。「道僕掌馭象路以朝夕、燕出入」，蓋謂朝日夕月之外，王之燕游出入亦用此路，猶「田僕掌馭田路以田以鄙」。田謂田獵，《巾車職》所有；鄙謂循行縣鄙，《巾車職》所無。蓋《巾車職》止舉其大者，大馭以下諸職所言，皆其本職之事，故較詳耳。若謂朝夕是王朝夕視朝，則恐不然。《玉藻》云：「皮弁以日視朝，遂以食。日中而餕，奏而食。卒食，玄端而居。」不言更出視朝也。夕而視朝，蓋必有事，如《聘禮》「夕幣」之類，以使者質明將行，故出視之，非常朝也。鄭注《道僕》云：「朝夕，朝朝莫夕。」不釋「出入」，蓋謂朝夕視朝出入。然其下云「其灋儀如齊車」，考齊右掌前齊車，「凡有牲事則前馬」，鄭以《曲禮》「式齊牛」説之。若象路止是朝夕視朝出入所乘，則自路寢至路門外，有何牲事而得如之乎？此可知其不然矣。

弊車

《巾車》：「歲時更續，共其弊車。」鄭注曰：「巾車既更續之，取其弊車，共於車人。」

愚按：上文云：「凡車之出入，歲終則會之。毁折，入齎于職幣。」然則弊車之共義可包於上文矣，不必更出此文也。且弊車亦不得言「共」，鄭注非是。《職幣》曰：「掌式灋以斂官府都鄙與凡用邦財者之幣。」鄭注曰：「幣謂給公用之餘。」然則凡給公用而有餘者，皆謂之「幣」，特設職幣一官以掌之。此經「弊」字即「職幣」之「幣」，蓋良車、散車之類，以給公用皆有所餘，謂之幣車，猶言餘車也。受官車者，如歲時有宜更續，則以弊車共之，故曰「歲時更續共其弊車」。《校人職》三言「幣馬」，一云：「凡大祭祀、朝覲、會同，毛馬而頒之，飾幣馬，執扑而從之」。鄭司農云：「幣馬，以馬遺人，當幣處者也。」其義殊未安。且文承「大祭祀朝覲會同」而言，朝覲會同或有當幣處之馬，祭祀豈有此乎？愚謂：「幣」亦職幣之幣，謂餘馬也。既毛馬而頒之，恐或不足用，故又飾餘馬以待也。一云「凡賓客，受其幣馬」，賓客得有餘馬者，蓋賓客所遺之馬皆自彼國而來，道遠恐或有斃者，故必備餘馬，及禮畢，則盡以納之主國，故校人受之也。又云「凡國之使者共其幣馬」，蓋彼之使者來既備餘馬，則此之使者去亦宜備餘馬，一受之、一共之，事之宜也。弊馬、弊車一例，附説於此。

市朝州涂

《量人》：「營軍之壘舍，量其市朝州涂。」鄭司農云：「量其市朝州涂，還市朝而爲道也。」玄謂：「州，一州之衆，二千五百人爲師，每師一處。市也、朝也、州也，皆有道以相之。」

愚按：經言「州」不言「師」，不得以「州」字作「師」字也，當從先鄭説，但其説未明。「州」讀爲「周」。《御覽》引《風俗通》曰：「州，周也。」蓋「州」與「周」聲近而義通。《後漢書・班固傳》：「周以鉤陳之位。」注曰：「周，環也。」齊華周字還，還即環也。先鄭此注云「還市朝而爲道」，還亦環也，以其涂環乎市朝，故曰「市朝周涂」，先鄭「還」字正釋「周」字。

候人

《候人》：「各掌其方之道治與其禁令，以設候人。」

愚按：如此，則候人一官由候人自設矣，《周禮》全經無此例也。疑此官止名「候」，不名「候人」。《襄二十一年左傳》：「使候出諸轘轅。」《國語·周語》：「候不在竟。」止言「候」不言「候人」也。所謂「候人」者，其徒也，徒有百二十人，候則分布之四方，故曰「各掌其方之道治與其禁令，以設候人」，《詩》所謂「彼候人兮，何戈與祋」，亦謂其徒，候之爲官有上士，未必躬何戈祋也。《周禮》之官以一字名者固少，然《地官》有「胥」，亦一字官名，其職云：「胥，各掌其所治之政。」此云：「候，各掌其方之道治。」句法一例。胥與肆長兩職相次，不因「肆長」而增其名曰「胥長」，然則候與環人相次，何必因「環人」而增其名曰「候人」也。

作大夫介凡有爵者

《射人》：「會同朝覲，作大夫介，凡有爵者。」鄭注曰：「諸侯來至，王使公卿有事焉，則作大夫使之介也。有爵者，命士以上，不使賤者。」疏曰：「王使公卿有事於會同，則射人使大夫爲上介，使凡有爵者，命士以上爲衆介。」

愚按：天子無介，禮有明文。故鄭以爲公卿有事，作人夫使介，介公卿非介天子也。但《儀禮·聘禮》：「賓朝服問卿，卿受于祖廟，下大夫擯。」注曰：「無士擯者，既接於君所，急見之。」夫既無士擯，疑亦當無士介。且令如注義，則云「作大夫士介」豈不明白？乃云「作大夫介」，又綴「凡有爵者」四字，意既不瞭，而文亦似未足矣。疑「介」字乃「戒」字之誤。《廣韻》「介」與「戒」並古拜切，蓋以聲同而誤也。此經本云「作大夫，戒凡有爵者」，「作大夫」是一事，「戒凡有爵者」又是一事，下云：「有大賓客，則作卿大夫從，戒大史及大夫介。」言「作」又言「戒」，可證此「介」字當爲「戒」字也。下文亦言「大夫介」者，涉此而衍，如其非衍，則有大夫介，又有士介，何止作大夫介不作士介乎？

卵鳥

《羅氏》：「祭祀共卵鳥。」鄭注曰：「其卵可薦之鳥。」

愚按：卵鳥謂鳥母。《説文·隹部》：「雄，鳥父也。」「雌，鳥母也。」是也。古人於鳥獸貴牝，故《易》曰「畜牝牛吉」，《孟子》有「五母鷄二母彘」之文，《郊特牲篇》曰：「天子牲孕弗食也，祭帝弗用也。」是牲亦可用牝，惟其是牝者，故當其孕則弗食弗用也。今俗謂雄者中犧牲，《昭二十三年左傳》：「賓孟適郊，見雄鷄自斷其尾，問之，侍者曰：『自憚其犧也。』」正義但引鄭君《牧人》注以毛羽完具爲言，不言雄者中爲犧，雌者可免，是唐時猶無此説。

古人惟馬則貴牡，故《詩》屢言「四牡」，而《魯頌·駉篇》每章以「駉駉牡馬」發端，則諸章所言皆牡馬也。馬取武健，故貴牡，若其他畜以充鼎實，則牡者質剛而牝者柔，牡者理麤而牝者細，故以牝爲貴。國朝褚人穫《堅瓠集》云：「六月二十四日爲清源妙道真君誕辰，吴人祀之必用白雄鷄，不解其故，及閱陳藏器《本草拾遺》，云『白雄鷄生三年者能爲鬼神所役使』，吴人用祀真君，或亦山川不舍騂角之意。」此則流俗相傳，非古人「祭祀共卵鳥」之義矣。

王族故士

《司士》：「王族故士、虎士，在路門之右。」鄭注曰：「王族故士，故爲士，晚退留宿衛者。」疏曰：「『故爲士，對新升試士未得正爵者爲新士，不得留宿衛也。云『晚退留宿衛者』，宿衛之人，皆不得與凡平群臣同時出，故云『晚退留宿衛』。」

愚按：賈疏全失鄭意，鄭注蓋以王族故士爲舊曾爲士，今則衰晚，已告退也，既已告退，何以仍有位於朝？故又有留宿衛之説，明雖晚退而仍留宿衛也。「晚」謂晚年，「退」謂退位，疏乃以不與群臣同出爲「晚」，「退」則以爲日暮而退朝，大非鄭義。

《司戈盾》：「祭祀，授旅賁殳、故士戈盾。」鄭亦以王族故士説之，此恐非是。《司士職》明言「王族故士」，此何以無「王族」二字，疑此經「故士」當作「虎士」，以聲近而誤也。下文云：「軍旅、會同，授旅賁及虎士戈盾。」彼言旅賁、虎士，則知此亦言旅賁、虎士。

九貉

《職方氏》：「掌天下之圖，以掌天下之地，辨其邦國、都鄙、四夷、八蠻、七閩、九貉、五戎、六狄之人民。」鄭司農云：「東方曰夷，南方曰蠻，西方曰戎，北方曰貉。」疏引《鄭志》答趙商問曰：「職方氏四夷，四方夷狄也，九貉即九夷，在東方。」是後鄭以「四夷」爲總目之辭，而以「九貉」充九夷之數。

愚按：《説文·豸部》：「貉，北方豸種。」《孟子·告子篇》趙岐注云：「貉在北方，其氣寒，不生五穀，黍早熟，故獨生之也。」《戰國策》蘇秦説秦惠王曰：「大王之地，北有胡貉代馬之用。」然則貉之在北，自來無異説，鄭必置四夷不數，而强貉爲夷，誤矣。然鄭此説，固非無因。按：「貉」亦作「貊」，《禮記·中庸篇》釋文曰「貉本作貊」是也。考《後漢書·東夷傳》：句驪一名貊耳，有别種，依小水爲居，因名曰「小水貊」。出好弓，所謂「貊弓」是也。王莽初發句驪兵以伐匈奴，彊迫遣之，皆亡出塞爲寇盗。建武二十五年，寇右北平、漁陽、上谷、太原，元初元年〔一〕，復與濊貊寇玄菟。質、桓之閒，復犯遼東西安平，殺帶方令，掠得樂浪

〔一〕 元初元年，今本《後漢書》作「元初五年」。

太守妻子。是終東漢之世，東夷、濊貊率爲邊患，鄭君亦據所見言之耳。《詩・韓奕篇》：「王錫韓侯，其追其貊，奄受北國，因以其伯。」貊固明明北國也，鄭君乃云：「其後追也、貊也爲玁允所逼，稍稍東遷。」此即鄭君以貉爲東夷之張本。夫以後世變遷之名而説三代古書，恐未必然矣。

二男三女

《職方氏》：「河南曰豫州。其民二男三女。」

愚按：此當作「三男二女」。何以明之？下文「正東曰青州，其民二男二女」，鄭注曰：「二男二女，數等，似誤也。葢當與兖州同，二男三女。」若使豫州亦二男三女，則青州正承豫州之後，鄭何不曰「當與豫州同」，而必探下文兖州爲説乎？賈疏曰：「青州西北與兖州相接，宜與兖州同。」愚謂：此正可以説豫州之三男二女。下文雍州云「其民三男二女」，豫州之西與雍州接，宜與雍州同也。

象胥

《秋官・象胥》：「每翟上士一人，中士二人，下士八人。」沈氏彤《周官禄田考》：「以六翟計算，上士六人，中士十二人，下士四十八人。」

愚按：《職方氏》：「掌天下之圖，以掌天下之地，辨其邦國、都鄙、四夷、八蠻、七閩、九貉、五戎、六狄之人民。」然則六狄特其一種耳，何以象胥之官專爲六狄設乎？據《司隸職》云：「掌帥四翟之隸，使之皆服其邦之服，執其邦之兵，守王宫。」而《師氏職》則云：「使其屬帥四夷之隸，各以其兵服守王之門外。」然則翟猶夷耳，每翟一人猶云每夷一人，非爲六狄設也。大約象胥之官無一定之數，若依《職方氏》所列四夷、八蠻、七閩、九貉、五戎、六狄，則上士已三十九人矣，未免太多。竊意《職方氏》雖羅列諸種，而司隸所掌實止蠻隸、閩隸、夷隸、貉隸，以四夷、八蠻、七閩、九貉計之，上士二十八人，中士五十六人，下士二百二十四人，亦爲不少矣。蓋此等官在周初亦無定數，有來歸化者則增置之，有絶不復通者則裁之，故但著其每翟員數如此。儒者欲於千載後考定其數，勢所不能矣。

以五刑糾萬民

《大司寇》：「以五刑糾萬民。一曰野刑，上功糾力；二曰軍刑，上命糾守；三曰鄉刑，上德糾孝；四曰官刑，上能糾職；五曰國刑，上愿糾暴。」鄭注曰：「『暴』當爲『恭』，字之誤也。」疏曰：「以其上四刑，皆糾察其善，不糾其惡，以類言之，故知是恭。」

愚按：《大司徒》以鄉八刑糾萬民：一曰不孝，二曰不睦，三曰不婣，四曰不弟，五曰不任，六曰不恤，七曰造言，八曰亂民。是所糾皆是不善者。《州長》云：「正月之吉，各屬其州之民而讀法，以考其德行道藝而勸之，以糾其過惡而戒之。」明言「糾其過惡」，不得云「糾察其善不糾其惡」也。此經上下兩字如皆爲善，何必分别言之乎？竊謂「暴」仍讀本字，「糾力」四句鄭未得其解。糾者，糾其不善也。蓋野刑上功，而功則以用力不用力爲斷，故所糾在力。軍刑上命，而命則以能守不能守爲斷，故所糾在守。鄉刑上德，而德則以孝不孝爲斷，故所糾在孝。官刑上能，而能則以稱職不稱職爲斷，故所糾在職。若國刑上愿，愿則無可見之迹，但糾其與愿相反者而已，故「國刑上愿糾暴」也。

攘獄者

《布憲》：「攘獄者，遏訟者，以告而誅之。」[一] 鄭司農云：「攘獄者，距當獄者也。」玄謂：「攘，猶卻也。卻獄者，言不受也。」

愚謂：先、後鄭雖有異義，而皆與下文「遏訟[二]者」無大分别，疑皆非也。「攘」讀如醞釀之釀，釀獄者，謂本無大獄而醞釀以成之也。遏訟者，謂有事欲訟而遏止之也。故皆以告而誅之。

[一]「攘獄者」三句，出今本《周禮·秋官·禁殺戮》。

[二] 訟，原作「獄」，據上下文改。

禦晨行者

《司寤氏》：「禦晨行者，禁宵行者、夜遊者。」鄭注曰：「備其遭寇害及謀非公事，禦亦禁也。」

愚按：宵行、夜遊同言「禁」，而晨行别言「禦」，義當有異，鄭注非也。「禦」乃備禦之義，與《易》言「禦寇」，《詩》言「禦侮」，其義相近。葢宵行夜遊，固所當禁，晨則爲時雖早，然既謂之晨可以行矣，非所禁也。但行者尚稀，慮有寇害，故使人捍衛之，是謂「禦晨行者」。

誓大夫

《條狼氏》：「誓大夫曰：敢不關，鞭五百。」

愚按：古者刑不上大夫，何以於大夫有鞭五百之誓？於義未安。疑「大」爲衍字，古書於「大夫」字或止於「夫」下作＝畫，如《嶧山碑》「御史夫＝臣德」是也。於是有譌作「夫夫」者，《莊子・田子方篇》釋文曰：「夫夫，古讀爲大夫。」是也。又有省作「夫」者，《晏子春秋・問篇》「夫儼然辱臨」是也。此經本作：「誓夫曰：敢不關，鞭五百。」讀者不知「夫」字之解，讀謂大夫，遂增入「大」字耳。所謂夫者，非大夫也，謂役夫也。《文元年左傳》：「江芊怒曰：『呼！役夫。』」杜注曰：「役夫，賤者稱。」役夫，或止稱「夫」。《哀元年左傳》曰：「夫屯晝夜九日。」劉光伯以

「夫屯」爲夫役屯聚，「夫者，別有城夫，非戰士」。是役夫可止稱「夫」。此「誓夫」謂誓役夫也。《鄉師》云：「大役，則帥民徒而至，治其政令。」《州長》諸職亦有「作民師田行役」之文，此役夫所以有誓乎？

繩

《薙氏》：「秋繩而芟之。」鄭注曰：「含實曰繩。」

愚按：繩無含實之義。釋文曰：「繩音孕，以證反。」是其字當作「䙲」，即古「孕」字也。《管子・五行篇》：「䙲婦不銷棄。」尹知章注曰：「䙲，古孕字。」亦或作「繩」，《太玄・沈・次五》曰：「好繩惡粥。」此作「繩」者，疑字之誤，或音同假借也。

掌除蠹物

《翦氏》：「掌除蠹物。」鄭注曰：「故書『蠹』爲『橐』。杜子春云：『橐當爲蠹。』」釋文云：「橐，劉古毛反，本或作櫜，他各反。」

愚按：杜讀誤也，此字實當作「蠹」。《說文・䖵部》：「蠹，蚍蠹也。從䖵橐聲。」即此物也。橐，符霄切；櫜，古勞切。兩音相近，故書以「櫜」爲「蠹」，乃聲近假借之常例。杜讀爲「蠹」，則聲遠而不可通矣。或本本作「橐」，則又「櫜」字之誤也。

夭鳥

《庭氏》：「掌射國中之夭鳥，若不見其鳥獸，則以救日之弓與救月之矢射之。」

愚按：此官掌射夭鳥，何以繼之云「若不見其鳥獸」？雖事可相兼，而文義殊覺參差矣。且夭鳥雖可惡，既有硩蔟氏「掌覆夭鳥之巢」，何必又設此官射之乎？疑「鳥」爲衍字，經文止作「掌射國中之夭」，此即漢世射聲校尉之職。《漢書・公卿表》「射聲校尉」注引服虔曰：「工射者也，冥冥中聞聲則中之，因以名也。」此經云「射夭」者，「夭」即「妖」字，以其近乎妖異，故謂之妖也。妖之爲物，不出二端，鳥獸其一端也，下文云：「若神也，則以大陰之弓與枉矢射之。」神又其一端也。觀下文言鳥獸、言神，則知所射者非夭鳥矣，涉上《硩蔟氏職》誤衍「鳥」字耳。《吕氏春秋・明理篇》所載夭孽甚多，如云「有鬼投其陴」「有螟集其國」「有游蛇西東」「有人自天降」，如此之類，庭氏皆宜射之。官名庭氏者，《爾雅・釋詁》：「庭，直也。」直則無不正。《文選・西京賦》：「參塗夷庭。」薛注曰：「庭，猶正也。」「庭」有正直之義，欲其以正勝邪耳。鄭注《序官》曰：「庭氏主射夭鳥，令國中絜清如庭。」斯曲説矣。

《吕氏春秋・明理篇》歷數衆邪，有云「衆日並出」，然則《淮南子》稱堯時十日並出，命羿仰射十日，中其九日，疑即庭氏射夭所由仿也。

午貫

《壺涿氏》：「掌除水蟲。若欲殺其神，則以牡橭午貫象齒而沈之，則其神死，淵爲陵。」鄭注於「淵爲陵」無説，疏曰：「淵爲陵，所謂深谷爲陵也。」

愚以此知午貫之制，古人蓋用以辟邪，兼用以治水。明董説《楝花磯隨筆》云：「鐵十字：在吉安府城南柵門外，岸上有鐵鑄一丨字，題云『保大二年五月置重一千三百斤』，下有潭水，時或清淺。」又近有人著一書，引明人劉嵩子高詩集及李九功《慎思録》載明洪武初，江西盧陵地方掘地，得大鐵十字架一座，上鑄三國吴赤烏年月，子高因作《鐵十字歌》以誌其奇。此又在吉安鐵十字之前。總之，非以辟邪，即以治水，古人午貫之遺制也。先王投四凶族於四裔以禦魑魅，此物正禦魑魅者所必用，於是其制遂有流入於四裔者。而佛家外道借以神其説，《景教流行中國碑》所云「判十字以定四方」即此物也，今天主教猶崇奉之而昧其所自，其説遂支離可笑矣。

掌察

《掌交》之下有《掌察》一職，注曰：「闕。」

愚按：《序官》「掌察四方，中士八人」，然則此官以「掌察四方」四字爲名，非名「掌察」也。

此下又有「掌貨賄，下士十有六人」，賈疏出「掌察四方掌貨賄」七字而釋曰：「在此者，蓋督察邦國之事及掌邦國所致貨賄。」然則賈氏所見經文必是「掌察四方」，不如今本止作「掌察」也。

以飭五材

《考工記》：「或審曲面勢〔一〕，以飭五材。」鄭司農引《春秋傳》「天生五材，民並用之」，謂金、木、水、火、土也。玄謂：「此五材，金、木、皮、玉、土。」

愚按：《禮記・月令》：「季春之月，命工師令百工，審五庫之量，金鐵、皮革筋、角齒、羽箭幹、脂膏丹漆，毋或不良。」正義引熊氏云：「金鐵爲一庫，皮革筋爲一庫，角齒爲一庫，羽箭幹爲一庫，脂膠丹漆爲一庫。」然則此記「以飭五材」或即此五庫之材與？

部廣六寸

《輪人》：「爲蓋，達常，圍三寸，桯圍倍之，六寸。信其桯圍以爲部廣，部廣六寸。」鄭注曰：「廣謂徑也。」鄭司農云：「部，蓋斗也。」疏曰：「此言蓋之斗四面鑿孔，内蓋弓者。」

愚按：此制殊有可疑，夫部徑六寸，徑一圍三，則其圍止一尺八寸耳。下文曰「十分寸之

〔一〕勢，今本考工記作「埶」。

一謂之枚，弓鑿廣四枚」，是每鑿廣四分也。弓二十有八，每鑿四分，二十八鑿則已占一尺一寸二分，而其圍之不鑿者止六寸四分矣。又曰：「鑿深二寸有半。」兩面鑿之，共鑿五寸，而其徑之不鑿者止一寸矣，然則此部何以能持久乎？疑此文當作：「桯圍倍之六寸，倍其桯圍以爲部廣，部廣六寸者二。」猶下文「部長二尺，桯長倍之四尺者二」也。如此，則徑有一尺二寸，鑿深對爲五寸，其徑猶有不鑿者一尺一寸，四圍三尺六寸，弓鑿占一尺一寸二分，其圍猶有不鑿者二尺四寸八分，此部稍可持久矣。

十分寸之一謂之枚

《輪人》：「十分寸之一謂之枚。」鄭注曰：「枚，一分。」

愚按：古書無謂一分爲枚者，《説文・寸部》：「寸，十分也。」不曰「十枚」。《漢書・律曆志》曰：「度者，分、寸、尺、丈、引也。」又曰：「分者，自三微而成著，可分别也。」使古以一分爲一枚，何以諸書皆言「分寸」不言「枚寸」乎？疑「十分寸之一」當作「五分寸之一」。五，古文作×，傳寫誤作「十」耳。五分寸之一謂之枚，則是二分也，下文「部尊一枚」，謂高二分。又云：「弓鑿廣四枚，鑿上二枚，下四枚。」則部厚二寸。依愚前説，部圍三尺六寸，去弓鑿二尺二寸四分，不鑿者猶有一尺三寸六分，是尚足以爲固也。

其登又難

《輈人》：「今夫大車之轅摯，其登又難。」鄭注曰：「登，上阪也。」愚謂：鄭注非是。登謂登車，言大車之轅摯，則人之登車難也。蓋此三節具有次第。第一節云：「今夫大車之轅摯，其登又難，既克其登，其覆車也必易。此無故，唯轅直且無橈也。」第二節云：「是故大車平地既節軒摯之任，及其登阤，不伏其轅，必縊其牛。此無故，唯轅直且無橈也。」是言平地猶可，尤難在登阤也。第三節云：「故登阤者，倍任者也，猶能以登。及其下阤也，不援其邸，必緧〔一〕其牛後，此無故，唯轅直且無橈也。」是言登阤猶可，尤難在下阤也。三節意義相承，鄭於首節「登」字即釋爲「登阪」，失其次矣。

雜五色

「畫繢之事，雜五色。東方謂之青，南方謂之赤，西方謂之白，北方謂之黑，天謂之玄，地謂之黄。」

愚按：「五色」乃「六色」之誤。下文明言「六色」，何得以「五色」爲目？《儀禮・覲禮篇》

〔一〕 緧，今本考工記作「緧」。

曰：「設六色：東方青，南方赤，西方白，北方黑，上玄下黄。」與此正同。彼言六色，此亦當言六色。鄭注曰：「此言畫繢六色所象。」知鄭所據本是六色也。疏曰：「天玄與北方黑大同小異，言天止得謂之玄天，不得言黑天。若據北方而言，玄、黑俱得稱之。」此蓋爲下文而發。下文云：「雜四時五色之位以章之，謂之巧。」疏曰：「上有六色，此言五色。下别言素功，故言五。或可玄、黑共説也。」此可見賈氏所據本尚作「畫繢之事雜六色」，不然，何至下文始曰「此言五」乎？鄭注下文云「繢繡皆用五采」，上言「六色」，下言「五采」，各從本文。蓋下文既言「四時」，自宜言「五色」，即《月令》春青、夏赤、秋白、冬黑、中央黄也，言各有當，自不相妨。學者習見「五色」，罕見「六色」，又涉下文有「五色」字，改此文爲「雜五色」，誤矣。

九卿

《匠人》：「内有九室，九嬪居之；外有九室，九卿朝焉；九分其國，以爲九分，九卿治之。」鄭注曰：「六卿、三孤爲九卿。」

愚按：《周禮》一書無言「三孤」者，且分國爲九而九卿分治之，則九卿皆治事之官。而三孤者，佐三公論道者也，非與六卿治事者也。至六卿，固治國事矣，然未嘗分國而治之。今《冬官》雖亡，而此外五官皆在，何嘗言分治九分之一乎？然則此九卿者，非特不可以爲三孤，並不可以爲六官。蓋别有九卿分國而治，其位在六官之下。《周禮》專言六官，如今六部，則例故上不及三公，下不及九卿也。九卿分國而治，皆王城之内治民事者，故尊其名曰卿，優假之也，猶侯國縣令亦得稱公也。其名曰卿，其官則未必卿，以中下大夫爲之。卿，其官名耳。猶秋官所屬之朝大夫，每國上士一人，上士而謂之大夫，則中、下大夫亦可謂之卿也。鄭彼注曰「此王之士也，使主都家之國治，而命之朝大夫云」，是即其例矣。九分其國，四正四隅爲八，合中央爲九。蓋王城之外，鄉則有州長、黨正諸官，遂則有縣正、鄙師諸官，而王城中民居繁庶，豈可無官治之？故分國爲九，分隸九卿，而匠人特營九室，使爲治事之所也。曰「九卿朝焉」者，非於此朝王也，於此治事也。古「朝」之名通於上下，故市亦有朝，九卿治事公所，宜有朝名矣。自秦置内史以治京師，漢武帝改爲京兆尹，雋不疑、趙廣漢之徒皆以得名於時，而九卿分治之職廢。然《宋史・職官志》：開封府所屬有左、右廂公，事幹、當官四人，掌檢覆推問，凡鬭訟事，輕者聽論決。明有中、東、西、南、北五城兵馬指揮司，京城内外各畫境而分領之。隆慶閒，御史趙可懷言五城兵馬司官宜取科貢正途。此古者分國而治之遺意歟？中、東、西、南、北爲五城，若益以四隅即九矣。

茶香室經説卷七

儀禮上

士冠禮

《儀禮·士冠禮篇》：「鄭《目録》云：『童子任職居士位，年二十而冠。』」

愚按：《士冠禮》者，敖繼公以爲士冠其子之禮，當從之。鄭義以冠者爲士，則冠者之父兄容或爲大夫，未必其父兄亦士也，何以下文「主人緇帶」鄭又以士帶爲説乎？且古人無未冠而仕者。《内則》云：「四十始仕，五十命爲大夫。」則四十始仕謂爲士也，豈有未冠之童得任職居士位者乎？鄭亦自知其未安，乃云「古者四民世事，士之子恒爲士」，不知此本《齊語》，乃管子治齊之法：「處士就閑燕，處工就官府，處商就市井，處農就田野。」其所謂士，實則民也。至今相承以士農工商爲四民本此，與古所謂上士、中士、下士名同而實異，豈可以説此經乎？賈公彦疏云：「鄭見下《昏禮》及《士相見》皆據士身自昏自相見，又《大戴禮·公冠篇》及下『諸侯有冠禮，夏之末造』，亦據諸侯身自加冠，故鄭據士身自加冠爲目。」愚謂：《士相見》爲士身自相見，是也。至《士昏禮》，亦士昏其子之禮。古者三十而娶，四十始仕，則娶妻猶未仕也，惟容有既爲士而續娶者。若《冠》則斷爲士冠其子，並非《昏禮》比矣。

告事畢

《士冠禮篇》：「告兄弟及有司。告事畢。」鄭注於「告兄弟及有司」曰「擯者告也」，於「告事畢」曰「宗人告也」。

愚按：「告事畢」不言何人，疏謂「約上文筮日時宗人告事得知」。夫上文明言「宗人告事畢」，此亦當同，何以没其文乎？愚謂：告兄弟及有司者，擯者也。疏云：「上擯者請期，此即云告，明還是擯者告。」其説是也，「告事畢」即承其文之下。若仍是擯者告，則與上文筮日不合，若是宗人告，則經又無文。疑此「告」字衍文也，即涉上經「宗人告事畢」而衍。此經本云「事畢擯者告期于賓之家」，蓋出「事畢」二字，以爲擯者往告之節也。

先入

《士冠禮篇》：「主人揖贊者，與賓揖，先入。」鄭注曰：「先入道之。」

愚按：下文「每曲揖」注云：「入外門，將東曲，揖。直廟，將北曲，又揖。」然則主與賓俱入門，主不先入也。請以《聘禮》證之：「公皮弁，迎賓于大門内。賓入門左，公再拜，賓辟，不答拜，公揖，入，每門每曲揖。」但言「揖入」不言「先入」，蓋有「每門每曲揖」之禮，不得而先入也。下文云：「及廟門，公揖，入，立于中庭。」注云：「公揖先入，省内事也。」至此始得先入，則每曲揖之前不得先入可知。此經云「先入」，又云「每曲揖」，於義難通。疑「先」字衍文，蓋涉《鄉飲酒禮》而衍。《鄉飲酒禮》云：「主人一相，迎于門外。再拜賓，賓答拜。拜介，介答拜。揖衆賓。主人揖，先入。」彼經云「先入」，疑此經亦當云「先入」。不知鄉飲在庠，唯有一門，則主人先入即《聘禮》之及廟門公揖先入，與此經不相當也。

公侯之有冠禮

《士冠禮篇》：「公侯之有冠禮也，夏之末造也。」鄭注曰：「自夏初以上，諸侯雖父死子繼，年未滿五十者亦服士服，行士禮，五十乃命也。」

愚按：鄭説未知何所本，若然，則服物采章混而無辨，大亂君臣之義者，莫此爲甚矣。然則古無公侯冠禮，何也？曰：未冠不即位也。未冠不即位，以有攝主存也。蓋夏后氏之初，去唐虞未遠，公天下之意猶有存者。君薨，嗣子幼，則使上卿代聽國政，謂之「攝主」，《曾子問篇》所謂「卿大夫士從攝主」是也。其後大人世及以爲禮，於是君薨嗣子幼亦急於即位，而有未冠之公侯，斯有公侯之冠禮矣。然云「夏之末造」，疑商人一代又不用夏后末造之法，故有殷諸君往往先傳其弟後及其子，所以然者，必其子尚幼故也。武王殁，成王幼，周公不敢循殷制，於是成王冠，辭見於《大戴記》，從是以往，天子諸侯皆有冠禮矣。

納采

《士昏禮篇》：「納采用鴈。」鄭注曰：「使人納其采擇之禮。」

愚謂：鄭注非也。觀下文主人對納采之辭，但曰：「某之子舂〔一〕愚，又弗能教，吾子命之，某不敢辭。」並無采擇之義，然則納采非采擇也。「采」之本義爲采取，《説文·木部》：「采，捋取也。」《詩·芣苢篇》：「薄言采之。」毛傳曰：「采，取也。」此其本義也。納采者，納其采取之禮。文言之曰「采」，質言之曰「取」，故納婦謂之取妻也。主人既許之矣，於是又問女之名，蓋

〔一〕舂，今本儀禮作「惷」。

主人之女容非一人，故必得其主名而後可以卜，其辭曰：「某既受命，將加諸卜，敢請女爲誰氏？」對曰：「吾子有命，且以備數而擇之，某不敢辭。」是所謂「擇」者，出於主人之辭，而非出於賓之辭，且因其將加諸卜，故有備數而擇之言，前乎此者，主人亦不必請其采擇也。昏姻之禮，男下於女，觀《禮記·祭統篇》載國君取夫人之辭曰「請君之玉女與寡人共有敝邑」，其辭尊重如此，豈士大夫之家而輒有采擇之言乎？

納徵

《士昏禮篇》：「納徵，玄纁束帛、儷皮，如納吉禮。」鄭注曰：「徵，成也。使使者納幣以成昏禮。」

愚按：昏禮有六：納采、問名、納吉、納徵之後，尚有請期、親迎二禮，不得謂納徵是成昏禮。納徵猶納聘也。六禮惟納徵用幣，葢以此爲聘，所謂「聘則爲妻」者，謂此也。不曰「納聘」而曰「納徵」，徵即聘也。《漢書·叔孫通傳》：「秦時以文學徵。」《轅固傳》：「武帝初，以賢良徵。」凡《史》、《漢》所稱「徵」者，皆即是聘，故亦以「徵聘」並言。《後漢書·姜肱傳》：「肱二弟名聲相次，亦不應徵聘。」又《袁閎傳》：「累徵聘舉召，皆不應。」可知徵與聘義同。《説文・王[一]部》：「徵，召也，從微省。壬爲徵。行於微而文達者，即徵之。」是徵聘乃字之本義也。《春秋莊二十二年》：「冬，公如齊納幣。」又《哀二年左傳》：「吴洩庸如蔡納聘。」二者皆即納徵，言「納幣」者，實指其物，言「納聘」者，徵、聘一也。《禮記・昏義》正義曰：「納徵，納聘幣也。」是爲得之。又曰「徵，成也」，則襲用鄭義而義轉迂矣。

橋

《士昏禮篇》：「笲，緇被、纁裏，加于橋。」鄭注曰：「被，表也，笲有衣者，婦見舅姑以飾爲敬。橋，所以庪笲，其制未聞。」

愚按：橋爲庪笲之物，安用此緇被纁裏者爲？果如此説，則非笲有衣，乃橋有衣耳。今按：橋者，笲之橋也。笲之爲物，鄭上注云：「竹器而衣者，蓋如今之筥笭籚矣。」疏謂：「漢法，去今遠，其狀已無可知。」愚謂：笲即今所謂籃也。《玉篇・竹部》：「籃，大籠也，筐也。」籠與筐上皆有環，以爲提挈之用，故梁簡文有「蠶妾始提筐」之句，古樂府有「提籠行採桑」之句，

[一] 壬，底本誤作「壬」。據今本《説文》改。

籠與筐皆可提，其上有環可知。古笄之制亦然，所謂橋者，即其環也，以其形如橋梁，故謂之橋。衣加于橋，則可以覆蓋笄中之物，若橋是庋笄者，則橋在笄下，雖有衣不足覆蓋，且爲笄所掩，無以見緇被纁裹之美矣。

及揖讓入

《士昏禮篇》：「主人請醴，及揖讓入，醴以一獻之禮。」鄭注曰：「及，與也。」疏曰：「以主人與壻揖讓而入寢門，故訓及爲與。」

愚按：「與揖讓」不得云「及揖讓」，鄭注非是。此「及」字乃因上文有不備之文，故以「及」字包之。蓋主人請醴後，壻必禮辭，主人必固請，亦如上文醴賓之例。記人因辭繁而略之，故曰「及揖讓入」，見揖讓入門以前有此等事也。

某不敢爲儀

《士相見禮篇》：「主人對曰：某不敢爲儀，固請吾子之就家也，某將走見。」鄭注曰：「不敢爲儀，言不敢外貌爲威儀，忠誠欲往也。」

愚按：鄭義迂曲，恐非也，「儀」當讀爲「戲」。《説文・我部》：「義，己之威儀也。《墨翟書》從羊弗〔一〕。魏郡有羛陽鄉。」段注引《左傳》：「晉荀盈如齊逆女，還，卒於戲陽。」戲、羛音同，然則儀之通作戲，猶義之通作戲也。「不敢爲戲」，必古人常語，故魯哀公亦云「不敢以儒爲戲」，此經賓主並言「不敢爲戲」，正自明其忠誠之意。

唯舒

《士相見禮篇》：「執玉者，則唯舒武，舉前曳踵。」鄭注曰：「唯舒者，重玉器尤慎也。」

愚按：舒則有舒放之義，何以爲慎？鄭義難通。古書「唯」字每有讀作「雖」字者，《禮記·表記篇》：「唯天子受命於天。」鄭注曰：「唯當爲雖。」《荀子·性惡篇》：「然則唯禹不知仁義法正，不能仁義法正也。」楊倞注曰：「唯讀爲雖。」並其證也。「執玉者則雖舒武」，言雖舒布其武，而仍必舉前曳踵，以備蹉跲也。

賓升席自西方

《鄉飲酒禮篇》：「賓升席自西方。」鄭注曰：「升由下也，升必中席。」疏曰：「《曲禮》云：『席南鄉北鄉，以西方爲上。』今『升席自西方』云『升由下』者，以賓統于主人，以東方爲上，故以

〔一〕從羊弗，今本《説文》作「義從弗」。

西方爲升由下也。」

愚按：注疏之義皆不可通。賓席在牖前南面，則南鄉之席自應以西方爲上，何得反謂之下乎？此注義之可疑也。介可統於主人，賓不可統於主人，且主席在阼階上，以南方爲上，賓統於主人，何得東方爲上乎？此疏義之未是也。阮《校勘記》曰：「由下，《通典》作『猶上』。」然訓「升」爲上，則於義太淺，若讀「猶」爲「由」，則與《玉藻篇》鄭注「升必由下」之説相背矣。《通典》臆改，不足據也。疑鄭注「由下」乃「由便」之誤，蓋是時賓在西階上，由西階上升席，自以西方爲便，故鄭注曰「升由便也」。《記》曰：「主人、介，凡升席自北方，降自南方。」注云：「由便。」主人、介升席由便，則賓升席亦由便可知。此注「升由下也」爲「升由便也」之誤，即此可決矣。又按：下文主人「自席前適阼階上，北面坐，卒爵」，注曰：「自席前者，啐酒席末，因從北方降，由便也。」然則賓之由西方升，主人之由北方降，同一由便。鄭既注彼，亦必注此，乃學者習聞升席由下之説，改「由便」爲「由下」，而疏家曲成之，其失甚矣。

《鄉射禮篇》：「賓升席自西方。」鄭注曰：「賓升降由下也。」疏曰：「凡席，升由下，降由上。下文降席不由上者，以主人在東，敬主人，不得降由上。又於席西拜便，使升降皆由下，故云『賓升降由下也』。」其文雖是「由下」，其義實皆是由便，故愚謂鄭注是「由便」而非「由下」也。

相者二人

《鄉飲酒禮篇》：「工四人，二瑟，瑟先，相者二人，皆左荷瑟，後首，挎越，内弦，右手相。」鄭注曰：「相，扶工也。每工一人。」疏曰：「工四人，二人瑟，相二人。則工二人歌，雖不言相，亦二人可知，以空手無事，故不言也。」

愚按：經文明言「相者二人」，鄭必謂「每工一人」，注徇疏意〔一〕，謂空手無事者不言。夫使經文無「二人」二字，但曰「相者左荷瑟」云云，則謂空手者不言可也，今經文明言「相者二人」矣，則此徒相者二人何以深没其文乎？下云：「相者東面坐，遂授瑟，乃降。」言授瑟乃降，則此徒相者又不見，經文爲不備矣。鄭所據者《周禮》：「上瞽四十人，中瞽百人，下瞽百有六十人，眡瞭三百人。」眡瞭即扶工者，是每工一人之證。愚謂：此天子諸侯之制也，故《大射篇》是諸侯之禮：「工六人，四瑟，僕人正徒相大師，僕人師相少師，僕人士相上工。相者皆左荷瑟，後首，内弦，挎越，右手相。後者徒相入。」言「相者」又言「徒相」者，則每工一人可知。至《燕禮》用大夫制，「工四人，二瑟，小臣左荷瑟」云云，不言有徒相者。竊疑古者樂工，天子八人，諸侯

〔一〕注徇疏意，依意當作「疏徇注意」。

六人，相者每工一人；大夫四人，相者二人；士二人，相者一人。《儀禮》一經，天子與士之制不見，《鄉飲酒》大夫禮，《大射》諸侯禮，《燕禮》以諸侯用大夫禮，《鄉射》以士用大夫禮。合觀諸篇，則諸侯工六人相六人，大夫工四人相二人，固可考見。所以然者，天子相工以眂瞭，眂瞭有三百人，不憂不足。諸侯以小臣爲之，亦不憂不足。大夫士則以賓黨之年少者爲之，賓黨年少者多寡不定，故定制之時，以一相扶二工，取給於事而已。鄭必泥每工一人之説，轉使經有不備之文，非以經治經也。

賓出奏陔

《鄉飲酒禮篇》：「賓出奏陔。」鄭注曰：「陔，陔夏也。《周禮·鍾師》：『以鍾鼓奏《九夏》。』是奏陔夏則有鍾鼓矣。鍾鼓者，天子、諸侯備用之，大夫、士鼓而已。蓋建於阼階之西南鼓。」

愚按：《鄉飲酒》、《鄉射》均士禮也，非特無鍾，且不言有鼓。鄭據《大射篇》謂「建於阼階之西」，然則本篇何以無文乎？竊謂：鍾師以鍾鼓奏九夏，天子之制也，其實九夏不必定以鍾鼓奏之。《鍾師職》又云「凡祭祀饗食奏燕樂」，鄭注亦謂以鍾鼓奏之。考《磬師職》鄭注：「燕樂者，房中之樂。」賈疏云：「即《關雎》、《二南》也。」此經上文云：「乃合樂：《周南·關雎》《葛覃》《卷耳》，《召南·鵲巢》《采蘩》《采蘋》。」鄭注云：「合樂，謂歌樂與衆聲俱作。」疏云：「堂上有歌瑟，堂下有笙磬，合奏此詩。」夫燕樂本不用鍾鼓，而亦可用鍾鼓，則九夏本用鍾鼓，而亦可不用鍾鼓。《鄉飲》、《鄉射》「賓出奏陔」，疑亦堂上之瑟、堂下之笙磬合奏此詩，不用鍾鼓也。觀《燕禮》云：「賓所執脯以賜鍾人于門内霤。」鄭注云：「鍾人以鍾鼓奏九夏。今奏陔以節己，用賜脯以報之。」《大射儀》文同，《鄉飲》、《鄉射》均無此文。若以鼓奏之，則賓出亦宜以脯賜之矣，即此可知士禮之不以鍾鼓奏陔也。

鄉服

《鄉飲酒禮篇》：「明日，賓服鄉服以拜賜。」鄭注曰：「鄉服，昨日與鄉大夫飲酒之朝服也。」

愚按：《鄉射篇》：「明日，賓朝服以拜賜于門外。」鄉服、朝服，兩經分晰甚明，注乃合而一之，疏家曲成其説，非也。鄉服實非朝服。上文「主人就先生而謀賓介」，注曰：「賓介，處士賢者。」疏曰：「《玉藻》云『大夫素帶，士練帶，居士錦帶，弟子縞帶』，鄭以居士在士之上，解爲『道藝處士』，此處士亦名君子。」然則「賓介」本即《玉藻》所謂「居士錦帶」者，其帶與大夫不同，則其服亦宜有異，即所謂「鄉服」也。孔子對哀公曰：「君子之學也博，其服也鄉。」此正可以説鄉服之義，何得合鄉服、朝服而一之乎？下文「主人如賓服以拜辱」，大夫而服鄉服者，尊賓之故，蓋《鄉飲酒禮》以大夫而行士禮，又何不可以大夫而服居士之服也？

某不能爲二三子許諾

《鄉射禮篇》：「賓對曰：『某不能，爲二三子許諾。』」疏曰：「此爲衆習禮，不專爲己，故一辭即許。」

愚按：「某不能」，謙詞也。「爲二三子許諾」，許詞也。賓固不辭而許，非一辭而許也。所以不辭者，上文云：「主人戒賓，賓出迎，再拜。主人答再拜，乃請。賓禮辭，許。」鄭注「乃請」句曰：「請，告也。告賓以射事。」然則賓於主人之請，已禮辭而許之矣，至此司射請射，又何辭乎？疏説非是。

取矢不索

《鄉射禮篇》：「若矢不備，則司馬又袒，執弓如初升，命曰『取矢不索』。」鄭注曰：「索，猶盡也。」

愚按：因矢不備而復求矢，不得言不盡，鄭義非也。《詩・泮宫篇》：「束矢其搜。」毛傳云：「五十矢爲一束。」是矢必束之，下文云「大夫進坐，説矢束」是也。弟子取矢，亦必五十矢爲一束，兹則因矢不備而復取之，不必一束，故命之曰「不索」。索者，所以束矢也，即繩索之本義。以索束矢即謂之索，猶以繩縮版即謂之繩。《爾雅·釋器》曰：「繩之謂之縮之。」是其例也。

不貫不釋

《鄉射禮篇》：「司射遂進，由堂下北面命曰：『不貫不釋。』」鄭注曰：「貫猶中也，不中正不釋算也。」

愚按：不中正自無釋算之理，何煩司射命之乎？《大射篇》曰：「司射西面命曰：『中離維綱，揚觸，梱復，公則釋獲，衆則不與。』」鄭解「梱復」曰：「謂矢至侯不著而還復。復，反也。」然則不貫者即謂「梱復」，蓋矢雖至侯，還復墜地，不得爲中，必貫穿布侯方爲釋獲，故曰「不貫不獲」也。鄭注《考工記》曰：「大夫士射侯，矢落不獲。」是則鄭意正如此，但於此注言之不備耳。

大夫之矢

《鄉射禮篇》：「大夫之矢，則兼束之以茅，上握焉。」鄭注曰：「言大夫之矢，則矢有題識也。」敖繼公曰：「《周官·鄉師職》曰：『黨共射器，州共賓器，鄉共吉凶禮樂之器。』然則古之射於學宫者，其射器亦皆公家共之，此大夫之矢未必大夫所自有也，但於衆矢之中取乘矢而兼束之，即爲大夫矢矣。」

愚按：鄭謂矢有題識，此必不然之事。敖謂皆公家所共，得之矣。然如其説，任取乘矢而束之即謂之大夫之矢，則亦太無理矣。竊謂大夫之矢與士之矢固應有别。《周禮·司弓矢》曰：「天子之弓合九而成規，諸侯之弓合七而成規，大夫之弓合五而成規，士之弓合三而成規。」夫弓既不同，矢宜有異，不然則强弓弱箭，不能命中矣。《考工記》亦有此文，疏曰：「王弓、弧弓，往體寡來體多，當天子弓。唐弓、大弓，往來體若一，當諸侯弓。夾弓、庾弓，往體多來體寡，當大夫弓。士則六弓之外弊惡之弓。」《考工記》又曰：「危弓爲之安矢，安弓爲之危矢。」疏曰：「危弓則夾、庾，安弓謂干、弧之類。危矢據恒矢，安矢據殺矢。」然則大夫所用爲夾、庾諸弓，當用安矢，此所以知其爲大夫之矢也。必兼束之者，非徒優之，實亦各有所宜耳。

公命長

《燕禮篇》：「小臣自阼階下請媵爵者，公命長。」鄭注曰：「命長，使選卿、大夫之中長幼可使者。」

愚按：鄭君此注殊有可疑，下云「小臣作下大夫二人媵爵」注曰：「卿爲上大夫，不使之者，爲其尊。」然則媵爵不使卿，而此注乃兼卿言之，可疑一也。經云「命長」，注言「選長幼可使者」，注與經不合，疏云：「案下文『大夫長升受旅』，是長幼次弟非專最長，則此『命長』非最長，是長幼之中可使者也。」愚謂：此與下文不同，下言「長升」，言長者升而幼者從之，葢受旅酬者衆，故使序齒而升耳，若此，媵爵者止有二人，非使諸大夫皆媵爵也，不得以下文比。且如下文「若命長致」，自謂命長者一人致，豈謂長幼皆致乎？可疑二也。鄭君此注，疑後人竄改，經云「命長」自謂於大夫中命長者二人，下云「小臣作下大夫二人媵爵」，此二人即長者也。若如注義謂「選長幼可使者」，則但言「公命選」可矣，何必言長幼乎？

以我安

《燕禮篇》：「西階上，北面命卿大夫：君曰以我安。」鄭注曰：「命卿大夫以我故安。」

愚按：注義迂曲，非是。以，猶爲也，見《定十年左傳》注。「君曰以我安」猶「君曰爲我安」，言爲我請安於賓也。

執大燭

《燕禮篇》：「甸人執大燭於庭，閽人爲大燭於門外。」

愚按：大燭即庭燎。《詩・庭燎篇》毛傳曰「庭燎，大燭」是也。《周禮・司烜氏》：「凡邦之大事，共墳燭庭燎。」鄭注曰：「墳，大也。樹於門外爲大燭，於門内爲庭燎。」《詩》疏引之，謂文散則通，然則「執大燭於庭」即是庭燎，固無疑義。《周禮》鄭注「大燭」、「庭燎」並言「樹」，是樹之於地，非人所執也。此乃云「執大燭」，竊疑庭燎非可執之物，本當云「甸人爲大燭於庭」，與「閽人爲大燭於門外」一律，因涉上文「庶子執燭」「司宮執燭」之文而誤耳。古者庭燎之差，公五十、侯伯子男三十，據《周禮》，甸師有「徒三百人」，疏謂：「天子藉田千畝，借此三百人耕耨，故多。」然則諸侯藉田百畝，甸人之徒計不過三十人。一庭燎以一人執之，侯伯子男猶可，公則不給矣，故知此「執大燭」當作「爲大燭」也。

《士喪禮》：「宵爲燎于中庭。」鄭注曰：「燎，大燋。」疏曰：「古者以荆燋爲燭，故云『燎，大燋』也。或解『庭燎』與『手執爲燭』别。云大者，對手執者爲大也。」然則大燭之不可執，有明證矣。

爲政請射

《大射儀篇》：「自阼階前曰：『爲政請射。』」鄭注曰：「爲政，謂司馬也。司馬，政官，主射禮。」

愚按：司馬政官，而名之曰「爲政」，然則宗伯禮官即名之曰「爲禮」，司寇刑官即名之曰「爲刑」乎？鄭注殊未安也。「政」當讀爲「正」。《爾雅・釋詁》：「正，長也。」故古謂官長爲「正」。《昭二十九年左傳》：「木正曰句芒。」杜注曰：「正，官長也。」字通作「政」。《昭十四年左傳》：「司晉之典籍以爲大政。」杜注曰：「孫伯黶[一]，晉正卿。」是「大政」即「大正」也。此云「爲政請射」，「政」者，「正」之叚字。「爲」讀去聲，乃相爲之爲，非作爲之爲。蓋此請射者爲司射，即射人也，射人爲大射正之屬。上文「大射正擯」注曰：「大射正，射人之長。」然則請射宜大射正爲之，而此經上文云「擯者請立司正，公許，擯者遂爲司正」，則是時大射正已由擯者而改爲司正矣。司正不得請射，故由射人請之，而射人賤，不敢云由己請，故其辭曰「爲正請射」，見此請乃代其長請之也。

下曰留

《大射儀篇》：「以矢行告于公。下曰留，上曰揚。」鄭注曰：「留，不至也。」

愚按：矢行太下，非不至之謂。「留」當讀爲「流」。《易・繫辭傳》：「旁行而不流。」釋文曰：「流，京作留。」蓋古字通也。《詩・七月篇》：「七月流火。」毛傳曰：「流，下也。」是古語謂下爲「流」，故《孟子》曰「從流下而忘反謂之流」，此經「下曰留」即「下曰流」也。

[一] 壓，今本注疏作「黶」。

閽人爲燭

《大射儀篇》：「閽人爲燭於門外。」

愚按：《燕禮篇》「閽人爲大燭於門外」，此無「大」字，疑有闕文。王氏《經義述聞》引嚴氏《唐石經校文》以彼經「人」字爲衍，竊謂不然。鄭注曰：「庭大燭，爲其位廣也。」夫庭中之位固廣，而門外之地更廣，乃庭中爲大燭，門外不爲大燭，此不然者一也。上文「庶子執燭於阼階上，司宮執燭於西階上」，凡燭皆言「執」，蓋小燭可執，大燭不可執，故變「執」言「爲」也。《燕禮篇》：「甸人執大燭。」愚以爲當作「爲大燭」，此經亦當同之。然則閽人爲燭必是大燭，若燭則止當言「執」，不當言「爲」，其不然二也。《周禮・司烜氏》：「共墳燭庭燎。」鄭注曰：「樹於門外曰大燭，樹於門内曰庭燎。」然則庭中大燭本名庭燎，其亦稱大燭者，散文通耳。「大燭」之名專爲門外而設，若此經「閽人爲大燭於門外」，「大」是衍字，則「大燭」之名反爲門内所專，鄭何以云「樹於門外曰大燭」乎？鄭君作注時，《燕禮》作「閽人爲大燭」，《大射儀》作「閽人爲燭」，已如今本，鄭君依文詮釋，不加訂正，蓋以既言「爲燭」，必是大燭，從可知耳。乃後人不據《燕禮》以補《大射儀》之闕文，而轉據《大射儀》以删《燕禮》「大」字，賈氏作疏，其所據本已如是，故其説云：「此閽人爲大燭於門外者，亦是大燭在地者。」上「大」字衍文，蓋以經止言「爲燭」，故云

「亦是大燭」也。「閽人」句雖闕「大」字，而閽人所爲必是大燭，則賈氏固知之。葢門外必宜大燭，燭而言「爲」，又必是大燭。學者當以《燕禮》補《大射儀》，勿以《大射儀》删《燕禮》也。

「及期夕幣」鄭注

《聘禮篇》：「及期夕幣。」鄭注曰：「夕幣，先行之日夕，陳幣而視之。」

愚按：鄭注是也。葢是時行期已定矣，經文所謂「期」，即行之日也。如明日爲行之日，則於今夕陳幣而視之，故曰「及期夕幣」。王氏《經義述聞》以「期」爲衍文，非是，故爲辨正之。

出辭玉

《聘禮篇》：「擯者入告，出辭玉。」鄭注曰：「圭，贄之重者，辭之，亦所以致尊讓也。」疏云：「致尊讓，《鄉飲酒義》文。彼爲賓主三辭三讓是致尊讓，此『辭玉』亦是致尊讓之事。無三辭者，文不具。亦當三辭也。」

愚按：若有三辭，則經文當具言之。如《士相見篇》主人辭摯，賓對曰「某不以摯，不敢見」，主人對曰「某不足以習禮，敢固辭」，賓對曰「某也不依於摯不敢見，固以請」，主人對曰「某也固辭，不得命，敢不敬從」，其辭對之辭皆詳載之，此經何以略而不言乎？「辭玉」下即云「納賓」，則無三辭明矣。葢「擯者入告，出辭玉，納賓」，「辭玉納賓」當連讀，主君命擯者出，使之辭玉即使之納賓，辭玉虛而納賓實也。賓聞納賓之命，則竟從之而入，而辭玉可不對矣，故經文不載賓對辭也。疏謂有三辭，非是。即敖繼公以此辭爲禮辭，賓對，則擯者復以入告而出納賓。亦與經文不合。至《成十二年左傳》：「秦伯使西乞術來聘，主人三辭。」〔一〕則杜注明言不欲與秦爲好，故辭玉，此有爲爲之，非禮之正。故西乞術終請致之，而襄仲遂有「國無陋矣」之歎。若禮本當三辭，則西乞術不過依禮而行，何足見其不辱君命之美乎？

大夫止

《聘禮篇》：「賓降堂，受老束錦，大夫止。」鄭注曰：「止不降，使之餘尊。」疏曰：「凡賓主體敵之法，主人降，賓亦降。今賓降使者不降者，使之餘尊，雖合降而不降。」

愚按：鄭注非是。聘賓在主國，其分固尊，主國使來之，大夫豈得以尊自居，而示異於賓主之常禮乎？蓋所謂主降賓亦降者，如《鄉飲酒禮》：「主人坐，取爵于篚，降，洗。賓降。」注曰：「從主人也。」又云：「賓降，洗，主人降。」注云：「亦從賓也。」皆指降階而言。此言「降堂」，則非「降階」也。《公食大夫禮》：「降盥。受醬、湇、侑幣束錦也，皆自阼階降堂受，授者升

〔一〕「秦伯使西乞術來聘」二句，出今本《左傳·文公十二年》。

一等。賓止也。」注曰：「皆者，謂受醬、受湆、受幣也，主人三降，賓不從。」葢受醬、受湆、受幣皆降堂而非降階，故賓不從。疏云：「賓不降者，雖賓主敵，以主人降堂，不至地，故賓止不降也。」此説得之。疑降階必從，降堂不從，乃古人行禮之通例也。

禽羞俶獻比

《聘禮篇》：「禽羞俶獻比。」鄭注曰：「比，放也。其致之禮如乘禽也。」

愚按：全經之例，凡兩事相同者，或言「亦如之」，或言「如某禮」，未有言「比」者。鄭注非是。比者，次也。《周禮·田僕職》：「及獻比禽。」注曰：「比，種物相從次數之。」此「比」字義與彼同，言凡禽羞俶獻，則比次其物而陳之也。上經云：「燕與羞，俶獻無常數。」惟無常數，故宜比次之。

茶香室經説卷八

儀禮下

至再拜

《公食大夫禮篇》：「公當楣北鄉，至再拜，賓降也，公再拜。」鄭注曰：「至再拜者，興禮俟賓，嘉其來也。公再拜，賓降矣。」疏曰：「至再拜者，公已一拜，賓即降下，公再拜者，賓降後，公又一拜。雖一拜，本當再拜，故皆以再拜言之。」

愚按：一拜不可言「再拜」，兩言「再拜」，是四拜矣。賈疏非也。且可疑者尤在「至」字，上云「賓升」，則賓已至矣，何必於「公當楣北鄉」後又言「至」乎？疑經文、注文皆有誤。經本云：「公當楣北鄉，拜至，賓降也，公再拜。」注本云：「拜至者，興禮俟賓，嘉其來也。公壹拜，賓降矣。」葢「興禮俟賓」二句正釋「拜至」之義。其云「公壹拜，賓降矣」者，據《聘禮》及此篇下文皆言「公壹拜，賓降也，公再拜」，故知其當然也。彼文明言「壹拜賓降」，而此不言，故曰「公壹拜，賓降矣」，明與彼同也。經、注有誤，而疏曲爲之説，是宜辨正。敖繼公《集説》謂「賓降」之上脱「公壹拜」之文，然既云「至再拜」，又云「公壹拜」，經無此重沓文法。王氏引之謂「至再拜」當作「至壹拜」，究嫌「至」字鶻突，似皆非也。

東遷所

《公食大夫禮篇》：「賓辭，北面坐遷而東遷所。」鄭注曰：「東遷所，奠之東，側其故處。」疏曰：「側，近也，近其故處。」

愚按：注、疏之意，「所」字似作「故處」解。東遷故處，語殊不瞭。敖繼公爲之説曰：「東遷所，東遷於其所也。所者，謂醬之正位也。公設之處，於其正位爲少西，必少西者，爲賓當遷之故也。」此説無理。公之設醬必於席中，賓遷而東，謙也。豈有公始設不當正位，而待賓遷至正位之禮乎？葢自來讀者皆以「東遷」二字連讀，故失其解。今按：當以「遷所」二字連讀。上云「北面坐遷」，此坐遷之所即「遷所」也。賓移醬於所坐之東，則視遷所爲東矣，故曰「東遷所」。葢移醬宜幾許無明文，但視北面坐遷之地爲節也。

嗇夫

《覲禮篇》：「嗇夫承命，告于天子。」鄭注曰：「嗇夫，蓋司空之屬也。」正義曰：「五官之内無嗇夫之名，故知是司空之屬。」

愚按：《儀禮》官名不見於《周禮》者多矣，豈得概以《周禮》説之？《昭十七年左傳》：「嗇夫馳。」杜注不言嗇夫何官。《尚書》枚傳謂是主幣之官，則因日食當伐鼓用幣，瞽既主鼓，嗇夫必主幣。斯臆説也。竊謂古有小官名嗇夫，雖不見於《周禮》，而此經與《左傳》兩見，秦、漢以下猶襲用之。《漢書・百官公卿表》「十里一亭，十亭一鄉，鄉有三老、有秩、嗇夫、游徼」是也。然此乃鄉嗇夫耳，其實嗇夫之官隨處可置。亦如僕射之官，軍屯則曰「軍屯僕射」，永巷則曰「永巷僕射」，隨地異名矣。《史記・張釋之傳》有虎圈嗇夫，張守節《正義》曰：「掌虎圈。」蓋以其掌虎圈，即謂之「虎圈嗇夫」耳。《後漢書・蓋延傳》：「修高祖廟，置嗇夫、祝宰、樂人。」注曰：「嗇夫，主知廟事者。」然則古宗廟亦有嗇夫，雖漢制，亦必本古制也。覲禮受之於廟，則此嗇夫必是主知廟事之嗇夫。廟事是其所主，故雖卑官，得達於天子也。

東方圭

《覲禮篇》：「設六玉：上圭，下璧，南方璋，西方琥，北方璜，東方圭。」鄭注曰：「上宜以蒼璧，下宜以黄琮，而不以者，則上下之神非天地之至貴者也。」

愚按：禮家之説固有異同，不必定與《大宗伯》文合。敖繼公謂上不以璧而以圭，下不以琮而以璧，與《周禮》異。不强爲之説，轉似得之。惟六玉宜有六名。上圭，東方亦圭，則六玉止五矣。且上云「設六色」，此云「設六玉」，玉不言色，是以玉别，不以色别，固與《周禮》異。乃上與東方皆設圭，何以爲别乎？今按：《説文・玉部》列字之次，「琥」篆下即繼以「瓏」，琥爲虎文，瓏爲龍文，其制必相近。疑「東方圭」當作「東方瓏」，與西方琥相配，取左蒼龍右白虎之義。瓏或作攏，見《廣韻》，闕其半即爲圭矣。

擔主

《喪服篇》：「無爵而杖者何？擔主也。」鄭注曰：「擔猶假也，無爵者假之以杖，尊其爲主也。」

愚按：擔無假義，鄭注迂曲。《釋名・釋姿容》曰：「儋，任也。任力所勝也。」此「擔主」之「擔」亦當訓「任」，蓋以喪主有拜賓、送賓諸禮，恐其力不任，故雖無爵而亦杖，使其克任爲主也。

菅菲

《喪服篇》：「菅屨者，菅菲也。」疏云：「周公時謂之屨，子夏時謂之菲。」

愚按：《檀弓篇》：「有子蓋既祥而絲屨組纓。」可知屨之名至子夏時未變，傳以菲釋屨，非古今語言之殊也。菲者，扉之假字。《僖四年左傳》「共其資糧扉屨」，杜注曰：「扉，草屨。」正義引《方言》：「扉，麤屨也。絲作之曰屨，麻作之曰扉。」然則傳者之意正以屨精而扉麤。經云「菅屨」必是麤屨，故以扉釋之，所以別於絲作之屨也。下「繩菲」同。

爲君之父母祖父母

《喪服篇》：「爲君之父母、妻、長子、祖父母。」鄭注曰：「此爲君矣，而有父若祖之喪者，謂始封之君也。」

愚按：《斬衰三年章》「君」傳曰：「君，至尊也。」鄭注曰：「天子諸侯及卿大夫有地者皆曰君。」然則「君」之所包者廣，凡卿大夫有父若祖之喪，其臣皆爲之服期也。鄭必謂是始封之君，則專以諸侯言，與前注不合矣。

出妻之子爲母

《喪服篇》：「出妻之子爲母。」鄭注曰：「出，猶去也。」疏曰：「此謂母犯七出。去，謂去夫氏，或適他族，或之本家。雷氏云：『子無出母之義，故繼夫而言出妻之子也。』」

愚按：下文傳曰：「爲父後者，則爲出母無服。」傳文固言「出母」矣，經亦何妨立「出母」之名？乃不云爲「出母」而云「出妻之子爲母」者，此妻必出而未嫁者也。曰「出妻」者，明雖爲夫所出，而未爲他人妻，故仍繫於夫而言之。下文「大夫爲舊君」，傳曰：「言其以道去君，而猶未絶也。」此所謂「出妻」者，其亦去而未絶者乎？故子之服之也，仍與父在爲母同。疏謂「或適他族」，非是。若其已適他族，則服制無明文。蓋聖人難言之，聽人之自盡焉耳。《檀弓篇》：「子上之母死而不喪，門人問諸子思。子思曰：『道隆則從而隆，道污則從而污。』」可見其本無一定之制也。鄭君未達此經「出妻之子」之義，爲之説曰「禮爲出母期」，若然，則子思不應不知，而門人輩亦可據禮以詰之，不必引孔氏先君子之事以問矣。

爲人後者

《喪服篇》：「爲人後者。」鄭無注。疏引雷氏云：「此文當云『爲人後者爲所後之父』，闕此五字者，以其所後之父或早卒，今所後其人不定，或後祖父，或後曾高祖，故闕之，見所後不定也。」

愚按：雷氏之説非是。古人於所後者本無父母之稱。下文云「爲所後者之祖父母妻」，疏云：「妻謂死者之妻，即後人之母也。」夫母也而僅曰「所後者之妻」，知古於所後之母不謂之母矣，則於所後之父不謂之父，從可知矣。蓋所後者本無一定。爲伯父、叔父後，其正也。等而上之，則有爲伯祖、叔祖後者。等而下之，則有爲兄後者，并有爲弟後、爲兄弟之子後者。既爲之後，則皆爲斬衰三年，傳所謂「受重者必以尊服服之」也。若其名稱伯父、叔父，則仍伯父、叔父也，伯祖、叔祖則仍伯祖、叔祖也，兄則仍兄也，弟則仍弟也，兄弟之子則仍兄弟之子也。父母之稱仍屬之於本生，下文「爲人後者，爲其父母報」是也。此制一定，逝者無莫爲之後之慮，生者無謂他人父之嫌，聖人之制，所爲至善而無弊也。傳曰「同宗則可爲之後」，此亦周公制禮以後之言，若在上古公天下之世，則固不然。堯禪舜，舜即爲堯之後。舜禪禹，禹即爲舜之後。不必同宗也。舜、禹爲堯、舜行三年喪，此爲所後者之服也。舜父瞽瞍而不父堯，禹父伯鯀而不父舜，所後者無父母之稱也。《公羊傳》曰：「爲人後者爲之子。」此但以服制言，漢人語質故然，不得執此而蔑禮經之正文也。

子折笄首

《喪服篇》：「女子子適人者，爲其父母，婦爲舅姑，惡笄有首以髽。卒哭，子折笄首以笄，布總。」傳曰：「何以言子折笄首而不言婦？終之也。」鄭注曰：「卒哭而喪之大事畢，女子子可以歸於夫家而著吉笄。折其首者，爲其太飾也。據在夫家，宜言婦，終之者，終子道於父母之恩。」

愚按：鄭氏此義未是。《喪大記》云：「女子子『既練而歸』。」然則卒哭未得歸也，鄭謂可以歸，果何據乎？蓋初喪時，女子子適人者與子婦並惡笄有首以髽，及卒哭之後，子婦如故，而女子子改著吉笄但折其首。所以然者，女子子與子婦其恩雖若較重，而聖人制禮，以爲女子子既適人，則當以義斷恩，故婦猶惡笄而女子子可以吉笄折首也。傳曰：「言子折笄首而不言婦，終之也。」此婦即記文「婦爲舅姑」之婦，女子子與婦二人，非一人也。讀此傳文，而子婦之以惡笄終喪固可見矣。鄭君謂「據在夫家宜言婦」，是誤會傳意。夫父母之喪，豈得據夫家而言？不言子將何稱乎？作傳者何必發此傳乎？

士喪禮

《士喪禮篇》，鄭《目録》云：「士喪其父母。」

愚按：《記》曰：「赴曰：君之臣某死。」然則死者即士之本身矣。鄭謂士喪其父母，非也。《記》又曰：「赴母、妻、長子喪，則曰：君之臣某之某死。」然則士有母、妻、長子之喪，固亦得用此禮。獨不言父者，子既任職居士位，其父或前死矣，且其父容爲大夫，則死當以大夫禮，不用士禮也。鄭於《士冠禮》不云「十冠其子」而云「士之冠禮」，於《士喪禮》不云「士之喪禮」而云「士喪其父母」，似兩失之。

決用正

《士喪禮篇》：「決用正王棘若檡棘。」鄭注曰：「正，善也。」

愚按：「正」之訓「善」，經典罕見。且云「決用善王棘若檡棘」，文亦未安。鄭注非也。「正」疑當作「竀」，《爾雅·釋器》：「再染謂之赬。」《考工記·鍾氏》注引作「再染謂之竀」。《哀十七年左傳》：「如魚竀尾。」杜注曰：「竀，赤色。」蓋本字作「赬」，通作「竀」。「竀」從正得聲，「赬」從貞得聲，聲近故義通。此作「正」者，又「竀」之省也。「決用竀」，言其色也，「王棘若檡棘」，言其物也。決用赤色，正與朱極相稱。

士盥

《士喪禮篇》：「士盥，二人以並，東面立于西階下。」鄭注曰：「立俟舉尸也。」據下文，舉尸皆士舉之。又下文云：「士盥，舉鼎入，西面，北上。」是舉鼎亦士舉之。鄭不言士爲何人，至《既夕篇》：「士受馬以出。」注云：「此士謂胥徒之長也，有勇力者受馬。」然則《士喪禮篇》諸言「士」者，疑即此士矣，惟其爲胥徒之長有力者，故舉尸、舉鼎皆使之也。乃鄭注斥言「此士」，則鄭意《士喪禮篇》諸言「士」者非此也。《士昏禮·記》「士受皮者」注曰：「士謂中士、下士不命者。」疏謂：「據上士爲官長者，若主人是中士，則士是下士。若主人是下士，則士是不命之士、府史之等。」然則鄭君之意殆以《士喪禮》諸言「士」者與《士昏禮》同，已注於前，故此可無説乎？愚謂：上、中、下士雖分長屬，實皆僚友，是時固在衆賓之列。經云「有賓則拜之」，注云「賓，僚友，群士也」是也。舉尸、舉鼎諸事，豈得屬之僚友群士乎？不如用《既夕篇》注爲允，即《士昏禮》受皮之士，亦宜釋爲胥徒之長，於事理爲合也。

度兹幽宅兆基

《士喪禮篇》：「哀子某，爲其父某甫筮宅。度兹幽宅，兆基無有後艱。」鄭注曰：「度，謀也。兹，此也。基，始也。言爲其父筮葬居，今謀此以爲幽冥居兆域之始。」

愚按：鄭訓「基」爲「始」，而連「宅兆」讀之，義殊未安。注又云：「古文無兆，基作期。」當從之。「度兹幽宅」，言營度此幽宅也。「期無有後艱」，言尚無有後艱也。鄭疊古文而不從，以

「基」字屬上讀，似皆失之。

布席于室中

《士虞禮篇》：「布席于室中，東面，右几。」

愚按：經但言「室中」，不言何地，注亦無文。下文「祝反入，徹設于西北隅，如其設也」，疏云：「謂次第一如奥中東面設。」又云：「此言右几，嫌與大夫同南面而右几，故變文云『几在南』，與前在奥同。」然則賈氏之意，以此「布席于室中」爲在奥矣。然奥在西南隅，不得云「中」。《士昏禮》「布席于奥」，《少牢饋食禮》「司宫筵于奥」，明言「奥」不言「室中」也。此云「室中」，明在室之正中，疏以爲在奥，非是。

祝延尸

《士虞禮篇》：「祝延尸。」鄭注曰：「延，進也。告之以升。」疏曰：「案《特牲》云『祝延尸』，注云：『延，進也，在後詔侑曰延。』又按《少牢》注云『由後詔相之曰延』，然則延者皆在後也。」

愚按：鄭君之意，以由後詔相爲延者之通例，竊謂不然。《少牢饋食禮》云：「祝出，迎尸于廟門之外，主人降，立于阼階東，西面，祝先入門右，尸入門左。」然則祝先尸入，經有明文，其在尸前可知矣，何有自後詔相之禮乎？自後詔相之禮，在《儀禮》固有之，《覲禮》：「侯氏降階東，北面再拜稽首，擯者延之曰『升』，升成拜，乃出。」鄭注曰：「從後詔禮曰延。」此注是也。所以然者，以賓升堂，擯者不升堂之故。若祝之與尸不但俱升堂且俱入室，既名曰「延」，自宜在前，於禮爲宜，於事爲便。蓋同一延也，而延之者不同，此云「祝延尸」，以身延之也。《覲禮》云「擯者延之曰『升』」，以言延之也。以言延之，則在後可。以身延之，則在後不可。《聘禮》：「賓降階東拜送，君辭，拜也，君降一等辭，擯者曰：『寡君從子，雖將拜，起也。』栗階升。」此即「擯者延之曰升」之例，由後詔相者也。《燕禮》「射人納賓」、《大射儀》「擯者納賓」之類，皆祝延尸之例，由前道引者也。由前道引無辭，由後詔相必有辭，以此別之。至此記云「尸入，祝從尸」者，鄭注曰：「嫌如初時，主人倚杖入，祝從之。」按上文「主人倚杖入」，乃入室也，然則記所謂「尸入，祝從尸」者，以入室言。蓋祝既延尸升堂，則延之之事畢矣，故退在尸後也。《特牲》、《少牢》兩篇並言「入，祝從」，是其證矣。此記下文又云：「尸謖，祝前，鄉尸。還，出户，又鄉尸。還，過主人，又鄉尸。還，降階，又鄉尸。及門，如出户。」鄭注曰：「降階如升時，將出門如出户時，皆還鄉尸也。」然則升階亦有鄉尸之節，何得由後詔相？鄭注前後不照矣。

《特牲饋食篇》：「尸至于階，祝延尸，尸升句入句祝先，主人從。」《少牢饋食篇》：「祝延尸，尸升自西階句入句祝從。」「入」字自爲句。蓋升時祝在前，入時祝在後，經文簡略，然句讀分明，則禮節自見。祝延尸，尸升自西階，此祝在尸前也。入句祝從，此祝在尸後也。

祝命挼祭

《特牲饋食禮》：「祝命挼祭。尸左執觶，右取菹擩于醢，祭于豆閒。」鄭注曰：「命，詔尸也。挼祭，祭神食也。」

愚按：鄭注「命詔尸也」四字當連讀，「命詔尸」，謂命佐食者詔相尸。挼祭，即《士虞禮》所謂「祝命佐食墮祭」也。當祝命佐食墮祭之時，尸即左執觶，右取菹擩于醢，祭于豆閒，於是佐食乃取黍稷肺祭授尸，尸祭之。此即祝所命佐食挼祭之事也。《士虞禮》先言「尸取奠左執之，取菹擩于醢，祭于豆閒」，然後云「祝命佐食墮祭」。此經先言「祝命挼祭」，然後云「尸左執觶，右取菹擩于醢，祭于豆閒」。蓋其事同在一時，故言之先後從便耳。鄭注引《士虞禮》「祝命佐食墮祭」證「墮」與「挼」讀同，豈不知此「命挼祭」爲「命佐食」乎？下文「佐食授挼祭」，疏云：「前祝命尸挼祭。」則以「命」爲命尸，蓋讀鄭注「命」字絶句，失鄭意矣。

爾黍稷

《特牲饋食禮篇》：「祝命爾敦，佐食爾黍稷于席上。」

愚按：此「稷」字爲有爲無，竟不能定。據下文「佐食摶黍」，疏曰：「按上文『爾黍于席上』，不云『爾稷』。」是經文無『稷』字也。據《少牢饋食禮》「爾上敦黍于筵上」，疏曰：「按《特牲》『黍稷』，此及《虞》皆不言『稷』者，文不具。」是《特牲》有「稷」字也。同是賈氏之疏，何所見經文歧異如此？王氏《經義述聞》力辨謂「稷」爲衍字，愚謂：此亦未易言也。《士虞禮》言「爾黍」，則下文亦言「反黍」，此篇言「爾黍稷」，則下文亦言「反黍稷」，皆前後相應。必據彼文删此經「稷」字，亦將據此文增彼經「稷」字乎？且鄭注於「佐食摶黍」下注曰：「獨用黍者，食之主。」此可爲上文有「稷」字之證。蓋上文「黍」「稷」並「爾」，而此則獨言「摶黍」，故鄭必説其義。若上文本「爾黍」而不「爾稷」，則鄭於此可不注矣，即欲注，亦當注於「爾黍」之下，不當注於「摶黍」之下也。《士虞禮》云：「佐食舉黍，錯于席上。」是固「爾黍」不「爾稷」矣。然亦有難决者，如《少牢篇》：「上佐食取黍稷于四敦，下佐食取牢一切肺於俎，以授上佐食，上佐食兼與黍以授尸。」夫上佐食既取黍稷，則下當云「兼與黍稷以授尸」，乃云「兼與黍以授尸」，言「黍」不言「稷」，然則賈疏所謂「文不具」者，未可非也。蓋黍、稷皆在敦，祝命爾敦不命爾黍，則佐食安得獨爾黍敦不爾稷敦？是當據此經以增《士虞禮》，不當據《士虞禮》以删此經也。若《少牢篇》祝不命墮祭，鄭注所謂「墮祭，爾敦，官各肅其職，不命」是也。既無爾敦之命，上佐食但爾上敦不爾下敦，亦無不可。《士昏禮》「贊爾黍」不爾稷，亦無命之爾者也。若《士虞禮》及《特牲饋食禮》並言「祝命爾敦」，似不得以彼爲例。

利

《特牲饋食禮篇》：「利洗散獻于尸。」鄭注曰：「利，佐食也。言利以今進酒也。」疏曰：「利與佐食乃有二名者，以上文設俎啓會爾敦之時以黍稷爲食，故名佐食。今進以酒，酒所以供養，故名利。利即養也。」

愚按：進酒不得謂之「利」，「利」亦無養義。《少牢篇》「上利升羊」「下利升豕」，非進酒亦謂之「利」，鄭注非也。名佐食爲「利」，葢即事以名其人，猶以賓爲「三獻」，以嗣子爲「舉奠」之比。祭禮將畢，佐食洗散獻尸，名之曰「利爵」，《荀子·禮論篇》「利爵之不醮也」即謂此也，因而即名佐食爲「利」，而《少牢篇》遂有「上利」、「下利」之名矣。其云「利」者何也？美名也。言以祭受福，子姓兄弟無不受其利澤，故禮終獻尸謂之「利爵」。《詩·楚茨篇》：「永錫爾極，時萬時億。」此「利」之謂也。下文「祝東面告利成」，亦此「利」字之意。《鳧鷖篇》曰：「公尸燕飲，福禄來成。」所謂「福禄來成」，即利成也。鄭謂供養之禮成，猶未達古語。吾鄉俗祀神有「利市」之言，殆古之遺語歟？

日用丁己

《少牢饋食禮篇》：「日用丁己。」鄭注曰：「必丁己者，取其令名，自丁寧，自變改，皆爲謹敬。」

愚按：自丁寧以「丁」言也，自變改以「己」言也，《説文・攴部》：「改，更也，從攴、己。」故以丁爲丁寧，己爲變改。其爲戊己之己，而非辰巳之巳，明白無疑。陸氏釋文云：「己，音紀。」蓋恐人誤以爲辰巳之巳也。阮氏《校勘記》出「日用丁己」四字，引魏氏曰：「己，音紀，陸音祀。」又加按語曰：「今本釋文祀亦誤作紀。」則誣陸氏矣。近世治經者皆奉阮《校勘記》爲南鍼，而其説如此，則且以音祀者爲六朝以下相承舊讀，而以音紀者爲出於宋儒魏了翁，於是好古者不從魏而從陸，不讀紀而讀祀，貽誤不淺矣。盧氏文弨《釋文考證》曰：「丁己，音紀，宋本譌音祀。」此可訂阮校勘之誤。

丁亥

《少牢饋食禮篇》：「來日丁亥。」鄭注曰：「丁，未必亥也，直舉一日以言之耳。《禘于太廟禮》曰：『日用丁亥。』不得丁亥，則己亥、辛亥亦用之，無，則苟有亥焉可也。」

愚按：上文「日用丁己」是以丁己爲主，此云「來日丁亥」者，姑以丁日言之，舉丁日以包己口也。言丁必言亥者，鄭注所謂「直舉一日」也。此旬日中有丁丑，則云「來日丁丑」，有丁卯，則云「來日丁卯」。推而極之，至于丁亥皆然。使必歷言之，則當曰來日丁丑、若丁卯、若丁巳、若丁未、若丁酉、若丁亥，於文累矣！故云「來日丁亥」，舉後以包前也。凡古書言「丁亥」者，如《禘于太廟禮》及《夏小正》「丁亥，萬用入學」，並是此義，有取乎丁無取乎亥。鄭君乃謂「苟有亥焉可也」，殊非經義。且云「不得丁亥，則己亥、辛亥亦用之」，苟辛亥可用，上文何以言「日用丁己」乎？古人言日，如先甲、先庚，上丁、上辛之類，並言十幹，不言十二枝。

比於子

《少牢饋食禮篇》：「宗人朝服北面曰：『請祭期。』主人曰：『比於子。』」鄭注曰：「比次早晏，在於子也。」

愚按：「比」非比次之謂，比猶具也。《小爾雅·廣詁》：「庀，具也。」比與庀通。主人若曰「以子之諸事皆具爲度」，故曰「比於子」。「比於子」即「有司具」也，《士虞禮》「宗人告，有司具」，自宗人言之則曰「有司具」，自主人言之則不曰「有司具」而曰「比於子」，葢辭之謙也，其意一也。

尸不言

《少牢饋食禮》：「祝、主人皆拜妥尸，尸不言。尸答拜。遂坐。」鄭注曰：「尸自此答拜，遂坐而卒食，其閒有不啐奠，不嘗鉶，不告旨，大夫之禮，尸彌尊也。」

愚按：經云「尸不言」，注云「不告旨」，初疑「不告旨」即是不言，然按《特牲篇》：「佐食取黍稷肺祭授尸，尸祭之，祭酒，啐酒，告旨。主人拜，尸奠觶，答拜。祭鉶，嘗之，告旨。主人拜，尸答拜。」其事皆在後。至「尸即席坐」之下，但云「主人拜妥尸，尸答拜」，是士禮尸亦無言也，何必特著「尸不言」三字？既云「尸不言」，則云「答拜遂坐」，蒙上「尸」字爲文可矣，何必於「答拜」上又出「尸」字乎？疑「尸不言」句「尸」字衍文，蓋祝、主人皆以拜妥尸，而無妥尸之辭，故曰「不言」。下文云：「尸不飯，告飽，祝西面于主人之南，主人不言，拜侑。」注曰：「祝言而不拜，主人不言而拜，親疏之宜。」是侑尸主人拜，祝不拜，則祝有言而主人不言。妥尸，祝、主人皆拜，則祝、主人皆不言。前後參觀，其義自見，因涉「妥尸」句而衍「尸」字，此愚《古書疑義舉例》所謂「字以兩句相連而誤疊者」也。

房戶

《少牢饋食禮篇》：「有司贊者取爵于篚以升，授主婦贊者于房户。」敖繼公曰：「授受于户當言内外東西，不宜單言。下篇曰：『司宫取爵于篚，以授婦贊者于房東。』此户亦當爲東與？」

愚按：敖説似有理，然下文：「主婦以爵出，贊者受，易爵于篚，以授主婦于房中。」注曰：「易爵，亦以授婦贊者，婦贊者受房户外，入授主婦。」即據此文爲説。云「受房户外」不云「受房户東」，則此文之不作「房東」可知。下篇：「司宫取爵于篚，以授婦贊者于房東，以授主婦。」注云：「房東，房户外之東。」若此篇亦作「房東」，鄭君宜注此而不注彼矣，則此篇之不作「房東」又可知。蓋「房户」者，當户之外，非東非西，故以「房户」言之。敖説未可從也。

長在左

《少牢饋食下篇》：「兄弟之後生者舉觶于其長。洗，升，酌，降，北面立于阼階南。長在左。坐，奠爵拜，執爵以興。長答拜。」〔一〕鄭注曰：「長在左，辟主人。」疏曰：「凡獻酬之法，主人常左人，若北面，則主人在東。今長兄弟北面，云『長在左』，則在西，故辟主人。」

愚按：上文：「主人洗，獻内賓于房中，南面拜受爵，主人南面，于其右答拜。」注曰：「南

〔一〕「兄弟之後生者舉觶于其長」數句，出今本《有司徹》。

面於其右，主人之位恒左人。」疏曰：「謂人在主人左，若《鄉飲酒》《鄉射》之等，於西階北面，主人在東，衆賓在西。」「今長兄弟北面，而在左則是在西矣，是謂辟主人。」注、疏之説甚明。敖繼公乃别爲之説曰：「此後生者舉觶，與主人酬賓之儀略同，似有爲主人酬長兄弟之意，故位如主人而長在左。」按上文：「主人獻賓于西階上，長賓升，拜受爵。主人在其右，北面答拜。」又云：「乃升長賓。主人酌，酢於長賓西階上，北面。賓在左。」又云：「主人受，酌，降，酬長賓于西階南，北面。賓在左。」是主人獻、酢、酬皆在賓右，此即主位恒左人之通例。敖雖自爲説，仍是注、疏之説，但注、疏據長兄弟言，故云「辟主人」，敖據舉觶者言，故云「位如主人」耳。後生舉觶，初非爲主人酬長兄弟，仍宜以注、疏舊説爲長。或云：長在左而舉觶者在其右，正與主人之左人者無異，何得云「辟」？不知鄭所謂「辟」者，謂長兄弟非謂舉觶者也，此則未達鄭意矣。

茶香室經說卷九

禮記一

曲禮曰

《禮記・曲禮篇》發端即云「曲禮曰」，鄭注無説，正義曰：「記人引《儀禮》正經『毋不敬』以下三句。」又云：「『曲禮曰』是引《儀禮》正經，若引『《春秋》曰』『《詩》曰』之類。所引者若《冠禮》戒辭『壽考惟祺，介爾景福』之等，今不見者，或在三千散亡之中也。」

愚按：鄭《目録》云：「名曰曲禮者，以其篇記五禮之事。」然則「曲禮」二字總目全篇。今乃以爲引《儀禮》正經，則「曲禮」二字止包下三句，不冒全篇，與鄭《目録》之意不合，况此三句又不見於《儀禮》，疏説非也。「曲禮」二字斷句，「曲禮」二字總目全篇，猶《投壺篇》曰「投壺之禮」，《奔喪篇》曰「奔喪之禮」也。「曰」乃語詞，猶「曰若稽古」之「曰」。自來以「曲禮曰」三字連讀，失之。

立如齊

《曲禮篇》：「坐如尸，立如齊。」鄭注曰：「齊謂祭祀時。」釋文曰：「齊，側皆反。」正義曰：「凡齊皆在祭前，並於適寢之中，坐而無立。今云『立如齊』者，祭前有齊，所以自整齊也。則祭日神前亦當齊。此言『立如齊』，非祭前坐齊，故鄭云『齊謂祭祀時』。」

愚按：鄭注本非，疏申其義，更爲迂曲。凡齊皆在祭前，未聞當祭而謂之齊也。若然，則竟云「坐如尸立如祭」可矣，何言「如齊」乎？據下文「立毋跛」正義云：「跛，偏也。謂挈舉一足，一足蹋地。立宜如齊，雙足並立不得偏也。」正義此説必是古説，「齊」讀如字，雙足並立不偏，斯謂之齊。云「如齊」者，《説文》：「齊，禾麥吐穗，上平也。象形。」故得如之也。經傳「齊」字，非齊魯之齊即齊戒之齊，惟此「齊」字乃禾麥上平之本義，而凡齊正之義，皆此義之引申也。

不離禽獸

《曲禮篇》：「鸚鵡能言，不離飛鳥；猩猩能言，不離禽獸。」正義曰：「鳥不可曰獸，獸亦可曰禽，故鸚鵡不曰獸，而猩猩通曰禽也。」

愚按：獸固可通曰禽，然下文：「今人而無禮，雖能言，不亦禽獸之心乎？」專承猩猩而言，於文義未安。竊謂古本《曲禮》當作：「鸚猩能言，不離禽獸。」故下文曰：「不亦禽獸之心乎？」兼承鸚猩而言也。《太玄・交・次五》曰：「交於鷽猩，不獲其榮。」測曰：交於鷽猩，鳥獸同方也。」此正本之《曲禮》之文也。後人衍其上二句爲四句，則曰「鸚鵡能言，不離飛鳥，猩猩能言，不離走獸」，釋文所見盧本是也。衍爲四句而「禽獸」仍從古本，則正義所據本而至今因之者也。

奉席如橋衡

《曲禮篇》「奉席如橋衡」，鄭注以「橋」爲井上㯶槔。

愚按：《太平御覽》九百三十一云：「朔人獻燕昭王以大豕，王令衡官撟而量之，折十撟，豕不量。」然則古所謂「撟」者即衡也，故以「撟衡」連文。此但言奉席當如撟衡之平耳。撟、橋古字通用，鄭注未得其義，後人分橋、衡爲二物，更失之矣。

客踐席乃坐

《曲禮篇》：「客徹重席，主人固辭，客踐席，乃坐。」鄭注曰：「客安主人乃敢安也。」

愚按：客踐席者，將坐猶未坐也，而主人已坐矣，則鄭注未合。「乃」有二義。《定十五年公羊傳》："「乃者何？難也。」此一義也。《夏小正》「乃瓜」傳："「乃者，急瓜之辭也。」又一義也。此「乃坐」之「乃」，急詞，非難詞。按上文「主人跪正席」，注曰："「雖來講問，猶以客禮待之，異於弟子。」然則此客乃降等之客，故不待客坐而主人先坐耳。

抱孫不抱子

《曲禮篇》："「《禮》曰：君子抱孫不抱子。此言孫可以爲王父尸，子不可以爲父尸。」正義曰："「子孫行並皆幼弱，則必抱孫爲尸，不得抱子爲尸。」又引《曾子問篇》爲證。

愚按："《曾子問篇》「孫幼則使人抱之，無孫則取於同姓可也」，是孫幼與無孫皆事之異常者，禮家何以不言其常，而專言其異乎？果如其説，則禮已明言抱孫爲尸，不抱子爲尸，何必又申説之曰「此言孫可以爲王父尸，子不可以爲父尸」乎？竊疑君子抱孫不抱子，乃古禮經之辭，不知其上下文云何，大旨當言古人甚重有孫，其視孫也較子尤重，故抱孫不抱子。所以然者，孫可以爲王父尸，子不可以爲父尸也。按《内則篇》："「三月之末，妻以子見於父。妻抱子出自房，父執子之右手，咳而名之。妻對曰：『記有成。』遂左還授師。」是父不抱子也。然下文又曰："「凡父在，孫見於祖，祖亦名之，禮如子見父，無辭。」記文簡略，祖之抱孫亦無明證耳。

青旌

《曲禮篇》：「前有水，則載青旌。」鄭注曰：「青，青雀，水鳥。」

按：水鳥多矣，何獨畫此青雀？疑不然也。《周禮・巾車職》：「建大白以即戎。」鄭注曰：「大白，殷之旗。」賈疏引《司馬法》曰：「章，夏以日月上明，殷以虎上威，周以龍上文。」是大白之旗畫虎於上，蓋象西方白虎之神。然則此青旌疑畫龍於上，蓋象東方青龍之神。《考工記》云「水以龍」，故前有水則載此青龍之旌也。

則弗非也

《曲禮篇》：「疑而筮之，則弗非也。」鄭注曰：「弗非，無非之者。」正義曰：「卜筮所以定是非也，若有疑而筮之，則人無非之也。」

愚按：注、疏説「非」字均非其義。《説文・非部》：「非，違也。從飛下翄，取其相背。」然則「弗非」者，弗違背也。既已筮之，則當從其所占，不可違背也。下文「日而行事，則必踐之」，鄭讀「踐」爲「善」，亦誤。正義引王云：「必履而行之。踐，履也。」此説勝鄭注。「必踐」即「弗違」也。

醫不三世不服其藥

《曲禮篇》：「醫不三世，不服其藥。」鄭注曰：「慎物齊也。」正義曰：「其藥不慎，於物必無其徵，故宜戒之。」

按：孔疏似未得鄭意。鄭言「慎物齊」，此「齊」字當讀如「藥齊」之「齊」。《漢書·郊祀志》曰：「化丹沙諸藥齊爲黄金。」師古注曰：「齊，藥之分齊也，音才計反。」蓋齊之言和。《少儀篇》：「凡羞有湆者不以齊。」注曰：「齊，和也。」齊又爲分限。《文選·長笛賦》：「各得其齊。」注曰：「齊，分限也。」凡物各有分量而調和之，名之曰齊。《周禮·酒正》：「辨五齊之名。」注曰「以度量節作之」是也。鄭此注以藥爲物齊，蓋諸藥和成，不可辨别，如今之圓藥然，故必三世之後，人人皆知此藥之善，方敢服之。宋孟元老《東京夢華録》所載有「李生菜小兒藥鋪」、「醜婆婆藥鋪」，吴自牧《夢粱録》所載有「修義坊三不欺藥鋪」，陳元靚《歲時廣記》所載有「蘇州賣藥朱家」，如此等類，皆累世相傳人所共信，其藥可服無疑。不然，則雖康子所饋，孔子不敢嘗也，蓋其所饋亦必已成之齊，故孔子有所未達。如止是蔆、苓之屬，則與病宜否，孔子自當知之，何言未達哉？正義所引《黄帝針灸》、《神農本草》、《素女脈訣》之説，更非鄭意。

堲周

《檀弓篇》：「有虞氏瓦棺，夏后氏堲周，殷人棺槨，周人牆置翣。」鄭注「堲周」曰：「火熟曰堲，燒土冶以周於棺也，或謂之土周，由是也。」

愚謂：「土周」與「堲周」有別。蓋卽周則燒土冶以周於棺，釋文引何云：「冶土爲甎，四周於棺。」乃於有虞氏瓦棺之外又加此一周也。正義曰：「有虞氏唯有瓦棺，夏后氏瓦棺之外加堲周，殷則梓棺普〔一〕瓦棺，又有木爲槨普堲周。」其言至明晰矣。土周之法，則見於《曾子問篇》：「曾子問曰：『下殤土周葬於園，遂輿機而往，途邇故也。』」鄭注曰：「機，輿尸之牀也。以繩絚其中央，又以繩從兩旁鉤之。禮以機舉尸，輿之以就園而斂葬焉。」正義又詳説其制曰：「輿猶抗也。機者，以木爲之，狀如床，無腳及軐簀。先用一繩直於中央，係著兩頭之楅。又別取一繩，係一邊材，横鉤中央直繩，報還鉤材，往還取帀，兩邊悉然，而後以尸置於繩上，抗舉以往園中，臨斂時，當堲周之上，先縮除直繩，則兩邊交鉤之繩悉各離解，而尸從機中央零落，入於堲周中。」按：此雖説堲周，實説土周之制，其文固不盡可曉，而其意了然。蓋掘地爲

〔一〕 普，今本正義作「替」，下同。

土周，以機輿尸而往，解散其繩，尸即墮土周中，是不用棺也，故下文曰：「下殤用棺，衣棺，自史佚始也。」明下殤土周，本無棺也。以《檀弓》「堲周」注參考之，土周、堲周明分爲二，鄭乃云「堲周，或謂之土周」，則誤合爲一矣。

又按：下文云：「周人以殷人之棺槨葬長殤，以夏后氏之堲周葬中殤、下殤，以有虞氏之瓦棺葬無服之殤。」此文疑有不備。蓋堲周葬中殤，土周葬下殤，古人之辭不屑屑分別，故渾言之耳。以事而論，則下殤宜瓦棺，無服之殤宜土周，蓋土周固不如瓦棺也，此則記有明文，未敢臆改。且疑古人作土周之法必甚堅固，或勝瓦棺亦未可知。今人治葬者，親身則用棺槨，其外以甎環之，此即堲周之遺制。又其外以水和石灰及土而築之使堅，此即土周之遺制。

爨室

《檀弓篇》：「曾子之喪，浴於爨室。」鄭注曰：「見曾元之辭易簀，矯之以謙儉也。」

按：鄭注不言爨室何地，疏亦無文。國朝劉書年《説經殘稿》有云：「古人之竈，有在庖厨者，亦有在室中者。庖厨之竈，所以炊爨具食也。室中之竈，則設火以禦寒。《説苑·刺奢篇》：『宛春曰：公衣狐裘，坐熊席，陬隅有竈，是以不寒。』陬即奥字，是古人天寒時，於室之西南隅設竈置火禦寒矣。」愚謂此即可以説《檀弓》之「爨室」。疑古人於室中西南隅置火，燕寢有之，而適寢無之。曾子之喪，蓋不浴於適寢而浴於燕寢，其時值冬令，室中有竈，故謂之爨室。此仍是曾元輩姑息之愛，鄭注疑是曾子遺意，不然也。

又按：下文「掘中霤而浴，毀竈以綴足」，此竈亦必室中之竈。下云「殷道也，學者行之」，然則曾子浴於爨室，或亦用殷禮與？

不晝夜居於内

《檀弓篇》：「非致齊也，非疾也，不晝夜居於内。」鄭注曰：「内，正寢之中。」正義曰：「恐内是燕寢，故云『正寢之中』。必知正寢者，以其經云『非致齊不居於内』，致齊在正寢，疾則或容在内寢，若危篤亦在正寢。」

愚按：此經可疑。《玉藻篇》云：「君日出而視之，退適路寢聽政，使人視大夫，大夫退，然後適小寢，釋服。」是人君得晝適小寢也。人君得適小寢，人臣乃并不得適正寢，殆非人情。疑此經有錯誤，當云：「君子非有大故、非致齊也不宿於外，非疾也不晝夜居於内。」内者，謂燕寢之中也，如此，則於人事爲便。《祭統》云：「君致齊於外，夫人致齊於内。」亦可知致齊之在外而不在内矣。

群居則經出則否

《檀弓篇》：「孔子之喪，二三子皆經而出，群居則經，出則否。」鄭解下二句曰：「群，謂七十二弟子相爲朋友服。」

愚謂：此承孔子之喪而言，不得以上句爲弟子服其師，下句爲弟子自爲朋友服也。「二三子」乃指曾子、有子之徒，「群」則泛指七十子。諸賢之於夫子，受教有淺深，故恩有厚薄。曾子之徒雖出亦不變服，其餘則變服而出矣。蓋古無喪師之禮，故孔子之喪，門人疑所服，於是各以其恩之輕重爲服之輕重，行其心之所安，不必一律也。《孟子》載三年之後，門人皆歸，而子貢又獨居三年，是即其例矣。

中都

《檀弓篇》：「夫子制於中都。」鄭注：「中都，魯邑名。」不言其所在。考《史記》注亦不詳。

愚謂：中都即曲阜，魯所都也。魯之卿大夫統治一國政事，而國都内亦自有飲射讀法及民閒争訟之獄，故必有宰以治之。曰「中都」者，别於外之都而言也。《左傳》曰：「邑有先君之廟曰都。」然則外邑亦有稱「都」者，故别之曰「中都」矣。秦因周制，置内史以治京師。漢武帝時改爲京兆尹，而雋不疑、趙廣漢之徒皆以得名於當世。此雖王朝之制，古諸侯之國當亦同之。《史記》稱孔子爲中都宰，四方則之，可知其所宰爲首善之地也。

喪不剥奠也與

《檀弓篇》：「喪不剥奠也與？祭肉也與？」鄭注曰：「剥猶倮也，有牲肉則巾之，脯醢之奠不巾。」

愚按：上「與」字衍文，「喪不剥奠也，祭肉也與？」猶云：「喪之不剥奠也，其以祭肉故與？」正義曰：「言喪奠脯醢，不復設巾，可得倮露。」是釋「剥奠」二字。又曰：「與是語辭，謂喪不倮露奠者，爲有祭肉也。」是統釋此二句。今上句衍「與」字，文義不可通矣。

君舉而哭於后土

《檀弓篇》：「國亡大縣邑，公卿大夫士皆厭冠，哭於太廟三日，君不舉。或曰：『君舉而哭於后土。』」正義解「君舉」句曰：「或者言亦舉樂，而自於社中哭之。」又引庾蔚云「舉者，謂舉饌」。

愚按：此釋「君舉」之義，無論舉樂、舉饌皆不可通，豈有哭而仍舉樂、舉饌如常時者乎？此「舉」字當讀爲「與」。《周禮・師氏》「王舉則從」，故書「舉」爲「與」。蓋舉、與音本相近，此則又涉上文「君不舉」而誤耳。「君與而哭於后土」者，或人之説與上文異。上文公卿大夫士哭於太廟，君但爲之不舉耳，不與同哭也。或人之言則謂君亦與哭，但不於太廟而於后土，故曰「君與而哭於后土」。

鼓鐘

《檀弓篇》：「平公飲酒，師曠、李調侍。鼓鐘。」鄭注曰：「樂作也。《燕禮》：『賓入門，奏肆夏，既獻而樂闋，獻君亦如之。』」

按：鄭注此節，必引《燕禮》爲説，泥矣。據《燕禮·記》曰：「若以樂納賓，則賓及庭，奏肆夏。賓拜酒，主人答拜而樂闋。」注曰：「卿大夫有王事之勞則奏此樂。」疏曰：「若者，不定之辭。以其常燕己臣子無樂，王事之勞或有或無，故不定也。」然則常燕本無樂，此時晉國諸臣未聞有王事之勞，平公何必設此盛禮乎？且以《燕禮》説此，尤有不可通者。《燕禮》：「賓升自西階，主人亦升自西階。」注曰：「主人，宰夫也。」疏引《燕義》「使宰夫爲獻主」爲證。然則平公果行燕禮，則杜蕢，宰夫也，固當爲主人，何得貿然不知，至聞鐘聲猶問「安在」乎？愚謂：平公飲酒並非行燕禮，侍飲者亦止師曠、李調二人，未必有諸大夫。鼓鐘亦是常事，《哀十四年左傳》：「左師每食擊鐘，聞鐘聲，公曰：『夫子將食。』既食，又奏，公曰：『可矣。』」是宋之左師猶每食擊鐘，何況晉平公乎？

公輸若

《檀弓篇》：「季康子之母死，公輸若方小。斂，般請以機封。」鄭注曰：「公輸若，匠師；方小，言年尚幼，未知禮也。般，若之族多技巧者，見若掌斂事，而年尚幼，請代之，而欲嘗其技巧。」

愚按：公輸若之爲匠師，經無明文，鄭何以知之？且年既幼小，亦豈能勝匠師之任？鄭注非也。公輸般，疑公輸若之子，季康子母死將葬，而公輸若亦死，方當小斂，其子般請以機器葬季孫之母，若行之而便，則其父之葬亦遂行之，故公肩假責其以人之母嘗巧也。鄭注未得其義，讀「方小」絶句，訓爲尚幼；讀「斂」字絶句，訓爲下棺於槨。並於文義未安。

二百一十國

《王制篇》：「凡四海之内九州，州方千里。州建百里之國三十，七十里之國六十，五十里之國百有二十，凡二百一十國。」鄭注曰：「立大國三十，十三公也；立次國六十，十六卿也；立小國百二十，十十二小卿也。」

愚按：下文：「天子之縣内，方百里之國九，七十里之國二十有一，五十里之國六十有三，凡九十三國。」鄭以三公、三孤、六卿、二十七大夫説之，三孤六卿合爲一科，蓋即三公、九卿、二十七大夫，鄭注以爲夏制也。而此注云「三公六卿十二小卿」。六卿即《周禮》之六官，十二小卿即「小宰中大夫二人」之等，則周制也。縣内用夏制，其外用周制，截然不同。而下文云「凡九州千七百七十三國」，則仍合每州二百一十國及畿内九十三國并爲一談，何得有夏制、周制之異？竊謂鄭説畿内是，其説畿外非。蓋畿外每州二百一十國，當從下文「五國爲屬，十國爲連，三十國爲卒」計算始合。三十國者，一卒也，六十國則二卒，一百二十國則四卒，適合一州七卒之數。三十國者，三連也，六十國則六連，一百二十國則十二連，適合一州二十一連之數。三十國者，六屬也，六十國則十二屬，一百二十國則二十四屬，適合一州四十二屬之數。凡封國，雖不能如此整齊，然欲據以布算，則多一國不可，少一國不可。鄭不以此説之，而牽合王朝公卿大夫之數，非確論也。

千里之内以爲御

《王制篇》：「天子百里之内以共官，千里之内以爲御。」鄭注曰：「官，謂其文書財用也。御，謂衣食。」

愚按：鄭解「御」字未合，「御」若是天子衣食，當先言之，反先言「共官」，不合者一。既云「共官」，亦宜云「共御」，乃云「爲御」，不合者二。天子衣食宜取之近者，乃反在千里之内，不合者三。百里之内所出者少，而以共官；千里之内所出者多，反以爲御。自奉太多，不合者四。今按：「御」當作「禦」，謂備禦也。百里之内以共官，乃官府之常用也。千里之内以爲禦，亦是官府之用，但非常用，乃以備禦非常者。蓋古人用財有節，百里之内所出，已足共官府之用，而天子衣食亦即在此。如内饔、外饔、典絲、典枲，皆隸天官，不必別有所需也。千里之内所出，則受而儲之，凡有水旱兵戎以及修造城邑、建立宫室，取之於此，皆所以備禦非常也。古人謀國之善，具見於此矣。「禦」字從示，其義爲祀，凡備禦字本當作「御」，諸經皆用「禦」字，乃是假字，此記作「御」，正其本字也，學者不識，因失其義。

小國之卿與下大夫一命

《王制篇》：「大國之卿不過三命，下卿再命，小國之卿與下大夫一命。」鄭注曰：「不著次國之卿者，以大國之下互明之，此卿命則異，大夫皆同。」

愚按：大夫既同，則何必言下大夫？言下大夫不足以見上大夫，轉使人疑上大夫之不止一命矣。且鄭君於不著次國必發明其故，則不著上大夫何以無一説乎？竊疑記文本作「小國之卿與下卿一命，大夫一命」，如此，則小國之卿與下卿俱見，所不見者獨次國之卿耳，鄭是以有「互明」之説也。其云「大夫一命」，則總大國、次國、小國而言，鄭所謂「大夫皆同」也。若如今本云「小國之卿與下大夫」，則此大夫屬小國矣，不得言「皆同」也。孔氏作正義，所據已同今本，故曰：「經云『小國之卿與下大夫一命』，既與小國連文，知非直據小國下大夫一命者。以經云大國『下卿再命』，以次差之，明大夫一命，自然次國大夫亦一命。」此其所據本已奪「卿一命」三字矣。

歲三田

《王制篇》：「天子、諸侯無事，則歲三田：一爲乾豆，二爲賓客，三爲充君之庖。」鄭注曰：「三田者，夏不田，蓋夏時也。」

愚按：公羊家以爲三時田，穀梁家以爲四時田。鄭君之意，以爲穀梁去孔子近，不見所藏之緯，故以爲四時田。公羊正當六國之亡，讖緯見讀，而傳爲三時田。其説見本疏，是非姑勿論。惟鄭以公羊之三時田説此記之「歲三田」，則以記文讀之，殊爲未安，何者？「一爲乾豆」云云，即繼「歲三田」之下，則記人之意，固以此三者爲歲三田也。正義曰：「鄭《釋廢疾》云：『歲三田，謂以三事爲田。』即上『一曰乾豆』之等，是深塞何休之言，當以此注爲正。」愚謂：此注之言不合記人之意，正當從鄭《釋廢疾》之言。蓋第一次田以爲乾豆也，第二次田以爲賓客也，第三次田以爲充君之庖也。此三田明見下文。按下文曰：「豺祭獸，然後田獵；鳩化爲鷹，然後設罻羅；草木零落，然後入山林。」今以時考之，《月令》有「鷹化爲鳩」而無「鳩化爲鷹」，據《夏小正》，則在五月仲夏長養之時，未便田獵，然以乾豆爲祭祀所需，未敢怠緩，故粗設罻羅以致禽獸，取足乾豆而已，此一田也。季秋之月，豺乃祭獸，據《周書·時訓篇》，豺祭獸爲霜降第一候，乃獵取禽獸以供賓客，此再田也。草木零落，當即草木黄落，亦在季秋之月，據《周書》，爲霜降第二候，於是深入山林，取禽獸以充君庖，此三田也。三田具在下文，與「春蒐、夏苗、秋獮、冬狩」之説别爲一義，鄭此注合而一之，誤矣。下文又曰「昆蟲未蟄，不以火田」，此承「草木零落」句而言，蓋草木黄落之下即曰「蟄蟲咸俯」，據《周書》，是霜降第三候，是則草木黄落，雖可以入山林，然田獵無定期，容有遲早，若在蟄蟲咸俯之後，火田可也，未至此候，未可火田，故又戒之曰「昆蟲未蟄，不以火田」。

西方曰棘東方曰寄

《王制篇》：「不變。王三日不舉，屏之遠方，西方曰棘，東方曰寄，終身不齒。」

愚謂：此文可疑。上章言五方之民，先東後西，此乃先西後東，一也；有東西無南北，二也。東方曰寄，與所立傳語之官同名，三也。上文：「不變。屏之遠方，終身不齒。」無此二句，四也。此所屏者，王大子、王子容或在内，何得偪寄於夷戎？五也。竊疑此即上章「東方曰寄，西方曰狄鞮」之異文，重出於此，又錯其次耳。觀鄭注，知鄭所據本已衍此二句矣。

則命大司徒教士以車甲

《王制篇》：「有發，則命大司徒教士以車甲。」鄭注曰：「乘兵車衣甲之儀。」

愚按：記言「車甲」，不言「乘車衣甲」。乘車衣甲之儀，大司馬中春振旅、中夏茇舍、中秋治兵、中冬大閱固當教之，非大司徒事。且待徵發而始教以乘車衣甲之儀，不已晚乎？此「教」字當讀爲「效」。《釋名》曰：「教，效也。」義固相通。教，古文作「效」，形又相似。效者，授也。《昭二十六年左傳》：「宣王有志而後效官。」杜注曰：「效者，致與之義。故云授也。」效士以車甲，猶言授士以車甲。鄭以本字解之，非是。

析言亂名

《王制篇》：「析言破律，亂名改作。」鄭注曰：「析言破律，巧賣法令者也。亂名改作，謂變易官與物之名物，更造法度。」

愚謂：鄭於「言」字、「名」字未得其解，此皆謂舞文弄法之事。《尚書・吕刑篇》曰：「明啓刑書胥占。」正義曰：「五刑之屬皆著在刑書，使斷獄者依案用之。」是今時所謂律例，亦古人所有。析言者，離其句讀也；亂名者，錯其文字也。古謂一句爲「一言」，《論語》「一言以蔽之」是也，故離其句讀謂之「析言」。古以文字爲「名」，《周禮·大行人》「屬瞽史諭書名」是也，故錯其文字謂之「亂名」。

冢宰大司寇

《王制篇》：「司會以歲之成質於天子，冢宰齊戒受質。大樂正、大司寇、市三官以其成從質於天子。大司徒、大司馬、大司空齊戒受質，百官各以其成質於三官。大司徒、大司馬、大司空以百官之成質於天子，百官齊戒受質。」

愚按：此以周制言之，殊不可通。司會乃冢宰之屬，何得徑質於天子？大司寇六官之一，何以與大樂正及市並列爲三官？大司徒、大司馬、大司空，六官中三人耳，何得專受百官之成？且大宗伯又何以不見邪？今按：《尚書》今文家説，以司徒、司馬、司空爲三公，《尚書大傳》曰「天子三公，司徒公、司馬公、司空公」是也，此本周初舊制。《牧誓》曰：「御事：司徒、司馬、司空。」原止三官，並無三公之名，及成周既建，周公制禮，乃立六官，而三官之制則存於侯國。《王制篇》正義引崔靈恩曰：「諸侯三卿，司徒兼冢宰，司馬兼宗伯，司空兼司寇。三卿以下則五小卿。司徒之下立二人：小宰、小司徒。司馬之下以其事省，立一人爲小司馬，兼宗伯之事。司空之下立二人：小司寇、小司空。」此侯國之制也。戰國諸王初本侯國，故循用侯國之制，而大其名號謂之『三公』，秦漢之閒多有是説。此記既以大司徒、大司馬、大司空爲三官，不得有大司寇，疑此『大』字衍文，涉上文「大樂正」而衍耳。亦不得有冢宰，「冢」亦衍字。《周禮・宰夫之職》鄭司農云：「宰夫，主諸臣萬民之復逆，故詩人重之曰家伯維宰。」疑此記所謂「宰齊戒受質」即此官也。此記以大司徒、大司馬、大司空爲三官，而不以爲三公，其云三公又非此三官，葢《王制》一篇雜采古制，且以己意損益，百王以爲後法，故不一律。上文「正刑明辟」一章言三公，故得有大司寇。此文言三官，不得有大司寇。學者宜分別觀之也。

又按：此記不特有衍字，且有錯亂。當云：「司會以歲之成，質於天子。大樂正、司寇、市三官以其成，從質於天子，宰齊戒受質。百官各以其成，質於三官，大司徒、大司馬、大司空齊戒受質。大司徒、大司馬、大司空以百官之成，質於天子，百官齊戒受質。」葢司會所質者，正義謂「若今時先申帳目」，是其事尚小。樂正等三官所質者，正義謂「當司事少，即徑從司會以質於王」，是其事亦小，故宰受之而已。至百官以其成質於三官，則其數繁、其事巨，故大司徒、大司馬、大司空受之也。末句亦有可疑。既云「質於天子」，自宜天子受之，乃云「百官齊戒受質」，鄭注曰：「受平報也。」正義曰：「天子平斷畢，當須報於下，故在下百官齊戒受天子所平之要。」增益以成其義，則記文爲不備矣。按此節之首有「天子齊戒受諫」句，不言所受何諫，陳氏《集説》以此句連上文「大史典禮」一節爲義，然執簡記、奉諱惡亦非諫也，疑本作「天子齊戒受質」，在「大司徒、大司馬、大司空以百官之成質於天子」之下，而此下尚有闕文，叙天子平報之事，然後云「百官齊戒受質」。因文字闕壞，止存「天子齊戒受質」一句，跳寫在上，其時未有質於天子者，不得云「受質」，因改爲「受諫」。鄭君不能訂正，相沿至今，遂使三官所質於天子者不見所受，而百官齊戒受質不知其何所受矣。

此文兩言「三官」。前三官：大樂正也，司寇也，市也。名見於上。後三官：大司徒，大司馬，大司空也。名見於下。此亦古人文法之變，若以後世文法繩之，當云「百官各以其成，質於大司徒、大司馬、大司空，三官齊戒受質」矣。

天氣下降地氣上〔一〕騰

《月令篇》：「是月也，天氣下降，地氣上騰。」正義曰：「正月三陽既上，成爲乾卦，乾體在下，三陰爲坤，坤體在上，故云『天氣下降地氣上騰』。」

〔一〕上，原誤作「下」。據文意改。

愚謂：以此説推之，則七月三陰既上，成爲坤卦，坤體在下，三陽爲乾，乾體在上，宜爲天氣上騰地氣下降矣，乃孟秋之月初無此文，而反於孟冬之月言之。孟冬之月純坤之卦，有地無天，與象不合矣，正義曲爲之説，終不可通。竊謂《禮》與《易》各成一經，本不相通，必牽合卦爻以説此記，反有不合。《月令》但言春時天地和同，故云「天氣下降，地氣上騰」，冬時天地不通，故云「天氣上騰，地氣下降」，其義在下文「天地和同」「天地不通」二句，非以《易》義爲説。十二辟卦始見於《易緯乾元序制記》，作《月令》時未知已有此説否也。

寢廟畢備

《月令篇》：「乃修闔扇，寢廟畢備。」鄭注曰：「因蟄蟲啓户，耕事少閒，而治門户也。用木曰闔，用竹葦曰扇。凡廟，前曰廟，後曰寢。」

愚按：此承「耕者少舍」而言，皆使民閒自治門户之事，正義以「庶人葦門」説「竹葦曰扇」，得其旨矣。而鄭於「寢廟」仍以前廟、後寢解之，則庶人無廟，於義不貫。考古書所言「寢廟」，有以尋常居處言，而不以廟制言者。《襄四年左傳》魏絳引虞人之箴曰「民有寢廟，獸有茂草」，寢廟屬之民，則寢廟即民之所居，猶茂草即獸之所居也。此云「寢廟畢備」，亦即民之所居，蓋占語有如此。《襄三十二[一]年傳》：「夫鼠晝伏夜動，不穴於寢廟，畏人故也。」[二]言鼠畏人，則所謂「不穴於寢廟」者，必是人之所居，此亦古以尋常居處爲寢廟之證。王氏《經義述聞》於「不穴寢廟」已發明其義，而不及《月令》此文，愚故爲補之。

薦鞠衣

《月令篇》：「天子乃薦鞠衣於先帝。」鄭注曰：「爲將蠶，求福祥之助也。鞠衣，黄桑之服。先帝，太皞之屬。」

按：太皞之屬何以謂之先帝？鞠衣爲桑服，則即王后六服之一。《周禮》「内司服掌王后之六服」，第五爲「鞠衣」，鄭注曰：「鞠衣，黄桑服也。」與此注同。是鄭意此鞠衣即王后六服之一也。后服乃婦人之服，豈五帝所當服？薦之何爲？正義曰：「依禮，祭五帝自服大裘。今薦鞠衣，蓋薦於神坐。」義更未安。「薦鞠衣」與下「薦鮪」一律，乃薦進之薦，非薦藉之薦，且神坐而以后服爲薦，成何典禮乎？考《吕氏春秋·季春紀》高誘注，亦引《内司服》「鞠衣」而云：「春

[一] 二，原誤作「三」。據今本《左傳》改。
[二] 「夫鼠晝伏夜動」，出今本《襄公二十三年》。

王東方，色皆尚青。此云『薦鞠衣』，誘未達也。」則高氏雖引《内司服》文，但以明鞠衣之爲黄色，而又未達季春薦鞠衣之理，可知爲蠶祈福乃鄭君臆見。漢時學者未有此説，鞠衣亦未必即王后六服之一也。近見遵義黎氏所刻《玉燭寶典》引蔡邕《月令章句》曰：「鞠衣，衣名，春服也。蓋菊華之色，其制度未之聞也。進於先帝者，進於廟也。」然則此薦鞠衣爲進春服，非爲祈蠶。先帝即先王，非太皞之屬。《曲禮篇》：「措之廟，立之主，曰帝。」正義曰：「蓋是爲記時有主入廟稱帝之義，記者録以爲法。」則先帝之即先王，記有明文。鄭氏見其稱帝，輒以爲五帝，未得記人之意。《論語》：「莫春者，春服既成。」此即季春薦鞠衣之一證。惟春服何以黄色？於義可疑。《内司服》鄭注有「色如鞠塵」之説，疏曰：「鞠塵者，麴塵。不爲麴字者，古通用。」夫「鞠衣」之「鞠」，即「鞠有黄華」之「鞠」，本是黄色，乃必破其字爲「麴」，而擬之以麴塵者，蓋鞠華之黄，正黄色也，鞠塵之黄，非正黄色也。《易·説卦傳》：「震爲玄黄。」正義曰：「取其相雜而成蒼色也。」麴塵當亦爲蒼色，故春服象之。上云「駕蒼龍，服蒼玉」，然則春服亦蒼色，正其宜矣。

鷹乃學習

《月令篇》：「鷹乃學習。」正義曰：「《鄭志》焦氏問云：『仲秋乃鳩化爲鷹，仲春鷹化爲鳩，此六月，何言有鷹學習乎？』答曰：『鷹雖爲鳩，亦自有真鷹可習矣。』」

愚謂：鄭説非是。若是真鷹，則攫搏自其所長，何待學習乎？且如鄭意，以不化者爲真鷹，則鳩所化者非真鷹，仲春復化爲鳩者亦非真鷹，何得冒鷹之名，而云鷹化爲鳩乎？按《夏小正》：「五月鳩爲鷹。」月有明文，鄭氏之徒乃云：「仲秋，鳩化爲鷹。」不知所本何書，遂使《月令》所記皆不可通矣。蔡邕《月令章句》云：「鷹以中春化爲鳩，中夏陰氣起，而復爲鷹。文不見，變而之不仁，故不記也。」蔡氏此言，善爲記人解矣。

塋丘〔一〕壟之大小高卑厚薄之度

《月令篇》：「飭喪紀，辨衣裳，審棺槨之厚薄，塋丘壟之大小高卑厚薄之度，貴賤之等級。」

愚按：此文似有錯誤。「塋丘壟」十二字爲一句，甚爲費詞，且塋即丘壟也，丘壟但有大小高卑，無厚薄也，於義皆未安。「貴賤之等級」五字，語亦未足。考《吕氏春秋・孟冬紀》「塋」作「營」，當從之。愚又疑「厚薄之」三字涉上句而衍，「度」字屬下句讀。其文本云：「審棺槨之薄厚，營丘壟之大小高卑，度貴賤之等級。」如此，則文義俱順矣。《吕氏春秋》高注曰：「營，度也。」則二字一義，上句言營，下句言度，文異而義同。又曰：「度其制度，貴者高大，

〔一〕丘，原作「丠」，避孔子諱。以下徑改。

賤者卑小，故曰等級也。」則高氏正以「度貴賤之等級」爲一句，且言「貴者高大、賤者卑小」，則知上句但云「營丘壟之大小高卑」，無「厚薄」二字矣。自《月令》誤衍，而《吕覽》原文亦改從《月令》，惟「營」字則以高注有「營，度也」一語得仍其舊。今據高注訂之，《月令》與《吕覽》俱正矣。

暢月

《月令篇》：「命之曰暢月。」正義曰：「暢，充也。言名此月爲充實之月，當使萬物充實不發動故也。」

愚按：上文極言「毋發蓋、毋發室屋」，且戒以「地氣沮泄，是爲發天地之房」，則與「暢」字之義正相反矣。疏義迂曲，終有未安。高誘注《吕氏春秋·仲冬紀》云：「民人空閒，無所事作，故命之曰『暢月』。」則以不事一事爲「暢」，恐亦非經義。今按：《説文·田部》：「暘，不生也。」疑「暢月」之「暢」當讀爲「暘」，蓋十一月大陰用事，萬物未生，故有「暘月」之名。自來説小學者皆以爲「暘」即「暢」字，然其義實不合。朱氏駿聲以經典「暢茂」字皆「䔒」字之叚借，然則此記「暢」字乃「暘」之本義矣。

征鳥

《月令篇》：「征鳥厲疾。」鄭注曰：「征鳥，題肩也。」

愚按：記文當作「正鳥」，故鄭以「題肩」釋之。《儀禮·大射儀篇》鄭注曰：「正者，正也。亦鳥名，齊魯之閒名題肩爲正。」是其證也。今作「征鳥」者，後人據《呂氏春秋》改之。《呂氏春秋·季冬紀》：「征鳥厲疾。」高注曰：「征，猶飛也。」蓋《呂覽》是「征」字，故高云「猶飛也」；《月令》是「正」字，故鄭云「題肩也」。文各不同，故其義各異，當各從其舊也。

茶香室經説卷十

禮記二

士祭不足

《曾子問篇》：「士祭不足，則取於兄弟大功以下者。」

愚按：「士祭」下奪「朋友」二字。言朋友不足，則取於兄弟大功以下之人也。無此二字，則所謂「不足」者，不知何人矣。上文云：「士則朋友奠，不足則取於大功以下者。」與此文一律，當據以補。

公弗忍也

《曾子問篇》：「公曰：『古者天子練冠以燕居。』公弗忍也，遂練冠以喪慈母。」

愚按：「公弗忍也」四字，涉上文而衍。上文云：「昔者魯昭公少喪其母，有慈母良，及其死也，公弗忍也，欲喪之。」乃記人之辭。此云「公曰」，則是昭公之語，不得自稱公。若仍是記人之辭，則「公曰：『天子練冠以燕居』，遂練冠以喪慈母」，文氣正相屬，有此四字，轉不屬矣，故知衍文也。

共殯服

《曾子問篇》：「君出疆，以三年之戒，以椑從。君薨，其入如之何？孔子曰：『共殯服，則子麻弁絰，疏衰，菲，杖。』」鄭解「共殯服」曰：「殯時主人所服，共之以待其來也。」

愚按：下文「如小斂，則子免而從柩」，「則子」二字承「如小斂」而言，此文「則子」二字亦當承「共殯服」而言，如鄭解，與「則子」二字不貫矣。疑「共」字乃「其」字之誤。其者，不定之辭，與下「如」字相對。「其殯服，則子麻弁絰，疏衰，菲，杖」，「麻弁」以下，所謂「殯服」也。蓋其子以棺柩未安，不忍成服於外，故大斂後子服殯服如此。「其殯服」、「如小斂」，兩文相對。「其」誤爲「共」，遂失其義。

子游之徒

《曾子問篇》：「子游之徒，有庶子祭者，以此若義也。今之祭者，不首其義，故誣於祭也。」

正義曰：「以其禮無正文，故孔子引子游之徒黨有庶子祭者用此禮而祭。」

愚按：孔子言禮，何至引及子游之徒黨？且子游少孔子四十五歲，子游之徒必在孔子之後矣。乃孔子引之，又歎今之不然，則子游必是古之賢人，非孔門之言子也。古人名偃字子游者甚多，《莊子・齊物論篇》有顏成子游，豈即其人歟？若此子游是孔門之言子，則此數語當爲記人之辭，非孔子語。

初有司與

《曾子問篇》：「三年之喪卒哭，金革之事無辟也者，禮與？初有司與？」鄭注曰：「疑有司初使之然。」

愚按：「初有司與」甚爲不辭，鄭注「初使之然」，亦不可解。疑正文、注文兩「初」字皆「抑」字之誤。「抑」篆字作「」，與「初」相似，故誤也。鄭意「抑有司與」謂見抑於有司，故云「疑有司抑使之然」。今作「初」字，於義難通矣。然鄭注亦未得經意。此「抑」字乃語辭，「禮與？抑有司與？」猶云「南方之强與？北方之强與？抑而强與？」蓋「有司」二字，古人以爲輕賤之稱。《論語》「籩豆之事，則有司存」，「有司」與上文「君子」相對。君子，尊之也。有司，卑之也。又云「出納之吝，謂之有司」，則與上文「謂之虐」「謂之暴」「謂之賊」一律。此云：「禮與？抑有司與？」蓋謂卒哭之後，金革無辟，士大夫之禮固宜然與？抑奔走執役之有司乃有此與？鄭既失其解，今又誤其字，文義俱乖矣。

與我九齡

《文王世子篇》：「夢帝與我九齡。」正義曰：「皇氏謂天以九箇鈴鐸而與武王。偏驗書本，齡皆從齒，解爲鈴鐸，於理有疑。今謂天直以九齡之言而與武王，不知齡是何事，故文王不審，云『女以爲何』。」

愚按：釋文出「聆」字，云「聆，音零，本或作齡」，則古有作「聆」之本。孔謂偏檢書本，齡皆從齒，亦未照也。疑皇本竟是「鈴」字。下文「古者謂年齡，齒亦齡也」，皇本當作「古者謂年齡，鈴亦齡也」。蓋武王夢中所見是鈴，而文王解爲齡，故云「鈴亦齡也」，此即古書聲同叚借之例也。各本因文王年齡之解，諸「鈴」字皆改作「齡」，於是「與我九齡」不知何物。「齡亦齡也」，語不可通，乃改作「齒亦齡也」。鄭所據本業已如此，鄭注曰：「年，天氣也；齒，人壽之數也。」然人壽可以齒計，謂之齡可也，天氣不可以齒計，何以亦謂之齡？夏曰歲、殷曰祀、周曰年，未聞有稱齡者也，鄭注天氣之說非是。若下句作「鈴亦齡也」，則上句「古者謂年齡」，此年即人壽之數，語意明白。竊因皇說而推之如此。

大樂正學舞干戚

《文王世子篇》：「大樂正學舞干戚，語説，命乞言，皆大樂正授數。」正義曰：「干戚則前經祭祀也。祭祀之時，舞其干戚之樂。不云祭祀，容祭祀之外，餘干戚皆教之。」

愚按：上文：「凡祭，與養老、乞言、合語之禮，皆小樂〔一〕正詔之於東序。」正義謂：「此經與前經重序，文勢相似。」然前經言祭，此經言舞干戚，兩文不同，正義必合而爲一，謂「祭祀舞干戚之樂」，經文不成廋語乎？且既云「大樂正學舞干戚語説命乞言」，而又云「皆大樂正授數」，語亦重複。竊謂「大樂正學舞干戚」，此『大』字爲衍文，本作「樂正學舞干戚」，乃小樂正也，蓋此句復述上文「小樂正學干，大胥贊之」一節。其云「語説命乞言」，則複述「凡祭，與養老、乞言、合語」一節。下云「皆大樂正授數」，合下「大司成論説在東序」讀，言小樂正所學之舞及乞言合語之禮，皆大樂正授數、大司成論説，其授數、論説亦皆在東序也。復述上文而語有不備，古人行文，詳略固所不拘。「樂〔二〕正學舞」上衍「大」字，至失其義。

〔一〕樂，原誤作「學」，據今本《禮記》改。
〔二〕樂，原誤作「學」，據文意改。

春官釋奠于其先師

《文王世子篇》：「凡學，春官釋奠于其先師，秋冬亦如之。」鄭注曰：「官謂禮樂詩書之官，不言夏，夏從春可知也。」

愚謂：四時止舉其三，此必有説，若云「夏從春可知」，則冬從秋亦可知，宜亦不言冬矣。既云「秋冬亦如之」，則此「夏」字不可少，記人何爲必省此一字乎？按上文：「春誦夏絃，大師詔之；瞽宗秋學禮，執禮者詔之；冬讀書，典書者詔之。禮在瞽宗，書在上庠。」是秋禮冬書，詔之既有二官，其詔也又在兩地，故秋冬各一釋奠于先師。若春誦夏絃，雖分樂與詩二事，然詔之者則皆大師也，其地則皆瞽宗也，故於春初入學，一釋奠於先師而已，至夏不必再釋奠，經文所以無「夏」字也。

貴宫貴室

《文王世子篇》：「正室守大廟，諸父守貴宫、貴室，諸子諸孫守下宫、下室。」正義曰：「皇氏云：『或俗本無貴宫者，定本有貴宫。』」釋文出「諸父守貴室」云：「本或作『守貴宫貴室』。」

愚謂：此當從陸氏所據本作「諸父守貴室」，其有「貴宫」者，乃是俗本耳。鄭注曰：「謂守路寢。」路寢乃室之貴者，故謂之貴室，若作「貴宫貴室」，則混於廟矣。下文「諸子諸孫守下宫下室」，注曰：「下宫，親廟也。下室，燕寢。或言宫，或言廟，通異語。」蓋上文太祖之廟言「太廟」，此文親廟不言「廟」而言「下宫」，故爲「通異語」。若路寢謂之「貴宫貴室」，則宫之名又通於寢矣，鄭何以無説乎？貴室爲路寢，下室爲燕寢，義正一律。下宫對太廟而言，下室對貴室而言，不得因下句言「下宫下室」而增此句爲「貴宫貴室」也。

始之養也

《文王世子篇》：「天子視學，大昕鼓徵，所以警衆也。衆至，然後天子至，乃命有司行事，興秩節，祭先師先聖焉。有司卒事反命，始之養也。」鄭注曰：「又之養老之處。」

愚按：養老之處不得但謂之「養」，下文云：「適東序，釋奠於先老。」「之養」即是釋〔一〕東序，重複無謂。「始之養也」四字，亦不成文。竊疑「養」乃「義」字之誤。《禮運篇》：「其居人也曰養。」鄭注曰：「養，當爲義字之誤也。」與此正同。「義」上又奪「以」字，本作「始之以義也」，下文言養老事曰「終之以仁也」，兩文相對。蓋以視學爲始之以義，養老爲終之以仁也。鄭作注時已誤，未能訂正。下文「脩之以孝養，紀之以義，終之以仁」，即承此節而言，「紀」字疑「始」

〔一〕釋，底本如此，依意當作『適』。

字之誤，「紀」與「始」聲相近也。

愛死患生

《禮運篇》：「故人皆愛其死而患其生。」鄭注曰：「不義而死，舍義而生，是不愛死患生也。」

按：注意不甚分明，疑兩「不」字皆「以」字之誤，以義而死，雖死而榮，是以人皆愛其死；舍義而生，雖生而辱，是以人皆患其生。若作「是不」，則經言愛其死患其生，注言不愛其死不患其生，注與經違矣。正義曰：「貪愛其以義而死，耻患其不義而生。」是其所據鄭注未誤。

大夫死宗廟謂之變

《禮運篇》：「故國有患，君死社稷謂之義，大夫死宗廟謂之變。」鄭注曰：「變當爲辯，聲之誤也。辯猶正也。君守社稷，臣衛君宗廟者。」正義曰：「《孝經》云『守其宗廟』，謂大夫家之宗廟。此所以爲君宗廟者，以人臣不可致死於己宗廟，故爲君宗廟也。」

愚謂：讀「變」爲「辯」，而訓爲正，於義未安，仍當讀如本字。義者，正也；變者，非正也。謂之義、謂之變，正相對成文。鄭君泥宗廟爲君之宗廟，故失其解耳。國君有宗廟社稷，大夫亦有宗廟社稷。《白虎通·社稷篇》曰：「大夫有民，其有社稷者，亦爲報功也。」是大夫亦有社稷也。君言「死社稷」，大夫言「死宗廟」，互文耳。社稷以君之社稷言，宗廟以大夫之宗廟言，若國有患，君守其社稷以死，斯得其義矣。大夫當出而圖君，不得守己之宗廟而死，若守己之宗廟而死，非義也，故謂之變。上文言「君者所事也，非事人也」，故可以死己之社稷；臣者，「事君以自顯」，故不可以死己之宗廟。此文即承上而言，鄭注未達斯旨。

瞽侑

《禮運篇》：「卜筮瞽侑皆在左右。」鄭注曰：「瞽，樂人也。侑，四輔也。」

愚按：《文王篇》「設四輔及三公，不必備，唯其人」，正義引《尚書大傳》云：「古者天子必有四輔。前曰疑，後曰丞，左曰輔，右曰弼。其爵視卿，其禄視次國之君。」是四輔之尊亞於三公，此既云「三公在朝三老在學」，則四輔亦與三公同在朝，從可知矣，何得又列於樂人之下乎？鄭注非是。侑與瞽並列。瞽，樂師也；侑，即亞飯、三飯、四飯之屬，以樂侑食者也。《周官·膳夫職》云：「王日一舉，以樂侑食。」疏引《論語》「亞飯」「三飯」「四飯」，鄭注云：「皆舉食之樂。」此經「侑」字當以此説之。

定國之數

《禮器篇》：「故必舉其定國之數，以爲禮之大經。」鄭注曰：「定國之數，謂地物所出多少。」

愚按：「定國之數」文不成義，疑當作「國之定數」，「舉其國之定數，以爲禮之大經」，語意甚明。正義曰：「禮物必鄉之所有，故有國者必書其國内所生物多少定數，以爲國之大法也。」則其所據經文必作「國之定數」，乃其上述經文亦云「舉其定國之數」，此爲後人所改無疑矣。

詩云匪革其猶聿追來孝

《禮器篇》：「堯授舜，舜授禹，湯放桀，武王伐紂，時也。《詩》云：『匪革其猶，聿追來孝。』」鄭注曰：「言文王改作者，非必欲急行己之道，乃追述先祖之業，來居此爲孝。」

愚按：此文「時也」與下文「倫也」、「體也」、「義也」皆釋上文之言，引此二語閒厠其中，殊爲不倫。且此乃文王之詩，與堯舜湯武亦無涉。疑「詩云」十字當爲衍文，不然，或當移置本節之上，其文曰：「禮，時爲大，順次之，體次之，宜次之，稱次之，《詩》云『匪革其猶，聿追來孝』。」引《詩》止重上句，見禮當順時求其宜稱，不當急也。

匹士

《禮器篇》：「是故君子大牢而祭謂之禮，匹士大牢而祭謂之攘。」正義曰：「匹士，士也，言其微賤，不得特使，爲介乃行，故謂之匹也。」

按：《隱元年公羊傳》：「天王使宰咺來歸惠公仲子之賵。宰者何？官也。曷爲以官氏？宰，士也。」何休注曰：「天子上士以名氏通，中士以官録，下士略稱人。」疏云：「天子上士以名氏通，即『石尚來歸脤』是也。中士以官録者，即此是也。下士略稱人者，即僖八年公會王人以下盟于洮是也。」然則士亦可以特使，正義之説非是。且以不得特使謂之「匹士」，義亦迂曲。「匹」字當從定本作「正」字，疑此經本作「君子大牢而祭謂之正，士大牢而祭謂之攘」，「正」與「攘」相對，且是韻語。「正」得與「攘」爲韻者，猶劉歆《列女頌》：「屬以州犂，以免咎殃，伯宗遇禍，州犂奔荆。」以「荆」與「殃」爲韻。班固《泗水亭碑》：「寸木尺土，無竢斯亭，揚威斬蛇，金精催傷。」以「亭」與「傷」爲韻。《史記・龜筴傳》：「天數枯旱，國多妖祥。螟蟲歲生，五穀不成。」以「成」與「祥」爲韻。《黄庭經》：「心精意專内不傾，上合三焦與玉漿。」以「傾」與「漿」爲韻。皆其例也。鄭作注時，其文如此，故鄭不注。其後傳寫有作「謂之禮者」，義亦可通而失其韻，於是校者旁注「正」字，以明「禮」字當作「正」，而後之寫者并入之，遂以「禮」字絶句，而以「正」

字屬下讀。「正士」之名，他經罕見，因又改作「匹士」矣。

無節於内者

《禮器篇》：「無節於内者，觀物弗之察矣。」鄭注曰：「節猶驗也。」按：訓驗無義。《樂記篇》「好惡無節於内」，注曰：「節，法度也。」此云「無節於内」，文與彼同，不當異訓。節，亦法度也。蓋人必有自然法度存乎其中，然後可以出而觀物，故曰「無節於内者，觀物弗之察矣」。

升中于天

《禮器篇》：「因名山升中于天。」鄭注曰：「升，上也。中，猶成也。」愚按：鄭注未明。《周禮·天府職》云：「凡官府、鄉州及都鄙之治中，受而藏之，以詔察群吏之治。」鄭司農云：「治中，謂其治職簿書之要。」疏云：「此自王國以至四疆，皆有職司治事文書，不言六遂及四等公邑之官者，於文略，其實皆有也。」此經「升中」之「中」即「治中」之「中」，蓋天下以其治職簿書之要上之天子，天子以上之於天，天府所受者此「中」，名山所升者亦此「中」也。古以簿書之要爲「中」，故《國語·晉語》叔向數羊舌鮒之罪曰「以回鬻國之中」，韋注但訓爲「平」，猶未達古語也。《周禮》疏曰：「經雖言治中，兼有不中在其閒。經直言中，偏舉一邊而言也。」愚謂：有中自宜有不中。然其上之也，固以爲中而上之，不以爲不中而上之也。則舉一邊而言，正其宜也。惟據賈疏，知「中」字去聲，《周禮》釋文云：「中，丁仲反。」而《禮》釋文無音，蓋不達其義，故不得其音矣。

金次之

《禮器篇》：「金次之，見情也。」鄭注曰：「金炤物，金有兩義，先入後設。」

愚按：上文已云「内金，示和也」，金之一物，何以兩見？鄭於上文注云「内之庭實先設之」，此注又云「後設」，兩不相照，疑上注「先設」是「後設」之誤。然一物兩見，義終可疑。按《王制篇》「圭璧金璋」，王氏引之《經義述聞》曰：「金當作宗，乃琮之叚字。」竊謂此文「金」字亦當作「宗」，而爲「琮」之叚字。上文云：「束帛加璧，尊德也。龜爲前列，先知也。」此即承上而言，龜爲前列者，居璧之前也。琮次之者，居璧之次也。《周禮・小行人》鄭注曰：「五等諸侯享天子用璧，享后用琮。」故以璧與琮並言。愚嘗因下文「賓出，肆夏而送之」訂此節「大饗」爲「大饗諸侯」，説詳《俞樓雜纂》。此「金」字當爲「琮」，更無疑矣。《易林・需之井》曰：「珪璧琮璋，執贄見王。」是以大饗之禮，璧、琮並列也。

《郊特牲篇》：「以鐘次之，以和居參之也。」鄭注曰：「鐘，金也。獻金爲作器，鐘其大者。」此注殊不可通。鐘可謂之金，金不可謂之鐘，若云「鐘其大者」，則禹時九牧貢金以鑄九鼎，三代相傳以爲重器，不尤大乎？豈金亦可謂之鼎乎？蓋《禮器篇》之「金」乃叚「宗」爲「琮」，「宗」篆作「宗」，與「金」相似，此形之誤也。《郊特牲篇》作「鐘」者，因「琮」與「鐘」音同，此聲之誤也。觀《郊特牲篇》之誤爲「鐘」，而《禮器篇》之「金」當爲「宗」，益信矣。《白虎通・瑞贄篇》曰：「琮之爲言宗也，象萬物之宗聚也。」故《禮器篇》曰「見情也」，物所宗聚，是見情也。《郊特牲篇》曰「以和居參之也」，「和居」亦宗聚之義。惟《郊特牲篇》文既不備，且先後錯亂，「以和居」句，疑或有誤。

大旅

《禮器篇》：「大饗之禮，不足以大旅。大旅具矣，不足以饗帝。」鄭注曰：「大旅，祭五帝也。饗帝，祭天。」

愚按：《周禮・大宗伯職》：「國有大故，則旅上帝及四望。」又《典瑞職》：「四圭有邸，以祀天、旅上帝。兩圭有邸，以祀地、旅四望。」是上帝及四望均謂之「旅」，其禮並重。疑此大旅兼上帝、四望而言，故謂之「大旅」。如鄭注，則何不言「大饗之禮不足以旅帝」，與下文「不足以饗帝」相配成文乎？不曰「旅帝」而曰「大旅」，知其包四望而言矣。上帝，鄭以爲五帝；不足以大旅，謂不足以祀天之五帝、祀地之四望。下云「不足以饗帝」，實包地在内。《中庸篇》曰：

「郊社之禮，所以祀上帝也。」是其證也。蓋言能祀天之五帝、地之四望，猶不足以祀天地耳。

往德也

《郊特牲篇》：「束帛加璧，往德也。」鄭無注。正義曰：「是以表往歸於德也。」其義迂曲。又云：「南本及定本皆作『往德』，北本爲『任德』。熊氏云『任用德』。」其義亦未安。今按：「往」當讀爲「晧」。《説文·日部》：「晧，光美也。」《爾雅·釋詁》曰：「晧晧，美也。」然則「晧德」猶「美德」，言美其德也。

以爲稷牛

《郊特牲篇》：「帝牛不吉，以爲稷牛。帝牛必在滌三月，稷牛唯具。」

愚按：「以爲稷牛」四字文不可通，若順經文釋之，則是帝牛不吉，以之爲稷牛也，而帝無牛矣。正義曰：「爲猶用也，爲用稷牛而爲帝牛。」按《公羊宣三年傳》：「帝牲不吉，則扳稷牲而卜之。」是孔疏之説誠然。但訓「爲」猶「用」，則「以用稷牛」仍不可通。竊疑「爲」字當在「稷牛」二字之下，其文本云「帝牛不吉，以稷牛爲帝牛」，即所謂「扳稷牲而卜之」也。下云「必在滌三月」，承上而言，本不必再出「帝牛」字，後人因下言「稷牛唯具」，乃讀「帝牛必在滌三月」爲一句，而「以稷牛爲」遂不成句矣，寫者因改作「以爲稷牛」使成文理，而不知其事之不合也。鄭作注時必尚未誤，故無説耳。

始冠之

《郊特牲篇》：「始冠之緇布之冠也。」

愚按：「始冠」下不應有「之」字，乃衍文也。鄭注曰：「始冠三加，先加緇布冠也。」「始冠」下無「之」字。正義曰：「始冠緇布之冠也者，謂人之加冠必三加，初始所加之冠，緇布之冠也。」「始冠」下亦無「之」字，可證此字之衍。

親之也

《郊特牲篇》：「親之也者，親之也。」鄭注曰：「言己親之，所以使之親己。」

愚按：此兩「親」字蓋有異讀。《桓二年左傳》：「庶人工商，各有分親。」杜注曰：「庶人無復尊卑，以親疏爲分别也。」釋文曰：「親，七刃反，又如字。」是「親疏」之「親」以七刃反爲正音。蓋古之經師往往以字義虚實分别其音，如遠近上下之類皆然。虚言己親之則爲平聲，實指其所親之人則爲去聲。唐人猶知此讀，故盧綸作《王駙馬花燭詩》「人主人臣是親家」，「親家」之「親」作去聲也。《廣韻・去聲・二十一震》有「親」字，注云：「親家，七遴切。」《集韻・二十二稕》有「親」字，注云：「七刃切，婚姻相謂爲親，或作䞓。」並與平聲「親」字有虚實之别。此云

「親之也者，親之也」，蓋言己所以如此親之者，示其人於己爲至親也。釋文無音，幸於《桓二年左傳》存七刃之音，猶可考見經師舊讀。夫古人於四聲本不甚分，此等分别原可不必，然自唐以來，於遠近上下之類已甚嚴矣，則此「親」字有平、去兩讀，亦宜表而出之。此兩讀不明，而世人於「親家」字雖相沿讀去聲，不知其何謂矣。

饘酏

《内則篇》：「饘酏酒醴。」鄭注曰：「酏，粥也。」正義曰：「酏既爲粥，粥是薄者，則饘是厚者。」

愚按：「酏」字從酉，不得爲粥。《説文·酉部》：「酏，黍酒也。」此爲正解。又引賈侍中説酏爲鬻清，此即鄭注所本，當亦先儒舊義。竊謂非也。《周禮·酒正》：「辨四飲之物：一曰清，二曰醫，三曰漿，四曰酏。」又《漿人》：「共王之六飲：水、漿、醴、涼、醫、酏。」鄭注《酒正》亦曰：「酏，今之粥。」與《内則》注同。然以類求之，酏必非粥。自當從許君以酏爲黍酒，即《内則》所謂「黍酏」也。鄭注「黍酏」爲「釀粥爲酒」〔二〕，亦非是。至此經「酏」字，承「饘」字之下，而

〔二〕按今本《禮記》，鄭注「或以酏爲醴」作「釀粥爲醴」，注「黍酏」作「酏粥」。

在酒、醴之上，則不得以黍酒本義説之。今按：《内則》「酏」字凡六見，惟「或以酏爲醴」及「黍酏」兩「酏」字爲本字本義，其「糗餌粉酏」等諸「酏」字皆當爲「餈」，説本段氏玉裁，而阮《校勘記》從之。此經「饘酏」亦當讀爲「餈」。蓋饘者，粥也；餈者，狼膏稻米所爲也。粥溼而餈乾，二者並進。今人於父母舅姑晨起進食亦或如此。若饘是厚粥，酏是薄粥，則同是粥也，何必有厚又有薄乎？又按：《説文》：「酏，黍酒也。」此説亦未核。《内則》雖止有「黍酏」之文，然其上言稻醴、黍醴、粱醴，繼之曰「或以酏爲醴」，可知稻、黍、粱皆有酏也，下言「黍酏」，乃舉中以包上下，文不具耳，《周禮》之「酏」，當以稻酏、黍酏、粱酏説之。

不敢袒裼

《内則篇》：「不有敬事，不敢袒裼。」鄭注云：「父黨無容。」夫有敬事而後袒裼，則是袒裼所以致敬矣，故鄭注以「父黨無容」説之。乃愚以本節及上一節文義觀之，則袒裼决非敬事。本節云：「寒不敢襲，癢不敢搔，不涉不撅。」襲也、搔也、撅也，皆不敬也，則袒裼亦不敬也。上節云：「不敢噦噫、嚏咳、欠伸、跛倚、睇視，不敢唾洟。」凡言不敢者，皆不敬也。則「不敢袒裼」亦謂不敬也。蓋嘗求之許書，「但」訓「裼」、「裼」訓「但」，而「羸」、「裎」二字並訓「袒」，段本改作「但」，然則袒、裼、羸、裎四字一義，皆不敬之大者。《孟子》所謂「雖袒裼裸裎於我側」，乃其本義也。其後禮文繁縟，因事制宜，於是袒則有袒之禮，裼則有裼之禮。然袒則止言袒，不連言裼，裼則止言裼，不連言袒，其以「袒裼」連文者，惟《鄭風》「袒〔一〕裼暴虎」及《内則》「不敢袒裼」而已。蓋「袒裼」連文，皆其本義，實則當如《孟子》之言「袒裼裸裎」，於文方備，於語方足。言袒裼不言裸裎，文不具耳。然則袒裼乃大不敬之事，何以言「不有敬事，不敢袒裼」？愚謂此「敬」字當讀爲「茍」，《説文》：「茍，自急敕也。」字亦通作「亟」。《爾雅・釋詁》：「亟，速也。」釋文云：「亟，或作茍。」是也。蓋人子於父母之前，茍遇亟迫之事，則雖袒裼裸裎亦無不可，此正所謂「父黨無容」者，若非有急迫之事則不敢矣。「敬」字本從茍從攴，茍之通作敬，猶正之通作政，學之通作斆耳。鄭注義既不了，學者不知「敬事」之爲「茍事」，當解作亟迫之義，而此經大旨全失，袒裼之説亦自此多歧矣。

姑縱之

《内則篇》：「子婦有勤勞之事，雖甚愛之，姑縱之，而寧數休之。」「縱」字鄭無注，正義曰：「所愛子婦既有勤勞，且緩縱之。」

〔一〕 袒，今本《詩經》作「襢」。

愚按：「縱」既爲緩縱，則下不必更言「數休之」矣。且「姑縱之」與上「姑與之而姑使之」一律，「姑與」「姑使」，承上「己雖不欲」而言，「姑縱」承上「雖甚愛之」而言，皆有所不得已，故言「姑」也。若是緩縱之，則與甚愛之之心正合，不必言「姑」矣。釋文出「姑縱」云「本又作從」，今按：作「從」者是也，言從其所爲也。子婦雖所甚愛，而事不可已，故「姑從之，而寧數休之」也。此云「姑從之」，與《三年喪〔一〕篇》兩言「然而從之」，「從」字之意相似。

醷濫

《月令篇》：「醷濫。」〔二〕鄭解「醷」曰：「梅漿。」解「濫」曰：「以諸和水也。以《周禮》六飲挍之，則濫，涼也。」

愚按：《周禮·漿人》：「共王之六飲：水、漿、醴、涼、醫、酏。」此經水、漿、醴、酏皆具，惟無涼及醫。鄭君以濫爲涼，釋文：「濫，力暫反。」考《玉篇》：「涼，力匠切，又力漿切。」是「濫」與「力」雙聲，「涼」與「力」亦雙聲，然則「涼」與「濫」亦雙聲。《周禮》作「涼」，《内則》作「濫」，聲

〔一〕三年喪，今本《禮記》作「三年問」。

〔二〕醷濫，出今本《内則篇》。

近故義通，古書類然也。惟鄭注《周禮·酒正職》曰：「醫，《内則》所謂『或以酏爲醴』。」而注《内則》無此説，殆鄭意亦有未安。愚謂：上文「或以酏爲醴」乃承上稻醴、黍醴、粱醴而言，蓋稻有稻酏，黍有黍酏，粱有粱酏，故稻醴、黍醴、粱酏有以稻、以黍、以粱爲之者，亦有各以其酏爲之者，是以記人特記之曰「或以酏爲醴」。「或」者，不定之辭，六飲各有主名，不可缺一，豈得以有無不定者充數乎？且以酏爲醴，則仍是醴也，豈可以爲醫乎？鄭君《周禮注》殊不可從。鄭司農説，則以醫與醷相似爲一物，鄭君引其説於後，疏謂「亦得爲一義」。愚謂：先鄭説是也。蓋此等名目既不可考，則當以聲求之。《後漢書·方技·郭玉傳》曰：「醫之爲言意也。」是醫與意聲近義通。《列子·黄帝篇》：「仲尼曰譩。」譩即噫也。醫之通作醷，猶噫之變作譩也。從先鄭説，聲義皆合。且《周禮》六飲之名，《内則》咸備，不必以醴爲醫，又不使醷文虚設，洵勝後鄭矣。

脯羹

《内則篇》：「麥食脯羹鷄羹。」下文又言「脯羹兔醢」，「脯羹」一物重見。鄭注於「卵鹽」下云：「自蝸醢至此二十六物，似皆人君燕所食也。」皇氏數之，因「脯羹」重出不數，遂將「麋腥醢醬」一句分爲三物，殊與諸句不一律。愚按：脯羹者，鄭注云「此脯所謂析乾牛羊肉也」，然鷄羹及犬羹、兔羹皆一物爲一羹，牛羊何以共爲一羹？疑兩言「脯羹」，一是牛脯，一是羊脯，鄭君不知孰爲牛孰爲羊，故總注於前耳。分兩「脯羹」爲二，則麋腥一物，醢醬一物，自足二十六之數矣。

棗曰新之

《内則篇》：「肉曰脱之，魚曰作之，棗曰新之，栗曰撰之，桃曰膽之，柤梨曰攢之。」

愚按：脱，作爲一韵，撰、膽、攢爲一韵，獨「棗曰新之」一句無韵。據《爾雅·釋器》：「肉曰脱之，魚曰斮之。」疑《内則》與《爾雅》同，亦作「魚曰斮之」，其「棗曰新之」本作「棗曰作之」，寫者「魚」、「棗」互誤，則作「魚曰作之，棗曰斮之」，而「斮」又誤爲「新」耳。《爾雅·釋木》：「棗梨〔一〕曰疐之。」與此不同，不能援以爲説。

大夫於閣三

《内則篇》：「天子之閣左達五，右達五。公侯伯於房中五。大夫於閣三。士於坫一。」

愚按：此經言閣之制，自天子至士，其數不同，其地亦異，乃於大夫曰「於閣三」，此閣在何

〔一〕梨，今本《爾雅》作「李」。

所乎？鄭注曰：「大夫言於閣，與天子同處。」夫與天子同處，當曰「於左達、右達」，不得曰「於閣」也。疑此「閣」字乃「个」字之誤，「閣」與「个」聲相近，又涉上文「大夫七十而有閣」而誤也。《昭四年左傳》曰：「使寘饋于个而退。」此大夫之閣在个之明證。杜注曰：「个，東西廂。」鄭解此經「左達右達」曰：「達，夾室。」按《儀禮·公食大夫禮》注曰：「廂，東夾之前俟事之處。」然則東廂在東夾室前，西廂在西夾室前，天子之閣在夾室，大夫之閣在夾室前，雖非一地，而地實相近，與諸侯之閣在房中者不同，正義所謂「大夫既卑，無嫌」也。以此推之，「士於坫一」正義曰「士卑不得作閣，但於室中爲土坫庋食也」，此亦不然。若果如正義之説，當云「士坫一」，不得云「士於坫一」，著此「於」字，明有一閣在坫。坫非即閣也，坫之義不一，此乃在堂隅之坫。《儀禮·士冠禮》「執以待于西坫南」，注曰「在堂角」，即此坫矣。大夫之閣在夾室前，士之閣在堂角，地亦相近。室中之地無多，君子之居恒在焉，豈容有此坫乎？

旬而見

《内則篇》：「由命士以上及大夫之子，旬而見。」鄭注曰：「旬當爲均，聲之誤也。有時適妾同時生子，子均而見，以生先後見之。」

愚按：經文並無適妾同時生子之説，且見有先後，何以謂之「均而見」？文亦難通，鄭注非也。此「旬」字疑「眴」字之誤。《説文·目部》：「旬，目摇也。或作眴，從旬聲。」眴從旬得聲，故此即以「旬」爲之，亦古書之恒例。其字又作「昀」，蓋旬本從勻省聲，作昀者，不省也。《大戴禮·本命篇》曰：「三月而徹昀，然後能有見。」然則「旬而見」者，謂子生三月而後見於父也。上文但言子生三月擇日見父，此經又申言其理，蓋未至三月，子未徹昀，尚不能見父也。斯禮自命士以上至大夫同。至庶人或不待三月，若天子諸侯或不止三月。上文「三月之末擇日」一節，專據大夫士言。其人君見世子及見適子、庶子，不言何時。下文又分別「冢子未食而見」「適子、庶子已食而見」，是與大夫士固有不同也。

朱子曰：「旬謂十日也。別記異聞，或不待三月也。」此説似有理，近人孫希旦作《禮記集解》取之，愚謂不可從也。古今禮節雖異，而人之氣體則同，今人於産母調護，甚至非彌月不使出房，古人亦必同之。豈有甫及一旬便可抱子而出，當楣而立者乎？此在閭閻匹婦親操井臼者容或能之，豈可行於命士以上及大夫之家乎？

茶香室經説卷十一

禮記三

進機

《玉藻篇》：「進機進羞，工乃升歌。」正義曰：「機謂酒也。皇氏云『進機謂殘』，與《少儀》注違，非其義也。」

按：《少儀篇》：「飲酒者、機者、醮者，有折俎不坐。」鄭注曰：「已沐飲曰機，酌始冠曰醮。」則皇氏訓「機」爲殘，誠與鄭違。然竊謂鄭注非也。《玉藻》與《少儀》兩「機」字似有異義，《少儀》與醮者並言，醮是酌始冠，有子而冠，古人所重，酌始冠豈得與沐而飲酒並論乎？且彼明言有折俎，而此經進機之下，止言進羞，鄭注曰：「更言進羞，明爲羞籩豆之實。」是有籩豆無殂也，不得與彼經并爲一事矣。疑此經「進機」當從皇氏訓殘。《説文・口部》：「嘰，小食也。」即此字也。蓋謂沐後體虚，故進小食，佐以籩豆耳。下文言浴曰「乃屨進飲」，知浴畢乃飲，沐畢不飲也。至《少儀篇》「機」者，當即《説文・血部》之「䰒」，其説解曰：「以血有所刏涂祭也。」䰒祭而飲酒即謂之䰒。經傳無「䰒」字，《周禮・肆師職》「及其祈珥」，以祈爲之，鄭不讀從機者之機，而讀從進機之機，失之矣。鄭云：「機衈者，釁禮之事。」引《雜記》「成廟則釁之」爲説，然則落成宫室與冠子事正相等也。

玄冠紫緌

《玉藻篇》：「玄冠紫緌，自魯桓公始也。」鄭注曰：「蓋僭宋王者之後服也。」正義曰：「以祭周公用白牡，乘大路，是魯用殷禮，故疑魯桓公用紫緌，僭宋王者之後。」

愚謂：此注此疏均非。紫爲閒色，古所不重，王者之後何故以服紫爲尊？一也。殷人尚白，不聞尚紫，二也。魯祭周公用白牡，乘大路，由來久矣，非始桓公，三也。疑魯桓公當作齊桓公。《韓非子》言齊桓公好服紫，一國盡服紫，五素不得一紫。是桓公好服紫，故於玄冠亦爲紫緌耳。《郊特牲篇》曰：「庭燎之百，由齊桓公始也。」與此正同。

絞衣

《玉藻篇》：「麛裘青豻褎，絞衣以裼之。」鄭注曰：「絞，蒼黄之色也。孔子曰：素衣麛裘。」

愚按：下文：「羔裘豹飾，緇衣以裼之。狐裘，黄衣以裼之。」並與《論語》同，鄭注皆引《論語》爲證。此注亦引《論語》，而絞衣、素衣不同矣。《論語》疏曰：「《聘禮》注引《玉藻》，又引此云『皮弁時或素衣』，如鄭此言，則裼衣或絞或素不定，熊氏云：『臣用絞，君用素。』皇氏云：『素衣爲正，記者亂言絞耳。』」鄭此注引《論語》而無説，殆亦有所疑乎？今按：絞之爲蒼黄色，鄭不知何據，古人言色不聞稱「絞」。《夏小正》「玄校」傳云「若緑色然」，傳本作「若禒色然」，究未知何解，未可以《夏小正》之「校」説此經之「絞」也。疑「絞」乃「縞」之叚字，絞衣即縞衣。《王制》云：「殷人縞衣而養老。」即此衣也。「絞」從交聲，「縞」從高聲，兩聲相近，故得通叚。《月令》「高禖」，《毛詩・生民》《玄鳥》傳皆作「郊禖」，即其例矣。麛裘以縞衣裼之，與《論語》「素衣麛裘」合。

公侯前後方

《玉藻篇》：「公侯前後方。」鄭注曰：「殺四角使之方，變於天子也。」

愚按：上文「天子直」注曰「四角無圜殺」，此云「前後方」，則四角亦無圜殺可知，何以云

「殺四角」乎？既殺四角矣，何以能使之方乎？此注殊有難通，疑鄭注殺四角之説誤也。蓋韠制：下廣二尺，上廣一尺，長三尺。此自天子以至於士皆同，惟以圜、殺、直爲差。天子直，則自上至下雖有廣狹，而兩邊則直，其形如斧。公侯前後方，則四角無圜殺，與天子同而殺其中閒，以變於天子，中閒殺而兩頭方，則形如要鼓矣。正義云：「或據《禮圖》『天子韠制，形如要鼓』。」可知自古相傳有形如要鼓之説，但是諸侯之韠，非天子之韠耳。下文「大夫前方，後挫角」，蓋亦如要鼓而挫其後之兩角也。於大夫言挫角，則知諸侯不挫角，鄭注殺四角之説誤也。又下文「士前後正」注曰：「士賤，與君同，不嫌。」如鄭義，則竟曰「士前後方」可矣，何必變方而爲正乎？《説文・市部》「韐」篆云：「士無市有韐，制如榼，缺四角。」然則士之韠即韐也。許君缺四角之説，必有所本。鄭云「與君同」，又失之矣。此蓋承「大夫前方後挫角」而言。正者，相當也。《廣韻・四十五勁》曰：「正，正當也。」大夫前方後挫角，則前後不相當矣。士四角皆挫，故前後相當也。此之謂前後正也。蓋天子至士，以圜、殺、直爲差，天子直，無圜殺也。諸侯則殺其兩邊矣。大夫則不但殺其兩邊，而且圜其後矣。士則不但圜其後，而前後皆圜矣。此古之韠制可見者也。

又按：下文「頸五寸，肩革帶博二寸」注曰：「頸五寸，亦謂廣也，頸，中央。肩，兩角。皆上接革帶以繫之，肩與革帶廣同。」

愚按：鄭君說「頸」是，說「肩」非也。此經言韠不言帶，帶之博何不於下經言帶詳之，而附見於此乎？蓋頸者實有其物，肩者虛指其處。韠有頸而無肩，即以革帶爲肩者也，故不曰「肩博二寸」而曰「肩革帶博二寸」，明革帶即肩也。頸廣五寸，革帶貫於頸中，五寸之外所見革帶即肩矣。肩革帶博二寸，則頸亦二寸可知，故於頸但言廣不言博也。肩革帶不言廣者，革帶之廣周於身，非可止就韠〔一〕言，若止就韠言，則韠上廣一尺，去頸五寸，則兩畔各有二寸半，此即肩革帶之廣矣。

雕篹

《明堂位篇》：「薦用玉豆雕篹。」鄭注曰：「篹，籩屬也。以竹爲之。」

愚按：「篹」字他經無所見，《喪大記篇》云：「食粥於盛不盥，食於篹者盥。」注曰：「篹，竹筥也。」是篹爲竹筥，乃居喪者盛飯以食之器，其爲物必樸陋，乃以爲禘祭太廟之用，何歟？《儀禮·士冠禮》：「爵弁、皮弁、緇布冠各一匴。」注云：「古文匴作篹。」釋文亦云：「匴，本或作

〔一〕 韠，底本誤作「韓」。徑改。

篭。」然阮《校勘記》云：「宋本釋文云：『本或作算。』」注中『篭』字《校勘記》云：「嚴、徐、《集釋》俱作『簒』。」則作「篭」者誤也。即從作「篭」之本，謂「篭」即「匴」字，則冠箱也。若從《說文》「匴」字本義，則淥米藪也，豈當用之太廟乎？《周禮》籩人所掌有朝事之籩、饋食之籩、加籩、羞籩，與醢人所掌「四豆」相配，未聞其不用籩而用篭也。諸經傳言豆必言籩，或言「籩豆」，或言「豆籩」，而「豆篭」連文則未見也。鄭於《喪大記篇》注曰：「竹筥。」《詩・采蘋篇》「于以盛之，維筐及筥」，毛傳曰：「筐筥錡釜，陋器也。」夫陋器而可以祀周公乎？鄭於此注但云「籩屬」不云「竹筥」，葢亦有所未安矣。竊疑此「篭」字竟是「籩」字之誤，「籩」字失去辵旁則成「簒」，「簒」不成字，寫者遂改爲「篭」。下云「夫人薦豆籩」，不云「薦豆篭」，以此明之。

旂緌

《明堂位篇》：「有虞氏之旂，夏后氏之綏。」鄭注曰：「綏當爲緌，讀如『冠蕤』之『蕤』。有虞氏當言緌〔一〕，夏后氏當言旂，此葢錯誤也。緌謂注旄牛尾於杠首，所謂大麾。」正義曰：「《巾車》注云：『大麾，夏后氏之旗，色黑。』鄭此注以緌爲有虞所建，緌則大麾。不同者，有虞氏但

〔一〕 緌，今本鄭注作「緌」。

有注旄竿首，夏后氏之旂，若去旒縿，則與虞氏不異，同謂之緌也。」

愚按：鄭君注《禮》最爲貫通，獨此兩注歧異，正義曲爲之説，則旂、緌可并而爲一，鄭於此經又何須改讀乎？《周禮》賈疏亦云：「夏之旂，去旒旐而用之，即是綏。」與孔正義同，疏家曲成注義，不足據也。今按：有虞氏之旂，夏后氏之綏，文本不錯。所謂旂者，即《爾雅》所謂「注旄首曰旌」，《爾雅》以「旌旂」二字爲總目，則知旌、旂可通稱也。但言「注旄首」，是未有旒，郭氏《爾雅注》曰：「載旄於竿頭，如今之幢，亦有旒。」此郭之誤也。至夏后氏漸文，乃因有虞氏之旂而加之旒縿，其形緌緌，因謂之緌，《巾車》所謂「建大麾以田」者即此。鄭君以正色推之，謂其色黑，義或然也。至《周官》「夏采」注曰：「夏采，夏翟羽色。《禹貢》：徐州貢夏翟之羽，有虞氏以爲緌。」此乃下文所云「有虞氏之綏，夏后氏之綢練」者。喪葬之飾，與此不同，不當并爲一事。鄭於《夏采》注引《明堂位》仍作「有虞氏之旂，夏后氏之綏」，或鄭於此亦有所疑乎？

其尸服以士服

《喪服小記篇》：「父爲天子諸侯，子爲士，祭以士，其尸服以士服。」鄭注曰：「謂父以罪誅，尸服以士服，不成爲君也。」

愚按：上文：「父爲士，子爲天子諸侯，則祭以天子諸侯，其尸服以士服。」是尸必服其生時之服。《周禮·守祧》曰：「若將祭祀，則各以其服授尸。」注曰：「尸當服卒者之上服，以象生時。」然則天子諸侯之尸何得服士服乎？鄭注謂以罪誅，此亦曲説，經文並無以罪誅之文，且記禮者何不言其常而必言其變乎？愚謂：「士」字是「其」字之誤。「其尸服以其服」，其者，其天子諸侯也。天子諸侯之尸，服天子諸侯之服，是謂「其尸服以其服」。涉上文而誤，鄭君未能訂正，遂滋曲説。

干祫

《大傳篇》：「大夫士有大事，省於其君，干祫及其高祖。」鄭注曰：「干猶空也。空祫，謂無廟，祫祭之於壇墠。」

愚按：《王制》：「大夫三廟，一昭一穆，與太祖之廟而三。」則大夫亦得於大祖之廟行祫祭之禮，何言無廟而祭之壇墠乎？正義以爲言支庶爲大夫士者耳，此亦曲爲注説。且「干」之訓空，經傳罕見，疑非塙詁。干當讀爲閒，《詩·斯干篇》毛傳曰：「干，澗也。」干得爲澗，亦得爲閒。《漢書·韋元成傳》「閒歲而祫」，師古曰：「閒歲，隔一歲也。」大夫士有大事省於其君，亦得閒歲一祫及其高祖，故曰「閒祫及其高祖」。正義引師説云：「大夫有始祖者，鬼其百世。則亦祫於大祖廟中，偏祫大祖以下。」然經止云「及其高祖」，恐不得偏祫大祖以下也。

名曰輕名曰重

《大傳篇》：「自仁率親，等而上之至于祖，名曰輕；自義率祖，順而下之至于禰，名曰重。」鄭注曰：「用恩則父母重而祖輕，用義則祖重而父母輕。」

愚按：鄭注理則是矣，以文義論，有未安者。何也？「名曰輕」三字承「至于祖」而言，則「名曰重」三字應承「至于禰」而言，如鄭此注，則輕以祖言，重亦以祖言，無所謂「等而上之」「順而下之」矣，何取此文法乎？愚謂：輕重以服制言。蓋親親之謂仁，故仁必從親始，等而上之，至于祖則輕矣，故名曰輕。尊祖之謂義，故義必從祖始，順而下之，至于禰則重矣，故名曰重。所以然者，仁乃天理之自然，故愈推則愈輕。義乃人事之宜然，故愈推則愈重。重，故服三年。輕，故服期年。仁自親始，義自祖始，故同服衰。此與鄭義不背，而文義則較安矣。

納甸

《少儀篇》：「臣爲君喪，納貨貝於君，則曰納甸於有司。」鄭注曰：「甸謂田野之物。」正義曰：「言入此物自田野之所出。臣皆受君地，明地物本由君出也。」

愚按：以貨貝爲「甸」，義不可通。如正義説，則上文「致金玉貨貝於君」亦可云「甸」矣，何以云「致馬資」乎？「甸」當讀爲「陳」。《周禮・稍人》注：「甸，讀『維禹敶之』之敶。」即其例也。

《肆師職》曰：「祭之日。展器陳，告備。」注曰：「陳，陳列也。」此云「納陳於有司」，謂納陳列之物於有司也，鄭讀以本字，失之。

不訾重器

《少儀篇》：「不訾重器。」鄭注曰：「訾，思也。」又下文「毋訾衣服成器」注亦曰：「訾，思也。」

愚按：「訾」無思義，且重器之類，戒其不思，義亦未了。今按：「訾」有量度之意。《呂氏春秋・知度篇》：「大匠之爲宫室也，量小大而知材木矣，訾功丈而知人數矣。」是「訾」與「量」同。高誘注曰：「訾，相也。」蓋謂相度也。《國語・齊語》：「桓公召而與之語，訾相其質。」「訾」與「相」連文，義即相近。韋注曰：「訾，量也。」此經言「不訾重器」，謂見貴重之器，勿量度其物堪直多少，「毋訾衣服成器」義亦同此。下文又云「觀君子之衣服、服劍、乘馬，弗賈」，鄭注曰：「平尊者之物，非敬也。」正義曰：「不得輕平尊者物堪直多少之價。」愚謂即可以説此經。

諫而無驕

《少儀篇》：「頌而無讇，諫而無驕。」鄭注曰：「驕，謂恃知而慢也。」

愚謂：此「驕」非驕慢之驕，當讀爲「撟」。《荀子·臣道篇》曰：「率群臣百吏而相與彊君撟君，君雖不安，不能不聽。」是古有撟君之説，然實非臣道之正，故戒之。諂者，頌君而過者也。撟者，諫君而過者也。兩句一律。《荀子》又曰：「事暴君者，有補削無撟拂。」此即「諫而無撟」之義，蓋不獨事暴君宜然也。

車馬之美

《少儀篇》：「車馬之美，匪匪翼翼。」

愚按：下文「鸞和之美，肅肅雍雍」，車馬與鸞和不得分爲二事，鄭以《周禮》「六儀」説此經，則自當一句爲一事，車馬、鸞和何容並列？疑「車馬」乃「軍旅」之誤。《周禮》「六儀」有「軍旅之容」，此文無之，《禮記》原文本作「軍旅之容」，「軍」字闕壞，止存「車」字，學者因《周禮》有「車馬之容」，遂疑「旅」字爲「馬」字之誤，改作「車馬之美」，以合於《周禮》，不悟《周禮》所謂「車馬之容」，即此記所謂「鸞和之美」也。既有「鸞和之美」，更有「車馬之美」，兩句義複，而轉使「軍旅之容」不見於此記。鄭君不能訂正，相沿至今，莫知其誤矣。《詩》云：「王旅嘽嘽〔一〕，如

〔一〕嘽嘽，今本《詩經》作「嘽嘽」。

飛如翰。」此即所謂「匪匪」也，匪與飛通。又云「有嚴有翼，共武之服」，此即所謂「翼翼」也，故曰「軍旅之美，匪匪翼翼」。

會同主詡

《少儀篇》：「會同主詡。」鄭注曰：「詡，謂敏而有勇。」其義不可解。《説文》：「詡，大言也。」故正義曰：「詡，謂敏大言語。」蓋牽合字義以説鄭意，然會同之際，豈徒以大言取勝乎？今按：《廣韻·八語》：「詡，和也。」「會同主詡」當從此訓。蓋賓客主恭，祭祀主敬，恭與敬相對。喪事主哀，會同主詡。詡，和也，哀與和亦相對。韓退之《柳子厚墓誌銘》云「詡詡强笑語以相取下」，昌黎猶知古字古義也。

鼓篋

《學記篇》：「入學鼓篋，孫其業也。」鄭注曰：「鼓篋，擊鼓警衆，乃發篋出所治經業也。」愚謂：如鄭所説，則鼓者擊鼓，篋者發篋，一字爲一義，文不成義矣。今按：《易·繫辭傳》「鼓之以雷霆」，虞注曰：「鼓，動也。」《素問·瘧論篇》「乃作寒慄鼓頷」，王注曰：「鼓，謂振動也。」此「鼓篋」亦振動之義，振動其篋，即鄭注所謂「發篋」也。鼓動之鼓與鼓鼙之鼓本兩字，寫者亂之，遂失其義。《莊子·人閒世篇》之「鼓筴」，《淮南·本經篇》之「鼓橐」，並與此相似，皆謂鼓動也。

不學博依

《學記篇》:「不學博依,不能安詩。」鄭注云:「博依,廣譬喻也。」「博」之訓廣,固是恒訓,「依」訓譬喻,實所未聞。疏曰:「依,謂依倚也。」則亦無譬喻之義。且《詩》有六義,豈譬喻所能盡乎?鄭注非也。依當作悠。《説文·心部》:「悠,痛聲也,從心依聲。《孝經》曰:哭不悠。」今《孝經》作「偯」,《禮記》亦作「偯」,《閒傳篇》:「大功之哭,三曲而偯。」鄭注云:「三曲,一舉聲而三折也。偯,聲餘從容也。」蓋禮家因其言哭聲,故變其字從人從哀,許君因禮家舊説,故解爲痛聲,其實非本義也。此字從心依聲,聲實兼義。《樂記》云:「凡音之起,由人心生也。」此從依從心之義也。凡聲之從容而曲折者,皆謂之「悠」,悠之所包者廣,哭有哭之悠,歌有歌之悠,聲不一聲,則悠不一悠。故古有博悠之學。《尚書》曰:「聲依永。」即此「悠」字。疑古字止作「依」,作「悠」者後出字。作「偯」者,禮家别製此字,以别於餘聲也。許書不收「偯」字,而誤以禮家「偯」字之義爲「悠」之本義,夫既云「痛聲」,又引《孝經》「哭不悠」,即此知其義之違矣。《孝經》云:「孝子之喪親也,哭不偯,禮無容,言不文。」可知悠也、容也、文也,義屬一律,則悠當爲聲之從容曲折,而非痛聲明矣。古人博悠之學雖不可考，竊謂當即雙聲疊韵。依之言依倚也，兩聲相倚，非雙聲疊韵而何？古無韵書，雙聲疊韵即韵書也。是故疊韵固韵也，雙聲亦韵也。不學博依則不知孰爲雙聲，孰爲疊韵，故「不學博依，不能安詩」也。

三王四代

《學記篇》：「三王四代唯其師。」鄭注曰：「四代，虞、夏、殷、周。」

愚按：既言「三王」，又言「四代」，必當有義。若如鄭注，則夏、殷、周爲三王，又加虞使成四代。正義引庾氏説，謂「重言以成其辭」，疑非記人之意也。「三王四代」當用董仲舒説。按《春秋繁露·三代改制質文篇》：「絀三之前曰五帝，迭首一色〔一〕，順數五而相復，禮樂各以其法象其宜。順數四而相復。」蓋董子之意，三王之前爲五帝，然五帝第一代最尊不數，故既曰「五而相復」又曰「四而相復」。其言周人之王曰：「改號軒轅，謂之『黄帝』，因存帝顓頊、帝嚳、帝堯之帝號，絀虞而號舜曰帝舜。」又曰：「黄帝之先謚，四帝之後謚，何也？周人之王，軒轅直首天黄號，故曰黄帝云。帝號尊而謚卑，故四帝後謚也。」此可見五帝之中第一代尊，當别而言

〔一〕「迭」上，今本《春秋繁露》有「帝」字。

之，故又有四帝之説。以周言之，夏、殷、周三王也，帝顓頊、帝嚳、帝堯、帝舜，四帝也。是以言三王四代也。《三代改制篇》又曰：「王者有不易者，有再而復者，有三而復者，有四而復者，有五而復者，有九而復者。」此言三四，蓋舉中而言。

樂由中出故静

《樂記篇》：「樂由中出，故静；禮自外作，故文。」鄭注曰：「文猶動也。」

愚按：「文」無動義，鄭注失之，蓋由未得「静」字之義也。此「静」字當讀爲「情」。《表記篇》「文而静」注曰：「静，或爲情。」此「静」與「情」通之見於《戴記》者。此記云：「樂由中出故情，禮自外作故文。」文與情正相對成義。鄭不知「静」當爲「情」，故讀以本字，乃訓「文」爲「動」以配之，失其旨矣。下文云：「故知禮樂之情者能作，識禮樂之文者能述。」正以情、文對言。蓋分言之，則樂由中出故情，禮自外作故文，合言則樂亦有文，禮亦有情，故云禮樂之情、禮樂之文也。

天子如此則禮行矣

《樂記篇》：「合父子之親，明長幼之序，以敬四海之内，天子如此，則禮行矣。」

愚按：上文「暴民不作，諸侯賓服，兵革不試，五刑不用，百姓無患，天子不怒，如此則樂行〔一〕矣」，不言「天子如此」，則此文亦不當有「天子」二字。正義曰：「《禮》云『天子如此樂』，不云『天子者樂』，既云『天子不怒』，故略其文。」此曲説也。疑此文本云：「合父子之親，明長幼之序，四海之内以敬天子，如此則禮行矣。」因寫者失「以敬」二字，而誤補於「四海」之上，遂以「天子如此」連讀，致與上文不一律，而「以敬四海之内」六字，實亦不成文義，讀者習而不覺耳。

化不時則不生

《樂記篇》：「化不時則不生，男女無辨則亂升，天地之情也。」

愚按：上文兩段，一云「如此，則禮者天地之别也」，一云「如此，則樂者天地之和也」，宜直接下文「及夫禮樂之極乎天而蟠乎地」云云，文勢一氣相生，乃閒以此數語，殊爲無義。疑此爲錯簡，當在上文「故群物皆别」下。其文云：「樂者天地之和也，禮者天地之序也。和，故百物皆化；序，故群物皆别。化不時則不生，男女無辨則亂升，天地之情也。」蓋「化不時」承「百物皆化」言，「男女無辨」承「百物皆别」言，下云「樂由天作，禮以地制」，又承「天地之情」句而言。

〔一〕 行，今本《禮記》作「達」。

文義皆相承接，則此文爲錯簡顯然矣。

廣其節奏省其文采

《樂記篇》：「廣其節奏，省其文采，以繩德厚。」鄭注曰：「廣，爲〔一〕增習之。省，猶審也。文采，謂節奏合也。」

愚按：經文節奏、文采分言，非如下文所謂「節奏合而成文」也，鄭注非是。此經亦似有錯誤。「廣」字、「省」字宜互易，本作「省其節奏，廣其文采」，省謂減省之，廣謂增廣之。上文云：「繁文、簡節之音作，而民康樂。」可知文宜繁、節宜簡，此云「廣其文采」即繁文之義，「省其節奏」即簡節之義。鄭君不能訂正，而其意亦似有疑，於此故有「文采謂節奏合」之説，比而一之，則繁簡可不分矣。

金石絲竹

《樂記篇》：「金石絲竹，樂之器也。」樂有八音，而獨舉此四者爲器，注、疏均無説。愚以《周語》説之，《周語》：「伶州鳩曰：琴瑟尚宫，鍾尚羽，石尚角，匏竹利制，大不踰宫，細不過

〔一〕爲，今本鄭注作「謂」。

羽。樂器重者從細，輕者從大，是以金尚羽，石尚角，瓦絲尚宫，匏竹尚議，革木一聲。」韋注以「鍾尚羽」、「石尚角」爲重者從細，以「瓦絲尚宫」爲輕者從大，解「匏竹尚議」爲議從其調利，解「革木一聲」謂無清濁之變。

愚按：上文「琴瑟尚宫」不言瓦絲，下文變爲「瓦絲尚宫」，以愚考之，文葢有誤。當云「絲竹尚宫，匏瓦尚議」，故下文曰：「金石以動之，絲竹以行之，詩以道之，歌以詠之，匏以宣之，瓦以贊之，革木以節之。」正以金石絲竹爲一類，匏瓦革木爲一類，可證上文之誤也。絲竹之聲皆細，故從大，若瓦聲，則與絲不類，何得并爲一科乎？《樂記》以金石絲竹爲樂之器，正合伶州鳩之説。葢金尚羽，石尚角，絲竹尚宫，樂器大不踰宫，細不過羽。故舉此四者爲樂器，至匏土則但取調利，革木又無清濁，故不數也。

名之曰建櫜

《樂記篇》：「將帥之士，使爲諸侯，名之曰建櫜。」鄭注：「建讀爲鍵，兵甲之衣曰櫜，言閉藏兵甲也。」

按：諸侯何以有建櫜之名？文承「使爲諸侯」下，義不可通。宜後人欲移此文承「包之以虎皮」之下矣。愚謂：「名」乃「命」之叚字，古命、名字通用，《桓二年左傳》「命之曰仇」，《漢書·五行志》作「名之曰仇」。即以《戴記》徵之，《月令》篇「命之曰勞酒」「命之曰暢月」，諸「命」字皆即「名」字。又：「季冬行春令，則胎夭多傷、國多固疾，命之曰逆。」正義曰：「命猶名也。」彼「命之曰」即「名之曰」，此「名之曰」即「命之曰」，言封將帥之士爲諸侯而命之曰建櫜也，因叚「名」爲「命」，鄭注又不釋其義，故生異説。

禮有報

《樂記篇》：「禮減而不進則銷，樂盈而不反則放，故禮有報而樂有反。」鄭注曰：「報讀曰褒，猶進也。」

愚按：此承禮減而進言，則此「報」字非上文「禮報情」之報，故鄭破爲「褒」，然其義殊迂。《少儀篇》「毋拔來，毋報往」注曰：「報讀爲赴疾之赴。」竊謂此「報」字亦當讀爲「赴」。《爾雅·釋詁》：「赴，至也。」《昭二十五年左傳》：「能自曲直以赴禮者，謂之成人。」此即禮有赴之説。禮必往而赴之，與樂之必反，正相對也。

節奏合以成文

《樂記篇》：「故樂者審一以定和，比物以飾節，節奏合以成文。」

愚按：上文「繁文簡節之音作」，以文與節並言；「廣其節奏，省其文采」「文采、節奏，聲之飾也」，以文采與節奏並言；「使其文足論而不息，使其曲直、繁瘠、廉肉、節奏足以感動人之善心而已矣」，以文與節奏並言。未嘗合而一之。此乃云「節奏合以成文」，并爲一談，與上文不一律矣。《荀子·樂論篇》作：「故樂者，審一以定和者也，比物以飾節者也，合奏以成文者也。」據此，則《樂記》有衍字，當作「合奏以成文」，與上兩句並五字爲句。乃以愚觀之，則「合奏」又當作「奏合」。《周禮·合方氏》注：「津梁相奏，不得陷絶。」釋文曰：「奏，本或作湊。」是「奏」與「湊」古字通。《周書·作雒篇》「以爲天下之大湊」注曰：「湊，會也。」然則「奏合」即「湊合」，猶言會合也。言既審一以定和，比物以飾節，又必會合之而後成文也。因本篇屢言「節奏」，而此句又涉上句之末有「節」字，遂誤衍「節」字，鄭君所據本已如此，故注上文「省其文采」曰「文采謂節奏合也」，即據此衍文爲説也。《荀子》未衍「節」字，而後人又不悟「奏合」之義，倒其文爲「合奏」，亦爲失之。

歌商歌齊

《樂記篇》：「肆直而慈愛者宜歌商，温良而能斷者宜歌齊。」鄭注曰：「商，宋詩也。」

愚按：宋爲商後，固得稱商，然上文云：「宋音燕女溺志，齊音敖辟喬志，是以祭祀弗用也。」雖子夏與師乙異人之言，不妨各成一説，然記人並采取以入此經，豈容歧異若此？今按：

此經歌《頌》、歌大小《雅》、歌《風》，皆今《詩》所有，宋則不列於《國風》。吴季子請觀，亦未聞爲之歌宋。疑此所謂「宜歌商」者，即謂《商頌》也。「宜歌齊」，「齊」當爲「魯」，謂《魯頌》也。齊、魯壤地相錯，記載之文往往易誤。如公冶長，《史記》以爲齊人，《家語》以爲魯人。樊須，《史記集解》引鄭康成説以爲齊人，《家語》以爲魯人。並其例也。商爲《商頌》，魯爲《魯頌》，合之上文歌《頌》、歌大小《雅》、歌《風》，而《詩》三百篇具矣。

薦馬者哭踊

《雜記篇》：「大夫之喪，既薦馬，薦馬者哭踊，出，乃包奠而讀書。」

愚按：疊言「薦馬」，殊爲無義，且主人哭踊，而言「薦馬者哭踊」，亦非其實。疑「薦馬者」三字當在「哭踊」下，其文云：「大夫之喪，既薦馬，哭踊。薦馬者出，乃包奠而讀書。」言既薦馬，是行期已至，故孝子感之而哭踊，及薦馬者出，乃包奠而讀書也。

爵弁服

《雜記篇》：「復，諸侯以褒衣，冕服，爵弁服。」

愚按：此經舊有錯亂，鄭君移上文「内子」一節於「夫人狄税素沙」之下，已得其次矣。惟愚謂此經尚有闕文，則鄭未之知也。闕文安在？在此經「爵弁服」之上，當補「大夫」二字。蓋此經總明諸侯、大夫、夫人、内子復時所用之衣，其文云：「復，諸侯以褒衣、冕服，大夫爵弁服，夫人稅衣揄狄，狄稅素沙。内子以鞠衣，褒衣，素沙。下大夫以襢衣。其餘如士。」先諸侯，次大夫，先夫人，次内子，次第秩然。今失「大夫」二字，則言諸侯不言大夫，與言夫人又言内子者不合矣。諸侯既用冕服，不必更用爵弁服。鄭注曰：「冕服者，上公五、侯伯四、子男三。褒衣〔一〕，亦始命爲諸侯及朝覲見加賜之衣也。褒，猶進也。」不及爵弁服之義，亦以諸侯既用冕服又用爵弁服，無義可言也。下文云：「大夫冕而祭於公，弁而祭於己。」注曰：「弁，爵弁也。」是大夫祭其家廟得服爵弁服，故復亦用之也。鄭彼注曰：「大夫爵弁而祭於己，唯孤爾。」此文大夫爵弁服，或亦言大國之孤乎？《喪大記篇》言君夫人以下復時所用衣與此不盡同，蓋記禮者多互見。如此云「夫人揄狄」，侯伯夫人也；彼云「夫人屈狄」，子男夫人也。是固不可一一求合矣。

外除内除

《雜記篇》：「親喪外除，兄弟之喪内除。」鄭注「外除」曰：「日月已竟而哀未忘。」注「内〔二〕

〔一〕衣，原缺。據《禮記·雜記》鄭注補。
〔二〕内，原作「外」，據今本鄭注及上下文改。

除」曰：「日月未竟而哀已殺。」

愚按：先王之定服制，有三年、有期、有九月、七月、五月、三月，所謂稱情而立文也，兄弟之哀誠殺於父母，然其服制亦視父母爲殺。父母之喪，日月已竟而哀未忘，則兄弟之喪理亦宜然。如鄭之説，則於同氣之親無期年之戚，直以服制使然，勉從其制，而其心中久已澹澹然忘之矣，豈可以爲訓乎？今按：外、内以時日言。《曲禮篇》：「凡卜筮日，旬之外曰遠某日，旬之内曰近某日。」此經外、内二字可以此説之。古人於練、祥皆謂之「除服」，《喪服小記》曰：「期而祭，禮也；期而除喪，道也。祭不爲除喪也。」鄭注曰：「此謂練祭也。」正義曰「練祥之祭，總名除喪」是也。《檀弓》：「孔子既祥。」鄭注曰：「祥亦凶事，用遠日。」夫祥祭且用遠日，練祭可知矣。練祥之祭皆用旬之外日，此即所謂「親喪外除」也。若兄弟之喪不然，日月已竟即除矣，此所謂「兄弟之喪内除」也。今功令父母之喪扣足二十七月，無所謂外除者，而士大夫家率於不足旬日或四五日先行釋服之禮，是以父母之喪而從兄弟内除之例，由此經久失其解故也。

非爲人喪問與賜與

《雜記篇》：「非爲人喪，問與？賜與？」鄭注曰：「此上滅脱，未聞其首云何。是言非爲人喪而問之與？人喪而賜之與？問，遺也，久無事曰問。」

愚按：鄭注亦有滅脱。「人喪而賜之」亦當作「非爲人喪」，蓋經文「問」與「賜」皆承「非爲人喪」而言，注不得有異也。惟注有滅脱，經文實無滅脱，鄭讀兩「與」字爲語助之辭，斯不得其解矣。上「與」字乃連屬之辭，下「與」字乃「取與」之「與」。「賜與」連文，《曲禮篇》曰：「賜人者不曰來取，與人者不問其所欲。」此云「問與賜與」，謂問人及賜人、與人也，當連下讀之，其文云：「非爲人喪，問與賜與。三年之喪，以其喪拜；非三年之喪，以吉拜。」蓋人當居喪之時，而親故之中有以久無事而相問者，又有以物相賜相與者，則當視所居者爲何喪。如其爲三年之喪，則仍以其喪拜，蓋喪服既重，不可易也。如其非三年之喪，則其來也非爲喪而來，主人亦不得因己有喪服而拂其來意，吉拜可也。文意詳明，何滅脱之有？

有爵者辭

《喪大記篇》：「爲後者不在，則有爵者辭，無爵者人爲之拜。」鄭注曰：「爲後者有爵，攝主爲之辭於賓耳，不敢當尊者禮也。」

愚按：鄭以有爵無爵屬爲後者言，恐非經意。有爵無爵當屬來弔者言，蓋爲後者既不在家，則攝主不敢當尊者之禮，故凡有爵者來弔，皆辭之。若無爵者來弔，則攝主可以受之。然必「人爲之拜」。所謂「人爲之拜」者，上文言：「大夫士拜卿大夫於位，於士旁三拜。」正義云：

「士賤，不可人人拜之，故每一面并唯三拜。」引《士喪禮》「大夫特拜士旅之」爲證。今爲後者不在，攝主之分卑，故凡無爵者來弔，亦必人人拜之，不得旅拜也。

如大夫

《喪大記篇》：「士之喪，三日之朝，主人杖，婦人皆杖。於君命、夫人之命，如大夫。於大夫、世婦之命，如大夫。」

愚按：上文云：「大夫有君命則去杖，大夫之命則輯杖，内子爲夫人之命去杖，爲世婦之命授人杖。」以此論之，士於君命如大夫於君命，士妻於夫人之命如大夫内子於夫人之命，一例去杖，於禮固無以加矣。若士於大夫之命亦如大夫之於大夫，士妻於世婦之命亦如内子之於世婦，不有失尊卑之差乎？正義曰：「定本『如大夫』作『如夫人』，二字異義，亦通。」愚謂：定本得之，而亦有闕文，當作「如君夫人」。蓋謂士於大夫之命如有君命，士妻於世婦之命如有夫人之命，一例去杖也。

茶香室經説卷十二

禮記四

王宫

《祭法篇》："王宫，祭日也。"鄭注曰："王，君也。日稱君。"

愚按：日雖有君象，不聞稱日爲王。猶月有后象，不聞稱月爲后也。"王"讀爲"暀"。《詩·楚茨篇》："先祖是皇。"箋云："皇，暀也。"《泮水篇》："烝烝皇皇。"箋云："皇皇當作暀暀。"王之通作暀，猶皇之通作暀。《儀禮·聘禮·記》："賓入門，皇。"注云："古文皇皆作王。"是皇、王古通用也。《廣韻·四十一漾》"于放切"有"旺"字，注云"美光"。又有"暀"字，注云"上同"。今《説文》有"暀"無"旺"，《廣韻》則以"旺"爲正字。蓋古字止作"王"，後以其爲日之光，故從日作「旺」，又或變從往聲作「暀」。旺、暀均後出字，不得以《説文》有「暀」無「旺」，而謂「暀」古而「旺」俗也。今世則「旺」字行而「暀」字轉廢矣，此經「王宫」以今字書之，實即「旺宫」，與祭日正合。

大夫以下成群立社曰置社

《祭法篇》：「大夫以下成群立社，曰置社。」鄭注曰：「群，衆也。大夫以下，謂下至庶人也。大夫不得特立社，與民族居百家以上則共立一社，今時里社是也。」

愚按：鄭義非是。上文「諸侯爲百姓立社曰國社」，是庶人之社諸侯爲立之，庶人不得立也。乃謂大夫與庶人百家共立一社，則庶人亦有社矣。考「群」字之義，虞翻注《周易》，每曰「物三稱群」。《國語·周語》「獸三爲群」，韋注曰：「自三以上爲群。」是「群」雖有衆義，而亦不甚衆。鄭謂百家以上爲群，非古義也。且割國内之衆，分屬於大夫，亦殊非體。而諸侯之國并三卿、五大夫，止八人耳，國人豈止八百家，此外將何所屬乎？今按：《白虎通·社稷篇》引此文作「大夫成群立社曰置社」，疑古本無「以下」二字。成群立社者，諸侯之國有三卿、五大夫，總謂之大夫，此八家中，或三家、或四家、或五家共立一社，是謂「成群立社」。鄭所據本衍「以下」二字，故失其義。引里社爲證，此秦漢以下之事，不足據也。

王考皇考

《祭法篇》：「王立七廟。曰考廟，曰王考廟，曰皇考廟，曰顯考廟，曰祖考廟。遠廟爲祧。」鄭注曰：「王、皇皆君也。」

愚按：七廟爲王所立，考亦王也，何獨於祖稱「王」，而於曾祖又别之曰「皇」？疑非經意。《廣雅·釋詁》曰：「王，大也。」王考，猶言大父。《深衣篇》曰：「具父母、大父母。」生謂之王父，死謂之王考，其義一也。《説文·王部》：「皇，大也。」祖曰王考，曾祖曰皇考，異其文以别之，其義亦一也。皇考之上爲顯考，鄭訓爲明；顯考之上爲祖考，鄭訓爲始。實皆「大」之一義所引申。《詩·采芑篇》：「朱芾斯皇。」傳曰：「皇，猶煌煌也。」煌煌即明也。《説文》：「皇，從自。自，始也。」是皇爲大，即爲始也。顯考、祖考，無非以大之至而爲之尊稱，其義亦未始不一也。

容聲

《祭義篇》：「周旋〔一〕出户，肅然必有聞乎其容聲。」正義曰：「肅肅然如聞親舉動容止

〔一〕旋，今本《禮記》作「還」。

之聲。」

愚按：聲可聞，容不可聞，鄭注無説，正義所説必是古義，而以增益其文，致失其義。《説文·手部》：「搈，動搈也。」《孟子·盡心篇》：「動容周旋中禮者。」動容即動搈，蓋古語也。此經相傳師説，必有作「動容之聲」者，謂如聞其親動搈之聲也，增作「舉動容止」，失古義矣。

忌日不用

《祭義篇》：「忌日不用，非不祥也。」鄭注曰：「忌日者，不用舉他事，如有時日之禁也。」

愚按：鄭注所謂時日之禁，正義猶未得其旨。蓋古人忌日與今不同，今以一日、二日紀日，所謂忌日者，某月之第幾日也。古不以一日二日紀日，而以干枝紀日，則所謂忌日者，甲子乙丑也。以干枝紀日，則有時日之禁，如今憲書所載「甲不開倉乙不栽植」之類，故記人特明之曰「非不祥也」。愚以此知古人忌日一歲之中不止一日，如親於甲子日亡，則凡甲子皆忌日；於乙丑日亡，則凡乙丑皆忌日。亦猶紂以甲子死，桀以乙卯亡，謂之疾日，不問其爲何月之甲子，何月之乙卯也。近時餘姚有新出土之《三老碑》云：「三老諱通，字少文，庚午忌日。祖母失諱，字宗君，癸未忌日。」不言何月，猶存古法。又云：「掾諱忽，字子儀。建武十七年歲在辛丑四月五日辛卯忌日。母諱捐，字□君。建武二十八年歲在壬子五月十日甲戌忌日。」雖亦書干枝，而大書其爲「四月五日」「五月十日」，則其家即以四月五日、五月十日爲忌日，而不以辛卯、甲戌爲忌日矣。今人忌日皆用此法，以是碑考之，知東漢之初已然也。

陰爲野土

《祭義篇》：「骨肉斃于下，陰爲野土。」鄭注曰：「陰讀爲依蔭之蔭，言人之骨肉蔭於地中爲土壤。」

愚按：如鄭之説，則「陰」當讀爲「窨」，不當讀爲「蔭」。《説文・穴部》：「窨，地室也。」《詩・七月》篇：「三之日納於凌陰。」「陰」即「窨」之叚字。此經「陰」字亦然，言骨肉窨於土中而爲土壤也。今俗猶以物埋藏土中曰窨。《廣韻・五十二沁》「蔭」、「窨」並「於禁切」，鄭讀爲蔭，或擬其音，而非從其義乎？

陸産之醢

《祭統篇》：「陸産之醢。」鄭注曰：「蚔蝝之屬。」

愚按：下文有「昆蟲之異」，則蚔蝝之屬當入昆蟲内，陸産之醢非此屬也。《周禮・醢人職》曰：「朝事之豆，其實韭菹，醓醢，昌本，麋臡，菁菹，鹿臡，茅菹，麇臡。」「加豆之實，芹菹、兔醢。」鄭注曰：「三臡亦醢也。」然則「陸産之醢」當謂麋鹿、麋兔矣。

大宗執璋瓚亞祼

《祭統篇》：「君執圭瓚祼尸，大宗執璋瓚亞祼。」鄭注曰：「大宗亞祼，容夫人有故，攝焉。」

愚按：上文云「君純冕立於阼，夫人副褘立於東房」，是君、夫人咸會於大廟，乃云「大宗亞祼」，則是夫人有故。使人攝祭之事，禮之變也，記人何以不言其常而言其變乎？此經方言「夫婦親之」，獻之屬莫重於祼，不言「夫人」而曰「大宗」，安見其爲夫婦親之也？又按《周禮・大宗伯職》：「凡大祭祀，王后不與，則攝而薦豆籩徹。大賓客，則攝而載果。」鄭注曰：「果讀爲祼。」可知王后祭祀不與，大宗伯止攝其薦徹豆籩之事，至賓客而王后不與，始攝其祼。今大宗得攝夫人亞祼，則《大宗伯職》何以別而言之乎？竊疑此經葢有闕文，「大宗」下闕「從夫人」三字，其文云「君執圭瓚祼尸，大宗從」，猶下文所言「君執紖，卿大夫從」也。《大宗伯職》云：「凡祀大神、享大鬼、祭大示、詔相王之大禮。」是知君祼大宗必從矣。「夫人執璋瓚亞祼」，此自言夫人亞祼之事。夫人亞祼，亦當有宗婦從，不言者，文不具耳。雖出臆説，理宜然也。

道仁聖禮義之序

《經解篇》：「其在朝廷，則道仁聖禮義之序。」鄭注曰：「道猶言也。」

愚按：此「道」字不當訓言，猶順也。《國語》以「違而道」「從而逆」相對爲文，則「道」有順義。《論衡·本性篇》曰：「人能察己所以受命則順，順之爲道。」是其義也。道仁聖禮義之序，謂順其序也。如鄭說，與「序」字不貫矣。

午其衆

《哀公問篇》：「午其衆以伐有道。」鄭注曰：「午其衆，逆其族類也。」

愚按：句有「以」字，則兩句之義必當一貫。如鄭注，則「午其衆」爲一事，「伐有道」又爲一事，中間「以」字無著矣。「午」字古與「五」通。五，古文作㐅，有一從一横之象。《儀禮·大射儀》：「度尺而午。」注曰：「一從一横曰午。」又《特牲饋食篇》：「午割之。」注曰：「午割，從横割之。」「午」訓從横，皆「五」之叚字。《周禮·壺涿氏》：「午貫象齒而沈之。」注曰：「故書午爲五。」「五」本字，「午」叚字也。此云「午其衆」亦從横之義，言馮恃其衆，從之横之，惟其所欲，即有道者莫能禦之，是謂「午其衆以伐有道」。

直言

《哀公問篇》：「出以治直言之禮。」鄭注：「直，猶正也。正言，謂出政教也。」

愚按：上文云「内以治宗廟之禮」，「正言」二字與「宗廟」二字殊爲不倫。陳氏《集説》云：

「正言，未詳。或云當作朝廷。」以文義論，自以作「朝廷」爲安，但不知其説所本。且「朝廷」與「正言」字形絶遠，何得致誤？疑「直言」當作「百官」，百與直、官與言，皆以相似而誤。

祖洽

《仲尼燕居篇》：「如此則無以祖洽於衆也。」鄭注曰：「祖，始也。洽，合也。言失禮無以爲衆倡始，無以合和衆。」

愚按：「祖」固訓始，然「祖洽」二字殊爲不辭。「祖」疑「相」字之誤。《昭三年左傳》：「其相胡公大姬。」正義曰：「定本相作祖。」是二字形近易誤。相洽於衆，文義甚明。《祭法》「相近」，陳氏《集説》改作「祖迎」，然「相近」乃「禳祈」二字之聲誤，非形誤也。此「祖洽」無義，則以爲「相」字之誤，似爲得之。

猶有九焉大饗有四焉

《仲尼燕居篇》：「吾語女，禮猶有九焉，大饗有四焉。」此二語自來不得其解。鄭注及疏所引盧、王之説，按之下文皆不合。愚謂：此「九」字、「四」字並非實數，「九」乃「叛者九國」「反者九起」之「九」，古人於數之多者皆以「九」言之。猶有九焉，「猶」是譬況之詞，孔子言吾語女，禮猶之乎有物九者，極言其多也。大饗〔一〕有四焉，言大饗之禮繁重，於九者之中已居其四，猶言已居其小半也。説者誤以虚詞爲實數，必於下文求其事以實之，宜其皆不相合矣。

神氣風霆

《孔子閒居篇》：「地載神氣，神氣風霆，風霆流行，庶物露生。」

愚按：釋文曰：「神氣風霆絶句，風霆流行絶句。」則陸氏所據本與今本同。孔氏正義述經文亦與今本同。乃其説曰：「神氣風霆流行，謂地以神氣風雷之等流布其形。」是孔氏所據本「風霆」二字不疊，其述經文與今本同者，傳寫以陸本改孔本也。愚則謂陸本有衍文，孔本亦有衍文，不獨「風霆」二字不當疊，即「神氣」二字亦不當疊，經文本作「地載神氣，風霆流形，庶物露生，無非教也」，與上文「天有四時，春秋冬夏，風雨霜露，無非教也」字句相當。今誤衍「神氣風霆」四字，不特與上文不一律，而義亦迂迴矣。

天上施

《坊記篇》：「上酌民言，則下天上施。」鄭注曰：「得民心則恩澤所加，民受之如天矣，言

〔一〕饗，原誤作「響」，據文意改。

其尊。」

愚按：阮《校勘記》云：「惠棟校宋本『受』作『愛』。」然正義云「言受上恩澤如受之於天」，則孔氏所見鄭注作「受」，宋本非也。惟經文「天」字之義殊不可通，鄭注亦曲爲之説。《緇衣篇》「惟尹躬天，見于西邑夏」，注曰：「天，當爲『先』字之誤。」疑此經「天」字亦當爲「先」。蓋上既酌取民言以爲政教，則民之所好好之，民之所惡惡之，君民一體，於是教令未施而民已先之，所謂未施敬於民而民敬，未施信於民而民信，未施哀於民而民哀，此「先上施」之義也。

薨而不葬

《坊記篇》：「以此坊民，諸侯猶有薨而不葬者。」

愚按：春秋固無薨而不葬之諸侯，雖晉厲、齊靈之見弑者，其葬不以禮則有之，未聞其不葬也。此云「不葬」，蓋謂他國之君。上文云：「殷人弔於壙，周人弔於家，示民不偝也。子云：死，民之卒事也，吾從周。」正義曰：「即壙上而弔，於送死太簡。周人孝子反哭至家，乃後始弔，於送死殷勤。」可知此一經以送葬言。諸侯猶有薨而不葬者，言鄰國之君薨，不往會其葬也。《春秋隱三年》：「葬宋穆公。」杜注曰：「魯使大夫會葬，故書。」是不會葬不書葬，即謂之不葬矣。《隱八年》：「宿男卒。」不書「葬宿某公」。《莊三十一年》：「薛伯卒。」不書「葬薛某公」。蓋魯於小國皆不往會，即所謂「薨而不葬」。

三重

《中庸篇》：「王天下有三重焉。」鄭注曰：「三重，三王之禮。」

愚按：鄭解「三重」，承上節夏殷周而言，較時解爲勝，然於經意猶未盡得，此「三重」即董子所謂「三統」也。董子「三統」之説，大約謂夏黑統，商白統，周赤統。《春秋》以魯爲新王，則又爲黑統。三統若循環，周而復始，故曰：「三代改正，必以三統天下。」又曰：「其謂統三正者，曰：正者，正也。統致其氣，萬物皆應而正。統正，其餘皆正。」並見《春秋繁露·三代改制質文篇》，可以説「王天下有三重」之義。夏殷周爲三王者，自周人言之也。自殷而言，則虞夏殷爲三王。自夏而言，則唐虞夏爲三王。鄭注但言「三王之禮」，不言何代，似有見於此。

自是

《表記篇》：「得之自是，不得自是。」鄭注曰：「言不易道徼禄利也。」正義曰：「言雖得利禄，自行其爲是之道，若不得利禄，亦自行其爲是之道。不問得之與失，恒行其是，而不行非也。」

愚按：如疏義，則增出「行」字矣，蓋誤以「是」字爲是非之是耳。自，由也；是，猶此也。

言得之由此，不得亦由此，此鄭注所謂「不易道」也。

必見其蔽

《緇衣篇》：「苟有車，必見其軾。苟有衣，必見其敝。」鄭注曰：「見其軾，謂載也。敝，敗衣也。衣或在内，新時不見。」

愚按：衣敝則棄之矣，何見之有？斷無有新時不見而見其蔽者，鄭注非也。王氏《經義述聞》以「敝」爲「袂」之叚字，音布蔑反，謂衣袂也。此説愚初以爲然，既而思之，則亦未是。蓋上句「軾」字，車前横木也，車前横木顯而易見，故有車必見其軾。若「袂」則偏矣，車見軾而衣見袂，義不一律，若然，則或襟或裾無不可見，何必袂乎？况「袂」字又不見於經傳乎？愚謂：「敝」當讀爲「市」，敝與市雙聲。《詩・甘棠篇》：「蔽芾甘棠。」蔽、芾雙聲，則敝、市亦雙聲。「市」之篆文作「韍」，《玉藻篇》注曰：「韍之言蔽也。」此即其聲近義通之證。《桓二年左傳》正義引《乾鑿度》鄭注曰：「古者佃漁而食，因衣其皮，先知蔽前，後知蔽後，後王易之以布帛，而獨存其蔽前者，重古道而不忘本。」此説市制也，是市之爲物，所以蔽前，故在衣前，與軾在車前正同。有車必見軾，有衣必見市，皆舉其在前者可一望而見，正古人取喻之精也。鄭解上句「軾」字爲載，蓋從「軾」字本義，則與下句「敝」字虚實不倫，故以載釋之。《仲尼燕居篇》「車得其式」注云：「式謂載也。」鄭意此經「軾」字與彼經「式」字同，然「軾」之與「式」字既不同，且其車其衣，所有者既實有其物，則其軾其敝，所見者亦必實有其物。愚於「軾」字仍從本訓爲車前横木，而「敝」字改讀爲「市」，求文義之稍安而已。

又按：此二句皆喻語，下句「人苟或言之，必聞其聲」亦是喻語。此經正意止在「苟或行之必見其成」二句，鄭注曰：「言凡人舉事，必有後驗。」是專以行言也。正義曰「此明人言行」，失之。

夫人妻

《服問篇》：「君所主：夫人、妻、大子、適婦。」鄭注曰：『言妻，見大夫以下，亦爲此三人爲喪主也。』

愚按：文專主君言，而謂句大夫以下，殊爲迂曲。此云「夫人妻」，正禮家之深意。春秋時名稱不正，所謂夫人者，或非妻也。《襄二十六年左傳》：「左師見夫人之步馬者，曰：『誰爲君夫人。』夫人使饋之錦與馬，先之以玉，曰：『君之妾棄使某獻。』左師改命曰：『君夫人。』」可見當時稱妾爲夫人者固有之矣。别之曰「夫人妻」，見必夫人而妻，君始爲之主也，以此爲防，猶有如魯哀公爲悼公之母齊衰，託言「魯人以妻我」者。

比投

《投壺篇》:「順投爲入,比投不釋。」鄭注曰:「比投不拾也。」正義曰:「比,頻也。賓主投壺法,要更遞而投,不得以前既入喜悦,不待後人投之而已頻投。」

愚按:古賓主之間彬彬有禮,斷無喜人頻投之事,何煩先爲告戒乎?比投與順投相對爲文,《説文·比部》曰:「二人爲从,反从爲比。」「从」有順從之義,則「比」有不順之義。「順投爲入,比投不釋」,反復申明,言順投者方謂之入,若不順則雖入不釋算也。《大傳篇》曰:「五者一物紕繆。」鄭注曰:「紕繆,猶錯也。」比投之比,義與「紕」同。

樂人及使者

《投壺篇》:「樂人及使者、童子,皆屬主黨。」鄭注曰:「使者,主人所使薦羞者。樂人,國子能爲樂者。」

愚按:使者所包甚廣,非止進羞者。上文「司射奉中,使人執壺」,此執壺之人,亦即一使者也。樂人,即上文弦者及大師之屬,鄭以「國子能爲樂者」説之,正義因謂是王子公卿大夫元士之子。若然,則當尊之在賓黨,何得在主黨乎?蓋司射、庭長及樂人、使者皆主人命爲之,司射、庭長尊,故列之賓黨,樂人及使者卑,故列之主黨耳。

魯哀公問孔子

《儒行篇》：「魯哀公問於孔子曰：夫子之服，其儒服與？」鄭注曰：「哀公館孔子，見其服與士大夫異，又與庶人不同，疑爲儒服而問之。」

愚按：鄭意以哀公至孔子家而問之，故此注云「館孔子」。下文「哀公命席」，又注云：「君適其臣，升自阼階，所在如主。」然篇末云：「孔子至舍，哀公館之。」則是時孔子固在公朝，若在家中，則即是舍，又何至乎？下文「衣逢掖之衣，冠章甫之冠」，正義曰：「臣朝於君應著朝服，而著常服者，時孔子自衛新還，哀公館之，非是常朝，故衣冠異也。」此説殊誤。《論語·先進篇》：「端章甫。」鄭注曰：「端，玄端也。衣玄端，冠章甫，諸侯日視朝之服。」然則章甫正是朝冠，非常服也。所謂逢掖之衣者，葢肘掖之閒稍加寬大，實亦並非異制，當仍是玄衣素裳，常朝之服。《鄉黨》云：「疾，君視之，加朝服，拖紳。」疾時如此，平時可知。即使孔子在家，哀公就見，亦斷無不朝服之理。鄭注以爲大袂禪衣，君子有道藝者所服。夫孔子從大夫後，衣裳自有制度，豈得自以爲有道藝而創此異服乎？明乎逢掖之衣、章甫之冠皆常朝之服，則孔子是時在公朝而不在私家明矣。

慎静尚寬

《儒行篇》：「慎静而尚寬。」阮《校勘記》曰：「石經無『而』字，山井鼎云：宋版無『尚』字。」愚按：當從石經爲是。正義曰：「慎静而寬者，既慎而静，所尚寬緩也。」則其所據本必有『尚』字，故以所尚寬緩説之。乃其述經作「慎静而寬」，此「而」字必是「尚」字之誤，若作「慎静而寬」，何以云「所尚寬緩」乎？「尚」字必當有，故知石經是，而山井鼎所見宋版非也。述經止四字，又知今本作「慎静而尚寬」者非也。

重責婦順

《昏義篇》：「成婦禮，明婦順，又申之以著代。所以重責婦順焉也。」正義曰：「分之則婦禮、婦順、著代三者别文，皆總歸於婦順，故自此以下，唯申明婦順也。」

愚按：正義之説，理非不是，而文或未安。下文言：「婦順者，順於舅姑，和於室人，而后當於夫，以成絲麻布帛之事，以審守委積蓋藏。」然則「婦順」所包者廣，「和於室人」「當於夫」或可以「順」字該之，若絲麻、布帛、委積、蓋藏，豈「順」字所能盡乎？疑此下凡言「婦順」，與上文「明婦順」不同，當讀爲「訓」，訓與順古通用。《書・洪範篇》「于帝其訓」「是訓是行」，《史記・宋微子世家》並作「順」。《詩・烈文篇》「四方其訓之」，《哀二十六年左傳》引作「四方其順之」。

皆其證也。《爾雅·釋詁》:「訓,道也。」婦訓猶言婦道也,自順舅姑、和室人以至審守、委積、蓋藏,皆婦道所不可缺者。下文云「婦順備而後内和理」,言婦道備而後内和理也;「所以成婦順也」,言所以成婦道也;「以明章婦順」,言以明章婦道也;「婦順不修」,言婦道不修也。讀順爲訓,而釋爲道,文義皆安。尤可證者:「天子聽男教,后聽女順。」夫女順何從而聽之?讀順爲訓,則「天子聽男教,后聽女訓」,男教女訓,文正相對。又曰「教順成俗,外内和順」,兩句中疊出「順」字,尤爲無義。「教順」之「順」亦當作「訓」,承上「男教女訓」而言,言教訓成俗,則内外和順也。此兩句中,上言教順,下言和順,必不當以一字讀之。然則「順」之當讀爲「訓」,可決於此矣。

歲獻貢士於天子

《射義篇》:「是故古者天子之制,諸侯歲獻貢士於天子。」鄭注曰:「歲獻,獻國事之書及計偕物也。三歲而貢士。」正義曰:「以經『貢士』之文繫『歲獻』之下,恐每歲貢士,故云『三歲而貢士』也。又知三歲者,案《書傳》云『古者諸侯之於天子也,三年一貢士』云云,故知三歲而貢士也。」

愚按:經文但有「歲」字,無「三歲」字,「貢士」之文繫「歲獻」之下,歲歲獻則亦歲歲貢士可知。如鄭義，則此經本重在貢士，不重在獻，獻與貢士既有每歲、三歲之不同，則但云「諸侯三歲貢士於天子」足矣，何必繫「歲獻」言之，轉使三歲之制不明乎？且下文云：「天子將祭，必先習射於澤。澤者，所以擇士也。」是每祭必擇士矣。天子歲歲有祭，而士必三歲一貢，則當不貢士之年，所擇者稀矣。故以經文言之，知諸侯歲獻必貢士於天子。貢士與歲獻俱來，即漢制所謂「令與計偕」者也。然則《書傳》何以言「三歲一貢士」？曰：古制，貢士有大國、次國、小國之別。鄭注引舊説云「大國三人，次國二人，小國一人」，而不知更有大國每歲貢士，次國二歲一貢，小國三歲一貢之説。何以知之？亦以漢制明之。漢和帝時，丁鴻與劉方上言：「自今郡國率二十萬口，歲舉孝廉一人；四十萬，二人；六十萬，三人；八十萬，四人；百萬，五人；百二十萬，六人；不滿二十萬，二歲一人；不滿十萬，三歲一人。」詳見《丁鴻傳》。夫有一人、二人、三人、四人、五人、六人之别，即本於古之大國三人、次國二人、小國一人也。然則二歲一人、三歲一人，亦即本於古之次國二歲一貢，小國三歲一貢矣。《禮記》言天子將祭擇士之事，每歲有祭，宜每歲必有貢士，故以大國之制言。《書傳》以賞罰言，則一絀、再絀、三絀，爲期不過三年，太迫蹙矣！故以小國之制言。言各有當也。又或大國一歲一貢、次國二歲一貢，而賞罰仍俟小國貢訖，然後一例施行，故以三歲言之也。鄭但以《書傳》説此經，未能推見及此。

與爲人後者

《射義篇》：「賁軍之將〔一〕、亡國之大夫，與爲人後者，不入。」鄭注曰：「與，猶奇也。後人者一人而已。既有爲者而往奇之，是貪財也。」

愚按：爲人後者，禮之所有，而此與賁軍之將、亡國之大夫同科，故鄭注曲爲之説。然「與」字實止尋常連屬之辭，鄭訓爲奇，義殊未安。今案：爲人後之禮當始於周，周之前實未之有。何以明之？以殷事明之。殷人立弟之法，以次傳訖，仍歸其兄子。如大丁未立而卒，立其弟外丙、中壬，而復立太丁之子太甲是也。然沃丁崩，立其弟大庚，大庚崩，立其子小甲，不復立沃丁之子，小甲崩，立其弟雍己，雍己崩，立其弟大戊，大戊崩，立其子中丁，不復立小甲之子。如此之類，蓋以沃丁小甲無子故也，無子即無後，可知殷禮不爲無子者立後也。是以文王有長子伯邑考，不以武王之子爲之後，猶用殷禮也。孔子有兄孟皮，不以伯魚爲之後，孔子自言殷人，行殷禮也。推上古大同之義，不獨親其親，不獨子其子，人固不必皆有後，故古有無服之喪。而喪之無主者，族人與前後家、東西家及里尹皆得主之。何以立後、爲立後之禮？其起

〔一〕將，原作「時」，據廣東學院本及今本《禮記》改。

於後世之各親其親、各子其子乎？孔子有志於大道之行，故矍相之圃創立此法。《儒行篇》正義曰：「孔子自以爲制法之主，故有異於人，所行之事多用殷禮，不與尋常同。」是説也，説《儒行》之章甫、逢掖未合，説此經則正得之矣。余從前著《群經平議》，妄疑「後」字爲「役」字之誤，未見及此也。

者不

《射義篇》：「幼壯孝弟，耆耋好禮，不從流俗，修身以俟死，者不，在此位也。」鄭注曰：「者不，言有此行否。」釋文曰：「『修身以俟死』絶句，『者不』此二字一句。」

愚按：以「者不」二字爲句，殊不成義，宜後人不之從也。《荀子·大略篇》「從諸侯不」，楊注曰：「『不』當爲『來』。」蓋隸書「來」字或作「来」，「不」字或作「𠀆」，兩形相似，故致誤耳。此經「不」字亦疑「來」字之誤，「來句在此位也」，蓋招之曰「來」，又告之使居此位，與「揚觶而語」情景正合，下文序點語亦然。

庶子之倅

《燕義篇》：「庶子官職諸侯、卿、大夫、士之庶子之倅。」正義曰：「『諸侯、卿、大夫、士之庶子』者，是其適子也。謂之『庶』者，庶，衆也。以其適子衆多，故總謂之『庶子』，非適子庶弟而稱庶子也。」

愚按：古重適子，斷不得謂之庶子。疑本作「職諸侯、卿、大夫、士之子之倅」，「庶」字衍文也。《周禮·夏官·序官》注曰：「諸子，主公、卿、大夫、士之子者。」鄭注正本此記，故又云「或曰庶子」，即據此記也。觀鄭彼注，但稱公、卿、大夫、士之子，不言庶子，知此記「庶」字衍矣。

婦人童子不杖

《喪服四制篇》：「婦人、童子不杖，不能病也。」正義曰：「婦人，謂未成人之婦人。童子，謂幼少之男子。」

愚按：以童子爲幼少是也，以婦人爲未成人則不可通。鄭注無文，不知其意如何。今案《喪大記篇》：「夫人、世婦在其次則杖，即位則使人執之。」注曰：「夫人、世婦次於房中，即位堂上，堂上近尸殯，使人執杖，不敢自持也。」然則婦人不杖以堂上言，方其即位堂上之時，固不杖也。

茶香室經説卷十三

春秋公羊傳

文王

《隱元年公羊傳》：「王者孰謂？謂文王也。」何休解詁曰：「文王，周始受命之王，故上繫天端，方陳受命，制正月，故假以爲王法。」

愚按：以「王」爲文王，必孔氏相傳之説，何休所解似未盡得。夫《春秋》所書「正月」，《左氏》所謂「周正月」是也。周自武王始改正朔，則「王正月」宜爲武王。乃云「文王」者，葢武王，既有天下者也；文王，則未有天下而創立王者制度者也。孔子作《春秋》，託王於魯，魯亦未有天下，而孔子借魯以立王者之制，是以文王王魯，不以武王王魯也，故曰：「王者孰謂？謂文王也。」

諸侯

《隱元年》：「桓未君，則諸侯曷爲來賵之？隱爲桓立，故以桓母之喪告于諸侯。」解詁曰：「經言王者賵，赴告王者可知，故傳但言諸侯。」

愚按：何氏此注淺矣。《春秋》託王於魯，周、魯交涉始於此事，故於傳文微見其意，經書「天王」，而傳兩言「諸侯」，所謂「齊王德於邦君」，示黜周王魯之意也。此義本何邵公輩發之，何乃未見及此？

稱人則從不疑也

《隱八年》：「九月辛卯，公及莒人盟于包來。公曷爲與微者盟？稱人則從不疑也。」解詁曰：「從者，隨從也。實莒子也。言莒子，則嫌公行微不肖，諸侯不肯隨從公盟，而公反隨從之，故使稱人，則隨從公不疑矣。」

愚按：《莊四年傳》：「公及齊人狩于郜。公曷爲與微者狩？齊侯也。齊侯則其稱人何？諱與讎狩也。」以彼例此，如實與莒子盟，當云：「公曷爲與微者盟？莒子也。莒子則其稱人何？稱人則從不疑也。」經義方顯。今不云「莒子也」，是實與莒大夫盟矣。《莊二十二年傳》：「及齊高傒盟于防。齊高傒者，貴大夫也。曷爲就吾微者而盟？公也。公則曷爲不言公？諱與大夫盟也。」此傳之義，得彼傳而明。蓋高傒爲貴大夫，若書「公」，則疑公反隨從之，故不書「公」。此莒大夫乃小國大夫，非高傒比，故從微者例書「莒人」，則隨從公不疑也。何氏亦引齊高傒事，而未達此義，謂莒人實莒子，非傳意矣。

俶甚也

《隱九年》：「庚辰，大雨雪。何以書？記異也。何異爾？俶甚也。」解詁曰：「俶，始怒也。始怒甚，猶大甚也。」

愚按：「俶」訓「始」不訓「怒」，以「俶甚」爲始怒甚，殊不成義。釋文云：「俶甚，尺叔反，始也。大甚，音泰。」是陸所據解詁不作「始怒」，而「大甚，音泰」，則非大小之大也。《周易·繫辭傳》曰：「乾知太始。」釋文曰：「音太，王肅作『泰』。」「太始」連文，是太與始義通。始甚即太甚，故曰：「俶，始也。始甚，猶太甚也。」阮氏《校勘記》初校以注文兩「怒」字爲衍文，是矣。再校又云：「前説不然，『始甚』不得云『猶大甚』。」未達此旨。

州公

《桓五年》：「州公如曹。」解詁曰：「稱公者，申其尊，起其慢，責無禮。」疏曰：「天子三公稱公，王者之後稱公，州國非此二者，必非是公。但今過魯自尊若公，故如其意，書之曰公。以起其無禮也。」

愚按：此説非是。州若非公，則如其本爵書之，益見其無禮，何反假以上公之名，使得解其無禮之罪乎？州之爲國，説《春秋》者皆莫知其姓，今按《水經·陰溝水注》引《世本》云：「許、州、向、申，姜也。炎帝後。」然則州國姜姓，炎帝之後，公或其本爵歟？

家父

《桓八年》：「天王使家父來聘。」解詁曰：「家，采地。父，字也。天子中大夫氏采，故稱字不稱伯仲。」

愚按：「家」爲采地名，經傳無徵。《詩·節南山》序曰：「家父，刺幽王也。」鄭云：「家父，字。」《詩》云「家父作誦」與「吉甫作誦」同，「吉甫」是字，「家父」亦必是字，鄭説可信。蓋「家父作誦」乃作者自言，非稱名即稱字，斷無自稱其采地者也。何説非是，天子中大夫，或例稱字乎？

曰猶嘗乎

《桓十四年》：「乙亥，嘗。常事不書，此何以書？譏。何譏爾？譏嘗也。曰：『猶嘗乎？』御廩災，不如勿嘗而已矣。」何氏於「猶嘗乎」句下注曰：「難曰：四時之祭不可廢，則無猶嘗乎？」

愚按：難者之辭當曰「可勿嘗乎」，不當如此。此非難者之辭，乃譏者之辭，若曰「御廩災矣猶嘗乎」，故即繼之曰：「御廩災，不如勿嘗而已矣。」

公夫人姜氏

《桓十八年》：「公夫人姜氏遂如齊。」阮氏《校勘記》云：「鄂本『公』下有『與』字，是也。《左》《穀》皆有『與』。」

愚按：當以無「與」字爲是。傳云：「公何以不言及夫人？夫人外也。」使經文有「與」字，則「與」即「及」也，《隱元年傳》：「及者何？與也。」公與夫人即是公及夫人，何以云「不言及夫人」乎？《穀梁》石經亦無「與」字，然則《公》、《穀》之有「與」字者，皆後人據《左氏》妄加之。

卜之曰

《莊四年》：「襄公將復讎乎紀，卜之曰：『師喪分焉。』」疏出「卜之至分焉」五字而釋之曰：「卜之者，謂襄公之辭。」

愚按：下文「寡人死之」，何氏解詁曰「襄公答卜者之辭」，然則此云「師喪分焉」乃卜者之辭。蓋襄公使卜者卜之，卜者曰「師喪分焉」，言伐紀不吉也，故襄公答之曰：「寡人死之，不爲不吉也。」徐疏未達其意。

同同

《莊四年》：「故將壹譏而已，其餘從同同。」解詁曰：「其餘輕者從義與重者同，不復譏，都與無讎同文論之，所以省文，達其異義矣。凡二同，故言同同。」

愚按：注中雖有二「同」字，實止一意，不知何以謂之「同同」。疏云：「輕者不譏，見與重者同，一同也；都與無讎同文論之，一同也。故曰凡二同。」此實不成義。又云：「考諸古本，傳及此注『同』字之下皆無重語，有者衍文。且理亦宜然。」疑古本傳文止作「其餘從同」，無下「同」字。注文至「達其異義矣」止，無「凡二同故言同同」七字，因傳文誤衍「同」字，遂於注文增此七字，非其本文也。

宋人遷宿

《莊十年》：「宋人遷宿。遷之者何？不通也。以地環〔一〕之也。」解詁曰：「還，繞也。解上不通也。宋本欲遷宿君，取其國，不知宿之不肎邪？宋逆詐邪？先繞取其地，使不得通四方，宿窮，從宋求遷，故得言遷。」

〔一〕環，今本《公羊傳》作「還」。

愚按：如傳文，則「遷之」即是「環之」。如注義，則「環之」而後「遷之」，非傳意也。《公羊》經文疑本作「宋人西宿」，《説文・土部》：「垔，塞也。」垔宿者，垔塞其往來之路。《周禮・大司馬》曰：「犯令陵政則杜之。」注曰：「杜之者，杜塞使不得與鄰國交通。」是古有此法也。垔，從土西聲；遷，古文作拪，從手西聲。垔、拪並從西聲，古或相通。《穀梁》、《左傳》均作「遷」字，《公羊》獨作「垔」字，故其説與《左》、《穀》異。後人以《左》、《穀》改《公羊》，遂使何邵公亦莫得其義矣。

操之

《莊三十年》：「蓋以操之爲已蹙矣。」解詁曰：「操，迫也。已，甚也。蹙，痛也。迫殺之甚痛。」阮《校勘記》引武億云：「操，古本作『躁』。《詩・江漢》正義引此『躁，迫也。』」

愚按：作「操」作「躁」，均非本字，其本字當作「剿」。《説文・刀部》：「剿，絶也。《周書》曰『天用剿絶其命』。」今《夏書・甘誓篇》作「天用勦絶其命」，枚傳曰：「勦，截也。」正義曰：「『勦』是斬斷之義，故爲截。」此傳云「剿之爲已蹙矣」，蓋言斬斷之者，甚痛也。作「剿」字讀，方合注中迫殺之義。

孰城

《僖二年》：「城楚丘。孰城？城衛也。」阮《校勘記》曰：「《十四年傳》曰『孰城之』，疏引此傳亦有『之』字，唐石經以下本皆脱。」

愚按：孰城者，問所城之地也。孰城之者，問城之之人也，此云：「孰城？城衛也。」則不當有「之」字。下文云：「然則孰城之？桓公城之。」至此方問城之之人，則此是問所城之地，不當有「之」字明矣。《十四年傳》：「孰城之？城杞也。」此問孰城，非問孰城之，故下文又云：「然則孰城之？桓公城之。」與此文同。彼傳「孰城」下有「之」字，衍文也。何氏於此傳「孰城」下解云：「據内城不月，故問之。」是問地非問人，其所據本必無「之」字。《十四年傳》「孰城之」下解曰：「諸侯不序，故問誰城。」則問人非問地矣，其所據本必已衍「之」字。當據此傳正彼傳，不當據彼傳正此傳也。

伯姬卒

《僖九年》：「秋，七月乙酉，伯姬卒。此未適人，何以卒？許嫁矣。婦人許嫁，笄而字之。」《穀梁傳》同。

按：《儀禮・士昏禮・記》：「女子許嫁，笄而醴之，稱字。」《禮記・曲禮篇》曰：「女子許嫁，笄而字。」是固禮家之定説矣。然《禮記·雜記篇》云：「女雖未許嫁，年二十而笄。」《内則篇》又云：「女子十有五年而笄。」何也？愚謂：女子之笄，猶丈夫之冠也。冠、昏初不并爲一禮，笄、嫁何得并爲一禮？竊疑十五而笄，乃女笄之定年。男子二十而冠，女子十五而笄。女早於男者，男娶以三十爲限，女嫁以二十爲限，故女早於男也。然女子以笄爲大事，而其父母視女子之笄則亦細事耳，於是怠玩因循，有及期而不笄者。然至許嫁則必笄矣，此《曲禮》所云是也。其或至二十猶未許嫁，則亦必笄矣，《雜記》所云是也。既笄則必字之，伯姬以字書其爲既笄之女，無可疑者，至許嫁與否，則不可知也。

昳

《文七年》：「昳晉大夫使與公盟。」解詁曰：「以目通指曰昳。」

愚按：此字有從「矢」從「失」之異，所争豪釐。刻本漫漶，不易辨别。《玉篇·目部》：「瞋，式潤切。目動也。瞬，同上。昳，亦同上。《公羊傳》『郤克昳魯、衛之使』。」雖不引此傳，而此傳義與彼同，是顧野王所見《公羊傳》作「昳」也。又有「眣」字：「丑乙、達結二切，目不正也。」不引《公羊傳》，則六朝以來相承《公羊傳》作「昳」不作「眣」矣。《説文·目部》有「眣」字云：「目不正也。」凡人以目通指，必邪視之。與《公羊傳》義亦似有合，而顧野王所見《公羊傳》

則非此字也。「眣」字不見於《説文》，愚謂「眣」爲「瞚」之或體，宜從矤省聲，猶「螾」之或體作「蚓」矣。

又按：《説文·旻部》：「旻，舉目使人也。」此義與《公羊傳》義最合。旻讀若颰，颰從朮聲，與眣從失聲正同部字，則疑《公羊傳》本作「眣」，爲「旻」之叚字。而自六朝以來皆沿訛作「眣」，何也？

守文王之法度

《文九年》：「是子也，繼文王之體，守文王之法度。文王之法無求而求，故譏之也。」

愚按：「度」字衍文也，「守文王之法」與「繼文王之體」相對成文。下云「文王之法無求」即承「守文王之法」而言，若此句有「度」字，則下句亦當有「度」字矣，葢涉注中「文王始受命制法度」而衍，注有「度」字者，何氏用以足句耳。

而微至乎此

《宣十二年》：「莊王曰：『君之不令臣交易爲言，是以使寡人得見君之玉面，而微至乎此。』」解詁曰：「微，喻小也，積小言語以致於此。」

愚按：如注義，則增出「積」字，又增出「言語」字矣，且鄭伯請錫不毛之地，待命甚殷，莊王但言其至此之故，而於鄭伯所請竟置不答，亦非人情。今按：「微」當讀爲「豈」，《説文》「豈」字本從微省聲，古文以聲爲主，故「微」即可借作「豈」。微至乎此者，豈至乎此也。言何至如君所言之甚也，自明必不滅鄭，正所以答鄭伯之請也。

憂内也

《成二年》：「曹無大夫，公子手何以書？憂内也。」解詁曰：「《春秋》託王于魯，因假以見王法。明諸侯有能從王者征伐不義、克勝有功，當褒之，故與大夫。敵君不貶者，隨從王者，大夫得敵諸侯也。」

愚按：如何注，並無「憂内」之義，非傳意也。《襄三十年傳》曰：「卿則其稱人何？貶。曷爲貶？卿不得憂諸侯也。」解詁曰：「明大夫之義，得憂内不得憂外。」此年鞌之戰，以齊病魯、衛之故，曹使大夫帥師從魯與齊戰，《春秋》託王於魯，故曹憂外而謂之憂内，内謂魯也。《昭二十五年傳》曰：「宋公佐卒于曲棘。諸侯卒其封内不地，此何以地？憂内也。」解詁曰：「宋公聞昭公見逐，欲憂納之，至曲棘而卒，故恩録之。」何氏於彼傳解説甚明，不知此注何以不瞭也。

鸛鵒

《昭二十四年》：「有鸛鵒來巢，何以書？記異也。」〔一〕解詁曰：「鸛鵒，猶權欲。宜穴又巢，此權臣欲國，自下居上之徵也。」釋文曰：「鸛，音權。《左氏》作鸜，音劬。」

愚按：《詩・東山篇》「鸛鳴于垤」，非鸜鵒也，《東山》之「鸛」，《説文・雚部》止作「雚」，其在《鳥部》從鳥作「鸛」者曰：「鸛〔二〕專，畐蹂。如䧿，短尾，射之，銜矢射人。」則與此絶異矣。《玉篇・鳥部》：「鸛，古亂切。鸛鳥，鵲屬。」不以爲「鸛鵒」之「鸛」。「鴝，具愚切，鴝鵒也。鸜，同上。」「䴉，巨負〔三〕切。䴉鵒亦鴝鵒也。」疑古本《公羊》作「䴉鵒」，故何邵公以權欲説之，顧野王以「鴝」爲正文，所載異文鸜、䴉二字，「鸜」本《左傳》，「䴉」本《公羊傳》也。

以搴爲几

《昭二十四年》：「以搴爲几。」〔四〕

〔一〕「有鸛鵒來巢」三句，出《昭公二十五年》。

〔二〕鸛，原誤作「驩」，據今本《説文解字》改。

〔三〕負，原作「負」，據《玉篇》改。

〔四〕以搴爲几，出今本《昭公二十五年》。

愚按：古不騎馬，何以有韋？且以馬鞍置地上，傾側不平，豈可以爲几乎？「韋」疑「案」之叚字，《周禮·掌次》所謂「張幕設案」者也。《説文·木部》：「案，几屬。」故可以爲几。案以木爲之，故從木。然《周禮·掌次》有「氈案」，案可以氈爲之，宜亦可以革爲之。「韋」字之義，本謂以革爲案，以物言則案之異製，以字言則案之别體也。其後騎馬之事起，即名其所藉以騎馬者曰「韋」，而「韋」之本義轉爲所奪矣。此傳「韋」字尚其本義，説者以後起之義釋之，非傳義也。

社者封也

《哀四年》：「社者封也。」解詁曰：「封土爲社。」

愚按：封土爲社，因謂之「封」，於義未足。社者封也，疑本作「社者土也」。蓋社從示、從土會意，而實即從土聲。社者土也，以聲訓也。《緜篇》「乃立冢土」，傳曰：「冢土，大社也。」以大訓冢，以土訓社，皆古訓也。何注「封土爲社」，正釋「社者土也」之義。今作「社者封也」，涉注文而誤。

孟子

《哀十二年》：「其稱孟子何？諱娶同姓，蓋吴女也。」疏曰：「若言宋之長女，爲魯侯之妾而卒之。」

愚按：此襄杜預説，其説非也。果欲託之他國，則魯夫人多姜氏者，何不曰「孟姜」，而必曰「孟子」乎？《論語》曰：「君娶於吴爲同姓，謂之吴孟子。」是魯人當日本連「吴」字稱之，其不以爲宋女可知矣。《左傳》疏引賈氏云：「若言吴之長女。」此説得之。《詩·南山篇》：「齊子由歸。」傳曰：「齊子，文姜也。」疏曰：「齊侯之子女文姜。」孔疏釋「齊子」極爲明白，知「齊子」之義，即知「吴孟子」之義矣。《論語》朱注亦云：「使若宋女子姓者然。」襲杜注、徐疏之誤，非古義也。

以君子之爲

《哀十四年傳》：「制《春秋》之義以俟後聖，以君子之爲，亦有樂乎此也。」解詁讀「以俟後聖」四字爲句，「以君子之爲」五字爲句，疏因云「君子謂孔子」，愚謂非也。「以俟後聖以君子之爲」九字爲一句，上文云：「末不亦樂乎，堯舜之知君子也。」蓋堯舜樂孔子之爲君子，孔子亦樂後聖之爲君子，故曰：「制《春秋》之義，以俟後聖以君子之爲，亦有樂乎此也。」

徐彦

《四庫全書提要》云：「《公羊傳》，唐徐彦疏。」阮氏《校勘記》序云：「徐彦，時代里居不可考。光禄寺卿王鳴盛云『即《北史》之徐遵明』，不爲無見。」

愚按：阮説非也。《成四年》：「鄭伯堅卒」，疏云：「《左氏》作『堅』字，《穀梁》作『賢』字，今定本亦作『堅』字。」定本乃唐初顔師古所爲，作疏者得見定本，則其爲唐人無疑，决非北史之徐遵明矣。

春秋穀梁傳

知其不可知

《穀梁隱三年傳》：「其不言食之者，何也？知其不可知，知也。」

愚按：上「知」字上奪「不」字，本作「不知其不可知，知也」。疏云：「謂聖人慎疑，作不知之辭者，知也。」是其所據本必作「不知其不可知」，乃其述傳文亦無「不」字，後人據已奪之傳文而删之也。

孤未爵

《隱三年》：「武氏子者何也？天子之大夫也。天子之大夫，其稱武氏子，何也？未畢喪，孤未爵。」范氏集解曰：「平王之喪在殯。」

愚按：此非傳意也。傳蓋謂武氏子之父死未久，武氏子雖其嗣子，而以喪未畢，未受朝廷爵命，故曰「未畢喪，孤未爵」。孤者，嗣子之稱。《禮記·雜記篇》：「相者入告，出曰：『孤某須矣。』」正義曰：「孤謂嗣子。」傳所以稱武氏子爲孤也。下文云「未爵使之，非正也」，言武氏子未受爵命，即使奉使於諸侯，非禮之正耳。范注誤以平王之喪説之，殊失傳意。

魚卑者之事也

《隱五年》：「魚，卑者之事也。」

愚按：以魚爲卑者之事，則穀梁子讀經文「魚」字爲「漁」，以人言不以物言也。《左氏傳》云：「公將如棠觀魚者。」亦是讀「魚」爲「漁」。魚者，猶言漁者，《左》、《穀》義合。惟《公羊傳》「百金之魚公張之」，則讀如本字。

自天子至諸侯皆用八佾

《隱五年》：「尸子曰：『舞夏，自天子至諸侯皆用八佾。』」集解曰：「言時諸侯僭侈，皆用八佾。」

愚按：此非尸子意也。若謂八佾是僭，則魯用六佾自是美事，何以下文云「始厲樂矣」，反加以不美之名乎？蓋尸子之説與穀梁子不同，穀梁子謂天子八佾、諸侯六佾，尸子則謂自天子至諸侯，凡人君皆八佾。以尸子説差之，大夫其六佾、士其四佾與？其説亦或可信。季氏大夫本用六佾，故其僭也遂用八佾。若季氏本用四佾，未必驟僭八佾也。《公羊傳》載子家駒之言曰「諸侯僭天子，大夫僭諸侯」，可知季氏僭諸侯非僭天子。

桓無會

《桓二年》：「冬，公至自唐，桓無會。而其致何也？遠之也。」集解曰：「桓會甚衆，而曰『無會』，蓋〔一〕無致會也。」

愚按：「無致會」但曰「無會」，於文不備。疑此傳本作：「桓無會而致，其致何也？遠之也。」桓無會而致，謂桓會皆不致，即范氏所謂「無致會也」。傳寫奪「致」字猶賸「而」字，至《十六年傳》云「桓無會其致何也」，則並「而」字奪之矣。

陳侯鮑卒

《桓五年》：「陳侯以甲戌之日出，己丑之日得。不知死之日，故舉二日以包也。」集解曰：

〔一〕 蓋，今本集解作「善」。

「國君獨出，必辟病潛行。」

愚按：《公羊傳》曰：「怴也。」何休曰：「怴者，狂也。」近人鍾文蒸作《補注》，以《公羊傳》説范注「辟病」：「謂辟易之病即狂也。」實非范氏之意。「辟病」若是辟易之病，則猖狂妄行不得云「潛」矣。釋文曰：「必辟，音避。本又作避。」則相承舊讀固作逃避之避，不作辟易之辟也。病不可辟而言辟病者，古人必有是説。《續齊諧記》載汝南桓景用費長房説，九月九日舉家登山，及還，見鷄犬牛羊一時暴死。此雖不足信，然亦可見古有避病之説矣，今人遇瘧疾亦有出避之而愈者，余親見之。

惡戰則殺矣

《莊六年》：「冬，齊人來歸衛寶。以齊首之，分惡於齊也。使之如下齊而來我然，惡戰則殺矣。」集解曰：「若衛自歸寶於齊，過齊然後與我齊首其事，則我與王人戰罪差減。」

愚按：上經「公會齊人、宋人、陳人、蔡人伐衛」「王人子突救衛」「衛侯朔入于衛」，是魯之不遵王命，固顯然矣。然實無與王人戰之文，且與王人戰乃戰之惡，當云「戰惡殺矣」。今云「惡戰則殺矣」，尋「則殺」之義，疑此「戰」字虚而非實。《小爾雅·廣言》曰：「戰，交也。」葢戰必兩國共之，無一國獨戰者也。使此經書云「衛人來歸寶」，或云「取衛寶于齊」，則魯獨專其惡矣。今云「齊人來歸衛寶」，是分惡于齊，於是齊人以惡委之魯，魯人以惡委之齊，若交戰然，而魯惡可以少減，故曰「惡戰則殺矣」。惡言「戰」，猶功言「争」，兩功相争則功小，兩惡相戰則惡輕。

糴糴也

《莊二十八年》：「告，請也。糴，糴也。」

愚按：古書以同字爲訓者往往有之，然必有虚實異義。如《莊元年傳》云：「孫之爲言猶孫也。」是其例也。若此兩「糴」字無可分别，豈亦如「伐」字之有長言短言乎？疑下「糴」字當作「糶」。《説文・入部》：「糴，市穀也，從入從糴。」《出部》：「糶，出穀也，從出從糴。」經書「告糴」者，從魯言之也，傳者因經書「告糴于齊」，恐讀者不達，以爲請入穀于齊，故釋之曰「糴，糶也」，謂告糴實是告糶，請齊出穀，非請齊入穀也。蓋經從魯言之，傳從齊言之耳。糴之與糶，猶買之與賣。《周禮・萍氏》注：「苛察沽買過多。」釋文曰：「買或作賣。」蓋自此言之謂之買，自彼言之謂之賣，義本相通。故自此言之謂之糴，自彼言之謂之糶，義亦得通耳。

蓋納頓子者陳也

《僖二十五年》：「秋，楚人圍陳，納頓子于頓。納者，内弗受也。圍，一事也。納，一事也。

而遂言之，蓋納頓子者陳也。」集解曰：「圍陳，使納頓子。」

愚按：楚欲納頓子，自可以兵納之，何必圍陳而使納乎？杜預注《左傳》曰：「頓迫於陳而出奔楚，故楚圍陳以納頓子。」此説得當時之實。疑此傳本云「蓋出頓子者陳也」，明頓子出奔由於陳，則楚人圍陳納頓是一事矣。因涉經文，誤作「納頓子者陳也」，義不可通。

進不能守退敗其師

《僖三十三年》：「秦越千里之險，入虚國，進不能守，退敗其師，徒亂人子女之教，無男女之别。秦之爲狄，自殽之戰始也。」

愚按：「進」字衍文，「徒」字屬上讀。入虚國不能守退句敗其師徒句「退」字與上「入虚國」三字相對爲義，不必有「進」字也。疏云「本或别進字者」當作「别本或有進字者」，明所據本無「進」字矣。「亂人子女之教，無男女之别」不連「徒」字讀，「徒」字自屬上，「敗其師徒」猶云「師徒撓敗」也。「亂人子女」二句不知所指，疏云：「謂入滑之時縱暴亂也。」《左傳》載蹇叔之言曰：「勤而無所，必有悖心。」則此事容或有之。但傳謂「秦之爲狄，自殽之戰始」，恐别有説。按《史記·秦本紀》於此事後載由余事，繆公問由余曰：「中國以詩書、禮樂、法度爲政，然時尚亂。今戎夷無此，何以爲治？」由余笑曰「此乃中國所以亂也」云云，繆公乃用内史廖策，以女樂二八遺戎王。所云「亂人子女之教，無男女之别」，或即指此。其後由余歸秦，待以客禮，則以其治戎者治秦，而秦於是乎狄矣。夫秦得周之故都、文武成康之舊治也，而秦俗之敝，至於婦公並踞，殆即用由余之效與？苟求富强，棄其本俗，故曰「秦之爲狄自殽之戰始」也。

輔人之不能民

《文十一年》：「輔人之不能民而討，猶可。入人之國，制人之上下，使不得其君臣之道，不可。」〔一〕集解曰：「輔相鄰國，有不能治民者，而討其罪人則可。曰猶可者，明鄰國之君無輔相之道。」

愚謂：楚討夏徵舒，討弑君之賊，非討其不能治民也。討弑君之賊，亦非輔相之謂也。且謂鄰國無輔相之道，討賊非宜，則孔子不當請討陳恒矣。范注非是，由其於「不能民」三字未得其解耳。能者，善也。《漢書·百官公卿表》：「柔遠能邇。」注曰：「能，善也。」蓋古以賢、能並稱，能猶賢也。賢、能並善也，「不能」猶「不賢」也，不能、不賢並不善也。人之不能民，猶《文十二年公羊傳》所謂「君之不令臣」，「不能」猶「不令」也。不曰「臣」而曰「民」，賤之之辭也。公孫

〔一〕「輔人之不能民而討」數句，出今本《宣公十一年》。

寧、儀行父從君於昏，其在陳也，可謂不善之人矣。楚子聽此二人之言，興師伐陳，是謂輔人之不能民而討。然夏徵舒實有可討之罪，則討之猶可也，遂納此二人於陳。則入人之國，制人之上下，使不得其君臣之道，大不可矣。傳意如是，范注失之。

猶存公也

《文十六年》：「執者不舍，而舍公所也。執者致，而不致公在也。何其執而辭也？猶存公也。」[一]集解曰：「時行父雖爲晉所執，猶欲存公之所在，故不致行父。又言舍之，皆所以見公在苕丘。」

愚按：以公在苕丘釋「存」字，非傳意也。《襄十年傳》曰：「會夷狄不致，惡事不致，此其致何也？存中國也。中國有善事則并焉，無善事則異之存之也。」此傳「存」字與彼傳「存」字同。上云「何其執而辭也」，問何以見執之後，猶爲之解說也。《禮記·表記篇》：「故仁者之過易辭也。」注曰：「辭猶解說也。」蓋書「舍之于苕丘」，又不書「至自晉」，皆見行父仍在公所，解說其見執之恥，所以存公也。下云「存意公亦存也」，此「也」字讀爲「邪」，古也、邪不別，乃問者

[一]「執者不舍」數句，出今本《成公十六年》。

之辭。言有此存之之意，公亦爲之存邪？故下文答之曰「公存也」。范注誤解「存」字爲公之所在，故上下文皆失其解。又「公亦存也」，楊疏誤作「公亦存焉」，石經從之，轉與「公存也」語意重複，由不知「也」字即爲「邪」字故耳。

自禍

《成十二年》：「晉殺其大夫郤錡、郤犨、郤至。自禍於是起矣。」〔一〕愚按：「自禍」二字無義。疑「自」字乃「晉」字之誤，集解但曰「厲公見殺之禍」，不釋「自」字，疏亦無説，疑其所據本固作「晉禍於是起矣」，故不煩解説也。

賁泉

《昭五年》：「叔弓帥師敗莒師于賁泉。」集解曰：「賁泉，魯地。」愚按：此杜預之説也。然説《左傳》則可，説《穀梁》則不可。下文云：「狄人謂賁泉失台。號從中國，名從主人。」則賁泉爲莒地明矣，惟其爲莒地，莒用狄道，故謂賁泉爲失台。若是魯地，魯人豈用狄道乎？《公羊》作「濆泉」，其傳曰：「濆泉者，直泉也。直泉者，湧泉也。」何邵公

〔一〕「晉殺其大夫郤錡、郤犨、郤至」二句，出今本《成公十七年》。

謂「外異不書」，則固以爲非魯地矣。疑范氏本作「賁泉，莒地」，後人據杜預《左傳注》改之，徐彦《公羊傳疏》云「在莒魯界上」，其或然乎？

王父名子也

《昭七年》：「君子不奪人名，不奪人親之所名，重其所以來也，王父名子也。」集解曰：「父受命名于王父，王父卒，則稱王父之命名之。」

愚按：此説泥矣。王父在，則王父名之。王父不在，則父名之。《内則》但言「父名之」者，著其常；《穀梁》必言「王父名之」者，舉其重。

艾蘭

《昭八年》：「艾蘭以爲防。」集解曰：「蘭，香草也。防爲田之大限。」疏曰：「蘭是草之貴者，艾之爲防，則逢蘭同翦，故舉以包之。」

愚按：艾草爲防，不得專舉蘭之一名，不如竟云「艾草」尤足包之矣。且但艾其草，則四畔仍無界限，何足爲防？范解非也。《西京賦》云：「武庫禁兵，設在蘭錡。」李善引劉逵《魏都賦》注曰：「受他兵曰蘭，受弩曰錡。」《管子・小匡篇》：「輕罪入蘭盾、鞈革、二戟。」尹注曰：「蘭即所謂蘭錡，兵架也。」是蘭爲兵器之架。「艾」當作「乂」，《説文・丿部》：「丿，右戾也；乀，左戾也。乂，芟艸也。從丿從乀相交。或體作刈，從刀。」竊謂「乂」字從左戾右戾取義，似非芟艸之謂，芟艸字正當作「刈」耳。乂字與爻同意，蓋從丿從乀則爲乂，讀魚廢切；從二乂則爲爻，讀胡茅切；從二爻則爲㸚，讀力几切。三字音讀不同，而義則相近。爻，交也；乂，亦交也。物相交則有亂義。《廣雅·釋詁》：「殽，亂也。」殽從爻也，古訓反復相通，亂即有治義。《爾雅·釋詁》：「乂，治也。」乂之訓治，與殽之訓亂，一意之引申也。此云「乂蘭以爲防」者，陳列兵架以爲田界，必左右相交，故用此乂字，正古人用字之精矣。《周書·王會篇》：「外臺之四隅，張赤帟，爲諸侯欲息者皆息焉，命之曰爻閭。」「乂蘭」之「乂」，「爻閭」之「爻」，皆交之義也。此傳本作「乂蘭以爲防」，上云「以葛覆質以爲槷」，下云「置旃以爲轅門」。質，椹也；旃，旌旗也；此文之「蘭」，兵架也。物皆同類。説者誤以「蘭」爲「蘭草」，遂誤以「乂」爲芟艸之「刈」，相沿作「艾」，而傳義晦矣。

許世子止弑君

《昭十九年》：「夏，五月戊辰，許世子止弑其君買。日弑，正卒也。正卒，則止不弑也。不弑而曰弑，責止也。」集解曰：「責止不嘗藥。」

愚按：以許止爲不嘗藥，宋歐陽氏辨之詳矣。其言曰：「止實不嘗藥，則孔子決不書曰

『弑君』，孔子書爲『弑君』，則止決非不嘗藥。」然余考公羊、左氏《傳》，皆無責許止不嘗藥之説。《左傳》曰：「許悼公瘧，五月戊辰，飲太子止之藥，卒。太子奔晉。書曰『弑其君』，君子曰：『盡心力以事君，舍藥物可也。』」杜注曰：「藥物有毒，當由醫，非凡人所知。譏止不舍藥物，所以加弑君之名。」是杜意謂世子誤進醫者所爲之藥，致其父服之而死也。孔氏《正義》曰：「責止不舍其藥物，言藥當信醫，不須己自爲也。《釋例》曰：『醫非三世不服其藥，古之慎戒也。人子之孝，當盡心嘗禱而已，藥物之劑，非所習也。許止身爲國嗣，國非無醫，而輕果進藥，故罪同於弑。』」是杜氏《釋例》之説，與注又微異，謂許止自以所爲之劑進父，父服之而死也。二者未知孰是。然傳責其不舍藥物，則非責其不嘗藥物矣，是《左氏》無不嘗藥之説也。《公羊傳》：「冬，葬許悼公，賊未討何以書葬？不成于弑也。曷爲不成于弑？止進藥而藥殺也。止進藥而藥殺，則曷爲加弑焉爾？譏子道之不盡也。其譏子道之不盡奈何？曰：『樂正子春之視疾也，復加一飯則脱然愈，復損一飯則脱然愈，復加一衣則脱然愈，復損一衣則脱然愈。』」味其語意，是亦《左氏》「盡心力以事君，舍藥物可也」之意，是《公羊》無不嘗藥之説也。至《穀梁》乃有許世子不知嘗藥之説，歐陽之論以駁《穀梁》則可，以駁《公羊》《左傳》則不可。《公羊》《左傳》所載，自是當時實事，止不弑君而書「弑君」，非《春秋》之苛論，理固宜然也。今律：凡人子殺死其父者，雖過誤亦凌遲處死。此正《春秋》書許世子弑君之例矣。

蔡侯東

《昭二十一年》：「冬，蔡侯東出奔楚。東者，東國也。何爲謂之東也？王父誘而殺焉，父執而用焉，奔而又奔之。曰『東』，惡之而貶之也。」

愚按：譏二名者，《公羊》之説，非《穀梁》之説，且《公羊》譏二名者，譏其人之有二名，非削其一名以示貶也，《穀梁》此傳似有可疑。今按：《公羊》及《左傳》均作「蔡侯朱出奔楚」，《二十三年》書「蔡侯東國卒」，《左傳》無説。何休謂蔡侯朱出奔，爲東國所篡，是《公羊》家以朱與東國爲二人也，疑此經亦作「蔡侯朱出奔楚」，與《公羊》《左傳》同。而《穀梁》家説，則謂朱即東國，故發傳曰「朱者，東國也」，明此年奔楚之蔡侯朱，即《二十三年》書卒之蔡侯東國，其人有二名耳。傳文除「東國」外，諸「東」字皆當作「朱」。

此皆無公也

《昭二十九年》：「叔倪卒，季孫意如曰：『叔倪無病而死。此皆無公也，是天命也，非我罪也。』」集解曰：「言叔倪欲納公，無病而死，此皆天命，使魯無君爾。」

愚按：叔倪欲納公，事無所出，范之臆説耳。叔倪乃文公子叔肸之後，亦魯之公族，今無病而死，公族凋零，是亦公室不振之兆，故曰「此皆無公也」，猶《左傳》載萇宏語，以南宫極震知天之棄西王也。

若此時

《定四年》：「君若有憂中國之心，則若此時可矣。」

愚按：「若此時」當作「此若時」，古書往往以「此若」二字連文。《管子・山國軌篇》：「此若言何謂也。」《地數篇》：「此若言可得聞乎。」《墨子・尚賢篇》：「此若言之謂也。」《節葬篇》「以此若三聖王者觀之」，又曰「以此若三國者觀之」，並以「此若」連文。若，亦此也，古語不嫌複也。《公羊》載此事曰：「君如有憂中國之心，則若時可矣。」若時，即此時也。《公羊》作「若時」，《穀梁》作「此若時」，語意不異。誤作「若此時」，失古人語意矣。何休注《公羊》云「猶曰『若是時』」，是何邵公已不達古語。

石尚欲書春秋

《定十四年》：「石尚欲書《春秋》。」

愚按：孟子以魯《春秋》與晉《乘》、楚《檮杌》並言，則魯之舊史本名《春秋》，即《公羊》所謂「不脩《春秋》」也，然石尚以天子之士，何故欲書於魯國之《春秋》？於理難通。疑此所謂《春秋》，正孔子所脩之《春秋》也。《左傳》序正義引《家語·觀周篇》云：「孔子將脩《春秋》，與左丘明乘，如周，觀書於周史，歸而脩《春秋》之經，丘明爲之傳。」此真《家語》之文，非今所行王肅僞造者，其説可信。然則孔子生平凡兩適周，先時與南宫敬叔適周，是一適也。此與左丘明適周，是再適也。《史記》不載後適周事，故至今不知《春秋》之作始於何年。何休用《演孔圖》説，謂獲麟而作《春秋》，則哀十四年孔子歸魯久矣，不聞再出，何有適周觀書之事？疑齊歸女樂，孔子去魯，知道之不行，即有作《春秋》之志，《史記·孔子世家》載去魯在定十四年，而《魯世家》則在定十二年，《十二諸侯年表》同，疑得其實。《孔子世家》載去魯即適衛，夫孔子以魯郊不致膰俎而行，魯郊在春，孔子去魯必以春，自魯至衛相距非遠，而《年表》於定十三年、衛靈公三十八年始書「孔子來」，雖去國遲遲，不至於此。疑孔子去魯後，即與左丘明適周，史失載耳。石尚者，葢當時之賢士也，與孔子周旋，預聞其事，知孔子作《春秋》，立百王之大法，爲不朽之盛業，欲書名其間以爲光榮，故請爲歸脤之使，求在書名之例。孔氏相傳有此一事，穀梁子聞之而著於傳，非虚言也。齊大史子輿曰：「天將欲素王之乎？」儀封人曰：「天將以夫子爲木鐸。」石尚卓識不在此兩人之下。今石尚名氏與《春秋》並傳，克副其意矣。乃《穀梁》之言，人不之信。宋劉敞曰：「孔子是時未作《春秋》，石尚安得書？」不知石尚知孔子欲作《春秋》即有此請，非必至魯親觀孔子執筆書己姓名也。王應麟曰：「宰晅歸賵，石尚歸脤，經書天王以是始終，傷周而歎魯也。《穀梁》謂石尚欲書《春秋》，曾是以爲禮乎？」不知石尚之欲書《春秋》，與《春秋》之書石尚不得并爲一談。在孔子作《春秋》，雖非石尚亦書也，豈謂孔子徇石尚所欲而書之乎？

茶香室經説卷十四

左傳上

費庈父勝之

《隱二年左傳》：「司空無駭入極，費庈父勝之。」杜注曰：「庈父，費伯也。前年城郎，今因得以勝極。」正義曰：「傳本其勝之所由，歸功於費伯。」

按：入極者爲司空無駭，而復云「費庈父勝之」，義殊可疑，謂歸功費伯，文亦未明，殆未得其解。竊謂：勝之者，滅之也。《周易・繫辭傳》：「吉凶者，貞勝者也。」虞翻注曰：「勝，滅也。」是勝即爲滅也。費庈父即費伯，前年帥師城郎者。極與郎地必相近，無駭入極，傳例所謂「弗地曰入」也。費庈父因無駭入極之後，極之君民奔潰，乃自郎邑帥師，勝而有之。費伯城郎，《春秋》不書，故費庈父勝極，《春秋》亦不書，而魯之舊史固載其事，《左氏》采取以入此傳。其不曰「滅之」而曰「勝之」，蓋亦魯史之辭，諱滅國也，猶之乎君奔曰「孫」，殺大夫曰「刺」，皆魯史之辭也，然亦有所本。《書》序：「湯既勝夏，欲遷其社，不可，作《夏社》《疑至》《臣扈》。」「武王勝殷，殺受，立武庚，以箕子歸。作《洪範》。」滅國曰「勝」，其言古矣。

天子用八

《隱五年傳》：「公問羽數於衆仲，對曰：『天子用八，諸侯用六，大夫四，士二。』」杜注曰：「八八六十四人，六六三十六人，四四十六人，二二四人。」正義曰：「何休説如此。服虔以用六爲六八四十八，大夫四爲四八三十二，士二爲二八十六。」

此二説古今聚訟，愚謂皆非也。「用八」直是八人，「用六」直是六人，「大夫四」直是四人，「士二」直是二人。何以明之？歌與舞必當相稱。《儀禮·鄉飲酒篇》：「工四人二瑟。」鄭注曰：「四人，大夫制也。二瑟，二人鼓瑟，則二人歌也。」疏曰：「此鄉大夫飲酒而云四人，大射諸侯禮而云六人，故知四人者，大夫制也。若然，則士當二人，天子當八人爲差次也。」以此言之，天子歌工八人，舞亦八人。諸侯歌工六人，舞亦六人。大夫歌工四人，舞亦四人。士歌工二人，舞亦二人。其數正相當，不特服虔説太多，即何休説亦太多也。《昭二十五年傳》：「將禘於襄公，萬者二人，其衆萬於季氏。」蓋季氏大夫，舞用四佾，本止四人。魯公，舞用六佾，當有六人。季氏取其四人，以去合舊有之四人，則爲八人，即所謂「八佾舞於庭」也，而魯公之廟止有二人矣。然士舞本止二人，二人即二佾，非不可以成佾，則亦非不可以成舞，故此禘也竟以二人卒事。若從杜説，謂公當三十六人，則季氏所取無乃太多，何不並此二人而取之乎？魯公之廟本應三十六人，今止二人，直不成舞矣，麾而去之可也，何以曰「萬者二人」乎？即此而論，知「用六」六人，「用四」四人，《左傳》具有明證，上而天子八人，下而士二人，從可知矣。阮氏《校勘記》乃采惠氏之説，謂當作「萬者二八」，殊爲無據。或以《襄十一年》鄭人賂晉侯女樂二八爲二佾之樂，此則孔氏正義已駁之曰：「鄭人豈以二佾之樂賂晉侯？晉侯豈以一佾之樂賜魏絳？」且以愚意論之，女樂二八或兼歌舞言，歌工八人、舞者八人，故曰二八。蓋女樂本非正樂，故鄭人竟從天子之數以尊盟主，而晉侯分半以賜魏絳，則歌工四人、舞者四人，仍合大夫之本數也。

行出犬鷄

《隱十一年傳》：「鄭伯使卒出豭，行出犬鷄，以詛射潁考叔者。」杜注曰：「百人爲卒，二十五人爲行。」

按：《周禮·夏官》：「百人爲卒，二十五人爲兩。」未聞二十五人爲行也。孔疏引《周禮》「行司馬是中士，兩司馬亦中士」以證兩即是行，此説似是而非。按《周禮》：「政官之屬：大司馬卿一人，小司馬中大夫二人，軍司馬下大夫四人，輿司馬上士八人，行司馬中士十有六人。」又云：「凡制軍，萬有二千五百人爲軍，軍將皆命卿。二千有五百人爲師，師帥皆中大夫。五百人爲旅，旅帥皆下大夫。百人爲卒，卒長皆上士。二十五人爲兩，兩司馬皆中士。」中士之爵雖同，而天子之國，行司馬止十六人，至兩司馬，則雖小國，一軍亦有五百人。多寡懸殊，豈得謂兩司馬即行司馬乎？且於此文更有難通者，蓋二十五人爲兩，合四兩而成一卒，鄭伯既使卒出豭，此豭即四兩之人共出之，豈得更責其出犬鷄乎？若然，則竟云使一卒之人出一豭四鷄四犬可矣，何必別之曰「卒出豭，行出犬鷄」也？今仍依《周禮》説之，蓋軍司馬、輿司馬、行司馬皆平時在國常設之官，至軍將、師帥、旅帥、卒長、兩司馬，則行軍始設之。鄭注謂「選於六官、六鄉之吏，自卿以下德任者使兼官」是也。又下文注云：「有軍則置之，無則已。」雖以府史胥徒言，實則軍將以下皆然也。鄭爲次國，當有二軍，其伐許也，必有一軍居守。鄭伯使出征之一軍每一卒出豭，又使在國之一軍每一行出犬鷄，據天子之國行司馬止十六人，鄭國未知其數，而一軍之卒長當有一百二十五人，卒多行少，卒之所出，反重於行者。蓋鄭伯以射潁考叔者，自是軍中之人，非國中之人，特欲使一國共詛，以邀鬼神之聽，故亦使之薄有所出耳。且豭與犬鷄皆不言數，亦未知一行所出犬幾頭鷄幾尾也。

始殺而嘗

《桓五年傳》：「始殺而嘗。」杜注曰：「建酉之月。」正義曰：「以上下準之，始殺嘗祭實起於建申之月，今云建酉者，言其下限。」

愚按：杜以始殺爲建酉之月，殊爲失之。《禮記·月令》：「孟秋之月，鷹乃祭鳥，用始行戮。」又云：「天地始肅，不可以贏。是月也，農乃登穀，天子嘗新，先薦寢廟。」此建申之月始殺而嘗之證。杜謂是建酉之月，則於上下文皆不類。據上文「啓蟄而郊」，當今之雨水；「龍見而雩」，當今之小滿。下文「閉蟄而烝」，當今之小雪，則「始殺而嘗」宜當今之處暑。乃以爲建酉之月，則當今之秋分矣。以上下文例之，杜此注之誤顯然。《月令》「仲秋之月」曰「殺氣侵盛」，不得謂之「始殺」也。《春秋繁露·四祭篇》曰：「秋曰嘗。嘗者，以七月嘗黍稷也。」《月令》：「孟秋之月。毋以封諸侯。毋以割地。」鄭注曰：「古者嘗出田邑，此其月也，而禁封諸侯、割地，失其義。」然則先儒舊説，並以嘗祭在孟秋七月，杜必云「建酉之月」，何歟？正義引《哀十三年》子服景伯謂吴太宰曰：「魯將於十月上辛有事於上帝先公，季辛而畢。」是八月嘗祭之驗，不知黄池之盟，傳載在秋七月，則經書「秋公至自會」必在八月，景伯爲吴所囚，及户牖始言於太宰，度其時已是建申之月，故言「魯於十月上辛有事上帝先公」，又恐并十月上辛亦所不及，故言「季辛而畢」，寬其時日以誑吴人，豈足爲證乎？彼傳正義云：「景伯稱十月，當是周之十月。周之十月非祭上帝先公之時，且祭禮終朝而畢，無上辛盡於季辛之事，景伯以吴信鬼，故皆虚言以恐吴耳。」然則孔氏明知其爲虚言，何又引以證此傳乎？

嘉栗旨酒

《桓六年傳》：「嘉栗旨酒。」杜注曰：「嘉，善也。栗，謹敬也。」謹敬與善，語意不倫。正義曰：「劉炫以栗爲穗貌。」然既已成酒，豈當復言其穗之貌乎？二説並非也。「栗」當讀爲「洌」。《説文・水部》：「洌，水清也。」《周易・井》：「九五，井洌寒泉食。」王注曰：「洌，絜也。」嘉栗旨酒，謂此酒既善而又清潔也。栗、洌聲近，古得通用。《詩・東山篇》：「烝〔一〕在栗薪。」箋云：「栗，析也。古者聲栗、裂同也。」《考工記・弓人》「菑栗不迆」，鄭注曰：「栗，讀爲『裂繻』之『裂』。」栗得讀爲裂，故亦得讀爲洌。《詩・四月篇》：「冬日烈烈。」箋云：「烈烈猶栗栗也。」

〔一〕 烝，原作「丞」，據今本《詩經》改。

列猶栗，故栗亦猶洌矣。

荆尸

《莊四年傳》：「楚武王荆尸。」杜注曰：「尸，陳也。荆亦楚也。更爲楚陳兵之法。」正義曰：「楚本小國，雖時復出師，未自爲法式，武王初爲此楚國陳兵之法，名曰『荆尸』。」

愚謂：楚武王始爲此法，則當如《僖二十八年》「晉侯作三行」之例，書曰「楚武王作荆尸」，不得僅曰「楚武王荆尸」也。且是時鄰國稱之皆曰楚矣，如季梁曰「天方授楚」是也。楚人自稱亦曰楚矣，如鄧曼曰「夫豈不知楚師之盡行也」是也。武王創此陳兵之法，何不曰「楚尸」而曰「荆尸」乎？竊謂荆既楚之舊號，荆尸亦必是楚之舊法。當時鬬廉之敗鄖師，莫敖、屈瑕之敗絞人，各出新意，不循舊法。楚武王此年伐隨，則仍用荆之舊法以治其行陳，故曰「楚武王荆尸」。「荆」本實字，而此則虚用之，古人自有此文法也。

皋比

《莊十年傳》：「蒙皋比而先犯之。」杜注曰：「皋比，虎皮。」

按：「皋比」之爲虎皮，自來不得其解。正義曰：「《樂記》云『倒載干戈，包之以虎皮，名之曰建櫜』。其字或作『建皋』，故服虔引以解此。」然「建櫜」之「櫜」，鄭注以爲兵甲之衣，乃上文

「包」字之義，非上文「虎皮」之義，服説誤矣。孔穎達自爲説，則曰：「《僖二十八年》稱『胥臣蒙馬以虎皮』。以胥臣之事譬之，知定是虎皮。」若然，則《襄十年傳》「狄虒彌建大車之輪，蒙之以甲」，以狄虒彌之事譬之，亦得爲甲乎？且胥臣蒙馬以虎皮，則所蒙者馬也。狄虒彌建大車之輪，蒙之以甲，則所蒙者大車之輪也。皆明言所蒙之物，而此傳不言。事不一律，未可以彼例此矣。竊謂此傳不言所蒙何物，則所蒙者人也。《成十五年傳》「閒蒙甲胄」，《襄十四年傳》「被苫蓋，蒙荆棘」，諸《傳》「蒙」字皆以人言，此亦當同。《周官·方相氏》「掌蒙熊皮」，《文選·東京賦》注引《漢舊儀》作「蒙虎皮」。熊、虎同類，蒙熊、蒙虎或可不拘。先儒舊説謂「蒙虎皮」，義自可通，但「臯比」二字實與虎無涉。近世學者各爲之説，皆無依據。愚謂：此乃古言，若就「臯」字「比」字望文生訓，萬無可解。《荀子·非相篇》曰：「仲尼之狀，面似蒙倛。」楊注曰：「倛，方相也。四目爲方相，兩目爲倛。」「蒙臯比」與「蒙倛」文義相似。後世如齊蘭陵王長恭著假面與周師戰，又宋狄青每戰帶鐵面具，此皆公子偃蒙臯比之故智。乃唐以後，因杜氏此注，竟以臯比爲講學者之高坐，戴叔倫詩已有「臯比喜接連」之句，去「臯比」二字之本義，奚翅萬里矣。

未言

《莊十五年傳》：「以息嬀歸，生堵敖及成王焉，未言。」〔一〕杜注但曰「未與王言」。按：「言」與「語」有別。《論語・泰伯篇》「曾子言曰」，皇疏曰：「出己曰言，答述曰語。」息嬀之未言，蓋王問之則對，王不問及之，則不自出言也。下文：「楚子問之，對曰：『吾一婦人，而事二夫，縱弗能死，其又奚言。』」此即所謂「答述曰語」也。使謂息嬀事楚王，竟不出一語，下文何以隨問隨答，其應如響乎？且息嬀所守亦古禮也，《禮記・喪服四制篇》曰：「禮，斬衰之喪唯而不對，齊衰之喪對而不言。」婦人喪其夫，本是斬衰之喪，以既事二夫，故降從齊衰之喪，對而不言耳。後世詞人喜歌詠息夫人事，然此等處總未見及。

虞夏商周皆有之

《莊三十二年傳》：「故有得神以興，亦有以亡，虞、夏、商、周皆有之。」正義引《國語》內史過之言而曰：「其虞則《國語》不言，未知所謂。服虔云：『虞舜祖考來格，鳳皇來儀，百獸率舞。』傅會《尚書》以爲『得神以興』，則虞舜『得神以亡』者又安在也？」

〔一〕「以息嬀歸」三句，出今本《莊公十四年》。

愚按：虞夏連言，乃是古語。《尚書·虞書》正義曰：「馬融、鄭玄、王肅、《别録》皆曰『虞夏書』，以虞夏同科，雖虞事亦連夏。」此必古書之舊式，虞夏同科，虞事連夏，則夏事亦得連虞，故曰「虞夏商周皆有之」。虞夏也，商也，周也，四代實三代，《周語》内史過所説備矣。服氏不知虞夏連言之爲古語，必欲求虞舜事以實之，拘矣。

日有食之鼓用牲于社

《莊二十五年傳》：「夏，六月辛未，朔，日有食之。鼓，用牲于社，非常也。唯正月之朔，慝未作，日有食之，於是乎用幣于社，伐鼓于朝。秋，大水，鼓，用牲于社于門，亦非常也。凡天災，有幣無牲，非日月之眚，不鼓。」

愚按：「唯正月之朔」至「伐鼓于朝」二十三字，衍文也，乃爲左氏之學者據《昭十七年傳》增入之。《左傳》原文本云：「夏，六月辛未，朔，日有食之。鼓，用牲于社，非常也。秋，大水，鼓，用牲于社于門，亦非常也。」乃兩經合爲一傳，並以「非常」譏之。下乃分别之曰：「凡天災，有幣無牲。」明日有食之、用牲于社之非常也。曰「非日月之眚不鼓」，明大水伐鼓之非常也。《文十五年傳》：「六月辛丑，朔，日有食之，鼓，用牲于社，非禮也。日有食之，天子不舉，伐鼓于社，諸侯用幣于社，伐鼓于朝。」正與《莊二十五年傳》「天災有幣無牲」互相發明。至「正月之朔」云云，乃季平子之謬説。《昭十七年傳》云：「六月甲戌，朔，日有食之。祝史請所用幣，昭子曰：『日有食之，天子不舉，伐鼓於社。諸侯用幣於社，伐鼓於朝。』」與《文十五年傳》同，乃古之定制。下云：「平子禦之，曰：『止也。唯正月朔，慝未作，日有食之，於是乎有伐鼓用幣，禮也。其餘則否。』」此平子之謬説。《詩》云：「十月之交，朔日辛卯，日有食之，亦孔之醜。」果如平子言，則十月日食不足爲大醜矣。乃魯太史不以此折之，而反曰「在此月也」，杜注曰：「正月，謂建巳正陽之月。」以巳月爲正月，謬矣！太史雖有此説，而下文所引，絕無足以發明巳月爲正月者。平子不從，正以太史之説無稽耳。昭子退曰：「夫子將有異志，不君君矣。」昭子但以其不救日食爲有異志，而於平子與太史辨論正月之義略不之及。蓋平子本止託言，太史亦非塙論，昭子固置之不論也。乃爲左氏之學者於《莊二十五年傳》沾入此二十三字，不知傳者之意從平子乎？從太史乎？如從太史，則六月之朔爲建巳之月，正是正月，何反云「唯正月之朔」用幣伐鼓乎？杜氏乃云：「長厤推之，辛未實七月朔，置閏失所，故致月錯。」無論杜氏長厤未可據，即如其説，在當日因失閏而誤七月爲六月，魯之君臣固以爲正月也，即左氏作傳，亦以爲正月也，乃若逆知晉時有杜預爲之考正其誤者而發此傳，不亦異乎？愚故以爲此二十三字衍文也，非左氏義也。自是毛公傳《詩》，亦誤以正月繁霜爲夏之四月，辨見《曲園雜纂・達齋詩説》。

安而能殺

《閔元年傳》：「合而能固，安而能殺，公侯之卦也。」杜注曰：「比合屯固，坤安震殺。」正義曰：「震之爲殺，傳無明文。《晉語》云：『震，車也。』車有威武，故震爲殺也。」

愚按：震之爲殺，《易》無此義。《易·震》：「六三，震蘇蘇。」《集解》引虞注曰：「震爲生，故蘇蘇。」説《易》者方以震爲生，安得以爲殺乎？此「殺」字當讀爲「𣏂」。《昭元年傳》「殺管叔而蔡蔡叔」，釋文云：「上〔一〕『蔡』字，《説文》作『𣏂』字，從殺下米字，云：『𢹂𣏂，散之也。』」此傳「安而能𣏂」亦當如此作，即《曲禮》所謂「安安而能遷」也。如曰「能殺」，豈吉兆乎？以《易》義證之，震爲動，故有散義。《説卦傳》「震爲蕃鮮」，愚讀「蕃鮮」爲「播散」，説詳《群經平議》，然苦無所證，今得之於此傳矣。

尨涼

《閔二年傳》：「尨涼冬殺，金寒玦離。」杜注曰：「寒涼殺離，言無温潤。」杜以涼與寒連言，

〔一〕上，原誤作「下」。據廣東學院本及今本釋文改。

是謂涼亦寒也，然尨何以爲涼？疏亦未能申明其説。

愚謂：尨者，駁也，謂駁雜也。下文「尨奇無常」杜注曰：「雜色奇怪非常之服。」以尨爲雜色，得其義矣。《説文·牛部》：「牻，白黑雜毛牛。」「犉，牻牛也，《春秋傳》曰『牻犉』。」阮氏《校勘記》載之。然如其説，則犉即牻也，牻犉不猶牻牻乎？此説殊不可通。疑《説文》有奪誤，「犉」篆説解當作：「牻，牛也，一曰駁色也。《春秋傳》曰『尨犉』。」蓋「犉」與「牻」篆相次，本即白黑雜毛之牛，故曰牻牛也。而《春秋傳》「尨涼」古本作「尨犉」，訓爲駁色，故又出别一義曰「駁色也」，而引《春秋傳》「尨犉」之文爲證。今奪「一曰駁色也」五字，而「尨」字亦從牛旁作「牻」，則不可通矣。許君引《春秋傳》於「犉」篆下，不於「牻」篆下，知其所見《左傳》「涼」字作「犉」，「尨」字不作「牻」也。《廣韻·十陽》「犉」字下云：「牻牛，駁色。」牻牛爲一義，駁色又爲一義，可以補《説文》之缺。

屈産之乘

《僖元年傳》：「屈産之乘。」[一]杜注云：「屈地生良馬。」何休注《公羊》則云：「屈産，出名

[一] 「屈産之乘」，出今本《僖公二年傳》。

馬之地。」疏云：「謂屈産謂地名，不如〔一〕服氏謂『産』爲『産生』也。」是杜、服義同。然趙岐注《孟子》亦以「屈産」爲地名，蓋與「垂棘」對文。恐「屈産」當從何劭公義耳，惟不言「屈産」爲何地。閻氏《四書釋地》謂即夷吾所居，漢河東北屈縣，此從杜、服以屈爲地名也。然屈爲晉邑，則馬實晉産，不足爲罕矣。程大中《四書逸箋》引《寰宇記》：「屈産，泉名，馬飲此泉者良。」此從何休、趙岐以「屈産」爲地名，然未言屈産所在，當取《寰宇記》核之。愚按：《一切經音義》卷四云：「丘慈或言龜兹，正言屈支也。屈，音居勿反，多出龍馬。《左傳》云『屈産之乘』。」然則屈産之乘來從西域，與《漢書》天馬同，宜其爲晉國之寶。此説必有所本，説「屈産之乘」者當以此爲允。

專之渝

《僖四年傳》：「專之渝，攘公之羭。」杜注曰：「渝，變也。攘，除也。羭，美也。」不解「專」字。正義曰：「公若專心愛之，公心必將改變。」斯曲説矣。

愚按：此卜兆辭也。卜兆分金木水火土五體，横者爲土，立者爲木，斜向徑者爲金，背徑

〔一〕如，今本注疏作「似」。

者爲火，因兆而紐曲者爲水。見《洪範》正義。五行家以專爲吉，《淮南子·天文篇》曰：「水生木，木生火，火生土，土生金，金生水。子生母曰義，母生子曰保，子母相得曰專，母勝子曰制，子勝母曰困。」又曰：「以專從事有功。」疑此兆本爲子母相得之專，變而爲母勝子之制，故曰「專之渝」。晉獻公烝於齊姜而生太子申生，齊姜與申生，母子相得者也。齊姜死，又立驪姬爲夫人，其專也渝矣。申生之死，所謂「母勝子曰制」也。

諸侯官受方物

《僖七年傳》：「齊侯修禮於諸侯，諸侯官受方物。」杜注曰：「諸侯官司各於齊受其方所當貢天子之物。」

愚謂：方物者，諸侯所貢也，而反云諸侯受之，於義殊未安。今按：物猶事也，物之訓事，經典屢見。《哀元年傳》「不失舊物」，杜注：「物，事也。」《史記·吴世家》注引賈逵注曰：「物，職也。」物既爲事，亦得爲「職」。諸侯官受方物者，言諸侯官司各於齊受其方所當爲之職事耳。泥「物」字以解之，失其旨矣。

晉里克敗狄采桑

《僖八年傳》：「晉里克帥師，梁由靡御，虢射爲右，以敗狄于采桑。」杜注曰：「傳言前年事也。」

按：傳文追叙往事自有體例，如云「會于夷儀之歲」「於鄭子國之來聘也」，皆其例也。此傳「晉里克帥師〔一〕」數語，初無追叙之詞，杜乃云「言前年事」者，蓋以「虢射曰『期年狄必至』」，故以此爲前年事耳。今按：下文：「虢射曰：『期年狄必至，示之弱矣。』夏，狄伐晉，報采桑之役也。復期月。」杜注曰：「明期年之言驗。」然「復期月」三字不可解，「復」字何義，杜亦不言也。愚謂：采桑之役，自在本年，傳文承「八年，春，盟于洮」之下，則此役必在二三月閒也。虢射曰「期年狄必至」，而狄人即於是夏伐晉，正見以示弱之故，爲狄所輕。虢射雖能料事，然云「期年」，猶失之太遠也。下云：「報采桑之役也，復期月。」復者，反也，歸也。言晉人自采桑歸，僅期月耳，而狄師已至矣。「期月」有二解。《禮記・中庸篇》：「擇乎中庸而不能期月守也。」正義謂：「期月，帀一月。」《論語・子路篇》：「期月而已可也。」正義：「謂周一年之十二月。」此當從「帀一月」之説。

〔一〕 師，原誤作「帥」，據廣東學院本及今本傳文改。

千乘三去

《僖十五年傳》：「千乘三去，三去之餘，獲其雄狐。」杜無解。正義曰：「謂晉侯乘車三度敗壞而去。」則「千乘」字無著矣。

愚按：《論語·鄉黨篇》：「去喪。」孔注曰：「去，除也。」「三去」謂「三除」，蓋以算法言，千而以三除之則餘百，百而以三除之則餘十，十而以三除之則餘一，即所謂「雄狐」也，故曰「三去之餘，獲其雄狐」。

子朱及文之無畏爲右司馬

《文十年傳》：「宋公爲右盂，鄭伯爲左盂，期思公復遂爲右司馬，子朱及文之無畏爲左司馬。」杜注曰：「將獵，張兩甈〔一〕，故置二左司馬，然則右司馬一人當中央。」

愚按：此傳必有誤。如杜注，則當中央者反謂之右司馬，而左司馬二人分當左右，以當右者而得左名，名實之不稱甚矣。疑傳文本作「期思公復遂爲司馬，子朱及文之無畏爲左、右司馬」，蓋宋、鄭既分左、右，其中央必楚子也。期思公復遂爲司馬，不言左右，可知其在中矣。子

〔一〕甈，今本杜注作「甄」。

朱及文之無畏爲左、右司馬，則子朱左而文之無畏右，故下文宋公違命，無畏得抶其僕，自謂「當官而行」，以右司馬宜治右盂也。傳寫者以上文分言左盂、右盂，遂亦分而言之曰左司馬、右司馬，致成此誤。杜氏不能訂正，而曲爲之説，非也。

爰田

《僖十五年傳》：「晉於是乎作爰田。」杜注曰：「分公田之税應入公者，爰之於所賞之衆。」

愚按：此文「於是乎」三字承「衆皆哭」之下，不承「以君命賞」之下。若如杜所説，則晉國之衆方相聚而哭，即分公税以去，爲不情矣。《國語・晉語》：「衆皆哭句焉作轅田。」韋昭注引或云「轅田以田出車賦」而駁之曰：「此欲賞以悦衆，而言以田出賦，非也。」不知《國語》「焉」字即《左傳》「於是」字，古書多以「焉」字作「於是」用，説詳王氏《經傳釋詞》。此亦承「衆皆哭」而言，不承「賞以悦衆」而言也。其字作『轅』，其義當從或説「以田出車賦」，方與下文「衆悦晉於是乎作州兵」一律。杜注曰：「五黨爲州，使州長各繕甲兵。」正義曰：「《周禮》『鄉大夫以歲時登其夫家之衆寡，辨其可任者』，州長則否。今以州管人既少，督察易精，故使州長治之。」蓋作轅田、作州兵，皆於喪敗之後爲富强之計。至《説文》「䞨」篆説解：「䞨田易居。」此乃古田三歲一易之制，與《左傳》「轅田」無涉，不得引以説此傳也。

三百

《僖二十八年傳》：「距躍〔一〕三百，曲踴三百。」杜注曰：「百猶勵也。」正義曰：「以傷病之人，而再言『三百』，不可爲六百跳也。杜言『猶勵』，不知勵何所謂，葢復訓勵爲勉。」

愚按：「百」無勵義，亦無勉義，孔疏申杜，仍不可通。竊謂「百」當讀爲「拍」。《廣雅・釋詁》：「拍，擊也。」《釋言》：「拍，搏也。」「拍」與「搏」聲近而義通。《考工記》「搏埴之工二」，注云：「搏之言拍也。」然則「拍」亦「搏」也，「距躍三拍，曲踴〔二〕三拍」，葢謂踴躍而以手作搏擊之勢，各三度也。

亡大旆之左旃

《僖二十八年傳》：「亡大旆之左旃。」杜注曰：「大旆，旗名。繫旐曰旆，通帛曰旃。」正義曰：「《釋天》云：『緇廣充幅，長尋曰旐，繼旐曰旆。』則旆是旗之尾也，今別名『大旆』，則此旆有異於常，故以大旆爲旗名。『通帛爲旜』，《周禮・司常》文，鄭云：『通帛謂大赤，從周正色，

〔一〕躍，原作「踴」，據今本《左傳》改。
〔二〕踴，原作「踊」，據今本《左傳》改。

無飾。』謂之左旃，蓋是左軍所建者。」

愚按：以疏言之，殊不可通。旆是繼旐之物，因此旆異常，故即名此旗爲大旆。然此旗亦當仍是旐耳，非旐不得有旆也。旐之與旃，二者迥異。旐是黑色，旃是赤色。今云「大旆之左旃」，則是并爲一談，豈旐之左右各綴以通帛之旃乎？孔穎達亦自云「於事難明，不可强説」矣。

愚謂：大旆之左旃，言大旆與左旃也，猶《文十一年傳》言「皇父之二子」，言皇父與二子也。古人多以「之」字爲連及之詞，説見王氏引之《經傳釋詞》。蓋既亡大旆，并亡左軍之旃，杜注以旆、旃二字分别釋之，其義已明。猶《文十一年傳》注既出皇父與穀甥及牛父之名，其義亦明。止義不達杜意，於此傳則云「於事難明」，於彼傳則轉以馬融説「皇父二子，從父在軍，爲敵所殺」，爲於傳文爲順，皆由不達杜義，故不解傳文也。下文云「祁瞞奸命」，杜注曰：「掌此三事而不修，爲奸軍令。」所謂三事者：風于澤，一也；亡大旆，二也；亡左旃，三也。下注明言三事，知杜氏固不合大旆、左旃爲一矣。乃後人不達杜義，遂改「三事」爲「二事」。阮氏《校勘記》曰：「宋本、淳[一]熙本、岳本、足利本『三』作『二』，是也。」則反以誤本爲是矣。

[一] 淳，原作「湻」，避清帝諱。以下徑改。

不朁[一]孟明

《僖三十三年傳》：「孤違蹇叔，以辱二三子，孤之罪也。不朁孟明，孤之過也，大夫何罪。」王氏引之《經義述聞》謂「不朁孟明」乃《左氏》記事之詞，下文「孤之過也」方是穆公語，「孤之過也」上當有「曰」字。

愚按：此説非也。「違蹇叔」與「不朁孟明」皆穆公追述前事自悔之詞，言吾於此役違蹇叔而用孟明，是吾之過耳。蓋孟明雖有僨事之罪，而用之者穆公也，故穆公自引爲己過也。且其言雖似責孟明，實所以慰孟明，猶曰：「吾不用汝，汝何致僨事乎？」故即繼之曰「大夫何罪」也。其後穆公仍用孟明，固由此言發之，而當素服迎師之時，則用與朁皆所未及也。王氏謂是左氏記事之詞，轉於情事未合。

士榮爲大士

《僖二十八年傳》：「甯武子爲輔，鍼莊子爲坐，士榮爲大士。」杜注曰：「大士，治獄官也。《周禮》『命夫命婦不躬坐獄訟』，故使鍼莊子爲主。又使衛之忠臣及其獄官質正元咺。」正義

[一] 朁，今本《左傳》作「替」。

曰：「甯子爲輔，輔莊子也，以甯子位高，故先言之。士榮亦輔莊子，舉其官名，以其主獄事，故亦使輔之。」

按：如此，則鍼莊子爲主矣，晉乃殺士榮，何也？且以士榮爲治獄官，故舉其官名，則當云「甯武子與大士士榮爲輔」，不當云「士榮爲大士」也。「爲大士」與「爲輔」「爲坐」一律，皆當時所爲，非舉其平日之官也。竊疑鍼莊子爲坐，不過代衛侯坐訟耳，至其往反辨論，與晉獄官對理，則皆士榮爲之，名之曰「大士」，蓋當時有此名目也，衛侯不勝，故士榮之罪獨重，鍼莊子爲坐者次之，甯武子爲輔者更次之，下文殺士榮、刖鍼莊子、免甯俞，正以此也。

《成四年傳》：「楚子反救鄭，鄭伯與許男訟焉，皇戌攝鄭伯之辭。」疑皇戌即爲此訟之大士。或曰：安知非爲坐者？按《五年傳》：「鄭悼公如楚，訟，不勝。執皇戌及子國。」有皇戌又有子國，蓋子國爲坐，皇戌爲大士也。

帥甸

《文十六年傳》：「夫人王姬使帥甸攻而殺之。」杜注曰：「帥甸，郊甸之帥。」正義引《周禮・載師》「以公邑之田任甸地」而云：「帥甸者，甸地之帥。當是公邑之大夫。」

愚謂：公邑大夫，上文並無其人，大人何以能使之於事？似非是。今按《禮記・祭義篇》

「五十不爲甸徒」，鄭注曰：「四丘爲甸，甸六十四井也，以爲軍田出役之法。」正義曰：「『五十不爲甸徒』者，謂方八里之甸徒爲步卒。軍法：八里出長轂一乘，步卒七十二人。謂之甸者，以供軍賦及田役之事，五十氣力始衰，不爲此甸役、徒卒。」是甸役、徒卒謂之「甸徒」，則帥此甸役徒卒者，宜謂之「帥甸」。上文「夫人將使公田孟諸而殺之」，蓋已先有成謀，田必用甸徒，用甸徒則必有帥甸，而此帥甸乃夫人之黨，故爲此謀，不然何處不可行事，必使田孟諸何爲乎？杜不引《司馬法》而用《載師》爲説，未得其旨。

宦三年矣

《宣二年傳》：「宦三年矣。」杜注曰：「宦，學也。」正義曰：「《曲禮》『宦學事師』，則二者俱是學也。但宦者學仕宦，學者尋經藝。」

愚謂：古者學而後入官，未聞别有仕宦之學。疏説殊謬。杜訓「宦」爲學，亦非。《國語・越語》云：「與范蠡入宦於吴。」注曰：「宦，爲臣隸也。」靈輒所謂宦者，殆亦爲人臣隸，故失所而至窮餓如此。《僖十七年傳》曰：「妾爲宦女焉。」杜注曰：「宦，事秦爲妾。」此傳「宦」字，義與彼同。

有律以如己也

《宣十二年傳》：「有律以如己也。」杜注曰：「如，從也。法行則人從法，法敗則法從人。坎爲法象，今爲衆則散，爲川則壅，是失法之用，從人之象。」

按：杜注陳義甚高，而非傳旨。傳云「如己」，注乃云「從人」，不亦反乎？今按：王氏引之《經傳釋詞》曰：「以猶而也。」此傳「以」字即作「而」字用，言有律不從，而各從己意也。下文「有帥而不從」，即此句之義。

抽矢菆

《宣十二年傳》：「每射，抽矢菆，納諸厨子之房。」杜注曰：「抽，擢也。」

愚按：此「抽」字乃抽而去之之謂，非抽擢之謂也。《儀禮·喪服·傳》曰：「緦者十五升，抽其半。」鄭注曰：「抽猶去也。」此「抽矢」承「射」字之下，言每關弓而射，遇有好箭則抽去之，而納諸厨子之房也。知是抽去而非抽擢者，《昭二十一年傳》：「將注，則又關矣。曰：『不狎，鄙。』抽矢，城射之，殪。」杜解「抽矢」曰：「豹止不射。」蓋華豹已關弓，則矢在弦上矣，因公子城有「不狎鄙」之言，故復抽去其矢也。杜云「豹止不射」，於義正合，但不解「抽」字，如仍作抽擢解，則於止而不射之義不可通也。彼傳「抽矢」既作抽去解，則此傳「抽矢」亦當作抽去解。推之《孟子・離婁篇》，「抽矢叩輪」亦當作抽去解，蓋庾公之斯已關弓而來，矢在弦上，故抽去之而叩輪，以去其金也。自來解「抽矢」皆失其義，讀《昭二十一年傳》乃得之。

其三其六

《宣十二傳》：「其三曰：『鋪時繹思，我徂維求定。』其六曰：『綏萬邦，屢豐年。』」杜注曰：「此三六之數，與今《詩・頌》篇次不同，蓋楚樂歌之次第。」

愚謂：此非楚樂歌之次第，殆古《頌篇》舊第也。據今《詩》篇次，《武篇》之後、《酌》《桓》諸篇之前，有《閔予小子篇》《訪落篇》《敬之篇》《小毖篇》《載芟篇》《良耜篇》《絲衣篇》。於武王諸《頌》内羼入此七篇，殊爲不倫。疑古《頌》次第，《武篇》之後即繼以《酌》《桓》《賚》《般》四篇，而《賚》《般》在《酌》《桓》之前，《武篇》則分爲二章，「於皇武王，無競維烈，允文文王，克開厥後」爲一章，「嗣武受之，勝殷遏劉，耆定爾功」爲一章。楚子引「耆定爾功」謂之卒章，則後三句爲卒章，前四句爲前章矣。今從《武篇》數之，《武》前章第一，卒章第二，《賚篇》第三，《般篇》第四，《酌篇》第五，《桓篇》第六，而《閔予小子》諸篇皆次其後，較今《詩》次第似爲有倫。疑秦、漢閒學者錯亂之，非其舊也。

復室其子

《宣十四年傳》：「衛人以爲成勞，復室其子。」杜注曰：「復以女妻之。」

愚按：以女妻之，不必言「復」。劉炫以傳文無衛侯之女爲孔達之妻，規杜之失，是也。劉以爲達既被誅，家當没入官，復以孔達財物家室還其子。孔穎達以爲孔達本實無罪，衛人荷其功力，何得没其家資？則劉説亦未得也。今按：復室其子，猶言復立其子也。《文十二年傳》：「趙有側室曰穿。」杜注曰：「側室，支子。」正義曰：「《文王世子》云『正室守太廟』，鄭云『正室，適子也』，正室是適子，知側室是支子。」《禮記》正義曰：「『正室適子也』者，謂公卿大夫之適子也。」然則古公卿大夫之子有正室、側室之名，此孔達之子必其適子，故仍使居正室之位，免喪之後，當繼父而從政也。後人不知古制，故不達古語耳。

齊師以帥退

《成二年傳》：「每出齊師以帥退。」杜注曰：「齊師大敗，皆有退心，故齊侯輕出其衆，以帥厲退者。」

按：杜以「每出齊師以帥退」七字爲句，然「每出」承上文「三入三出」而言，不得連「齊師」讀。且「帥」有倡率之義，無帥厲之義，果如杜義，「以帥退」者直是倡率之使退矣。杜注非也。

劉炫以齊之將帥敗而怖懼，以師而退，不待齊侯，致使齊侯入于狄卒，此説於事理較近。然如其説，則改「齊師以帥退」爲「齊帥以師退」矣，亦未可從。今用劉説而小變之。齊侯既出，其軍中如師帥、旅帥之屬，自當稍明大義，豈有委其君而不待之理？無如大敗之後，號令不行，其勢披靡不可復止，於是各擁其帥以退，而不復能顧其君矣，所謂「齊師以帥退」也。齊侯無可歸，以致入于狄卒，入于衛師，當日情事至今可見。乃孔正義辨杜、劉之得失，則在上文「三入三出」句，杜以爲三入晉軍，劉以爲三入齊軍又三出齊軍，孔氏駁劉説曰：「傳文三入在前，三出在後。齊侯既先在齊軍，欲出求丑父，應先出後入，不應先入後出。且初時二出容有二入，在後之出，遂入狄卒，有出無入，何得云『三入』？」按：孔氏此論，所謂「固哉高叟之爲詩」矣。三出三入，極言其出入之頻數，乃古人屬辭之常。如季文子「三思」、柳下惠「三黜」，非必實計其數也。後人不達古人語意，於古書多不可通。如明郎瑛《七脩類稿》言伊尹五就桀、五就湯當作六就湯，且爲之圖以明之，皆孔穎達説「三入三出」之類也。

晉侯夢大厲

《成十年傳》：「晉侯夢大厲，被髮及地，搏膺而踊，曰：『殺余孫，不義，余得請於帝矣。』」杜注曰：「厲，鬼也，趙氏之先祖也。」正義曰：「《世本》云『公明生趙夙』，《晉語》云『趙衰，趙夙之弟』，則括之祖公明是也。服虔以爲公明之鬼。凡爲疫癘之鬼，皆妖邪之氣，未必真是彼人，故杜不復指斥。」

愚按：服説雖無所據，然趙公明之鬼至後世猶有靈爽。梁陶弘景《真誥・協昌期篇》載《建吉冢埋圓石文》云：「天帝告土下冢中直氣五方諸神趙公明等。」陶貞白博極群書，必當有本。《太平廣記》二百九十四卷云：「散騎侍郎王祐疾困，聞有通賓者。有頃，奄然來至，曰：『今年國家有大事，出三將軍，分布徵發吾等有十餘人，爲趙公明府參佐。」是唐時猶有此説。余著《壺東漫録》及《茶香室續鈔》曾采其説，因録以證服氏之舊説。

又按：六朝以來，相傳有趙公明之鬼，正以當時服注盛行，人人知晉侯所夢爲趙公明，故流傳而有此説耳。此等事原不足以證經，然余從前竟不知趙公明之見於《左傳正義》，亦甚媿讀經之鹵莽矣，故存此説云。

公侯腹心

《成十二年傳》：「故《詩》曰：赳赳武夫，公侯腹心。」杜注曰：「舉《詩》之正以駁亂義。《詩》言治世則武夫能合德公侯，外爲扞城，内制其腹心。」

愚按：此《毛詩》義，非《左傳》義也。《毛詩》序曰：「《兔罝》，后妃之化也，《關雎》之化行，則莫不好德，賢人衆多也。」夫賢人衆多，何以但稱武夫？毛義本不可通。今以《左氏》義説之，首章云「肅肅兔罝，椓之丁丁」，不言所施之地，蓋施之於所宜施，施得其所者也，猶武夫而用之得其所也，故曰「公侯干城」，以武夫干城其民，此治世也。次章曰「肅肅兔罝，施于中逵」，中逵喻當路也，猶武夫而位之朝廷之上也，故曰「公侯好仇」，以武夫爲仇匹，非治世矣。三章曰「肅肅兔罝，施于中林」，中林喻深邃也，猶武夫而置之密勿之地也，故曰「公侯腹心」，以武夫而寄之以腹心，更非治世矣。蓋「二南」之作，當文王與紂之時，文王之國固大治矣，而商紂播虐，諸侯化之，如崇如密，諸國則極亂也。詩人詠歌文王，而舉他國以形之，見他國皆以武夫爲好仇爲腹心，而文王獨用之以干城其民。即一武夫，而用之得宜與不得宜，治亂分焉，興亡異焉。此《兔罝》一篇之古義，賴《左傳》而存者也。

靖共爾位

《襄七年傳》：「《詩》曰：『靖共爾位，好是正直，神之聽之，介爾景福。』恤民爲德，正直爲正，正曲爲直，參和爲仁。如是則神聽之，介福降之，立之，不亦可乎？」

「恤民爲德」以下皆釋《詩》義，乃《詩》中並無「德」字，「恤民爲德」之文爲無著矣。疑《左傳》所引《詩》與《毛詩》不同，蓋作「靖共爾德」，故以「恤民爲德」説之。今作「位」者，據《毛詩》

改之耳。《周易·文言傳》「嘉會足以合禮」，《襄九年傳》作「嘉德足以合禮」，此「位」作「德」，猶彼「會」作「德」。左氏所見諸經，不必與今本同也。

使伯氏司里

《襄九年傳》：「使伯氏司里。」杜注曰：「伯氏，宋大夫。司里，里宰。」

按：杜注「司」字，衍文也。本云：「伯氏，宋大夫。里，里宰。」蓋以「里宰」釋「里」字，非以「里宰」釋「司里」二字也。如今本，則「伯氏」人名，「司里」官名，人名之下即是官名，不知所使爲何事，與下文「使華臣具正徒」諸句不一律矣。正義曰：「里必有長，不知其官之名。《周禮》有『里宰』，故以宰言之。使伯氏司此城内諸里之長。」然則正義不以「司里」二字連讀，知其所據本未衍。乃阮氏《校勘記》不載有異同，則此「司」字之衍久矣。

遇艮之八

《襄九年傳》：「始往而筮之，遇艮之八。史曰：『是謂艮之隨。』」正義曰：「謂艮之第二爻不變者，是八也。」

愚按：以此傳及《外傳》「貞屯悔豫」之文考之，知夏、商二《易》與《周易》迥異。蓋《周易》所謂貞悔者，以三畫之卦言。《僖十五年傳》：「蠱之貞，風也。其悔，山也。」此以《周易》言也。

《國語》「貞屯悔豫」，則以六畫之卦言矣。疑此傳所謂「艮之八」者，亦是貞艮而悔隨，故史即以「艮之隨」爲説也。貞艮悔隨惟六二一爻不動，故曰「艮之八」。貞屯悔豫則有六二、六三、上六三爻不動，故不曰「屯之八」，而曰「貞屯悔豫皆八」，猶曰貞屯悔豫二三上皆八也。《焦氏易林》演六十四卦爲四千九十六卦，疑有所本矣。今考之《易林·屯之豫》曰：「重茵厚席，循高採霍，雖躓不懼，後反其宅。」頗合公子重耳歸國之象。《艮之隨》曰：「陰升陽伏，舜入其室，元元赤子，相餒不食。」與穆姜事蓋亦似有合。

魯有禘樂

《襄十年傳》：「魯有禘樂，賓祭用之。」杜注曰：「三年大祭，則作四代之樂。別祭群公，則用諸侯樂。」正義引劉炫云：「賓禮既輕，必異於禘。魯以享賓，當時之失。」

愚謂：賓禮得用禘樂與否且置勿論，惟傳文有不可通者。禘樂，惟禘祭得用，別祭群公皆不得用，乃云「賓祭用之」，則是凡祭皆得用矣，何以謂之禘樂乎？疑傳文本作「魯有帝樂」，蓋魯備四代之樂。《襄二十九年傳》：「見舞韶箾者。」注曰：「舜樂。」此即魯有帝樂而用之於賓之證。魯有帝樂者，言魯有四代之樂也。四代之樂有帝者之樂，有王者之樂，舉帝以包王耳。因下句有「祭」字，遂誤作「禘祭」之「禘」。學者以經傳罕見有「帝樂」字，莫能是正，然「帝樂」固罕見，而「禘樂」連文，實亦於他經無見也。《明堂位》曰：「是故魯王禮也。」樂言帝樂，猶禮言王禮矣。

司慎

《襄十一年傳》：「司慎司盟。」杜注曰：「二司，天神。」正義曰：「司慎不知指斥何神，但在山川之上，知其是天神耳。」

愚按：此「慎」字乃叚字，葢即《説文・示部》廟諱字從示真聲者，其説解曰：「以真受福也。」《宣和畫譜》：「陸晃有『天曹賜福真君像』。」殆即古所謂司慎之神與？

窀穸

《襄十三年傳》：「唯是春秋窀穸之事。」杜注曰：「窀，厚也。穸，夜也。厚夜猶長夜。長夜爲葬埋。」

按：以葬埋爲長夜，已屬廋詞，又變其文曰「窀穸」，近於郢書燕説矣。雖先儒相傳舊義，未敢苟同。今按：《説文・穴部》：「窀，葬之厚夕，從穴屯聲。」「葬之厚夕」四字殊不可通，大、小徐本皆同，而《類篇・穴部》「窀」下引《説文》作「葬之厚也」，然則北宋時所見《説文》不作「葬之厚夕」，可訂正今本之誤。葢古人以葬之厚者爲「窀穸」，乃古語如此，後人因穸字從夕，遂有長夜之説，并改《説文》「葬之厚也」爲「葬之厚夕」，而經義與字義俱晦矣。《廣韻・二十三魂》「徒渾切」有「窀」字，云「火見穴中」，并無窀穸之説。《集韻》「窀」下云「瘞也，犬見穴中」，是《廣韻》文有脱誤，當據《集韻》訂正。《集韻》「瘞也」之訓，亦必古義，訓窀爲瘞，則知窀、穸皆葬埋之名矣。

鄟人執之

《襄十四年傳》：「敗公徒于阿澤，鄟人執之。」杜注曰：「公徒因敗散還，故爲公執之。」按：上文但言孫氏之敗公徒，不言公徒之散還，即云「鄟人執之」，於事未明，杜注非也。服虔以爲執追公徒者，則正義已駮之矣。愚謂：此四字當在下文「貫臂」之下，其文云：「公出奔齊，孫氏追之，敗公徒于阿澤。初，尹公佗學射於庾公差，庾公差學射於公孫丁。二子追公，公孫丁御公。子魚曰：『射爲背師，不射爲戮，射爲禮乎？』射兩軥而還。尹公佗曰：『子爲師，我則遠矣。』乃反之。公孫丁授公轡而射之，貫臂，鄟人執之。」蓋尹公佗傷臂墜車，故爲鄟人所執。執尹公佗一人，非執公徒，亦非盡執追者也。

歌詩必類

《襄十六年傳》：「使諸大夫舞曰：『歌詩必類。』齊高厚之詩不類。」杜注曰：「歌古詩，當使各從義類。」正義曰：「歌古詩，各從其恩好之義類。」

愚謂：《春秋》賦詩，往往斷章取義，如印段之賦《蟋蟀》，子旗之賦《有女同車》，如此者，有何義類可言乎？所謂「必類」者，必有一定之義類，而後可以責高厚，非泛言恩好之義類也。《楚辭・九歌・東君篇》曰：「展詩兮會舞，應律兮合節。」王逸注曰：「言乃復舒展詩曲，作爲雅頌之樂，以應舞節。」然則「歌詩必類」承「使大夫舞」而言，與尋常賦詩不同。蓋古者舞與歌必相類，自有一定之義例，故命大夫以必類，而高厚之不類亦人所共知，不得而遁也。古法雖不可知，而《楚辭》猶有「展詩會舞」之言，《晉書・樂志》有《鼙舞歌》詩五篇、《拂舞歌》詩五篇，又有《鐸舞歌》《幡舞歌》《鼓舞歌》，疑亦古法之未泯者也。

茶香室經説卷十五

左傳下

先吴壽夢之鼎

《襄十九年傳》：「賄荀偃束錦、加璧、乘馬，先吴壽夢之鼎。」杜注曰：「古之獻物必有以先，今以璧馬爲鼎之先。」惠氏棟《補注》曰：「馬爲庭實，未聞以馬爲先。且馬不上堂，安得先之？先吴，猶言先秦、先漢。」

愚按：杜注固非，而如惠説，則先吴可通，先吴壽夢不可通。襄十二年秋，吴子壽夢卒，至此纔七年耳，何得有先吴壽夢之稱？且古之鑄鼎者，其銘必有「子孫永保用」之文，壽夢鑄此鼎，相距未久，壽夢雖死，其子遏相繼爲君，何以不能保守其父之鼎，而爲魯國所得乎？魯即得之，而吴本蠻夷之國，壽夢爲物故之君，不唾爲不祥之物斯已矣，何足爲重而以賄大國之卿乎？竊謂古人質樸，多有襲先代之名以爲名者。如湯居亳，人人知之，而《史記·秦本紀》有亳王，皇甫謐曰：「亳王，號湯，西夷之國也。」然則西夷亦有亳王湯矣。《昭元年傳》：「唐人是因，以服事夏商，其季世曰唐叔虞。」杜注曰：「唐人之季世，其君曰叔虞。」是夏商之唐，其季世之君曰唐叔虞。而周之唐，其初封之君曰唐叔虞，此尤可異也。以此推之，則禹之前有禹，見《遁甲開山圖》。羿之前有羿，見《説文解字》。皆不足爲異矣。此傳云「先吴壽夢」者，疑夏商時吴國之君有名「壽夢」者，春秋時吴子乘號壽夢，即襲其名。此鼎乃先吴壽夢之遺器，流傳已久，故以爲寶，非同時之吴壽夢也。稱曰「先」，正以别於同時之吴壽夢。惠氏以先吴爲先秦、先漢之比，正得其解，但未見及此耳。余從前作《群經平議》亦未見及此，疑「先」字乃「旡」字之誤，亦非也。

持帶

《襄二十三年傳》：「鞅請驂乘持帶。」杜注曰：「驂乘必持帶，備隋隊。」

愚按：杜意驂乘持帶，皆范鞅所請，此誤也。鞅但請驂乘耳，「持帶」連下「遂超乘」讀，乃左氏紀事之文。言范鞅持魏獻子之衣帶，遂跳上獻子車也。下云「右撫劒，左援帶」，杜注曰：

「劫之。」此得其解。蓋此時情狀，與荆軻左手把秦王之袖，右手持匕首相似矣。

側莊公

《襄二十五年傳》：「崔氏側莊公于北郭。」杜注曰：「側，葬[一]埋之。」

按：下云「丁亥，葬諸士孫之里」，則此未及葬也，且「側」亦無葬埋之義。「側」當作「堲」，側從則聲，堲從即聲，《禮記·王制篇》「必即天倫」，鄭注曰：「即，或作則。」則與即通，故側與堲通。《檀弓篇》：「夏后氏堲周。」釋文作「即」，云「本又作堲」，然則古本《左傳》或是「即」字，未可知也。「堲莊公于北郭」，乃用夏后氏堲周之法。《檀弓》曰：「有虞氏瓦棺，夏后氏堲周，殷人棺槨。」蓋殷以前有棺無槨，有虞氏瓦棺而已，夏后氏則以甎圍繞於棺之外。鄭注曰：「火熟曰堲，燒土冶以周於棺也。」釋文引何云：「冶土爲甎，四周於棺。」《檀弓》又曰：「周人以殷人之棺槨葬長殤，夏后氏之堲周葬中殤、下殤。」崔氏不以禮葬莊公，遷其棺於北郭，用堲周之法，以甎周棺，遂往葬於士孫之里，故云「堲莊公于北郭」。「堲」字叚「側」爲之，因失其義矣。

〔一〕葬，今本《左傳》作「瘞」。

趙孟爲客

《襄二十七年傳》：「趙孟爲客。」杜注曰：「客，一坐所尊。」正義引服虔云：「楚君恒以大夫爲賓者，大夫卑，雖尊之，猶遠君也。楚先歃爲盟主，故尊趙孟爲客。」李貽德《賈服注輯述》云楚君疑是燕君之誤，引《燕禮·記》云：「與卿燕，則大夫爲賓。與大夫燕，亦大夫爲賓。《聘禮·記》云『燕則上介爲賓』，今宋公以楚先歃，尊爲盟主，故不以子木爲賓，而以趙孟爲賓，猶燕禮以大夫爲賓，聘禮有燕以上介爲賓，示比楚稍降也。」

按：服、杜注意不同。杜以宋尊晉，故以趙孟爲客。服以宋尊楚，故以趙孟爲客。服義根據《儀禮》，又得李氏證明之，似長於杜注矣。乃《昭元年傳》：「夏四月，趙孟、叔孫豹、曹大夫入于鄭，鄭伯兼享之。趙孟爲客。」以彼傳證此傳，則服説亦未塙，豈鄭卑晉而尊魯叔孫及曹大夫哉？疑當時所行之禮未必盡與《儀禮》合，杜注自可通。宋不以子木爲客而以趙孟爲客者，蓋趙孟年長，或用同爵尚齒之義，未可知也。

韶箾

《襄二十九年傳》：「見舞韶箾者。」正義曰：「杜不解箾義。箾即簫也。《尚書》曰『簫韶九成』，此言韶箾，即彼簫韶。蓋韶樂兼簫爲名，簫字或上或下耳。」

按：上文「見舞象箾南籥者」，杜注曰：「象箾，舞者所執。」正義曰：「《詩》述碩人之善舞云『左手執籥』，籥是舞者所執，則箾亦舞者所執。」釋文於上文出「象箾」字云「徐音朔」，此文出「韶箾」字云「音簫」。竊謂同此一字，同在一簡而異音異義，殊有未安。杜既無注，則「韶箾」之「箾」與「象箾」之「箾」杜意不分兩義，皆以爲舞者所執，已見於前，故此不注也。《説文・音部》：「韶，虞舜樂也。《書》曰：簫韶九成，鳳皇來儀。」是許君所見壁中古文與今本同，並不作「箾」。《竹部》：「箾，以竿擊人也。虞舜樂曰『箾韶』。」此乃用《左傳》家之説。然以傳文論，象箾、韶箾兩文一律，不當有異義，似從杜義爲長。《廣韻・三簫》「蘇彫切」有「箾」字，云：「舞箾。《説文》云『以竿擊人也』。」《四覺》「所角切」亦有「箾」字，云：「《説文》曰『以竿擊人也』，又舞者所執。」兩處皆引《説文》而無舜樂之説，或《説文・竹部》之文爲後人所沾益乎？

又按：釋文：「象箾，徐音朔。」然則徐之外並不音朔矣。今按：音朔，則與「矟」同音。《廣韻》朔、矟、箾並音所角切，是也。宜正義以象箾爲武舞，若然，則不可通於韶箾矣。愚謂：箾者，「梢」之叚字。《漢書・禮樂志》：「飾玉梢以舞歌。」師古曰：「梢，竿也，舞者所持。玉梢，以玉飾之也。梢，音所交反。」象箾、韶箾，皆當從此音此義。

令尹似君矣

《襄三十一年傳》：「令尹似君矣。」正義曰：「言令尹威儀已是國君之容矣。服虔云：『言令尹動作以君儀，故云以君矣。』服言『以君儀』者，明年傳云『二執戈者前矣』，是用君儀也。俗本作『似君』，若云『似君』，不須言『矣』。今定本亦作『似君』，恐非。」阮氏《校勘記》曰：「此條孔本作『似君』，而正義詳引服注，明當作『以君』，極爲明晰。」

愚按：阮文達於此條殊未明了，孔本蓋作「已君矣」，故曰「言令尹威儀已是國君之容矣」，「已是國君之容矣」七字，釋「已君矣」三字也。服本亦作「已君矣」，其曰「言令尹動作以君儀，故云已君矣」，「以君儀」之「以」字止作「用」字解，故孔氏以「用君儀」申說之。「故云已君矣」即傳文也，今作「故云以君矣」，此「以」字誤，若作「以君」，則與所謂「已是國君之容」者不合，孔氏不當引之以自歧其說也。又云：「俗本作『似君』，若云『似君』，不須言『矣』。」後人讀此疏文，不重讀「矣」字，但以爲孔氏自用助語爾，不知此「矣」字乃傳文「矣」字也。孔氏之意，以爲若作「似君」，則傳但云「令尹似君將有他志」，其文已足，不必加「矣」字，惟其作「已君」，則「令尹已君」語意未足，故必須加「矣」字也。細讀疏文，其意自見。然則服本及孔氏所據之杜本均作「已君」，唐時定本及俗本均作「似君」，而石經本以下皆從之，至作「以君」者，實無此本，但以疏中「已君矣」誤作「以君矣」，阮氏遂謂「當作以君」。此一虛字，考之不易如此，甚矣説經之難也。

豐氏之祧

《昭元年傳》：「其敢愛豐氏之祧。」杜注曰：「祧，遠祖廟。」正義曰：「公孫段是穆公之孫、子豐之子，其家惟有子豐之廟，君若特賜，或得立穆公之廟耳，其家無遠祖廟也。杜順傳文且據正法言之。」馬氏宗璉《補注》曰：「《管子・山至篇》曰：大夫三世不得有廟，與諸侯同祀所出之廟。豐氏僅三世，不得有廟，與鄭伯同祀所出之祖耳，是豐氏之祧爲穆公。」

愚按：大夫不敢祖諸侯，管子之書恐未足據。果是穆公之廟，萬不得云「豐氏之祧」也。今按：《周禮》「守祧」疏云：「諸侯不可與天子同有二祧，其遷祖總藏於太祖廟，則謂太祖廟爲祧，故《聘禮》云：『不腆先君之祧。』」是也。然則「祧」固遠廟之名，而祧主藏於太祖廟，别無所謂遠廟，故相承即謂太祖之廟爲祧，猶周之祧主藏於文武不祧之廟，即謂文武之廟爲二祧也。故太祖之廟既定，則祧之名亦定，不必有祧主遷入而後有祧之名也。公孫段爲子豐之子，子豐爲穆公之子，大夫不得祖諸侯，則子豐乃别子爲祖者也。子豐死而立廟，是豐氏之太祖廟則即豐氏之祧矣。杜注固未分明，正義所云，亦未達古人之語也。

崇卒

《昭元年傳》：「晉中行穆子敗無終及群狄于大原，崇卒也。」杜注曰：「崇，聚也。」

按：「聚卒」無義，《漢書・貢禹傳》集注：「崇，尚也。」崇卒，猶言尚卒，此戰去車而用步卒，是爲尚卒。古人之文，亦或避習用之字而代以他字。《文八年傳》「珍之也」，杜注曰：「珍，貴也。」彼不曰「貴之」而曰「珍之」，此不曰「尚卒」而曰「崇卒」，亦見古人修辭之法。

以什共車

《昭元年傳》：「以什共車，必克。」杜注曰：「更增十人，以當一車之用。」正義曰：「以一什之人共一車之地。」

愚按：疏與注異義。注言當一車之用，則「共」爲供給之義，故釋文曰：「共，音恭。」疏言共一車之地，則「共」爲公共之義，當讀如字矣。且戰地有寬窄，陣法有離合，豈能計一車之地容人幾何哉？義當從注，然杜注「更增」二字亦未合。蓋魏舒之意，但謂以十人當一車之用耳，有徒卒千人，即可當兵車百乘，故曰「以什共車」。下文：「爲五陳以相離，兩於前，伍於後，專爲右角，參爲左角，偏爲前拒。」正義曰：「服虔引《司馬法》曰：『五十乘爲兩，百二十乘爲伍，八十一乘爲專，二十九乘爲參，二十五乘爲偏。』」今以十人當一車，則：兩，五百人；伍，一千二百人；專，八百一十人；參，二百九十人；偏，二百五十人。計五陳，共用三千五十人也。

鮮不五稔

《昭元年傳》：「國無道而年穀和熟，天贊之也，鮮不五稔。」杜注曰：「鮮，少也。少尚當歷五年，多則不啻。」

按：少尚當歷五年，而云「鮮不五稔」，義不可通。此「不」字疑「亦」字之誤。「鮮亦五稔」，謂至少亦可及五稔也，故杜注云「少尚當歷五年」，疑征南所見本正作「鮮亦五稔」也。《桓二年傳》「王亦能軍」，王氏引之《經義述聞》謂當作「王不能軍」，彼「不」字誤爲「亦」，此「亦」字誤爲「不」，正可互證。然改「王亦能軍」爲「王不能軍」，與杜注不合，改「鮮不五稔」爲「鮮亦五稔」，則與杜注適合。

風落山謂之蠱

《昭元年傳》：「風落山，謂之蠱。」杜注曰：「山木得風而落。」

按：此解增出「木」字，非是。艮爲山，不爲木，木仍巽象也。以巽風落巽木，巽自爲落，無與於艮，不合蠱卦巽下艮上之象。且風之落木，於時爲秋，秋氣至清，何蠱之有？亦不合「内熱惑蠱」之義。今按：落猶降也。《爾雅・釋詁》：「降，落也。」是降、落義同。風落山，謂風自山降也，風降自山而成蠱，即今所謂瘴氣。宋陸游《避暑漫鈔》云：「嶺南或見異物，從空墜，始如彈丸，漸如車輪，遂四散，人中之即病，謂之瘴母。」此即風落山謂之蠱也。

其相胡公大姬

《昭三年傳》：「箕伯、直柄、虞遂、伯戲，其相胡公、大姬，已在齊矣。」正義曰：「杜不解『相』，服虔云『相，隨也』。蓋『相』訓爲助，不訓隨也。言箕伯四人其皆助胡公、大姬，神靈已在齊矣。」

愚按：「相」字訓隨訓助，皆於文義未安。「其相」二字當爲衍文，蓋即「箕伯」二字之誤。「箕」通作「其」，如《易·明夷》「箕子之明夷」，釋文云「箕本作其」是也。「伯」通作「柏」，《尚書》「伯與」、《昭二十八年傳》「伯封」，《古今人表》「伯」並作「柏」是也。疑古本「箕伯」有作「其柏」者，學者誤以爲二人，因於箕伯、直柄、虞遂、伯戲四人之下補「其柏」二字，傳寫者又誤「柏」爲「相」耳。

讒鼎

《昭三年傳》：「讒鼎之銘曰。」正義引服虔云：「疾讒之鼎，《明堂位》所云『崇鼎』是也。一云：讒，地名。禹鑄九鼎於甘讒之地，故云讒鼎。二者並無案據。故杜直云鼎名而已。」

愚謂：服説誠望文生義，惟言即崇鼎，此必有所本。今按《廣韻·一東》有「饛」字，注云：「饕饛，貪食也。」竊疑此鼎本名「饕鼎」，亦名「饛鼎」，葢著貪食之戒。《吕氏春秋·先識篇》曰：「周鼎著饕餮，有首無身，食人未咽，害及其身。」饛饕之鼎與饕餮同義，下云「昧旦丕顯，後世猶怠」，葢即自朝至于日中昃不皇暇食之意，與疾讒之意無當也。

韓子祀夏郊

《昭七年傳》云：「昔堯殛鮌于羽山，其神化爲黄熊，以入于羽淵，實爲夏郊，三代祀之。」杜注云：「夏家郊祭之，歷殷周二代，又通在群神之數，并見祀。」正義曰：「殷周二代自以其祖配天，雖復不以鮌配郊，鮌有治水之功，又通在群神之數，并亦見祀。」

愚按：此説可疑。殷周自以祖配天，不以鮌配，不知祀鮌於何所？《僖三十一年傳》云：「相之不享於此久矣，杞鄫何事？」[一]以相例鮌，則禮得祭鮌者惟陳耳，此外諸國非有鮌廟，何從祀鮌？杜謂通在群神之數，不知古無此群神也。《周官·司服》有「群小祀」，鄭注謂「林澤、墳衍、四方百物之屬」，賈疏曰：「此據地之小祀，若天之小祀，則司中、司命、風師、雨師。」然則

[一] 「相之不享於此久矣，杞鄫何事」，今本《左傳》作「杞鄫何事？相之不享於此久矣」。

群小祀中，鯀不得與也。自周之衰，而人鬼雜揉，祭祀無制，如秦所祀九臣、十四臣、諸布、諸嚴、諸逑之屬，皆莫知所自始。杜氏習於後世之事，妄疑三代亦然，故謂通在群神祀之，失之誣矣。至《禮記·王制篇》：「天子諸侯，祭因國之在其地而無主後者。」鄭注即以此事説之，則尤不然。鯀封於崇，崇非晉地，不得謂晉之因國，一也。果祭因國，則下文當云「韓子祀崇伯鯀」，何以謂之「祀夏郊」？二也。且因國本諸侯所當祭，不必盟主也，子產何必以盟主爲言？三也。然則祀鯀於何所？曰：仍於郊祀之也。古者郊、社並重，王者立亡國之社，亦當立亡國之郊，特以亡國之社即在王宮之左，出入所經，耳目所及，故因以爲戒，而有「戒社」之名，經傳屢見。亡國之郊則在城外，非所常見，故亦不以爲戒，經傳無文，獨晉祀夏郊一事見於內、外《傳》。《國語·晉語》載此事曰：「實爲夏郊，三代舉之。」韋注曰：「舉，謂不廢其禮。」此亡國之郊不廢之明證。下文曰：「宣子以告，祀夏郊，董伯爲尸。」則晉之祀夏郊，雖未知其禮如何，然在當日，則自有故事也。晉爲諸侯，不得郊祭，以爲盟主，故得祀之。《晉語》曰：「天子祀上帝，公侯祀百辟。今周室少卑，晉實繼之，其或者未舉夏郊邪？」舉夏郊如此之重，其非祭群神及祭因國可知矣。《曲禮篇》正義引《異義》云：「公羊説祭天無尸，左氏説晉祀夏郊以董伯爲尸，虞夏傳曰：舜入唐郊，以丹朱爲尸。是祭天有尸也。許慎引魯郊祀曰『祝延帝尸』，從左氏之説。」然則晉祀夏郊，先儒舊説皆爲祭天，而杜於「韓子祀夏郊」注曰「祀鯀」，正義復申其説曰「言祀夏家所郊者」，自此古制湮而古義晦矣。

既又請私

《昭八年傳》：「既又請私，私於幄，加絰於顙而逃。」杜解「私」字曰：「私盡君臣恩。」此解非是。袁克欲殺馬毁玉以葬陳侯，即是欲私盡君臣之恩，楚既不許，而又請私何爲？下文曰「私於幄」，袁克於幄中遂可私盡君臣之恩乎？愚謂：此「私」字即《襄十五年》「師慧過宋朝將私焉」之「私」。彼注云：「私，小便。」此亦當然。蓋楚人必有監守之者，袁克僞若欲小便而請於守者，守者不知其僞而縱之，遂僞若私於幄中者，從此而逃耳。

外嬖嬖叔

《昭九年傳》：「又飲外嬖嬖叔。」杜注曰：「外都大夫之嬖者。」正義引獻公時外嬖梁五爲證。其説「外嬖」是矣，惟「嬖叔」不知何解。以文而言，當是其人之字，然因爲外嬖而遂即以「嬖」爲字，無此理也。「嬖」非美名，何取而以爲字乎？愚謂：此當作「外嬖女叔」，因涉上「嬖」字而誤加「辟」於「女」上耳。《昭五年傳》：「晉侯謂女叔齊曰：魯侯不亦善於禮乎？」殆即其人也。上文「酌以飲工」謂師曠，此「飲外嬖女叔」謂女叔齊，二人在當時亦頗著賢名，故師曠論衛人出君，女叔齊論魯侯焉知禮，左氏皆有取其言載之於傳，非碌碌者，故屠蒯責之。《檀弓》載其事，則作「李調」。李氏晉固有之，《春秋釋例》云：「羊舌氏，晉之公族。或曰：羊舌氏，姓李名果。」然則李調或亦晉之公族乎？竊謂李也、女叔也，皆其氏也。「齊」與「調」則一名一字，齊，同也；調，和也。「和」與「同」義正相應，因「女叔」誤作「嬖叔」，遂不知爲何人矣。

用幣必百兩

《昭十年傳》：「子産曰：『喪焉用幣，用幣必百兩，百兩必千人。』」杜注曰：「載幣用車百乘。」正義曰：「《尚書》『武王戎車三百兩』，孔安國曰『兵車稱兩』。」

愚按：載幣之車，用至百乘，未免太多。正義又以戎車説之，更非。《司馬法》云：「兵車一乘，甲士三人，步卒七十二人。」則與下文「百兩必千人」數亦不合也。百兩當以幣言，《周官·媒氏職》曰：「凡嫁子娶妻，入幣純帛，無過五兩。」鄭注曰：「五兩，十端也。」下云「百兩必千人」，「千人」乃「千純」之誤。純亦以幣言。《史記·蘇秦傳》：「錦繡千純。」集解云：「純，匹端名。」是一端爲一純。《史記·張儀傳》：「文繡千純。」索隱云：「凡絲緜布帛等，一段爲一純。」一段即一端也，十端爲五兩，則兩端爲一兩，百兩是二百端，即爲二百純。乃云「百兩必千純」者，蓋用幣非止一處。《儀禮·聘禮》「宰書幣」疏云：「謂享君及夫人問卿之等幣。」蓋享君有幣，享夫人有幣，問卿又有幣，而晉之卿又非止一人，姑以三卿爲率，并君與夫人則五處矣，一處百兩，五處五百兩，則千純矣，故曰：「用幣必百兩，百兩必千純。」「純」誤爲「人」，遂并「百兩」之義而失之耳。

不可没振

《昭十一年傳》：「是以無拯，不可没振。」杜注曰：「不可没振，猶没不可復振。」

愚按：傳文是「不可没振」，非「没不可振」，杜説非也。《小爾雅·廣言》曰：「没，終也。」「不可没振」猶云「不可終振」。《易·序卦傳》曰：「物不可以終通」「物不可以終否」「物不可以終盡」「物不可以終過」「物不可以終動」「物不可以終止」。句法與此一律。使云「不可終振」，文義便明了，變其文曰「没」，遂失其解矣。

供養三德爲善

《昭十一年傳》：「供養三德爲善。」〔一〕杜注曰：「三德爲正直、剛克、柔克。」

〔一〕「供養三德爲善」，出今本《昭公十二年傳》。

愚按：上文云：「黄，中之色也；裳，下之飾也；元，善之長也。」下文云：「中美能黄，上美爲元，下美則裳。」然則此文所謂「三德」即指此三者而言，不必引《洪範》爲説。

祈招

《昭十二年傳》：「祭公謀父作祈招之詩。」杜注曰：「祈父，周司馬；招，其名。」

按：周穆王時，司馬名「招」不見他書，杜氏臆説，不足據也。正義引賈逵云：「『祈，求也；招，明也。』馬融以『圻』爲王圻千里，王者遊戲，不過圻内。昭，明也。言千里之内足明德。」賈説甚淺，馬説又太迂曲，疑皆非是。然以此觀之，知此二字初無一定，上字或作「圻」或作「祈」，下字或作「招」或作「昭」，既無定文，必是假字。愚意當作「旂旐」，其詩云「旂旐之愔愔」，猶《詩·采芑篇》所云「旂旐央央」也，「愔愔」與「央央」一聲之轉耳。旂、祈並從斤聲，例得通假。旐兆聲，招召聲，兩聲亦相近。如鞀從召聲，籀文作「磬」，亦從召聲，而或體作「鞉」、作「鼗」，均從兆聲，此即召聲、兆聲相通之明證也。穆王盤游無度，人之望見其羽毛者，當無不疾首蹙頞，故祭公即託旂旐言之耳。

九丘

《昭十二年傳》：「是能讀三墳、五典、八索、九丘。」杜注但曰「皆古書名」。

愚按：正義所引諸家舊説，三墳、五典爲三皇五帝之書，八索爲八卦，皆已得之矣。惟説九丘者，孔安國《尚書序》云「九州之志」，馬融以爲「九州之數」，賈逵則云「九州亡國之戒」，愚皆以爲非是。八索既是八卦，九丘當是九疇。《漢書·五行志》曰：「劉歆以爲虙羲氏繼天而王，受河圖，則而畫之，八卦是也。禹治洪水，賜雒書，法而陳之，《洪範》是也。」又曰：「河圖、雒書相爲經緯，八卦、九章相爲表裏。」倚相能通八卦，必能通九疇。三墳、五典爲三皇五帝，八索、九丘爲八卦九疇，正是一律。

受脤歸脤

《昭十六年傳》：「受脤歸脤。」杜注曰：「受脤，爲君祭，以肉賜大夫。歸脤，爲大夫祭，歸肉於公。皆社之戎祭也。」正義曰：「前代諸儒皆以脤爲祭社之肉，故云『皆社之戎祭』。劉炫故違傳證，以爲脤亦祭廟之肉，以規杜氏。文無所出，其義非也。然大夫不得私自出軍，自祭私社，而得歸脤於公者，謂大夫奉君命，以戎事攝祭於社。」

愚按：奉君命攝祭，仍是君祭，而非己之私祭，何得歸脤於公？疏義殊不可通。然劉光伯説亦不可用。考脤膰之説，三《傳》不同。而《成十三年傳》：「成子受脤於社，不敬。劉子曰：

國之大事在祀〔一〕與戎，祀有執膰，戎有受脤。」是左氏說以宗廟之肉曰膰，社稷之肉曰脤。今以左氏說左氏，則當從杜，而不從劉。惟杜必以爲社之戎祭，泥矣。按《禮記·祭法篇》：「諸侯自爲立社曰侯社，大夫以下成群立社曰置社。」然則諸侯有諸侯之社，大夫有大夫之社，諸侯祭社，以祭肉賜大夫，大夫祭社，亦歸肉於公，是謂受脤、歸脤，何必戎事乎？脤膰之說，別詳《周禮》。

司事者也

《昭十七年傳》：「鶻鳩氏，司事者〔二〕也。」杜注曰：「鶻鳩，鶻鵰也。春來冬去，故爲司事。」正義曰：「春來冬去，舊有此說，國家營事，繕治器物，一年之間，無時暫止，故以此鳥名司事之官。」

按：杜注但言「司事」，正義以繕治器物說之，非也。繕治器物乃百工之事，下文別有「五雉爲五工正」，非五鳩所當司也。此司事謂農事，農事春作秋成，至冬而無事矣。此鳥春來冬

〔一〕 社，今本《左傳》作「祀」。
〔二〕 者，今本《左傳》無此字。

去，故以司農事耳。司事之官，即後世所謂大司農者，秦官有治粟内史，武帝太初元年更名大司農，即此職矣。

辭于東門

《昭十八年傳》：「子産辭晉公子公孫于東門。」正義曰：「自晉適鄭，當入西門，而辭之東門者，鄭城西臨洧水，其西無門，蓋從東門入爲便，故辭于東門。」

愚按：此説非也。《昭十九年傳》：「鄭大水，龍鬬于時門之外洧淵。」注曰：「時門，鄭城門也。洧水出滎陽密縣，東南至潁川長平入潁。」然則時門正臨洧水之上，疑即鄭之西門，安得謂西無門乎？今按：《鄭風》云「東門之墠」「東門之栗」，又云「出自東門，有女如雲」，屢言「東門」，不及餘三門，疑鄭之東門道路平易，人物繁庶，異於南西北三門，故賓客往來皆由此門也。子産居東里，當亦在東門。據《列子》書，鄧析亦居東里，則當時士大夫皆聚居於東門可知矣。

一氣二體三類四物

《昭二十年傳》：晏子論樂，有一氣、二體、三類、四物、五聲、六律、七音、八風、九歌之説。五聲以下，人所習知。一氣至四物，經傳罕見。杜解「一氣」但言「須氣以動」，服虔則言「歌氣」。二體，杜以「舞有文武」釋之。其時尚未有五聲、六律，先言歌舞，殊失其序。三類，杜以爲風、雅、頌，義亦未安。其釋「四物」爲四方之物，義更淺矣。

愚以《樂記》釋之，《記》曰：「凡音者，生人心者也，情動於中，故形於聲，聲成文，謂之音。」愚謂：情動於中即「一氣」也，蓋志壹則動氣，故音由心生，以氣爲驗，此所以第一屬氣也。情動於中，故形於聲，聲成文，謂之音。聲也、音也即「二體」也。鄭注謂「單出曰聲，雜比曰音」，有聲有音，然後有樂，故以此爲樂之體。此一氣二體之說也。《記》又曰：「金石絲竹，樂之器也。詩言其志也，歌詠其聲也，舞動其容也，三者本於心，然後樂器從之。」愚謂：詩言其志，歌詠其聲，舞動其容，此三者即「三類」也，然後樂器從之，金石絲竹，樂之器也。金石絲竹，即「四物」也。蓋有一氣然後有聲音之二體，有二體然後有詩歌舞之三類，有三類然後可用金石絲竹之四物。一二三四，其義相因，其序亦不紊矣。至樂有八音，而獨以金石絲竹爲四物，愚別有説，詳《樂記》。

省風以作樂

《昭二十一年傳》：「天子省風以作樂。」杜注曰：「省風俗，作樂以移之。」

按：本傳止言聲音之道，不言風俗。且樂所以移風俗也，未聞先省風俗而後作樂也。杜注非是。風謂「八風」也，《禮記・樂記》曰：「八風從律而不姦。」蓋古之爲樂，必先審之以八風。《二十年傳》正義引賈逵云：「兑爲金，爲閶闔風。乾爲石，爲不周風。坎爲革，爲廣莫風。艮爲匏，爲融風。震爲竹，爲明庶風。巽爲木，爲清明風。離爲絲，爲景風。坤爲土，爲涼風。」省風作樂，當即謂此。

立于乾祭

《昭二十四年傳》：「士伯立于乾祭而問於介衆。」杜注但云：「乾祭，王城北門。」

愚謂：士伯果登城而問之，則傳云「士伯登乾祭而問於介衆」足矣，何當記其坐與立乎？竊謂士伯蓋用小司寇詢立君之禮。此「立」字當讀爲「位」，《周官・小宗伯》注云：「古立、位同字。古文《春秋》經『公即位』爲『公即立』。」今《春秋》經「即位」之「位」無作「立」者，皆後人所改。此傳「立」字，則以不識其義而幸存耳。按《小司寇職》：「掌外朝之法〔一〕，以致萬民而詢焉：一曰詢國危，二曰詢國遷，三曰詢立君。其位，王南鄉，三公及州長、百姓北面，群臣西面，群吏東面。小司寇擯以叙進而問焉。」士景伯蓋用此禮。其時王城之内爲子朝所據，士伯乃於北門之外，虚設王位，致萬民而詢焉，故傳曰「位于乾祭而問於介衆」。其位當即用茅蕝之法，

〔一〕法，今本《用禮》作「政」。

《説文·艸部》：「朝會束茅表位曰蕝。《國語·晉語》：『置茅蕝表坐。』」《漢書·叔孫通傳》：「爲緜蕞野外。」並古之遺法也。

六畜五牲三犧

《昭二十五年傳》：「爲六畜、五牲、三犧，以奉五味。」杜解「六畜」爲馬、牛、羊、鷄、犬、豕，本之《爾雅》，無可易矣。以「五牲」爲麋、鹿、麏、狼、兔，則用鄭康成《庖人》「六獸」注，而去其野豕，殊爲無義。解「三犧」則爲祭天地宗廟三者之犧，亦爲臆説。愚謂：六畜即得其物，則就六畜中去其馬之一畜，即爲五牲。就五牲中去其鷄犬之二牲，即爲三犧。五牲者，牛、羊、鷄、犬、豕也；三犧者，牛、羊、豕也。

右坐

《昭二十五年傳》：「宋公使昭子右坐。」杜注云：「坐宋公右以相近。」正義曰：「《燕禮》云『司宫筵賓于户西，東上，小臣設公席于阼階上，西鄉。』是禮坐公西向，賓南向也。宋公使昭子右坐，令在宋公之右。蓋在宋公之北，同西向以相近。」

愚按：屈賓之尊使與己竝坐阼階之上，非尊客之禮，此説非也。今按《儀禮·公食大夫禮》：「蒲筵常。加萑席尋。」鄭注曰：「丈六尺曰常，半常曰尋。必長筵者，以有左右饌也。」然則賓席甚長，宋公蓋使昭子移坐於席之東頭，則公席在阼階上，與之較近耳。然移坐東頭，宜謂之左坐，乃云「右坐」者，左右無一定，以人而名之。《儀禮・士冠禮》注曰：「出以東爲左，入以東爲右。」《特牲饋食禮》注曰：「凡鄉内，以入爲左右。鄉外，以出爲左右。」然則公自阼階上望户牖之閒，鄉内而非鄉外，故以東爲右也。其得使昭子移坐東頭者，據《公食大夫禮》，公設醬當席中，而賓東遷之。疑賓坐本稍偏於東，故宋公竟使移坐東頭，以便相語也。

令尹炮之

《昭二十七年傳》：「國人投之，遂弗爇也，令尹炮之。」杜注但云「燒燔郤宛」，不釋「令尹」二字。正義曰：「『令尹炮之』一句，是鄢將師令衆之辭。」按上文，國人既弗爇矣，此所令者何衆乎？「尹」字亦不訓衆，此説非也。又引服虔云：「鄢將師稱令尹使汝燔炮之。」增益其文，疑亦非傳意。顧亭林《杜解補正》引邵氏云：「國人取菅杆投之而弗舉火，令尹乃舉火然之。」然則此令尹即謂令尹子常矣。據下傳云：「鄢將師矯子之命，以滅三族。」正義曰：「令尹召鄢將師，告之以郤宛門有甲耳，不令攻郤宛也。鄢將師退而令衆攻之，是矯令尹命也。」按：所云令尹不令攻郤宛，雖未必然，而沈尹戌告令尹明言鄢將師矯命，則當炮郤氏時，令尹必不躬與其事，若令尹自炮之，豈得歸罪於鄢將師而殺之乎？今按：《禮記・雜記篇》：「夫若無族矣，則前後家、東西家。無有，則里尹主之。」鄭注曰：「里尹，閭胥、里宰之屬。《王度記》曰：『百户爲里，里一尹，其禄如庶人在官者。』」竊謂「令尹炮之」即此尹也，國人既不肯爇，鄢將師乃令閭胥里宰之屬舉火然之，蓋國人數多而勢散，不可得而令，里尹則在官之人，故鄢將師矯子常之命以令之，自無敢不炮者矣。服、杜以來，並未得其義。

季羋〔一〕

《定四年傳》：「楚子取其妹季羋畀我以出。」正義引服虔曰：「季羋許嫁而字畀我。季羋，弟也。禮，婦人許嫁，笄而稱字，季芊稱字，是許嫁也。蓋遭亂夫死，而改適鍾建耳。」

按：《儀禮・士昏禮・記》：「女子許嫁，笄而醴之，稱字。」故《禮記・曲禮篇》云：「女子許嫁，笄而字。」《僖九年》：「伯姬卒。」《公》《穀》並云「許嫁，笄而字之」，是固禮之定例矣。然《禮記・雜記篇》又云：「女雖未許嫁，年二十而笄。」則古人固有未許嫁而笄之例。至《内則篇》云：「女子十有五年而笄。」則并不論許嫁與否，直以十有五年爲女子笄年矣。是女子之笄本有二説，笄則固當有字矣。季羋之許嫁與否，千載之下何能臆決？觀其因鍾建一負，誓不他

〔一〕 羋，底本原作「芊」，爲「芉」之訛字。芉，羋異體字。

適，自是貞女，何必被以夫死改適之名乎？

小大何知

《定五年傳》：「城不知高厚，小大何知。」正義曰：「王肅斷『小大何知』爲句，張奐《古今人論》云『子西問城之高厚小大而弗知也』，張奐引傳爲文，『小大』上屬。杜雖無注，蓋與張同。」

愚謂：古人引經，以意增損，不甚足據。上文云「子西問高厚焉」，正義曰：「本或有『小大』者，涉下文而誤耳。」夫下有則上亦應有，孔疏於上文不從或本，而於此文乃從張讀，何也？今按：「小大」與「高厚」本不一例，既云「小大」，當云「高卑」、「厚薄」，但云「高厚」，則「小大」字不應上屬，自宜從王肅讀爲是。所以致疑者，由傳文本有不備耳。蓋由于城麇復命，則城之大小固當具言之，而子西又從而問其高幾何厚幾何，由于遂不能對，子西謂不知高厚，則所謂小大者亦不足憑矣。「小大何知」句乃是倒句，猶云：「城不知高厚，何知小大乎？」古史記事，有闕略其文而使人自得之者，此類是也。

直蓋

《定九年傳》：「與之犀軒與直蓋。」杜注曰：「直蓋，高蓋。」正義曰：「《考工記》車人爲蓋，不言有曲。此云直蓋，或當時有曲直，故云『直蓋高蓋』，亦謂車蓋也。」

愚按：「直」無高義，杜注殊未明了。如正義説，或當時有曲直，故云「直蓋」，然直者其常，曲者其偶。齊侯若與之曲者，則當别而言之，今與之直者，不必别而言之也。按《周官·巾車職》云：「及葬，執蓋從車，持旌。」注云：「王平生時車建旌，雨則有蓋。今蜃車無蓋，執而隨之，象生時有也。」然則柩車本無蓋，使人執之，從車而行。此「直」字疑當讀爲「職」，《爾雅·釋詁》：「職，主也。」《漢書·季布傳》注：「職，主掌其事也。」齊侯既與之犀軒，又使人主掌其蓋，隨車而行，謂之「職蓋」，亦猶《周官》「職幣」、「職金」之比，疑當時有此名目。「犀軒」、「職蓋」文不一律，故傳文加一「與」字，若如杜注：「犀軒，卿車。直蓋，高蓋。」則不必加「與」字矣。「職」從戠聲，與「直」聲相近。《宣十五年傳》「羊舌職」，《説苑·善説篇》作「羊舌殖」，以直爲職，猶以殖爲職也。《宣二年傳》：「華元爲植。」杜注曰：「植，將主也。」植亦當讀職，説詳《群經平議》。

入及公側

《定十二年傳》：「公與三子入於季氏之宫，登武子之臺。費人攻之，弗克，入及公側。」

按：公在臺上，費人既攻之弗克，何能入及公側？杜氏知不可通，故注云「至臺下」，然則何不竟言「臺下」，而必切言「公側」乎？疑此「入」字乃「矢」字之誤，言費人自臺下仰攻，故矢及公側也。「矢」與「入」形似，又涉上文「入于季氏之宫」句而誤。《襄二十三年傳》「矢及君屋」，可以爲例。

周人

《哀三年傳》：「南宫敬叔至，命周人出御書，俟於宫。」杜注曰：「周人，司周書典籍之官。」

愚按：以其司周書而即名其官曰「周人」，義不可通。「周」當讀爲「疇」，《史記・律書》：「疇人子弟分散。」如淳曰：『家業世世相傳爲疇。律，年二十三傳之疇官，各從其父學。』」疇人家世相傳，典籍是其所守，故以命之。「周」與「疇」聲近，例得通用，如「禱」之爲「禂」，「幬」之爲「裯」，皆其例也。《詩・小雅》「舟人之子」，愚亦讀爲「疇人之子」，説詳《曲園雜纂》。

用田賦

《哀十一年傳》：「季孫欲以田賦。」杜注曰：「丘賦之法，因其田財通出馬一匹、牛三頭，今欲别其田及家財各爲一賦，故爲田賦。」

按：杜説與范寧注《穀梁》同，然如其説，則舊制田財不别，新制田有田賦、家有家賦，不得僅謂之田賦也。何休注《公羊》謂田是一井之田，若今斂錢以田爲率。徐彦疏引《國語》《家語》爲證，疑爲得之。然《左傳》載孔子之言曰：「如是則以丘亦足矣。若不度於禮，而貪冒無厭，則雖以田賦，將又不足。」以丘、田相提並論。一井之田與四邑爲丘相去懸絶，公羊家説不可施於左氏也。正義引賈逵「以爲欲令一井之閒出一丘之賦」而駮之曰：「如此，則多於常十六倍。賦税太多，非民所能給。」然則田賦之法如何？愚謂：此田爲一邑也。《司馬法》：「方里爲井，四井爲邑，四邑爲丘，丘出馬一匹、牛三頭。四丘爲甸，甸乃有馬四匹、牛十二頭，是爲革車一乘。」季孫之意，欲以邑爲丘，使一邑出馬一匹、牛三頭，則一丘便有革車一乘矣。其云「田賦」不云「邑賦」者，田與邑古得通稱。《桓元年公羊傳》云：「田多邑少稱田，邑多田少稱邑。」是田、邑可通稱也。如此，則一甸可得革車四乘，多於舊制者三倍，雖厲民之政尚不至如賈説之過多，而於所載孔子之言亦無不合矣。

又按：季孫欲以田賦，蓋即《成元年》「作丘甲」之舊法，杜彼注曰：「《周禮》：『九夫爲井，四井爲邑，四邑爲丘。丘十六井，出戎馬一匹、牛三頭。四丘爲甸，甸六十四井，出長轂一乘，戎馬四匹，牛十二頭，甲士三人，步卒七十二人。此甸所賦，今魯使丘出之，譏重斂。故書。」夫使丘出甸所賦，則必使邑出丘所賦矣。丘出甸所賦，謂之丘甲，邑出丘所賦，謂之田賦。田與邑通稱也。杜彼注得之，此注不照耳。《成元年》既作丘甲，而此年季孫復欲用田賦者，按《成元年》正義曰：「初税畝言初，此不言初者，此備齊難，暫爲之耳，非是終用，故不言初。」然則

《成元年》作丘甲不爲常例，故至此而季孫又欲用之也。

乃先晉人

《哀十三年傳》：「乃先晉人。」正義曰：「《吴語》説此事云『吴公先歃，晉侯亞之』，與此異。」又引傅玄云：「《國語》非丘明所作，《國語》虚而《左傳》實。」

愚按：《左傳》原文實是「乃先吴人」，與《國語》説無異，蓋此傳之文與《襄二十七年》宋之盟相準。彼傳云：「晉楚争先。晉人曰：『吾固爲諸侯盟主，未有先晉者也。』楚人曰：『子言晉楚匹也，若晉常先，是楚弱也。且晉楚狎主諸侯之盟也久矣，豈專在晉？』叔向謂趙孟曰：『諸侯歸晉之德只，非歸其尸盟也。子務德，無争先。且諸侯盟，小國固必有尸盟者，楚爲晉細，不亦可乎？』乃先楚人。」此傳云：「吴晉争先。吴人曰『於周室我爲長』，晉人曰『於姬姓我爲伯』。趙鞅呼司馬寅曰：『日旰矣，大事未成，二臣之罪也。建鼓整列，二臣死之，長幼必可知也。』對曰：『請姑視之。』反曰：『肉食者無墨。今吴王有墨，國勝乎？太子死乎？且夷德輕，不忍久，請少待之。』乃先吴人。」二傳之文，兩兩相準，彼傳先述晉楚争先之言，乃載叔向、趙孟兩人之語，其意在「務德無争先」，故繼之曰「乃先楚人」。此傳先述吴晉争先之言，又載趙鞅、司馬寅兩人之語，其意在「請少待之」。杜注曰：「少待，無與争。」故繼之曰「乃先吴人」。

若作「乃先晉人」，則上文吴晉争先，吴固未肯讓晉，晉人又不欲與争，此「乃先晉人」之句，不與上文相背乎？乃者，承上之詞，此「乃」字於上文何所承也？爲左氏之學者，以彼傳有「書先晉，晉有信也」句，而此無之，故改傳文以合於先晉後吴之經文，不知彼經曰「叔孫豹會晉趙武、楚屈建」，故有「書先晉」之文，此經云「公會晉侯及吴子」，及者，殊會之詞，《公羊》所謂「兩伯」也，初不能定其孰先孰後，故傳亦無「先晉」之文，何得臆改傳文，而轉使左氏之傳文義不貫乎？

上帝先王

《哀十四年傳》：「魯將以十月上辛有事於上帝先王。」[一]

按：《明堂位》「祀帝於郊，配以后稷」，然則魯有事於上帝，止有先公，無先王也。正義曰：「周之十月，非祭上帝先公之時。」阮《校勘記》以此疑「先王」當作「先公」，惜石經殘缺，無以證之。今按：《桓五年》「始殺而嘗」，正義引此傳：「子服景伯謂吴太宰曰：『魯將以十月上辛有事於上帝先公。』」然則孔氏所據本正作「先公」，可以訂正。

[一]「魯將以十月上辛有事於上帝先王」，出今本《哀公十三年傳》。

是食言多矣

《哀二十五年傳》："是食言多矣，能無肥乎？"杜注曰："以激三桓之數食言。"

按：上文並無責三桓食言之意，杜注非是。此"食言"與《尚書》"朕不食言"文同義異。"食言"謂食人之言，非自食其言也。上云"惡言多矣，君請盡之"，"食言多"之"多"，即"惡言多"之"多"。蓋三桓所有惡言，郭重皆受之，故曰"是食言多矣"。

茶香室經說卷十六

論語

專不習乎

《論語·學而篇》:「傳不習乎?」釋文曰:「鄭注云『魯讀傳爲專』。」

愚按:魯讀亦有理。專者,一人獨爲之事,非他人共爲之者。《周禮·小宰》:「以官府之六屬舉邦治。大事則從其長,小事則專達。」《莊十九年公羊傳》云:「大夫受命不受辭,出竟,有可以安社稷利國家者,專之可也。」是人之行事,固有不能委之於人、分之於朋友者,是可不習乎?故於爲人謀、與朋友交之後,又省及之。此居「三省」之末,於己尤切也。

貧而樂

《學而篇》：「未若貧而樂，富而好禮者也。」《集解》引鄭曰：「樂謂志於道，不以貧爲憂苦。」是鄭所據本與今本同，止作「貧而樂」也。下又引孔曰：「能貧而樂道、富而好禮者，能自切磋琢磨。」是孔所據本作「貧而樂道」。今邢疏本無「道」字，皇疏本有「道」字，阮《校勘記》以有「道」字爲是。

愚謂：皆非也。古本當作「貧而好樂，富而好禮」。《禮記·坊記》云：「子云：『貧而好樂，富而好禮，衆而以寧者，天下其幾矣。』」以孔子之言證孔子之言，知《論語》亦必作「貧而好樂」也。此「樂」字非喜怒哀樂之樂，乃詩書禮樂之樂。好樂、好禮，相對成文。大樂與天地同和，故貧者宜好之。大禮與天地同節，故富者宜好之。樂至則無怨，是以能安貧也。禮至則不争，是以能守富也。陳氏《禮記集説》引石梁王氏曰：「貧而好樂，添一『好』字，恐非孔子語。」此由誤讀「樂」字爲哀樂之樂耳。漢世如張禹輩恐亦不達此義，故於《論語》改作「貧而樂」，孔又妄增「道」字。孔注本僞，不足據也，當據《坊記》訂正。顔子鼓琴，足以自娱；曾子歌《商頌》，聲滿天地。其皆所謂貧而好樂者與？

我對曰無違

《爲政篇》：「孟孫問孝於我，我對曰無違。」鄭注曰：「恐孟孫不曉『無違』之意，將問於樊遲，故告之。」正義曰：「不即告孟孫者，初時意在簡略，欲使思而得之也。必告樊遲者，恐孟孫以爲從父之令是無違，故告於樊遲，將使復告孟孫也。」

愚按：此非聖人之意。夫聖人教人，自宜詳盡，豈有故示簡略，使人尋繹其言外之旨，如晉人之清談者乎？孟孫不能復問於夫子，安能更問於樊遲？夫子不能直達於孟孫，樊遲安能轉達於孟孫？聖人行事何迂曲如是也？以愚言之，孟懿子問孝，子曰「無違」，此正是教懿子以從親之令。蓋懿子是僖子之子，孟僖子是魯賢大夫，懿子嗣立，必有不能謹守僖子之教者，故夫子以「無違」告之，果使懿子終身不改其父之臣與父之政，是亦可爲保家之主矣，然此爲懿子一人言也。聖賢垂訓，必爲天下萬世計，天下之爲人子者，豈能皆有賢父乎？若概以從父爲孝，而聖人此言轉有流弊矣，故語樊遲而發生事死祭葬之論，使知無違者謂不違禮也，此爲天下萬世言也。然聖人之言，理本一貫，其父果賢，所爲必無不合禮，則不違父亦仍是不違禮，初非兩橛也。

孝乎惟孝

《爲政篇》：「孝乎惟孝，友于兄弟，施於有政。」包曰：「孝乎惟孝，美大孝之辭。友于兄弟，善於兄弟。施，行也。所行有政道，與爲政同。」

愚按：包解「孝乎惟孝」得之矣，説下二句未瞭。蓋下二句並承「孝」字而言，惟孝於父母，故能友于兄弟、施於有政，是三句皆贊美大孝之辭也。《僞古文》襲其語入《君陳篇》云：「王若曰：『君陳，惟爾令德孝恭，惟孝，友于兄弟，克施有政。』」枚傳曰：「言其有令德，善事父母，行己以恭。」是解説「令德孝恭」四字。又曰：「言善父母者，必友于兄弟，能施有政令。」是枚氏讀「惟孝」二字絶句，固知下二句皆承「孝」字言也。包氏此注，不及枚傳明白。邢疏云：「行於此二者，即有爲政之道。」是以「施於有政」句並承「孝友」言，失贊美大孝之義矣。皇疏云：「友于兄弟，是善於兄弟。則孝于惟孝，是善於父母。父母既云『孝于惟孝』，兄弟亦宜云『友于惟友』，所以互見之。」竟以上二句爲對文，非也。近讀作「惟孝友于兄弟」，則并句讀而失之矣。至邢、皇二本有「孝乎」、「孝于」之不同，于、乎古通，此不足辨。

曰使民戰栗

《八佾篇》：「哀公問社於宰我，宰我對曰：夏后氏以松，殷人以柏，周人以栗。曰：使民戰栗。」孔注曰：「凡建邦立社，各以其土所宜之木，宰我不本其意，妄爲之説，因周用栗，便云『使民戰栗』。」

按：此章之義頗有可疑。果如舊説，則宰我失言也。夫子聞之，何妨明斥其非，如云：「求，無乃爾是過與？」「小人哉樊須也！」「野哉由也！」皆明斥其非，使知其過。獨於宰我此言，不明斥之，而迂緩其辭曰：「成事不説，遂事不諫，既往不咎。」此何爲者也？今按：先儒舊説本不以「使民戰栗」爲宰我語。皇侃《論語疏》云：「依注意即不得。如先儒言，『曰使民戰栗』是哀公語也。」然則先儒固以「使民戰栗」是哀公之言，此説未知出於何人，實勝今注所傳孔安國之説。蓋孔注真僞難明，未可據也。此章文法與「哀公問有若」章相似，彼云：「哀公問於有若曰：『年饑，用不足，如之何？』有若對曰：『盍徹乎？』曰：『二，吾猶不足，如之何其徹也？』」下「曰」字是哀公語，而不再出「哀公」字，與此一律，足徵舊説之可從。蓋哀公聞周人以栗之言，便臆决之曰「使民戰栗」。嘗論哀公之爲君，當魯國積弱、政在三家之日，而頗有意振興，欲張公室，故屢問於孔子，其問「何爲則民服」，以民皆服於三家也，意必以昭公舊事爲耻，慨然有大有爲之志，故一聞「周人以栗」之言，即作「使民戰栗」之解。然魯以相忍爲國，由來久矣，昭公時晉霸未衰，尚不能借其力以去季氏，况哀公之時乎？其後欲以越伐魯，而卒不克，終以客死，效可覩矣。宰予既不能辨正，孔子亦遂不復明言，但云：「成事不説，遂事不諫，既往不咎。」見得禄去公室、政逮大夫非一世矣，未可憤憤於一朝之閒而反以速禍也。此章先儒舊説不傳，遂使孔子之意亦晦，舊説之可貴如是夫。

與之庾

《雍也篇》：「請益，曰：『與之庾。』」包曰：「十六斗曰庾。」

愚按：包氏以此「庾」即《聘禮·記》之「籔」，邢疏具矣。然實當以皇疏爲是。皇疏云：「苞注十六斗爲庾，與賈氏注《國語》同，而不合《周禮》。《周禮·旊〔一〕人職》云：『豆實三而成觳。』鄭云『豆實四升』，則觳實一斗二升也。又《陶人》云『庾實二觳』，則庾二斗四升矣。」今按：庾二斗四升，《考工》有明文，包氏不用者，以庾小於釜，疑請益而反損耳，不知夫子已與之六斗四升矣，而冉子又請益，故又益以二斗四升，蓋以三分之一益之，此於情理正合，未有所益之數反多於原與之數者，是故庾之爲數，當從《周禮》，不當讀爲《儀禮》之籔也。

〔一〕旊，今本《周禮》作「瓬」。阮元《校勘記》云：「余本、嘉靖本、監本同，唐石經、閩本、毛本瓬誤旊，釋文作旊。」

今女畫

《雍也篇》：「力不足者中道而廢，今女畫。」孔曰：「畫，止也。」

愚按：「畫」之訓止，必非如近解畫地自限之説。邢、皇二疏皆無説。《穀梁桓二年傳》：「其謂之實〔一〕來，何也？以其畫我，故簡言之也。」〔二〕是「畫」有簡略之意，疑齊魯閒之方言。

子之所慎

《述而篇》：「子之所慎：齊、戰、疾。」孔曰：「此三者，人所不能慎而夫子能慎之也。」

愚按：此章之旨，自古至今無疑義矣。然細按之，齊之所以必慎者，重祭也，然則何不曰「子之所慎：祭、戰、疾」？不曰「祭」而曰「齊」，豈齊當慎而祭不必慎乎？今按《禮記·内則篇》：「在父母舅姑之所，進退周旋慎齊。」鄭注曰：「齊，莊也。」釋文「音側皆反」。是古有「慎齊」之語，乃齊魯閒恒言。此經疑當以「子之所慎齊」爲句，下文戰一事、疾一事，皆子之所慎齊也。「慎齊」亦或作「敬齊」，《祭義篇》曰：「敬齊之色不絶於面。」

〔一〕實，今本《穀梁傳》作「是」。

〔二〕「其謂之實來」四句，出今本《桓公六年傳》。

不圖爲樂

《述而篇》：「不圖爲樂之至於斯也。」王曰：「不圖作韶樂至於此。此，齊。」

愚按：王注似於語氣未得。《梁書·簡文帝紀》曰：「帝知不免，乃盡酣曰：『不圖爲樂一至於斯。』」是六朝人有讀作喜樂之樂者，甚合語氣。釋文曰：「爲樂，並如字。」無「音洛」之文，是此解久佚矣。

文王既没

《子罕篇》：「文王既没，文不在兹乎？」孔曰：「言文王雖已死，其文見在此。」

愚按：孔注淺陋，殊爲無見。竊謂孔子一文王也，文王未有天下，而一王制度已備，是無王天下之名，而有王天下之實。孔子際蒼姬之末運，建百王之大法，作《春秋》一經，借魯以立王者之制，是文王爲有周一代之文王，孔子爲繼周萬世之文王。《春秋隱公元年》：「春王正月。」《公羊傳》曰：「王者孰謂？謂文王也。」此必孔門相傳之舊説，故曰：「文王既没，文不在兹乎？」注疏家不足知此，制義家更不足言此矣。

執圭

《鄉黨篇》：「執圭。」包曰：「爲君使，聘問鄰國，執持君之圭。」邢疏曰：「諸侯所執圭璧，皆朝於王及相朝所用，其諸侯之臣聘天子及聘諸侯，其聘玉及享玉降其君瑞一等。故《玉人》云『瑑圭璋八寸，璧琮八寸，以覜聘』是也。」

按：疏家例不背注，邢氏此疏已暗破包注矣。皇疏曰：「圭，瑞玉也。周禮：五等諸侯各受王者之玉以爲瑞信。公，桓圭，九寸；侯，信圭，七寸；伯，躬圭，七寸；子，穀璧，五寸；男，蒲璧，五寸。若自執朝王，則各如其寸數；若使其臣出聘鄰國，乃各執其君之玉而減其君一寸。」此則申包注者必有所本。愚按：《考工記・玉人》云：「瑑圭璋八寸，璧琮八寸，以覜〔一〕聘。」據《周禮・大宗伯》「時聘曰問，殷覜曰視」，鄭注、賈疏以此二者是諸侯遣臣聘問天子之事。疑瑑圭璋璧琮以覜聘，專以時聘、殷覜言，皆行於王朝者。若諸侯遣臣聘於諸侯，則如皇疏之説，故包注云「執持君之圭」也。賈疏於《考工記》云：「此謂上公之臣執以覜聘，聘用圭璋，享用璧琮。於天子及后也，侯伯之臣宜六寸，子男之臣宜四寸。」此説是矣。又云：「兩諸

〔一〕 覜，原誤作「頫」，徑改。下同。

侯自相聘，亦執之。」此則誤也。又《典瑞》疏云：「若遣臣聘，不得執君之圭璧。」此未達古制。公桓圭、侯信圭之類，言其制耳。封爲公爵，得執桓圭，封爲侯爵，得執信圭。聽其自作之，非天子錫以一圭一璧，以爲世守之重器也。後人意中皆有秦人傳國璽之俗説，此等事難與議矣。《典瑞職》：「瑑圭璋璧琮，皆二采一就，以覜聘。」鄭注云：「璋以聘后夫人，以琮享之也。」言后又言夫人，是謂諸侯自相聘亦然，賈氏《考工記》疏之「兩諸侯自相聘亦執之」本此也。但殷覜之名，明見《大宗伯職》，謂「一服朝之歲」，諸侯使卿聘於天子，若諸侯之國，安得有一服朝之歲？既以「覜聘」連文，不兼諸侯明矣。

請子之車以爲之椁

《先進篇》：「顔淵死，顔路請子之車以爲之椁。」孔曰：「家貧，欲請孔子之車，賣以作椁。」愚謂：門人既厚葬之，豈其無椁？即云無椁，何必請子之車？下文云：「鯉也死，有棺而無椁，吾不徒行以爲之椁。」孔、顔所不足者皆椁乎？椁必以車爲之乎？此義殊有可疑。釋文於此章先出「顔路」二字，又出「之車」二字，又出「無椁」二字，是釋文本無「以爲之椁」四字，不然，則「之車」下當出「之椁」，不當出「無椁」也。蓋顔路請子之車，以請車爲辭，乃求賻也。亦猶「天王使家父來求車」，非必求車也。夫子則舉伯魚往事以告之，言鯉之死，其貧至有棺無椁，吾不徒行以爲之椁。今顔子之喪，萬不至於有棺無椁，吾何必爲之徒行哉？此章之義，因沾「以爲之椁」四字，故舊解均非是，當據釋文正之。

東里

《憲問篇》：「東里子産。」馬曰：「子産居東里，因以爲號。」

愚按：子産，蓋即以東里爲氏，皇疏云「居鄭之東里，因爲氏姓」是也。《廣韻》「東」字下載複姓十三氏云：「《曹瞞傳》有南陽太守東里昆。」此人當是子産之裔。

上達下達

《憲問篇》：「君子上達，小人下達。」何氏《集解》曰：「本爲上，末爲下。」邢疏曰：「本爲上，謂德義也。末爲下，謂財利也。」

愚按：何氏得之，邢疏未是。《易・繫辭傳》曰：「形而上者謂之道，形而下者謂之器。」《禮記・樂記篇》曰：「樂者，非謂黄鍾大吕、弦歌干揚也，樂之末節也，故童者舞之。鋪筵席、陳尊俎、列籩豆以升降爲禮者，禮之末節也，故有司掌之。德成而上，藝成而下。」此「君子上達，小人下達」之塙詁也。

夫子何爲

《憲問篇》：「孔子與之坐而問焉，曰：夫子何爲？」邢疏曰：「夫子何所云爲，而得此君子之名譽乎？」

愚按：邢説殊淺。此章問答之旨，自來無見及者。魯、衛兄弟之國，孔子不得有爲於魯，猶冀有爲於衛，《論語》所記如「必焉〔一〕正名乎」、「富之」「教之」，皆爲衛計也，乃靈公不能用，而孔子行矣，於是因己之不得有爲，而望衛之賢士大夫出而爲之。如伯玉者，固孔子所深望也，然伯玉爲人「有道則仕，無道則卷而懷之」，「卷而懷之」則不能有爲矣，孔子望其有爲，而又恐其不能有爲，故一見使者，即有「夫子何爲」之問，彼使者乃深知伯玉者也，對曰「夫子欲寡其過而未能也」，明伯玉但求無過不求有功，而衛之不足有爲與伯玉之不能有爲，皆在言外矣。此其相知之深，措辭之善，孔子所以歎美之也，不然，問「夫子何爲」，自宜以所爲者對，何得但言「寡過未能」乎？此余門下士蔡啓盛説。

「直哉史魚」一章兩論衛大夫，亦有微旨。史魚「邦有道如矢，邦無道如矢」，則有道得行其

〔一〕 焉，今本《論語》作「也」。

志，無道不得行其志矣。蘧伯玉「邦有道則仕，邦無道則可卷而懷之」，則有道足以興，無道足以容而已矣。是二賢者，皆非撥亂反正之才也，此聖人言外之旨也。

君子道者

《憲問篇》：「君子道者三，我無能焉。」邢疏曰：「言君子之道有三，我皆不能也。」

愚按：如疏説，當云「君子之道三」，與《禮記·中庸篇》「君子之道四」一律，乃云「君子道者」，文不成義矣。此「道」字即下文「夫子自道」之「道」。道，猶言也。葢謂君子之所稱道者有三，而我皆無能也。故子貢曰「夫子自道也」，謂非君子之所稱道，實夫子所自道也。

原壤

《憲問》篇：「原壤夷俟。」馬曰：「原壤，魯人。」

愚按：孔子弟子有原憲，鄭康成亦以爲魯人，豈其族與？乃《陽貨篇》「鄉原」章，皇疏引張憑曰：「鄉原，原壤也，孔子鄉人，故曰『鄉原』。」按：「鄉原」之「原」，在《孟子》自有塙詁。孟子曰：「一鄉皆稱原人焉。」則「原」字自是「侗而不愿」之愿。何六朝時乃有此説？疑原壤非原氏鄉人，以其德稱之。原，其德也；壤，其名也。以名配德而爲稱，古自有此例。猶直人名弓，謂之直弓；狂者名接輿，謂之狂接輿矣。

齊景公有馬千駟

《季氏篇》：「齊景公有馬千駟」至「其斯之謂與」三十七字，疑當在《衛靈公》篇「君子憂道不憂貧」之下，未敢遽言，姑存此說。

公山不擾佛肸兩章

《陽貨篇》「公山不擾」及「佛肸」兩章，學者疑之，但以事出聖人，不敢議耳。夫公山不擾與佛肸豈足與行道者哉？

愚謂：此兩章係之「武城」章之后，自有深意。割鷄之喻，夫子之戲言也。公山召、佛肸召，子皆欲往，亦夫子之戲言也。於武城示大道之不可以小用，於公山、佛肸示無地之不可以行道，聖人與道大適，異趣而同歸，非子游子路諸賢所能喻矣。然「武城」章中載子游之正論，「公山」章後即次以「子張問仁」一章，「佛肸」章後即次以「六言六蔽」一章，則又記人之深意。明欲爲東周，必具恭、寬、信、敏、惠之德，而不磷不淄在聖人則可，在學者雖仁智猶防其蔽，未可輕試之於磨涅也。

孟子

制梃

《孟子·梁惠王上篇》：「可使制梃以撻秦楚之堅甲利兵矣。」趙注曰：「制，作也。」

愚按：此極言其易，若一梃猶煩制作，不見其易矣。「制」讀爲「折」。《後漢書·鄧禹傳》：「帝徵禹還，敕曰：赤眉無穀，自當東來。吾折箠笞之，非諸將憂也。」「折梃」與「折箠」語意相似。制、折聲近義通，《莊子·外物篇》「自制河以東」，釋文曰：「依字應作淛。」即其例矣。

興之矣

《梁惠王上篇》：「則苗勃然興之矣。」

愚按：「之」字疑衍文。「興矣」與上「槁矣」相對成文，不當有「之」字。

夫我乃行之

《梁惠王上篇》：「夫子之謂也，大我乃行之。」

愚按：「也夫」二字當連讀。

微仲

《梁惠王下》篇：「又有微子、微仲。」〔一〕

按：「微仲」有二説。《史記·宋世家》云：「微子開卒，立其弟衍，是謂微仲。」則微仲乃微子之弟也。《禮記·檀弓篇》：「微子舍其孫腯而立衍也。」鄭注曰：「微子適子死，立其弟衍，殷禮也。」是以衍爲微子適子之弟。鄭注不誤。惟《孟子》以微子、微仲並稱，是同時輔相紂者，又似非微子之子。衍亦微子之子。上文云：「文王舍伯邑考而立武王。」武王爲文王之子，則竊謂：「微仲」當有二人，微子之弟爲微仲，一也，其名泄，字仲思。微子之子亦爲微仲，二也，其名衍，即《檀弓》所謂「立衍」者也。《史記·宋世家》引《家語》云：「微子弟仲思，名衍，一名泄。」蓋微子弟本名泄，而後人誤以爲即微子之子，故又名衍。今《家語》無「一名泄」之文，是竟以爲衍矣。幸《史記》所引猶存，足證微子之弟名泄也。知此，則知鄭注不誤，而《孟子》以微子、微仲並稱，亦可無疑。然則微子之弟、微子之子何以並稱「微仲」？曰：此後人稱之也。微，稱其國也，仲，稱其字也，如晉趙氏之世稱「趙孟」，何足爲異？

〔一〕「又有微子、微仲」，出今本《公孫丑上》。

其閒

《公孫丑下》篇：「五百年必有王者興，其閒必有名世者。」趙注曰：「五百年有〔一〕王者興，有興王道者也。名世，次聖之才，物來能名正一世者，生於聖人之閒也。」

愚按：如趙氏之意，謂前之王者已往，後之王者未來，於其中閒必有名世者出焉，名世者與王者先後不相值。近解謂是王者之佐，如皋陶、稷、契、伊、萊、望、散之屬，則「其閒」當改作「其時」矣。此不得舍古注而從近注者也。王者五百年而興，名世生於前後王者之閒，則二百五十年必有名世者矣。下文云「由周以來七百有餘歲」，當五百歲時，竟無王者興，故曰「以其數則過矣」，除去五百歲，餘二百餘歲，正應生名世之期，故曰「以其時考之則可矣」。「其閒」二字失解，則下文之意亦皆不可解也。

《孟子》言「五百年必有王者興」，而周興七百餘歲竟無王者，何也？愚嘗以《春秋》說之，《春秋》託王于魯，魯自伯禽受封，其薨年不見《史記》，徐廣《集解》引皇甫謐云：「伯禽以成王

〔一〕有，今本趙注無此字。阮元《校勘記》云：「閩、監、毛三本同，廖本、孔本、韓本、考文古本、足利本『年』下有『有』字。」

元年封，四十六年，康王十六年卒。嗣後考公四年，煬公六年，幽公十四年，魏公五十年，厲公三十七年，獻公三十二年，真公三十年，武公九年，懿公九年，伯御十一年，孝公二十七年，惠公三十年。」並見《史記·魯世家》。上溯武王克殷六年而崩，下加春秋二百四十年，爲五百五十一年，而《春秋》以昭、定、哀爲所見之世，定、哀之閒文致太平，見王者治定，適當周興五百年之後，自是以後又二百餘年，是天意固以孔子作《春秋》爲周興五百年後之王者，而孟子生孔子之後，其即二百五十年應運而生之名世者乎？

公孫衍張儀

《滕文公下篇》：「公孫衍、張儀豈不誠大丈夫哉？」

愚按：戰國之天下，惟從横二説而已，從，人以蘇秦爲主；横，人以張儀爲魁。儀、秦並稱，由來久矣，《史記》亦以蘇秦、張儀兩傳相連，至楊子雲作《法言》，猶載或人之言曰：「儀、秦學乎鬼谷術而習乎從横言，安中國者十餘年。」景春與之同時，乃舍蘇秦而言公孫衍，何歟？愚謂：此自有微意。在景春當日，未必不舉蘇秦、張儀以問及，後孟氏之徒筆之於書，則削蘇秦而以公孫衍易之。蓋戰國之天下，所深患者秦也，使竟用蘇秦之説，六國合力以拒秦，則秦可不帝。秦不帝，而唐虞三代之遺風未必掃地而盡也。故論戰國諸游説之士，君子於蘇秦猶有取焉。「妾婦之道」以責張儀可也，以責蘇秦則竊有未安矣，故削蘇秦而以公孫衍易之。此愚於無文字中求古人之意也。

邪説暴行又作

《滕文公下篇》：「壞宮室以爲汙池，民無所安息，棄田以爲園囿，使民不得衣食，邪説暴行又作。園囿汙池，沛澤多而禽獸至。」

愚按：「邪説暴行又作」六字，衍文也。「邪説暴行」四字，上文未見，乃云「又作」，義不可通，一也。「園囿汙池」句緊承「壞宮室以爲汙池，棄田以爲園囿」而言，著此六字，文義隔絶，二也。疑此六字當在下文「聖王不作，諸侯放恣，處士横議」之下，蓋「世衰道微」節已云「邪説暴行有作」，故此云「又作」也。尋「又」字之義，則此句宜在彼處無疑。

先師

《離婁上篇》：「是猶弟子而耻受命於先師也。」趙注曰：「譬猶弟子不從師也。」

愚按：《禮記·王制篇》：「凡學，春官釋奠於其先師。」〔一〕鄭注引《周禮》曰：「『凡有道者、

〔一〕「凡學」二句，出今本《文王世子篇》。

有德者，死則以爲樂祖，祭於瞽宗。』此之謂先師之類。」然則先師皆已往之人，安能親受其命乎？趙注不釋「先」字。竊疑「先師」當作「先生」，古人恒以「先生」「弟子」對言。《論語》曰：「有事弟子服其勞，有酒食先生饌。」《禮記・曲禮篇》：「從於先生。」正義曰：「謂師爲先生者，言彼先己而生，其德多厚也。自稱爲弟子者，言己自處如弟子，則尊師如父兄也。」《莊子・天下篇》曰：「先生恐不〔一〕得飽，弟子雖飢不忘天下。」《管子・弟子職篇》曰：「先生施教，弟子是則。」是「先生」「弟子」古人恒言。此本作「是猶弟子而耻受命於先生也」，趙注「師」字正釋「先生」字，今作「受命於先師」，即涉趙注而誤。

以施四事

《離婁下篇》：「周公思兼三王，以施四事。」趙注曰：「三王，三代之王也。四事，禹湯文武所行之事也。」

愚按：如趙説，則禹湯文武即三代之王也，言「兼三王」足矣，何必言「四事」乎？此當用董仲舒説。按《春秋繁露・三代改制質文篇》云：「絀三之前曰五帝，迭首一色，順數五而相復。

〔一〕不，原重一「不」字，今删。

禮樂各以其法象其宜，順數四而相復。」蓋董子之意，三王之前爲五帝，而五帝第一代最尊不數，故既曰「五而相復」，又曰「四而相復」。此言三王者，三代之王也。四事者，四帝之事也。當周公時，三王爲禹湯文武，五帝首黄帝，除黄帝不數，則爲四帝，曰帝顓頊、帝嚳、帝堯、帝舜。說詳《禮記》「三王四代唯其師」。

而往救之

《離婁下篇》：「今有同室之人鬭者，救之，雖被髮纓冠而救之，可也。」阮《校勘記》曰：「考文古本『而』下有『往』字。」

愚按：「往」字宜補，「救之」二字衍文也。上有「救之」字，此不必更言「救之」矣。本作「今有同室之人鬭者，救之，雖被髮纓冠而往，可也」，涉下文「被髮纓冠而往救之」句，誤衍「救之」二字，考文古本是也。校者不删「救之」二字，而誤删「往」字，今各本是也。

王使人瞯夫子

《離婁下篇》：「王使人瞯夫子。」

愚按：此人必精相人之術者。相人之術，春秋已有之，戰國時姑布子卿、唐舉之徒輩出，其術必盛行，荀子所以作《非相》之篇也。

爲不若是恝

《萬章上篇》：「夫公明高以孝子之心，爲不若是恝，我竭力耕田，共爲子職而已矣，父母之不我愛，於我何哉？」

愚按：此三十六字當一氣讀之。「我竭力耕田」至「於我何哉」即所謂「恝」也，若是即恝矣。「公明高以孝子之心爲不若是」，此舜所以怨慕也。古注、今注似皆未瞭。

子莫

《盡心上篇》：「子莫執中。」趙注曰：「子莫，魯之賢人也。」

愚按：「子莫」無考，趙氏以爲魯人，未知何據。竊疑即是子牟也。《漢書·藝文志》道家有《公子牟》四篇，注曰：「魏之公子也，先莊子，莊子稱之。」《吕氏春秋·審爲篇》曰：「中山公子牟謂詹子曰：『身在江海之上，心居魏闕之下。』」高誘注曰：「子牟，魏公子也。」牟與莫雙聲，《方言》曰：「侔莫，强也。北燕之外郊，凡勞而相勉者，謂之侔莫。」是侔與莫聲近義通，故子牟亦爲子莫矣。但非魯人，與趙注不合。

急親賢

《盡心上篇》：「仁者無不愛也，急親賢之爲務。」趙注曰：「仁者務愛賢也。」

愚按：《禮記·中庸篇》：「凡爲天下國家有九經，曰：修身也、尊賢也、親親也。」修身以外，先以尊賢、親親，是謂「急親賢」。蓋仁者固無不愛，而親者親之、賢者尊之，尤其所急，故曰「急親賢」也。「親賢」二字並列，趙解「親賢」爲「愛賢」，則但云「親賢之爲務」可矣，不必有「急」字。

丘民

《盡心下篇》：「是故得乎丘民而爲天子。」趙注：「丘，十六井也。」

愚按：言民而但舉十六井之民，殊爲無義。趙注非也。丘者，空也。《昭十二年左傳》：「八索九丘。」張平子説云：「九丘，《周禮》之九刑。丘，空也，空設之也。」是古以「空」爲「丘」。《漢書·楚元王傳》之「丘嫂」，孟康注之「丘壻」，其義並爲空。「丘民」之「丘」與「丘嫂」「丘婿」同，其義亦爲空。蓋古有命民，《後漢·王符傳》注引《尚書大傳》云：「古之帝王必有命民，能敬長矜孤，取舍好讓者，命於其君，然後得乘飾車、駢馬、衣文錦，未有命者不得衣、不得乘。」是古之民有命與未命之分，已命者謂之「命民」，未命者即謂之「丘民」。民曰「丘民」，猶王曰「素王」。《莊子・天道篇[一]》「元聖素王之道」，注曰：「有其道爲天下所歸而無其爵者，所謂『素王』」。素亦空也。《廣雅・釋詁》「丘」與「素」並訓空。王而無爵謂之素王，民而無爵謂之丘民矣。「得乎丘民」對「得乎天子」言，天子至貴也，民至賤也，然命民猶未極其賤，故必極之丘民也。愚前著《群經平議》讀丘爲區，而訓爲小，今又爲此説，未知孰[二]是。

堯舜至湯湯至文王

《盡心下篇》：「由堯舜至於湯五百有餘歲。」又曰：「由湯至於文王五百有餘歲。」

愚按：《漢書・律曆志》：夏后氏四百三十二歲。加堯七十載，舜五十載，爲五百五十二歲。《志》又云「自伐桀至武王伐紂，六百二十九歲」，去文王五十年，又去武王三年，爲五百七十六歲。餘數太多，似與《孟子》語不合。要當以《孟子》語爲正。《劉歆曆》所推，如以魯煬公爲六十年，獻公爲五十年，與《魯世家》煬公六年、獻公三十二年不合，多此七十二年，即與孟子所稱「由周以來七百有餘歲」不合。然則其所推夏殷之年，亦必有增多者，故與孟子所稱五百

[一] 篇，底本誤作「扁」，徑改。
[二] 孰，原作「就」。據文意改。

餘歲不合也。疑堯舜至湯、湯至文王皆五百年有奇，故《孟子》云「五百年必有王者興」。余前著《湖樓筆談》，謂《孟子》此語考之堯舜禹湯皆不合，未見及此也。

爾雅

綝

《爾雅·釋詁》：「綝，善也。」郭注「未詳」。

愚按：《説文》：「綝，讀若郴。」凡《説文》「讀若」之字，不但通其音，兼可通其義，錢氏《潛研堂集》言之詳矣。《方言》云：「自關而西，凡物之壯大而愛偉之謂之夏，周鄭之閒謂之蝦。郴，齊語也。」然則此「綝」字當讀若「郴」，壯大而愛偉之，即善之義也。

釋

《釋詁》：「釋，服也。」邢疏曰：「釋者，釋去恨怨而服也。」

愚按：疏説曲説也。此「釋」字即上「懌」字。《尚書·顧命篇》「王不懌」，馬本作「不釋」。是經傳有借「釋」爲「懌」者。《爾雅》本以詁經，故懌、釋並訓服矣。懌、釋並訓服，猶永、羕並訓長也。《説文》「羕」下引《詩》「江之羕矣」，「永」下引《詩》「江之永矣」。《詩》有羕、永異文，《爾雅》俱釋之。故《書》有懌、釋異文，《爾雅》亦俱釋之矣。《爾雅》中此類甚多。如嘏、假並訓大，謚、溢並訓静，隕、磒並訓下，壬、任並訓佞，皆是也。

柯

《釋詁》：「柯，法也。」郭注曰：「《詩》曰：『伐柯伐柯，其則不遠。』」

愚按：柯者斧柄，不得訓法。《廣韻・七歌》「古俄切」十一字，柯、㚥、㛈三字相次：「柯，枝柯，又斧柯，又姓。」「㚥，女師，以教女子。」「㛈，法也。」疑「柯」之訓法，從「㚥」字而來。《説文・女部》：「㚥，女師也。杜林説：加教於女也。」加教於女，故得訓法。變其體則爲「㛈」，擬其音則爲「柯」矣。

滕

《釋訓》：「滕，虚也。」郭注「未詳」。

愚按：「滕」無虚義，疑「滕」之誤字。「滕」之或體作「凌」。《周禮・凌人》：「令斬冰，三其凌。」鄭注曰：「凌，冰室也。」冰室必中虚，故得訓虚矣。《周禮》賈疏曰：「三其凌者，凌謂冰室之中三倍納冰。」是賈意凌爲冰，不爲冰室。《詩》正義云：「凌、冰一物，既云斬冰，又云三其凌，則是斬冰三倍多於凌室之所容，故知三其凌者爲凌室。不然，單言凌者，止得爲冰體，不得爲冰室。」是孔意亦依違其閒。愚謂：既云「斬冰」，又云「三其凌」，分别言之，凌自是冰室。且「三其凌」者，視冰室所容而三之也。若云「三其冰」，則以何爲節乎？鄭注自墒，不得以疏疑注也。

言

《釋詁》：「孔、魄、哉、延、虚、無、之、言，閒也。」郭注於「哉」「之」「言」三字均「未詳」。

愚按：《説文》：「哉，言之閒也。」「之」與「哉」並語辭，然則「之」亦言之閒也。如《詩》云「假哉天命」「昭哉嗣服」，以「哉」字爲閒也。「麟之趾」「麟之角」，以「之」字爲閒也。《詩》中「言」字，毛傳、鄭箋每訓爲「我」，然「言告師氏」「言采其蕨」之類，訓「我」尚可通，至如「寤言不寐」爲「寤我不寐」，「弋言加之」爲「弋我加之」，「薄言歸沐」爲「薄我歸沐」，「永言保之」爲「永我保之」，實屬不辭。疑三家《詩》有訓爲語辭者，故《爾雅》以「言」與「哉」「之」並訓爲閒，皆即《説文》所謂「言之閒」也。

於

《釋詁》：「於，代也。」郭注「未詳」。

愚按：上文「爰，於也」，「於」與「爰」古字通，爰有易義。《僖十五年左傳》：「晉於是乎作爰田。」服注曰：「爰，易也。」於之訓代，猶爰之訓易矣。此與《平議》説異，兩存之。

衛

《釋詁》：「衛、蹶、假，嘉也。」郭注「衛」「蹶」均「未詳」。近儒邵氏晉涵作《爾雅正義》，引「良士蹶蹶」以説「蹶」字，至「衛」字則以爲通作「偉」，引《莊子》「偉哉造物」、《淮南子》「偉哉造化」以説之。而錢氏大昕又以爲「衛」當作「禕」，朱氏駿聲又以爲「衛」當作「韙」。

愚按：《説文》「衛」本不從韋得聲，即從段注之説，以爲韋亦聲，而凡從韋得聲之字，如「偉」、如「禕」、如「韙」皆以爲此經之「衛」字，恐説經太易矣。今按：《爾雅》衛、蹶連文，衛、蹶實同部字。《釋木》云：「蹶泄，苦棗。」釋文云：「蹶，本亦作躗。」《廣韻·十三祭》有「躗」字，引《爾雅》云：「躗洩，苦棗。亦作蹶。」然則躗、蹶二字，音義俱同，《爾雅》亦並存之。疑古本作「躗、蹶、假，嘉也」，「躗」字經典罕見，寫者竟作「衛」字，乃成今本，諸家各以意説，恐均非是。

龕

《釋言》：「洵，龕也。」郭注「未詳」。

愚按：龕者，《説文》以爲龍貌，其字大、小徐本皆從龍從合，而近來講小學者，皆以爲宜從今聲。其實合聲、今聲同在段氏第七部，何必「今」是而「合」非也？《詩·酌篇》《長發篇》毛傳曰：「龍，和也。」《周禮·小行人》「合六幣」，鄭注曰：「合，同也。」此字從龍從合，有和同之意。上云「洵，均也」，郭注曰：「謂調均。」調均則和同，故又訓龕矣。《方言》曰：「龕，受也。」《廣雅·釋詁》曰：「龕，盛也。」和同則能容物，故有盛受之義，與調均之義亦復不遠。

兄妻爲嫂弟妻爲婦

《釋親》：「女子謂兄之妻爲嫂，弟之妻爲婦。」

愚按：此經有可疑者。《禮·曲禮篇》「嫂叔不通問」，是嫂之稱通乎男子，而此獨言女子，一可疑也。《儀禮·喪服·傳》：「夫之昆弟何以無服也？其夫屬乎父道者，妻皆母道也；其夫屬乎子道者，妻皆婦道也。謂弟之妻婦者，是嫂亦可謂之母乎！故名者，人治之大者也，可無慎乎？」子夏此傳，極言以弟妻爲婦之不可。弟之妻不可爲婦，猶兄之妻不可爲母也。鄭注未得傳意。令《爾雅》果有此文，則周公制禮有定名矣，子夏何以云爾乎？二可疑也。竊疑此經本作「女子謂兄弟之妻爲嫂」，蓋嫂是尊稱，故男子惟於兄妻稱之，弟妻卑幼，不復爲之名，但曰弟之妻而已。然男子於弟之妻本是疏外，無稱可也，女子則同在室中，朝夕相見，不容無稱，其於兄之妻，已從男子稱之爲嫂矣，弟之妻將何稱？姑從謙退之義，亦稱曰嫂。此雖無可證，而有可引之例。下文云：「長婦謂稚婦爲娣婦，娣婦謂長婦爲姒婦。」夫婦人坐依夫齒，長婦、稚婦自以夫之長幼言，方與下文「長婦爲嫡婦」一例。乃《成十一年左傳》穆姜謂聲伯之母爲姒，《昭二十八年傳》叔向之嫂謂叔向之妻爲姒，皆呼稚婦爲姒，何也？蓋娣婦、姒婦雖有正名，而婦道宜自卑抑，則雖稚婦亦以姒呼之，故《成十一年》杜注曰：「昆弟之妻相謂爲姒。」正義引賈逵、鄭康成説皆同。女子於夫弟之妻可呼爲姒，然則於弟之妻何不可呼爲嫂乎？後人不知此經專爲女子而發，乃疑弟妻不可稱嫂，妄爲改易。然嫂之稱不專屬女子，弟妻稱婦，又顯與子夏傳違，是不可不爲訂正也。

九達謂之逵

《釋宫》：「九達謂之逵。」郭注曰：「四道交出，復有旁通。」

愚按：自一達至九達，郭氏皆以爲道路歧出之名。杜預注《左傳》云：「逵，道方九軌也。」《隱十一年》正義云：「李巡注《爾雅》亦取並軌之義。」是此經李、郭説異也。郭説世多從之，其實難通。今有路東西南北歧出，如俗所謂十字街者，亦止四達而已，無可復加矣，使行里許，又有如前之十字街者，不能并前數之而謂之八達也，又安得至於九乎？方軌之説，則《周禮》「經塗九軌」不名謂逵，《詩》正義已駁之矣。今按：《文選·西都賦》云：「披三條之廣路，立十二

之通門。」《西京賦》云：「旁開三門，參塗夷庭。」薛綜注曰：「一面三門，門三道，故云參塗。」然
則欲稽道路之名，先定城門之制，竊謂天子十二門，每一面各三門，《考工記·匠人》所謂「方九
里旁三門」者也。諸侯則九門，南面三門，餘三面各二門。《僖二十年左傳》正義曰：「魯城南
面三門。」《定八年左傳》：「公斂處父帥成人自上東門入。」杜注曰：「魯東城之北門。」東門有
上下，明西門、北門亦有上下矣，此諸侯九門之證也。《爾雅》此經所説，蓋是諸侯之制，人君宫
室、宗廟、社稷必居正中，其外四面皆大逵，於九門無所不達，故曰「九達謂之逵」。子都自大宫
逐潁考叔至于逵路，此自内而出至于逵也。楚子入自皇門至于逵路，此自外而入至于逵也。
至逵則偪近宫室，故鄭伯肉袒牽羊於此逆楚子也。逵路四面環繞，南北横、東西縱矣，其南面
三門，餘三面各二門，皆有路以達於逵，而每路又自有路以通往來。其在東西北三面者即爲二
達，以其所達之路惟二也；其在南面者即爲三達，以其所達之路有三也；其由東面通於北面
者即爲四達，由北面通於西面者亦爲四達，以其所達之路有四也；其由東面通於南面者即爲
五達，由南面通於西面者亦爲五達，以其所達之路有五也；其一路而東西北皆通者即爲六達，
以其所達之路有六也；其一路而東西南皆通者即爲七達，以其所達之路有七也；其或有路環
繞四周，惟一路不通即爲八達。此等皆歧塗旁出，故其命名或曰「旁」或曰「驂」矣，然道路亦各

隨形勢之便，非必每國皆具此九名，《爾雅》備其制耳。

罬

《釋器》：「彘罟謂之罬。」

愚按：彘不須罟，此彘必謂野彘也。《山海經》：「竹山有獸焉，其狀如豚而白毛，大如笄而黑端，名曰毫彘。」郭注曰：「貆豬也，夾髀有麄毫，長數尺，能以脊上毫射物。吴楚呼爲鸞豬。」此所云「彘」必是此類，以其有鸞豬之名，故製字即從网從䜌矣。

米者

《釋器》：「米者謂之檗。」郭注曰：「飯中有腥。」

愚按：「米者」二字，義不可通。此與上「摶者謂之糷」相對成義，疑當作「𥽒者謂之檗」。《説文·米部》：「𥽒，糂𥽒，散之也。」上句「摶者」謂太黏著，失之過熟；此句「𥽒者」謂太渙散，失之過生。今作「米」者，「𥽒」之壞字也。《説文》云「炊米者謂之檗」，蓋本作「𥽒者謂之檗」，誤分作二字，則爲「殺米」。又誤「殺」爲「炊」，則爲「炊米」矣。

火田爲狩

《釋天》：「宵田爲獠，火田爲狩。」

愚按：《詩·伐檀篇》「不狩不獵」，鄭箋云：「冬獵曰狩，宵田曰獵[一]。」是鄭所據本作「宵田爲獵」，與今本異。下句「火田爲狩」，亦疑與今本不同。使如今本，則鄭既引「宵田爲獵」以釋「獵」字，何不引「火田爲狩」以釋「狩」字，而必引上「冬獵」之文乎？愚謂：鄭所讀《爾雅》葢作「宵田爲獵，火田爲獠」，獠者，燎之叚字。《詩》正義引郭注曰：「獠猶燎也。」得其字矣。《尚書·盤庚篇》：「若火之燎于原，不可嚮邇，其猶可撲滅。」此正謂火田也。因「宵田爲獵」或有作「宵田爲狩」者，狩與獵固通稱也，傳寫錯誤，「宵田」、「火田」互易其名，而獵又通作狩，遂作「宵田爲獠，火田爲狩」矣。

宛丘

《釋丘》：「宛中宛丘。」郭注曰：「宛謂中央隆高。」疏曰：「毛傳云『四方高中央下』，郭氏以爲中央高者，下云『丘上有丘爲宛丘』，言丘上有丘，非中央隆高而何？此所以不從先儒也。」

[一] 獵，原誤作「臘」，據今本鄭箋改。

愚按：「宛中宛丘」自當從毛義。「宛」與「盌」聲同，《説文・皿部》：「盌，小盂也。」此丘四方高中央下，其形如盌，故謂之宛丘。上文云「如覆敦者敦丘」，彼如覆敦，此如仰盂，正一例矣。至下文「丘上有丘爲宛丘」，當作「韞丘」，《韓詩外傳》「陳之富人觴于韞丘之上」，即《陳風》之「宛丘」也。韞猶薀也。《説文・艸部》：「薀，積也。」丘上有丘，兩丘相積，故爲薀丘。字亦作蘊。《方言》：「蘊，崇也。」丘上有丘則崇矣。此與宛中義正相反，古字叚借，兩丘皆作「宛」字，遂不可别，毛傳以陳之韞丘爲即宛中宛丘，亦似失之矣。

《釋山》「宛中隆」與《釋丘》「宛中」同義，謂中央下也。中央下何以謂之「隆」？此「隆」字乃「降」之叚字。《尚書大傳・夏傳》云：「降谷，玄玉。」鄭注曰：「降，讀如厖降之降。或作函谷。」《困學紀聞》引《大傳》作「隆谷」，蓋隆與降古音同耳。鄭謂「或作函谷」，函有含容之義，則其爲降谷而非隆谷明矣。此經「宛中隆」即「宛中降」也，疑即《書傳》之「降谷」，實即「函谷」矣。

衆秫

《釋草》：「衆，稷。衆，秫。」

愚按：秫爲稷之黏者，《説文》有明文矣，惟偏考書傳，從無以衆爲秫者。釋文「音終」，亦未知何義。疑此「衆」字乃「粟」字之誤，粟本諸穀之大名，《説文》云「嘉穀實也」，乃後世以「稷」

專其名。《桓二年左傳》正義引舍人注曰：「粢，一名稷。稷，粟也。」《齊民要術》引孫炎注同，是必從古相傳之説。葢稷爲五穀之長，故得專粟名也。然稷有二種，不黏者爲稷，黏者爲秫，秫視稷尤美，《爾雅》故區別其名。其稷但謂之「粢」，而以「粟」之名專歸稷之黏者，故曰「粢，稷。粟，秫」。釋文云：「《本草》稷米在下品，別有粟米在中品。」葢在下品者粢稷，在中品者粟秫。學者以粟爲稷，則陶隱居分別二品，莫知其故矣。

垂比葉

《釋草》：「垂，比葉。」郭注「未詳」。

愚按：疑即萎蕤也。「垂」字從𠂹，《説文·𠂹部》：「𠂹，艸木華葉𠂹，象形。」《艸部》：「蕤，艸木華垂皃。」是二字義本相同，聲亦相近，故萎蕤即名垂矣。李時珍《本草綱目》曰：「其根橫生，似黄精，差小，黄白色，性柔多鬚，其葉如竹，兩兩相值。」如李氏所説，性柔宜有垂名，葉兩兩相值宜有比葉之名，其爲萎蕤無疑矣。惟上文「熒，委萎」，説者謂即萎蕤，似不應重，然《神農本草經》但有「女萎」無「萎蕤」，《名醫別録》始有「萎蕤」，陶隱居以爲是一物，蘇恭以爲是二物，《爾雅》兩出之，或一而二者乎？

棗壺棗

《釋木》：「棗，壺棗。」疏曰：「棗者，目諸棗也。」

愚按：上言桃李並不標「桃」字、「李」字爲目，則此「棗」字非目諸棗也。蓋壺棗在諸棗之中最美，古人凡用棗皆用此棗，故壺棗得專棗名也。《説文·朿部》：「棗，羊棗也。」學者疑之，《玉篇》改作「果名」，《廣韻》亦然。不知許君原文本從《爾雅》作「棗，壺棗也」，後人罕聞壺棗，習聞〔一〕羊棗，因改爲羊棗，遂與《雅》義違矣。

燕

《釋鳥》：「燕，白脰烏。」

愚按：《説文》「燕，玄鳥也」，則「燕」即下文之「燕燕鳦」，從古至今未聞異説。今依《雅》義，則燕爲白脰烏之專名，而玄鳥必重言「燕燕」，不得單言「燕」矣，此義殊有可疑。《小爾雅·廣鳥》云：「白項而群飛者謂之燕烏。」疑此經奪一「烏」字，當作「燕烏，白脰烏」，《小爾雅》即本此耳。下云「燕燕鳦」，重言「燕燕」者，正以別於燕烏。因烏亦有燕名，故曰「燕燕」，明彼燕是

〔一〕聞，原誤作「閒」，據廣東學院本改。

鳥，此燕是燕也。不然，詩人重言「燕燕」以成文耳，《爾雅》正名百物，何必重言之乎？

其迹速

《釋獸》：「鹿，牡麌，牝麀。其子麛。其跡速。」阮氏《校勘記》曰：「速當作速。《說文》『速』爲『迹』籀文。《廣雅》『蹮、踈、解、亢，跡也』，正釋《爾雅》。曹憲音『踈』爲匹迹，速與踈同。」

愚謂：此說非是。釋文出『䴲』字云「素卜反，本又作涑」，是陸氏所據本作「䴲」。《說文・鹿部》有「䴲」字，云：「鹿迹也，從鹿速聲，桑谷切。」是從速聲非從速聲也。《說文・辵部》：「迹，從辵亦聲。」重文「速」曰：「籀文，從朿，音資昔切。」則非「䴲」篆所從之「速」明矣。今改《爾雅》作「速」，以求合《說文・辵部》，而顯違《說文・鹿部》，未見其得也。且如其說，速即迹也，「其迹速」是「其迹迹」也，以文義言，豈可通乎？宜從舊字舊讀爲是。

鼳鼠

《釋獸》：「鼳，鼠身長鬚而賊。」釋文「音古闃反」，又下文鼠屬有「鼳鼠」，釋文亦音「古闃反」，是謂二字同字同音。又引「郭音覡，户狄反」，則異音矣。竊謂當從郭音。惟其字亦非一字，據《廣韻・二十三錫》有「鼳」字「古闃切」，引《爾雅》：「鼳，鼠身長鬚而賊。」此前之「鼳鼠」，其字從狊者也。又有䶂鼠，音胡狄切，與「覡」同音，但云「鼠名」，此後之「䶂鼠」，其字從頁者也。依此爲前後兩鼠之別，庶幾得之。

其子狗

《釋獸》：「熊、虎醜，其子狗。」

愚按：熊虎之子似不應謂之「狗」。《玉篇・豸部》、《廣韻・四十五厚》並有「豿」字，注曰「熊虎之子」，而「狗」下皆無「熊虎子」之説。疑古本《爾雅》是「豿」非「狗」，不得因「豿」字不見《説文》，而遂疑其非古字也。《釋獸篇》狗屬云：「未成豪，狗。」又牛屬云：「其子犢。」郭注云：「今青州呼犢爲㺃。」是犬之小者謂之「狗」，牛之小者謂之「㺃」，熊虎之小者謂之「豿」，其字皆從句聲，而其形各異。今熊虎之子亦作「狗」，則與未成豪之狗無別矣。《説文》「狗，叩也」，蓋以聲爲義。《廣韻・四十五厚》「苦后切」有「㺃」字，與「叩」同音，云「健也」。疑狗、㺃、豿三字皆從㺃字之義，蓋以其子初生即已壯健，故被斯名耳。

騋牝驪牡

《釋畜》：「騋牝，驪牡。玄駒，褭驂。」

按：釋文：「騋牝，頻忍反。下同。」是陸氏所據本作「騋牝，驪牝」。阮氏《校勘記》從之，引《經義雜記》曰：「騋，古讀若驪。故《爾雅》以『驪牝』釋《詩》『騋牝』。」然此説非也。《爾雅》乃正名百物之書，非如《釋名》之專以聲訓者。騋爲馬七尺以上之名，驪爲馬深黑色之名，二字義別。《詩》言「騋牝」，《雅》何得釋之爲「驪牝」乎？《爾雅》疏云：「鄭康成注《檀弓》引此文云：『騋，牝驪牡玄。』謂七尺曰騋，牝者色驪，牡者色玄。與郭異。」又按：鄭注《夏官・廋人》引《爾雅》此文，賈疏曰：「騋中所有牝則驪色，牡則玄色，兼有駒褭驂。」是鄭以「騋」字爲句，「牝驪牡〔一〕玄」爲句，「駒褭驂」爲句。駒褭驂，猶言其子褭驂也。以文義言，鄭勝於郭。釋文又云：「孫注改上騋牝爲牡，讀與郭異。」葢陸所據本是「騋牝驪牝」，改上「騋牝」爲「牡」，則是「騋牡驪牝」矣。疑孫讀即與鄭同，但互易其牝牡，鄭本「騋，牝驪牡玄」，孫本「騋，牡驪牝玄」，未知古本《爾雅》究何如耳。要之，此文句讀，總以鄭爲得。騋爲七尺以上之馬，與常種異，故牝者多驪色，牡者多玄色，記其異也。

〔一〕牡，原作「牝」，徑改。

《俞樾全集》總目録